O TRABALHO E O SINDICATO

EVOLUÇÃO E DESAFIOS

CARLOS ALBERTO CHIARELLI

Doutor em Direito. Professor e Coordenador da Pós-Graduação em Direito da Universidade de Caxias do Sul (UCS). Presidente do Grupo de Universidades do Mercosul (ARCAM). Ex-Ministro da Educação. Ex-Ministro da Integração. Membro do Conselho de Administração da OIT (1976-78).

O TRABALHO E O SINDICATO

EVOLUÇÃO E DESAFIOS

UCS
UNIVERSIDADE
DE CAXIAS DO SUL

EDITORA
LTr
SÃO PAULO

Dados Internacionais de Catalogação na Publicação (CIP)
(Câmara Brasileira do Livro, SP, Brasil)

Chiarelli, Carlos Alberto
O trabalho e o sindicato : evolução e desafios / Carlos Alberto Chiarelli. — São Paulo : LTr, 2005.

ISBN 85-361-0653-0

1. Direito do trabalho 2. Sindicatos 3. Trabalho e classes trabalhadoras I. Título.

04-7642 CDU-34:331.881

Índices para catálogo sistemático:

1. Sindicato e trabalho : Direito do trabalho 34:331.881
2. Trabalho e sindicato : Direito do trabalho 34:331.881

(Cód. 3065.7)

LTr

EDITORA LTDA.

Rua Apa, 165 - CEP 01201-904 - Fone (11) 3826-2788 - Fax (11) 3826-9180
São Paulo, SP - Brasil - www.ltr.com.br

Março, 2005

Aos meus queridos netos,
Carolina, Ana Clara, Beatriz e Rodrigo,
que deverão ser personagens de um
futuro, que gostaríamos tanto de planejar
e desafiador no prever.

ÍNDICE

CAPÍTULO II

O SINDICATO

CAPÍTULO III

CONSTATAÇÕES, INDAGAÇÕES E CONCLUSÕES

APRESENTAÇÃO

A apresentação de um livro tem, muitas vezes, a função de ser o *trailer* que se passa, surpreendentemente, junto com a exibição do próprio filme. É a síntese do que virá a seguir. Aperitivo muito diminuto do prato farto — confia-se que perfeitamente digerível e saudável — servido em continuidade. Vamos, pois, ao *menu* de nossa "refeição" intelectual.

A partir do estudo harmônico e da pesquisa ordenada, na intimidade da vida acadêmica do Curso de Mestrado em Direito da Universidade de Caxias do Sul (com a valiosa cooperação intelectual de três(*) mestrandas que viraram mestras na transição científica e cronológica de co-participar desta(s) obra(s)), enveredou-se pelo túnel do tempo da História do Trabalho. Foi-se às origens. Tratou-se de macro acompanhá-lo em sua trajetória, sacrificaram-se em respeito às limitações do espaço industrial, minúcias passadas, valorizou-se o seu essencial, em diferentes civilizações e culturas, que se sucederam no decurso de séculos e milênios.

Era apenas o "prato frio" de nosso cardápio. Passou-se, depois, à análise das exteriorizações coletivas desse mesmo Trabalho, tentando responder perguntas ditadas pela curiosidade, que habita a ante-sala do saber científico: quando, onde, quem, em nome de que, com que resultado? Constatou-se o combate e, simultaneamente, a sincronia (verdadeira relação de sístole-diástole social) do Trabalho com a Sociedade, que dele se utiliza e a quem ele subsidia e vitaliza. Enfrentou-se, nessa caminhada em busca do tempo vivido, a Revolução Industrial, o salariato, o emprego urbano e o desenhar-se do fantasma da desocupação. Sintetizaram-se sobre tais temas e fatos

(*) *Equipe de Investigação e Levantamento Bibliográfico*: *Inez Maria Tonolli* — Assessora Jurídica da UCS; *Jane Gombar* — Profa. da UNISC e UNIVATES e Assessora Jurídica do SINDILOJAS e CDL de Santa Cruz do Sul/RS; *Viridiana Sgorla* — Assessora Jurídica de Sindicatos Patronais e Empresas de Caxias do Sul/RS e Região.

a eles vinculados e deles decorrentes, opiniões liberais, pontifícias, marxistas etc.; e a todas avaliamos, apaixonada e imparcialmente, como se recomenda à missão acadêmica.

O ponto forte do cardápio, porém, foi (e é) o Sindicato. Sabe-se que é tema perseguido, reincidente e exigente, na literatura juslaboralista universal. No entanto, como a personagem de Goëthe, vive sempre a buscar renovada juventude, perseguindo uma difícil perenidade inovadora, sobretudo no recente histórico. Suas marcas — até de sangue — no passado, quando hostilizado; suas adatações pigmaleônicas (travestido pelas mutuais) para sobreviver; sua tolerada aceitação estatal valorizada pela sua teimosa virtude de acreditar; seus pecados, até mortais, em mancebias governamentais a engordá-lo balofamente, deformando-o; seu reencontro, mais recente, em muitos lugares, com sua dignidade, fruto da autonomia conquistada e da liberdade assegurada, *tudo isso precisava ser e foi referido* e apreciado.

Tudo isso, porém, *fê-lo* — e nós, investigativamente, numa das tarefas maiores da Universidade e de sua pós-graduação a persegui-las — *chegar à contemporaneidade:* parceiro — de maior ou menor expressão — dos e nos vários mundos (tão diversos e tão desnivelados) de que se constitui o inteiro Mundo. Fomos radiografá-lo nesses diferentes papéis e cenários e, radiologistas jurídicos, interpretar sua missão e desempenho. O diagnóstico não ficou sob sigilo. Está aí, nas páginas seguintes, para análise crítica do caro leitor.

Faltava, no entanto, a sobremesa da proposta "gastronômico-jurídica": o depois, *o pós-contemporâneo.* Era preciso enfrentá-lo, projetá-lo. Prever barreiras, crises, cobranças que essa sociedade (em que a única coisa permanente é a mudança) coloca(rá) diante do sindicato que — para sobreviver no amanhã — precisa(rá) ser ousado, sem desnaturar-se; inovador, sem perder suas raízes. Ter em conta, enfim e permanentemente, o inspirado pensamento do romântico-realista poeta *Paul Valery:* "o futuro não é mais o que costumava ser".

De resto, para não deixar esquentar a "entrada fria", esfriar o "prato quente" e salgar a sobremesa, fica-se por aqui, lembrando que este livro é muito mais inquietação que afirmação. Preferiu-se, partindo de dúvidas (muitas) confessáveis buscar certezas (tantas quantas) defensáveis, e não — com soberba — ter a vaidosa dogmática dos que alardeiam certezas definitivas e geram dúvidas insuperáveis. Sobretudo quanto tratamos do Sindicato, esse ser mimético: de quem tanto se espera; a quem tanto se teme; e em quem tanto se confia!

Chega. Vamos ao repasto acadêmico!

Caxias do Sul, setembro/2004

Carlos Alberto Chiarelli

PRÓLOGO

Esta obra do professor *Carlos Alberto Chiarelli*, coordenador do Programa de Mestrado em Direito da Universidade de Caxias do Sul, representa importante contribuição histórica e crítica sobre o trabalho e suas relações sociais e jurídicas no mundo ocidental. Não se trata apenas de uma visão de cunho enciclopédico, o que já seria de grande relevância científica, mas de uma abordagem em que, ao lado dessa visão de conjunto, se associa a análise e o questionamento de temas tidos por assentados.

O papel da universidade no campo do conhecimento é múltiplo, e certamente inclui o de organizar esse conhecimento e pô-lo ao alcance dos cidadãos, ao mesmo tempo em que, propõe questões que obriguem ao exercício da consciência crítica. Mais que em qualquer outro programa universitário, esse é um papel que cabe aos programas de pós-graduação, em especial nos que se destinam a formar cientistas e profissionais do ensino superior, como são os cursos de mestrado. Esse papel se expressa sobremodo na publicação de textos como este que, por um lado, refletem o que se produz dentro da universidade e, por outro, prestam um serviço relevante à sociedade, especialmente num campo como o das ciências jurídicas, em que as relações justas dentro da sociedade são objeto de perquirição permanente.

Está de parabéns, portanto, o professor *Carlos Alberto Chiarelli*, com a publicação desta obra, como está de parabéns a Universidade de Caxias e, de modo especial o seu Programa de Pós-Gradução em Direito.

Liana Beatriz Morelo Ribeiro
Vice-Reitora
e Pró-Reitora de Pós-Graduação e Pesquisa

PREFÁCIO

A Revolução Francesa, fundada nos princípios que a inspiraram, constitui-se num marco divisório na história da humanidade, em particular, na evolução política dos Estados.

O Direito do Trabalho, como concebido nos tempos atuais, tem sua formação e evolução marcada pelos eventos que se sucederam nos séculos dezenove e vinte. As diretrizes que lhe foram imprimidas guardam conformidade com a orientação política, econômica e social dominante em cada nação.

Nas nações de concepção democrática-liberal mostra-se prevalente o direito coletivo do trabalho e a auto-regulação normativa negocial dos conteúdos obrigacionais e das formas de composição dos conflitos individuais. Naquelas que incorporaram os ideais da democracia social deu-se prevalência ao direito individual legislado, às fontes formais heterônomas e a solução jurisdicional estatal dos conflitos.

O Brasil seguiu o segundo modelo, adotando sistema legal revelador de intenso dirigismo estatal. Essa disciplina de mínimo ético legal passa por intensa discussão doutrinária, colocando em confronto as posições legalistas com as liberais.

Nessa busca de construção de um novo modelo parece razoável aceitar-se a idéia de que estamos a caminho de uma grande síntese, de modo a compatibilizar a regulação estatal com a autônoma e comprometida atuação negocial coletiva numa consolidação harmoniosa entre o direito mínimo legislado e a autonomia da negociação privada.

Trata-se de reformular o Direito do Trabalho a partir da consolidação das suas estruturas jurídicas básicas capazes de proteger e promover os justos interesses e os legítimos anseios daqueles a quem a regulação legal se destina, fundados na existência de um referencial de valores sobre os quais possam ser balizadas a sua legitimidade e afirmação.

Nesta obra, *Carlos Chiarelli* retoma, com invulgar brilho, os fundamentos históricos das relações humanas no trabalho, escassamente lembrados pelos estudiosos da matéria, mas sempre indispensáveis como alicerces para a construção do pensamento jurídico e sólida elaboração de uma nova ordem, como proposta. E, oportunamente, para esta, fornece subsídios inovadores e levanta consistentes questões temático-institucionais contemporâneas.

É licito afirmar-se que este estudo se notabiliza pelo seu conteúdo enciclopédico do Direito do Trabalho, tal a riqueza das fontes referenciadas a sustentar a edificação doutrinária posta, constituindo-se numa obra que marcará a história da bibliografia jurídica brasileira.

Enfim, este é um livro, que só uns poucos juristas, como *Carlos Chiarelli*, com sua argúcia e solidez de conhecimentos jurídicos, poderia escrever.

O juslaboralismo brasileiro ser-lhe-á, pelos tempos, agradecido.

Porto Alegre, dezembro/2004

Ermes Pedrassani

Ex-Ministro e ex-Presidente do Tribunal Superior do Trabalho (TST); professor titular aposentado de Direito do Trabalho da Universidade Federal do Rio Grande do Sul; professor da pós-graduação jurídica da Pontifícia Universidade Católica do Rio Grande do Sul; professor da pós-graduação em Direito do Trabalho da Universidade de Caxias do Sul; consultor jurídico da FIERGS (Federação das Indústrias do Estado do Rio Grande do Sul).

CAPÍTULO I

EVOLUÇÃO DO TRABALHO E SUA PROJEÇÃO NO CAMPO DO DIREITO

1. TRABALHO: DO CONCEITO ETIMOLÓGICO À DISCIPLINA JURÍDICA

De onde surge a palavra *trabalho*? Qual sua raiz etimológica? Também nessa área — a da Etimologia — a questão mostra-se complexa. *Laudelino Freire* ("Dicionário da Língua Portuguesa, vol. V, Rio, p. 4879) garante que a origem do termo seria o vocábulo latino *trabaculum,* numa versão vulgar do idioma. A maioria dos filólogos, no entanto, encontra a gênese da palavra no substantivo, também latino, *tripalium* e no verbo com ele vinculado: *tripaliare* (1ª conjugação). *Tripalium*[1] identificava "um cavalete de três paus, usado para sujeitar cavalos no ato de se lhes aplicar a ferradura" (*A. Magne*, "Dicionário da Língua Portuguesa", Rio, 1950, pp. VIII-IX). Desta concepção, segundo o padre filósofo, passou *tripaliare*, alterado por assimilação em *trepaliare*, a "dizer de toda e qualquer atividade, mesmo intelectual", posto que era visto como algo sacrificado. Já para *Ernesto Faria* ("Vocabulário Latino-Português", Rio, 1943, p. 158), o verbete *labor, oris* traduz-se como "sofrimento, fadiga que se sente ao fazer um trabalho, e daí, por enfraquecimento de sentido, trabalho, esforço, labor". Destarte, a palavra trabalho, no seu roteiro etimológico, vincula-se, historicamente, a prostrações físicas e até a problemas morais. É a confirmação das Escrituras Sagradas: "ganharás o pão com o suor do teu rosto", sendo trabalho o esforço para obtenção de um desiderato mediato ou imediato.

Alceu de Amoroso Lima ("O Problema do Trabalho", Rio, p. 44), pensador católico, ensinava que: "O Trabalho é esforço; é força que

(1) MARTINS, Sérgio Pinto. "Direito do Trabalho", 12ª ed., Editora Atlas, São Paulo, 2000, p. 33. "Trabalho vem do latim *tripalium*, que era uma espécie de instrumento de tortura ou uma canga que pesava sobre os animais".

fazemos para alguma coisa; é fazer força; é ter a iniciativa de alguma coisa e aplicar-se à sua realização". E mais adiante conclui: "é todo esforço habitual do ser humano ordenado a um fim".

Se o trabalho pressupõe, necessariamente, fadiga e desgaste energético, poder-se-ia, à primeira vista, entendê-lo como extensível aos animais, que também gastam energias físicas, proporcionais a sua capacidade, quando realizam tarefas.

Acontece que se existem, na execução do trabalho, elementos análogos de desgaste para o homem, o animal irracional e a máquina, não se há de falar em similitude na motivação do ato laboral.

Karl Marx, no "Manifesto", afirma que "uma aranha realiza operações que parecem as de um tecelão; uma abelha, pela construção de suas células de cera, confunde mais de um arquiteto. Mas o que distingue, desde logo, o pior dos arquitetos e a abelha mais hábil é que o primeiro construiu a célula em sua cabeça antes de realizá-la na cera. Ao fim do trabalho, produz-se um resultado que, desde o começo, já existia na representação do trabalhador de maneira ideal, por conseguinte".

É sobre parte desse trabalho humano, consciente e conseqüente, que se constrói o edifício do Direito do Trabalho que, no dizer de *Alfred Hueck* e *Hans Carl Nipperdey* ("Compendio de Derecho del Trabajo", Madri, 1963, p. 24 — tradução do alemão de Rodriguez Piñero e Luiz de la Villa) "é o direito de um determinado grupo de pessoas, que se caracteriza pela classe de sua atividade". E mais adiante explicam: "a grande massa de pessoas que presta serviços para outro pode articular-se em dois grandes grupos: em um, os que fazem, a serviço de outro, em especial relação de dependência; e em outro, aquelas pessoas a respeito das quais isto não sucede, posto que, no concernente à relação de trabalho, são "autônomas". As especiais necessidades dos "trabalhadores dependentes" induziram o legislador a intervir progressivamente, gerando detalhada regulamentação de suas relações jurídicas, que sobrepassa o conteúdo do Direito Privado Comum; de igual modo a autodefesa desses mesmos trabalhadores conduziu a fenômenos peculiares no campo jurídico. Isso explica a formação do Direito do Trabalho como uma disciplina especial e, conseqüentemente, sua limitação aos trabalhadores subordinados".

Na palavra de *Eduardo Conture* (*apud Evaristo de Moraes Filho*, "Introdução do Direito do Trabalho", vol. I, Rio de Janeiro, 1956, p. 66), festejado jurista uruguaio, o Direito do Trabalho surgiu "para conseguir a igualdade jurídica, superando as desigualdades que o mundo apresenta, através de outras desigualdades".

Para chegar à contemporaneidade, com esse desiderato, pelo menos teórico, desenrolou tal ramo do Direito uma história, entre o combativo e o dramático, que manteve, como nexo causal, a preocupação com o trabalho mas, sobretudo, com o trabalhador. Houve, no decorrer dos tempos uma crônica episódica de lutas e de afirmações dos economicamente mais débeis, que buscaram encontrar, no amparo de um Direito justo a força que não possuíam por si só, trilhando até caminhos belicosos. A maturidade da ciência jurídica laboral ensina-nos que, neste caso, os fins justificaram os meios, ao se buscar, por meio de sucessivas leis, alcançar, se não a própria, regiões limítrofes da ou caminhos de acesso à Justiça Social.(2)

Guillermo Cabanellas ("Introducción al Derecho Laboral", 1ª edição, Buenos Aires, 1969, p. 43), com a ênfase hispano-portenha de sua história pessoal, assevera: "No ha sido sobre la justicia que han descansado los princípios que crearon tan grandes etapas de la Historia del Trabajo; bien por el contrario, la evolución de la Humanidad se ha caracterizado por una lucha constante y dramatica, que se fue sucediendo atraves de los siglos. La Historia del Trabajo es, pués, la demonstración y el testimonio de la verdad de esa afirmación".

2. A ANTIGÜIDADE (TEMPOS PASSADOS) E UM DIREITO DO(AO) TRABALHO

Poder-se-ia dizer, numa tarefa de arqueologia jurídica, que onde existiu o trabalho, houve, de pronto, algum tipo de regulamentação informal ou metodizada que sobre ele incidiu. É dessa regulamentação incipiente, normalmente desordenada, que se recolhem os primeiros traços de uma seqüência normativa e doutrinária que comporá, no tempo, a viga mestra da ciência laboral.

Não é pacífico tal remontar originário. *Evaristo de Moraes Filho* ("Introdução do Direito do Trabalho", 1ª edição, Rio, 1956, vol. 1º, p. 357) entende ser "erro histórico recuar os pródromos do Direito do Trabalho à Antigüidade Clássica. Lá houve, como não poderia deixar de ser, leis sobre o trabalho, como sempre aconteceu em qualquer de suas realizações coletivas. Mesmo entre os povos primitivos, nunca deixaram de existir regras para ordenamento das tarefas diárias. Tratavam-se de simples normas reguladoras da rudimentar atividade econômica, mantidas na tradição oral de cada

---

(2) Para *Orlando Gomes* e *Elson Gottschalk*, "Curso de Direito do Trabalho", 16ª ed., revista e atualizada por *José Augusto Rodrigues Pinto*, Forense, Rio de Janeiro, 2000, p. 22: "A verdade é que, historicamente, o Direito do Trabalho se apresentava como um simples capítulo do Direito Privado. As relações individuais de trabalho eram, entre nós, no começo deste século, submetidas às regras da locação de serviços, e, a partir de 1916, reguladas pelo Código Civil; e, para um setor mais limitado, a partir de 1850, pelo Código Comercial".

povo, mas com o único propósito de traçar preceitos para o bom desempenho ou o bom êxito da operação coletiva. Nada mais do que isso".

Parece-nos que esses princípios reguladores de antanho aos quais *Evaristo* atribui importância secundária, significam muito pela marca do pioneirismo pretérito que neles se encerra, abrindo caminho à fixação de comportamentos relativos ao trabalho e ao trabalhador. Sem ver neles igualdade conceitual com o Direito do Trabalho de hoje, foi neles que a ciência de hoje encontrou subsídios para montar sua estrutura atual.

Não há dúvidas de que o Direito do Trabalho, como ciência autônoma[3], é fruto das idéias de Justiça Social que se corporificaram a partir dos idos do século XIX[4]. Negar, no entanto, influências e vestígios que se engastam na História do Trabalho de épocas passadas, é desconsiderar o registro dos fatos. Infelizmente a esse *background* de nossa ciência se tem dado bem menos destaque que ele merece, até porque, ao bem conhecê-lo, entende-se muito do que ocorreu *a posteriori* e, inclusive, o que se projeta ocorrer no amanhã. É *Maravall Casesnoves* ("El interés de la Historia Social", *in* "Revista del Derecho del Trabajo", Madrid, 1948, p. 144) quem assinala: "en general, el estudio historico del trabajo, como objeto de una prestación, ha carecido de interés para los doctrinarios del Derecho".

Em socorro à nossa posição, da valia lógica dos episódios laborais longínquos sobre a construção da ciência contemporânea, *Guillermo Cabanellas* (obra citada, p. 39) mostra-se bem explícito: "el trabajo servil, el trabajo domestico, el trabajo industrial son fases de una misma actividad cuya forma de prestarse varia sucesivamente en el tiempo. El conocer el carácter de esa actividad es esencial si se desea desentrañar el actual fenómeno de la prestación de servicios subordinados. Por lo tanto, conveniente examinar, tanto las más importantes instituciones de carácter laboral, como las diversas formas que ha revestido *el trabajo* en el Mundo Antiguo, para de tal enfoque derivar a sus actuales consecuencias".

---

(3) É importante, porém, distinguir que: " ... a autonomia de uma ciência não deve ser confundida com sua independência, ou melhor, com o seu isolamento", conforme frisam *Orlando Gomes* e *Elson Gottschalk*, "Curso de Direito do Trabalho", 16ª ed., revista e atualizada por *José Augusto Rorigues Pinto*, Editora Forense, Rio de Janeiro, 2000, p. 19.

(4) MORAES FILHO, Evaristo. "Tratado Elementar de Direito do Trabalho", Rio de Janeiro, Editora Freitas Bastos, 1960, vol. 1, p. 69 — "o Direito do Trabalho é um produto típico do século XIX. Somente nesse século surgiram as condições sociais que tornaram possível o aparecimento do Direito do Trabalho como um ramo novo da comum ciência jurídica, com características próprias e autonomia doutrinária".

3. O HOMEM E O TRABALHO PRIMITIVOS

Apesar de aparentemente individual na sua exteriorização, o trabalho deve ser compreendido como um fenômeno de concretização coletiva, isto porque as implicações dele resultantes e os liames que o entrelaçam na comunidade terminam por obrigar a uma correlação de atividades que, em muitos casos, escapam à atenção e superam a limitação do indivíduo. A relação coletivizante ganhou, progressivamente, contornos mais acentuados, dando ensejo a que *Spranger* (*in* "Forma de Vida, Psicologia y Ética de la Personalidad", Madrid, 1935, p. 181, tradução livre) afirmasse: "como humanidade organizada conseguimos chegar a um predomínio inaudito sobre a natureza, mas chegamos também a depender uns dos outros de tal maneira, que ninguém poderá dizer, agora, que se mantém por si mesmo, independentemente".

Na atualidade, tornou-se mais fácil comprovar a afirmativa anterior ao observar-se o processo harmônico da produção industrial. As grandes empresas têm a configuração das colméias, onde os homens, conscientemente, emprestam seu esforço para obtenção do produto, fim vinculante da comunidade. Afiança *Evaristo* (obra citada, p. 76) que "deixa o trabalho, desde os tempos primitivos de formação dos primeiros grupos humanos, de ser esforço meramente individual. Todo trabalho humano é, desde o início e por definição, um fato coletivo, sendo a cooperação a sua nota característica e essencial. Uns dependem dos outros". Esse trabalho, coletivo na sua efetivação, surgiu com o homem e encontra nele seu agente efetivo.

Tanto com *Baschofen*, como com *Spencer*, as teorias que enquadram o homem na História da Civilização, vivendo numa organização promíscua, patriarcal ou matriarcal, nos primórdios de seu aparecimento, mostram o trabalho como sua companhia constante, relacionando-o com o meio.

O homem, apesar da idílica tese contratualista de *Rousseau*, nasceu circundado de necessidades e de anseios, que devia satisfazer para subsistir e perpetuar-se. *Renard* ("El Trabajo en la Prehistoria", Buenos Aires, 1961, p. 9) asevera que "ha podido decirse que el hambre, la sed y el instinto de conservación han constituido los primeros y más poderosos estimulos al trabajo".

Forçado pelas circunstâncias e pelo ímpeto de sobreviver, o homem teve de trabalhar. Acossado pelas suas exigências primárias, cercado pela companhia perigosa e ameaçadora de outros seres que também se empenhavam na batalha por ter um amanhã, teve de usar sua *ratio* para — se não sobrepujá-los — pelo menos não ser por eles sobrepujado.

Marcelo Catalá (*in* "Etapas de lo social en la anédocta del trabajo", Madrid, 1948, p. 18), concordando com *Fuchs*, salienta que "la tesis en cuanto a la evolución del hombre primitivo, de que primero vivió de la pesca; que en un estado de civilización más adelantada se dedicó a la caza; que posteriormente fué capaz de domesticar los animales que capturaba en la selva y que una ultima etapa es cuando se entró en la agricultura", faz-nos concluir que essa cronología é um suceder de prioridades laborais. Enfim, de atividades.

Esse homem, portanto, inicialmente coletor, que se caracterizava pelo nomadismo, pela caminhada em busca da subsistência (quando se atreveu a ou precisou sair da caverna), terminou por refazer-se estático, em termos de habitação. Foi quando, depois de suas andanças de caçador, optou por fixar-se na terra, a fim de cultivá-la como agricultor ou usá-la para a base de incipiente pecuária. Foi quando conseguiu diferençar a arma do instrumento de trabalho. Até então, a clava que o defendia da fera bravia, era a mesma que usava para derrubar os frutos comestíveis das árvores frondosas. A clava, com funções múltiplas, significava guerra e paz, alimento e legítima defesa.

O arado foi o passo subseqüente. A diversificação dos instrumentos atestou, também, o passo decisivo para a mais estruturada e imprescindível *divisão do trabalho.* O grupo estabeleceu-se, cessou a migração constante e os rudimentos de uma organização política estabeleceram-se. Eram os primeiros indícios de uma sistematização socioeconômica e o trabalho, como alavanca básica nessa evolução, já mostrava seu protagonismo que acompanharia o homem pelos tempos afora.

4. BABILÔNICOS, EGÍPCIOS E HEBREUS

Pérez Botija (*in* "Derecho del Trabajo", 6ª edição, Madrid, 1960, p. 52) acentua que "quatro direciones pueden seguirse para referir los antecedentes del Derecho laboral: a) *historicista*, investigando toda clase de leyes que de modo directo o indirecto afecten al trabajo en epocas diversas; b) *sociologica*, atendiendo preferentemente a la evolución de los sectores de la sociedad a quienes esas normas afectan; c) *normativista*, que, aun que suene a paradoja, tendría su arranque en el jus-positivismo; d) *compositiva*, que se traduce en un metodo plural o mixto".

Acreditamos que essa quarta (compositiva) mereça ser adotada, desde que façamos uma aferição adequada dos elementos remotos e recentes que influíram (e influem) na formação e sobrevivência do Direito do Trabalho.

Se iniciarmos esse balanço retroativo, retornando à fase pré-clássica, notaremos que o Direito do Trabalho ou — para não forçar a expressão — a legislação sobre o trabalho fugia um pouco da área jurídica e embrenhava-se no campo da Religião e da própria Economia. *Pérez Botija* afiança (obra citada, p. 53) que a construção das pirâmides do Egito serve para testemunhar tal assertiva, na exemplaridade de trabalho formalmente coletivo.

A regressão em busca das primitivas nações organizadas leva-nos ao encontro dos *babilônicos.* É o Código de Hamurabi, aparentemente, a primeira norma que trata de problemas relativos ao trabalho. Contendo um prefácio, 282 artigos e um epílogo, dedicou numerosos preceitos ao laboral, não só regulando a situação escrava, como dispondo em relação à aprendizagem profissional.

O legislador, que viveu dois milênios antes da era cristã, tratou de um rudimentar salário *mínimo*, bem como sobre o repouso que deveria ser concedido ao trabalhador. Só não chegou ao ponto de regulamentá-lo minuciosamente.

O trabalho, entre os babilônicos, estava, basicamente, entregue aos escravos, cuja submissão, no entanto, era menos rigorosa do que aquela adotada, séculos mais tarde, por Roma. O escravo babilônico não perdia totalmente sua condição de pessoa.

O trabalho, desde o início dos tempos, foi para o homem uma necessidade a que se tinha de submeter. Era a lei da subsistência. Dobrou-se às exigências ambientais mas, logo a seguir, dentro da idéia de que trabalho é esforço e sacrifício, tratou de impô-lo a um semelhante — mais débil — para que o auxiliasse ou mesmo o substituísse na missão difícil de batalhar pelo sustento. Esse ser mais frágil deveria ser alguém que, semelhante a ele, fizesse o que ele faria, agindo racionalmente, poupando-o do encargo. Logo, o *escravo* tinha de ser *outro ser humano. Moret* (*in* "Historia general del desarrollo de organizaciones de trabajadores", Buenos Aires, 1933, pp. 11 e 12), a respeito, ensinava que "la *mujer* es el primer sujeto sometido a un rendimiento en beneficio del hombre, que, por ser más fuerte, la domina". E é essa *escravidão*, que, na opinião de *Moret*, nascida familiar, irá desdobrando-se através dos séculos, acompanhando a marcha do trabalho e da civilização, acercando-se às e entremeando-se com as áreas religiosa, política, econômica e, especialmente, no plano jurídico, influindo na crescente conformação de uma legislação trabalhista que nasceu para amenizá-la e anulá-la, sempre contestando-a.

A escravidão babilônica, diga-se de passagem, tinha a característica de ser fruto de inadimplência, cabendo ao devedor oferecê-la, como modo de pagamento, razão pela qual era de caráter temporário, variando na proporção do débito não quitado. Entre os *egípcios*, por outro lado, as disposições estabelecidas tratavam de garantir a suficiência ordenada da mão-de-obra, *impedindo* a desmedida *concorrência* entre membros de um mesmo ofício. Assim, as leis de Tebas e de Mênfis fixam uma competição controlada pelo mercado, obstaculizando a luta desenfreada por um posto. O *Estado* egípcio — centralizado nas mãos do Imperador — passou a exercer, em certo período, *por si só*, a grande maioria das atividades não-agrícolas, evitando, com essa rudimentar *estatização* de atividades, a guerra pelo posto vago entre os profissionais do mesmo ofício. O Poder Público era o empregador (?) mor e o selecionador da ocupação laboral, pelo menos até o limite do subúrbio (poupando de tal interferência as grandes extensões rurais); enveredava, nas cidades, na disciplina do próprio comércio, responsável pela parcela predominante da economia do Estado. É um atestado das primitivas experiências, limitadas, é óbvio, de planificação da economia.

Já os *hebreus* colocaram no Velho Testamento suas preocupações espirituais, onde também se encontram pensamentos e diretrizes sobre temas terrenos. Era a Religião, em uma fase teocrática da organização política, a ditar normas que serviriam para pautar relações inclusive na área laboral[(5)]. O *Deuteronômio* (cap. XXIV, 14) assinala: "não negarás o salário diário a teu irmão necessitado e pobre, ou ao forasteiro que mora contigo na terra e dentro de tuas cidades"[(6)]. Por outro lado, o *Levítico* (capítulo XXIII) ordena que "no sétimo dia, nenhuma obra servil fareis". São formas toscas de dispor sobre a obrigatoriedade de remunerar a prestação de serviço e de conceder o repouso semanal. A motivação inspiradora de tais

(5) SEGADAS VIANNA, *in* "Instituições de Direito do Trabalho", LTr Editora, 19ª ed., vol. 1, São Paulo, 2000, p. 83 — "Entre os israelistas as medidas encontradas no Pentateuco, relativas ao repouso semanal e ao pagamento do salário, tinham suas origens em obrigações e deveres religiosos".

(6) Deuteronômio, Cap. XXIV, pp. 14-15 — "Não negarás o salário a teu irmão trabalhador e pobre ou ao forasteiro que mora contigo, na tua terra e dentro da tua cidade. Hás de pagar no mesmo dia, antes de o sol se pôr, o salário de seu trabalho, porque é um pobre e com isso sustenta sua vida; não faças com que clame contra ti ao Senhor e te acuse de pecado".

normas é diversa da que fundamenta garantias sociais de nossos dias. No entanto, seja qual for a causa geradora, há de se reconhecer que os *hebreus* continham, no seu esquema legal, disposições que, em última análise, incidiam sobre relações laborais. Isso não os impediu de, tanto quanto os povos que os antecederam na marcha civilizadora, *também* consagrar a *escravidão*. Os então submetidos poderiam ser estrangeiros ou nacionais. Para estes, havia a perspectiva da alforria no Ano do Jubileu. *Bayón Chacon* e *Pérez Botija* (*in* "Manual de Derecho del Tabajo", 4ª edição, Madrid, 1963, p. 52) assinalam que "la infinita variedad de situaciones nel *período preclasico* no puede expresarse, como es lógico, en unas breves lineas. Base, por lo tanto, retener como características generales el carácter indigno del trabajo manual, su ejercicio en régimen de esclavitud, la coexistencia de tales fenómenos con un trabajo libre, en general urbano, artesano y domestico, y la generalidad de los contratos de obra que corresponden a economias de tipo familiar y primitivo, donde no existe la grande 'empresa' o donde cuando existe algo semejante es *propriedad* del Estado".

5. A INFLUÊNCIA GREGA[(7)]

Dos filósofos nascem as grandes manifestações que marcam a *presença grega* na História do Trabalho[(8)]. *Aristóteles* asseverava,

(7) SEGADAS VIANNA, *in* "Instituições de Direito do Trabalho", LTr Editora, 19ª ed., vol. 1, São Paulo, 2000, pp. 83/84 — "Apenas entre alguns pensadores, e não nos códigos, seria possível achar palavras que já comprovassem a existência da compreensão da importância do trabalho na vida da sociedade grega. *Hesíodo*, na Grécia, opunha a uma humanidade agitada pela luta e pela conquista uma outra que se afundasse na justiça e no trabalho. O trabalho agradava aos deuses (criava recursos e consideração social), fazia os homens independentes e afamados. A alma, ao desejar riquezas, nos impulsiona ao trabalho.
Essa concepção valorizante do trabalho teve nos sofistas seus particulares e primeiros intérpretes. A *Protágoras* se atribui a regra de que a arte sem estudo não tem valor, e *Antifon* proclamou a dura necessidade do trabalho, enquanto se deve aceitar a vida tal como ela é; e esta, na verdade, não é fácil nem suave, mas adquire finalidade, sentido, ao coroar-se com a vitória. (*M. G. Gardini, "I Sofisti Fragmenti e tertimonauze"*, Bari, 1923, pp. 17 e 126, *apud Felice Battaglia*, Filosofia del Trabajo, Madri).
Para *Pródico*, a virtude é trabalho, sendo o trabalho que, como finalidade última, confere dignidade à vida. (*Felice Battaglia*, Filosofia del Trabajo, Madri, p. 22)
Anfistenes, educado num ginásio de bastardos, viveu entre os humildes, abandonados e deserdados, pregava o dever de trabalhar, como lei e dever da vida.
Sócrates defendia o trabalho pelo seu alto sentido: A quem denominaremos sábio? Os parasitas ou os homens que se dedicam aos fins úteis? São justos os que trabalham ou os que sonham, de braços cruzados, com os meios de subsistência? E então, porque sois livre, pensais que não deveis fazer outra coisa senão comer e dormir"?
(8) MARTINS, Sérgio Pinto, ob. cit., p. 34: "Na Grécia, Platão e Aristóteles entendiam que o trabalho tinha sentido pejorativo. Envolvia apenas a força física. A dignidade do

na "Política", que "os homens incapazes de governar a si próprios devem ser objeto de domínio; alguns homens nasceram livres e outros, escravos". Era uma clara concordância com uma justificação de escravagismo, fazendo com que, mesmo ele, simplesmente reproduzisse a impressão que o momento histórico lhe causava.

A escravidão, entre gregos e babilônicos, aparece com certo nível de civilização, representando uma idéia: a de utilizar o escravo para tirar dele vantajoso partido. Destarte, da *exploração inicial* da companheira subjugada, de forma brutal, o homem partiu para uma ampliação da escravatura, fazendo-a instrumento de apoio para fortalecimento econômico das sociedades da época. *Ihering* ("El fin en el Derecho", 1945, Buenos Aires, p. 115), confirmando o referido, preleciona: "el primer vencedor que respetó la vida del enemigo vencido, en vez de matarlo, lo hizo asi por comprender que un esclavo vivo tiene más valor que un enemigo muerto. Lo conservó como el dueño conserva al animal domestico. El *'servare'* del servo tenia por objetivo el *'servire'*, motivo egoísta".

Essa escravidão *civilizadora*, mas impiedosa, marcou uma fase importante da História grega. A Guerra do Peloponeso e a conseqüente influência dos modelos espartanos lançaram ao descrédito mais angustioso o trabalho. Anteriormente, *Solon* e *Teseu* haviam incluído o trabalho na Constituição dos atenienses. A atividade laboral incorporara-se ao espírito e à ação da gente helênica como rotina; sem merecer desprezo o produto, apenas a ele — trabalhador — votando-se indiferença. Isto, porém, não tardou a ser coisa do passado. A vitória de Esparta e o predomínio de uma civilização bélica imposta à gente grega voltaram a reduzir a já limitada importância do trabalho. *Xenofontes*, como se fora porta-voz de seu tempo de dominação espartana, proclamava: "poderiam ser até sublimes as obras mas eram desprezíveis os autores", assumindo e exprimindo toda a repugnância que a época tinha pelo trabalhador manual[9]. Valor atribuía-se ao soldado, que destruía; não, ao artesão, que construía.

---

homem consistia em participar dos negócios da cidade por meio da palavra. Os escravos faziam o trabalho duro, enquanto os outros poderiam ser livres. O trabalho não tinha o significado de realização pessoal. As necessidades da vida tinham características servis, sendo que os escravos é que deveriam desempenhá-las, ficando as atividades mais nobres destinadas às outras pessoas, como a política".

(9) MARTINS, Sérgio Pinto, ob. cit., p. 34: "A ideologia do trabalho manual como atividade indigna do homem livre foi imposta pelos conquistadores dóricos (que pertenciam à aristocracia guerreira) aos aqueus. Nas classes mais pobres, na religião dos mistérios, o trabalho é considerado como atividade dignificante".

Vivia, porém, a sociedade grega a circunstância de um paradoxo: o escravo (trabalhador) poderia ser (e era) desprezado; a sua atividade poderia ser mal-vista. No entanto, o resultado dessa atividade desprezível era elemento indispensável para a sociedade e, por isso, merecia qualificação e tratamento peculiares. O próprio *Xenofontes* aduzia: "as artes manuais são vis e desprezáveis", e completava: "o homem só se realiza, na vida societária, ao dedicar-se às armas, posto que, como súdito, deve estar sempre pronto a servir à Pátria".

Essa condenação ao trabalho — especificamente ao manual, na prática, à época, o único existente — alcançou, inicialmente, o escravo, atingindo, logo em seguida, o homem livre, profissional das artes manuais, que delas passou a fugir para não se ver igualado ao servo. Também *Platão*, na "República", faz sentir sua ogeriza pelo trabalho manual, mesmo reconhecendo o significado do seu resultado para sustentação da economia helênica. Na mesma obra, ele aflora a temática da divisão do trabalho — de tanto significado nos séculos futuros — com a frase: "nenhum carpinteiro procure fazer o ferreiro".

Apesar disso, de sua inferioridade ante a sociedade da época, o escravo grego vivia num contexto sociopolítico e num esquema familiar diferente do que se atribuiria, conceitualmente, a um eventual escravo nos dias de hoje ou aos pretos africanos que, constrangidos, aqui aportaram nos navios negreiros.

Giuseppe Mira (*in* "Storia del Movimento Operaio", 2ª edição, Roma, 1965, tradução livre, pp. 5 e segs.) afirma que o *status* do escravo era uma "realidade pacífica e, particularmente, o indivíduo não via na sua situação nada de injusto, ajustando-se ao contexto vigente". Ainda assim — mesmo antes de Cristo — o escravo não era considerado *totalmente* (ou exclusivamente) *coisa*, apesar do tratamento desumano que, em regra, lhe era dispensado; não chegava a abrir mão, completamente, de sua personalidade, sendo, inclusive, compreendido no âmbito da família mística que tinha por referência o mesmo deus-lar. O *escravo* aceitava (?) — melhor dizendo, submetia-se — àquela posição, encarando-a apenas como uma situação jurídica; julgava-se, apesar disso, útil e respeitável, na dimensão de seu bitolado horizonte, pela responsabilidade parcial que se lhe atribuía, mesmo diante da submissão genérica em que se encontrava.

Spencer (*in* "Instituciones Industriales", 1948, Madrid, pp. 189 e segs.) pondera, criticamente, que "en estos ultimos tiempos, la costumbre ha producido la idea de que la esclavitud es una instituición excepcional, cuando precisamente el examen de todas las sociedades, en todos los tiempos, demuestra que la esclavitud fué la regla y la libertad, la excepción".

Nessa escravidão, como que regulamentada, a pessoa subjugada vinha a ser como um novo membro de família, não compartilhando, porém, de certos direitos, bem como de honras e privilégios conferidos aos autênticos membros do clã familiar.

De qualquer maneira, e mesmo primitivo, havia um mercado de mão-de-obra, oscilando ao sabor das pressões da oferta e da procura. *Dobbs* (*in* "Salários", 2ª edição, México, DF, 1949, pp. 10 e seguintes) pondera: "la subsistencia del esclavo representaba para el amo su costo o inversión y lo que producia por encima de ello, su excedente o ingreso neto. Cuando la 'oferta' de esclavos era abundante y, en consequencia, costaba poco adquirirlos, el amo no necesitaba gastar mucho en mantenerlos, estando en aptitud de darse el lujo de hacerlos trabajar duramente y agotarlos pronto, reponiendo su acervo con nuevas compras. Cuando, a consecuencia de la falta de nuevas conquistas, o de la decadencia del comercio, los esclavos llegaban a escasear, hubo que se les dar un trato más circunspecto. El amo problablemente tuvo que ofrecer a cada esclavo lo bastante para procurar y sostener una familia". A sorte do escravo estava condicionada, pois, às variações que apresentava o mercado do qual surgia. Os triunfos do país em que se encontrava, no campo militar, traziam um desprestígio e significavam para os escravos, se não maus-tratos, pelo menos desprezo absoluto, em face da multiplicação de novos, oriundos das fileiras inimigas vencidas. Um período de crise econômica, com devedores insolventes em quantidade, também produzia grandes danos à situação dos submissos, pois os devedores inveterados iriam fazer-lhes companhia e acrescer, na balança, o prato da oferta.

Tais situações foram vividas tanto por escravos gregos, quanto pelos romanos, quando das grandes vitórias. Especialmente se velhos, amos desejavam que sucumbissem para que o prato de comida que investiam em sua alimentação fosse aproveitado por um sucessor vigoroso. Enfim, melhoria de situação para o escravo só ocorreria (e ocorreu) nas fases de escassez de mão-de-obra, quando os senhores disputavam os seus serviços, oferecendo-lhes, como compensação, uma posição menos vexatória na hierarquia social.

De qualquer maneira, entre os gregos verificou-se que, à medida em que diminuía o número de artesãos livres e aumentavam as condenações ao trabalho manual, *caíam* as *reservas morais* que decorriam dos hábitos salutares do trabalho disciplinado e diuturno. Quanto mais tarefas se delegavam aos escravos e/ou aos estrangeiros, inclusive serviços públicos, domésticos e agrícolas, mais o cidadão recolhia-se ao ócio, à filosofia e ao militarismo. Assim, os espartanos — mestres nas artes guerreiras — venceram batalhas mas nunca conseguiram conquistar os vencidos, porque lhes faltava a estrutura social sólida do trabalho; mesmo a austeridade de sua postura militar não foi capaz de imunizá-los das idéias e comportamentos, prenhes de inércia, de seus dominados, também hostis ao trabalho manual. Por isso, *Salustio alertava César: "Virtus, vigilantia et labor, apud graecos, nulla sunt"*.

As idéias de hierarquização absoluta das atividades contribuíram, dessa forma, a criar uma escala de valores inautênticos, responsável parcial pela desagregação final a que se viram conduzidos os helênicos.

Sobrou-lhes — caso dos espartanos — preparo e influência guerreiras, faltando-lhes a estrutura societária organizada que só a virtude criadora do trabalho sabe emprestar a um povo.

Os gregos transmitiram aos romanos esse menoscabo pelo trabalho manual, particularmente o exigente de esforço físico. O que a História registrou foi o fato de que, na proporção em que, aparentemente, os gregos davam os últimos passos rumo ao cimo da glória, na verdade estavam a aproximar-se da total degringolada, coincidindo com a redução acelerada do elenco de atividades, tidas como nobres. Ao final, restou a agrícola. E foi com esse perfil e feição que Roma recolheu a herança, que viria a influenciá-la fortemente.

6. O MUNDO ROMANO E SEU ÍMPETO NORMATIVO

Com a legislação *romana*, também o trabalho é alcançado pelo processo de codificação, testemunho de sensível evolução jurídica que, inclusive, no decurso do tempo, teria forte influência na formatação normativa dos povos ocidentais. Mais duradouras que as vitórias de Júlio César e as conquistas de Augusto, foi o legado de Roma por meio de um corpo de leis, exemplos de sapiência técnica e boa inspiração substantiva. *Félix Senn* (*in* "De la Justice et du Droit, Explication de la définition traditionelle de la Justice", Paris, 1927, p. 47) acentua tal pensamento, ao asseverar que, depois de esmiuçar vários conceitos apresentados na continuidade histórica, não encontrou um sequer que se equiparasse ao romano de *Ulpiano:*

"Iustitia est constans et perpetua voluntas jus suum cuique tribuere" ("Justiça é a vontade perpétua e constante de atribuir a cada um o direito que lhe corresponde").

No pertinente às *relações trabalhistas*, os romanos colocaram-nas no espaço correspondente ao Direito Patrimonial, nele inserido o *trabalho escravo*. Existindo o direito do senhor ao fruto do trabalho do escravo, em conseqüência do Direito de Propriedade, constituir-se-ia mera relação de fato para a qual não influía a vontade do escravo, posto que, juridicamente, não se lhe reconhecia a personalidade. Por isso, o produto do trabalho mantinha-se sob regência do Direito Patrimonial, como qualquer objeto de relação dominial. Em tal contexto, permitia-se o *arrendamento da pessoa* a um terceiro, que exploraria seus serviços e retribuiria, por isso, ao seu senhor. Através de tal processo explorador locava-se a pessoa escrava, posto que, juridicamente, ficava enquadrada no rol das coisas (*res*).

Os romanos também destacaram vinculações entre o *Direito Familiar* e *o trabalho*. Particularmente aos denominados *alieni juris*, os quais, para fins de capacidade jurídica laboral, encontravam-se submetidos ao pátrio poder, em razão do que, ao *pater*, cediam o resultado de sua atividade, numa total subordinação econômica. *Socialmente, distinguiam-se do escravo*, no entanto sofriam certas restrições econômicas tão contundentes quanto aquelas aplicadas aos servos propriamente ditos. A disciplina familiar mostrava-se rigorosa e o fruto da atividade de cada um dos membros tinha um só destinatário: o chefe; isto porque, sobre ele, de forma centralizada, repousavam os encargos de dirigir o clã familiar. Por isso, correlatamente, à sua livre disposição, colocavam-se os frutos obtidos pelos que atuavam sob seu comando. O *pater* poderia abrir mão dessa prerrogativa, desde que, para preservar sua descendência, a ela concedesse um pecúlio. Tal ocorria mui raramente, assegurando-se, além do mais, ao chefe o direito de revogar o pecúlio, através da chamada *admoetio peculi*. Dessa forma, mesmo na órbita familiar e entre homens livres, o Direito Romano não atribuía o produto do esforço pessoal àquele que executara a obra. Concedia o fruto do trabalho a alguém que se vinculava, não à produção, mas ao produtor, por laços de afinidade ou consangüinidade, vinculação que outorgava uma primazia e uma superioridade que se estendiam do campo religioso ao laboral, passando pelo civil e pelo penal.

Um terceiro ramo também mantinha vínculos romanos com o trabalho, o *Direito Obrigacional*, de onde teriam surgido estipulações que deram origem a algo aproximado ao contrato de trabalho. Identificava-se essa situação quando da manumissão do escravo. O senhor, antes de conceder a liberdade, exigia o cumprimento de uma série de requisitos, que teria de ser superada pelo servo. Uma das garantias exigidas era, através do *ius jurandum*, a prestação futura do *obsequium*, pelo qual o escravo obrigava-se, antecipadamente, a dispor, no porvir, de parte de seu tempo em benefício de seu antigo senhor, sem qualquer contraprestação. Apenas por uma perpétua gratidão por sua transformação de escravo em liberto. Até a promulgação da lei *Aelia Sentia*, cabia ao antigo senhor, além do mais, uma parcela do que o liberto perceberia pelo serviço prestado a terceiros. Posteriormente, tal servidão foi abolida, mantendo-se, porém, as *operae officiales*, como se chamavam as obrigações que forçavam o liberto a executar algumas tarefas para o seu senhor.

Para a economia romana, no entanto, a atividade dos libertos tornou-se fundamental, motivo pelo qual tal grupo passou a ganhar um tratamento sempre mais distinguido da (e na) sociedade da época. Paulatinamente, os libertos foram liberando-se dos encargos pessoais do *obséquio*, adquirindo crescente liberdade para contratar seu trabalho com terceiros, com razoável espaço de autonomia. Essa estipulação com estranhos, pelo antigo vínculo de submissão, é que se veio a constituir na fonte remota do atual contrato de trabalho. Não há semelhança que os confunda mas há, no DNA original, analogias que asseguram parentesco.

No cenário sociopolítico-laboral do Império Romano há de se destacar a figura do "*colono*". Livre, num enfoque eminentemente pessoal, via-se submetido à terra em que trabalhava. Tal dependência real ganhou maior consistência e importância com o decurso do tempo e relevo especial na Idade Média.

Bayón Chacón, avaliando o contexto romano, aduz (*in* "La Autonomia de la voluntad en el Derecho del Trabajo, Madrid, 1958, pp. 38 e 39) que "no obstante la regulación de la actividad en el primer aspecto como una *locatio operarum*, aparece combatida por algunos romanistas, que afirman que *no existia* ni siquiera primitivamente una *locatio operarum*, sino un arrendamiento del proprio cuerpo del trabajador (*locatio hominis*), semejante al arrendamiento de una *res* (*locatio bovis*), con lo cual la cosa, trabajo, no constituia objeto de la Regulación Jurídica, la cual recaia específicamente sobre el trabajador — hombre — cosa". E completa o antigo decano da Universidade de Madri: "cualquiera que fuera la primitiva concepción lo cierto es que el arrendamiento de la actividad fruto del trabajador llega a regularse como una obrigación de hacer, através de las *operae* de los libertos, que son las que mayor similitud pueden llegar a guardar con el moderno contrato de trabajo" (obra citada, p. 39).

Poderia, talvez, sintetizar-se esse processo de múltiplo relacionamento assinalando que, no âmbito do Direito Patrimonial, onde se destacavam os escravos, ocorreria uma relação similar à *locatio hominis*. No momento em que se pisa o território do Direito Familiar, prevaleceria apenas a apreensão do trabalho como tal e de seu produto, com o que se caracterizaria a *locatio operarum*. Por último, na área relacionada com o Direito Obrigacional (libertos, submetidos pelo *ius jurandum*, ao *obsequium*), verificar-se-ia uma *locatio operis*, desde que se observasse que as prestações laborais eram dos libertos, relacionadas com terceiros, dos quais não eram empregados, no sentido específico que se veio emprestar ao termo, mas com os quais se obrigavam por uma determinada tarefa a cumprir ou obra a realizar.

Evaristo de Moraes Filho (obra citada, p. 325) preleciona: "o que nos importa fixar é que, para os romanos, tanto podia ser de coisas ou de força humana, tudo era mero arrendamento (*locatio*). Ou melhor, na conhecida frase de *Gustav Radbruch*, na ordem jurídica romana, a relação de trabalho se achava fundada sobre os direitos reais: o operário era um escravo, uma propriedade do Senhor, uma coisa. Só um direito que estava acostumado a considerar o operário como uma coisa podia aproximar, inclusive na denominação, o arrendamento de serviços ao arrendamento de coisas".

O mundo laboral romano tinha no trabalho escravo um de seus sustentáculos. Os servos superavam em número os homens livres, como informa *Pérez Leñero* (*in* "Instituciones del Derecho Español del Trabajo", Madrid, 1949, pp. 27 e segs.). Conta a crônica dos anais do Senado romano que *Sêneca*, o filósofo, afirmava que a quantidade de escravos era perigosa para a tranqüilidade pública, rechaçando projeto que tramitava, na Câmara Alta, de que os servos usassem uma vestimenta especial, pois, em tal caso, "poderiam comprovar a inferioridade numérica dos homens livres".

Havia, já à época, algumas atividades que permitiam (ou até exigiam) *coletividades laborais*. Tal situação ocorria, principalmente, na área têxtil, fazendo com que o aglomerado obreiro — sem o desenho jurídico-econômico de empresa — lembrasse o perfil físico do que, alterado, seria, séculos depois, uma indústria. Exemplos desses centros de trabalho foram os estabelecimentos onde dezenas de *mulheres* dedicavam-se a confeccionar o vestuário para as famosas legiões guerreiras. *Nicolai* (*in* "Liberación del Trabajo", 2ª edição, Buenos Aires, 1941, p. 70) recorda que centenas de escravos *copiavam* o *mesmo modelo*, com precoce e acentuada utilização do processo que, depois, ganhou o nome de "estandartização". Também nas marmorarias e/ou gessarias agrupavam-se os trabalhadores da época, até porque a cada novo Imperador — e, às vezes, ocorriam rápidas e abruptas sucessões — deveria erguer-se sua estátua em centenas de povoações, cidades, circos, muros etc., o que levava os artistas (ou artífices) a construí-las com cabeças removíveis, simplificando a substituição. Seguramente não previam que muito tempo depois, *Touraine, Hagedus etc* estariam discutindo sobre racionalização laboral.

Tais organizações produtivas costumavam encontrar-se *sob domínio do Estado* e nelas se podia identificar um dos mais adiantados sistemas, para aqueles idos, de relação entre o que seria a semente das figuras do empregador e do empregado. Interessante sublinhar que, hoje em dia (menos que ontem, por sinal) a relação entre o servidor de ente público e o Estado costuma ser mais favorável do que aquela estabelecida entre o empregado do setor privado e seu patrão. Na era romana, apesar das disposições rígidas dos "Trípticos", também o Poder Público andava alguns passos adiante do *senhor* particular, posto que as medidas protetivas e assistenciais mais avançadas encontravam guarida nas regulamentações do trabalho para obras ou serviços públicos.

Apesar de se notar que o trabalho foi elemento de importância na construção do bem sucedido projeto político, econômico, militar do Império Romano, não lhe foi concedido, para registro histórico nem na hierarquia da época, posição de reconhecimento. Ao contrário, regra geral, se lhe dispensou certa desconsideração, se não esquecimento.

Bayón Chacón (obra citada, pp. 39 e 40) trata de responder o porquê dessa desvalorização, sistematizando um conjunto de razões:

> "No quedaria suficientemente tipificado el quadro de la naturaleza de relación laboral en Roma si no agregáramos que el trabajo no revestia — sobre todo originariamente — la importancia social que ganó en los tiempos modernos, por las causas siguientes:
>
> a) Herencia del concepto helénico del carácter vil del trabajo manual (impuesto en su dia a Grecia por Esparta);
>
> b) Consideración del trabajo agricola como el unico honorable;
>
> c) Primitiva organización social agrícola;
>
> d) Inexistencia de lucha ente capital y trabajo con la agudeza con que se presenta en los tiempos modernos y que en aquellos no constituia un problema arduo político, pues el pri-

mitivo capitalismo, introducido por el contacto con los pueblos orientales, y sobre todo, por la influencia helenistica, no llegó a constituir un fenómeno de honda repercusión económico-social, dado el extraordinario predominio de lo político sobre la vida romana;

e) Amplitud que, en la economia romana, tuvieron siempre la producción doméstica y el trabajo obligatorio, de suyo poco apto para una amplia regulación jurídica."

Todos esses elementos, por si só, mostram íntima correlação, qual seja a *desconsideração pelo trabalho*, herdado da Grécia como desprezível, exceção feita à atividade agrícola em razão do preceito valorativo da Lei das XII Tábuas.

Destarte, vinculava-se, na Antigüidade Clássica, o trabalho ao escravo, como regra e de maneira prática, ainda que ocorrendo eventuais exceções. Valia, também para Roma, a máxima de *Aristóteles*, na "Política": "na mesma família, existe o homem que manda, a mulher que a perpetua e o escravo que a serve".

E de onde se originaria esse "rebanho tão numeroso" (de escravos), na expressão de *Renard*, entre os romanos? De *três fontes* concorrentes e distintas: *das derrotas* nas guerras, *da vinculação hereditária* e *das dívidas* não saldadas nos devidos prazos. O soldado vencido, o filho do escravo e o devedor insolvente compunham, predominantemente, a população escrava do Império. Havia situações especiais em que punições imperiais podiam transformar o homem livre em escravo: a deserção das fileiras legionárias e/ou a não inscrição no Censo, como prescreveu Sérvio Túlio.

Conviria observar que uma das fontes inspiradoras do que viria a ser o contrato de trabalho também se encontra nas estipulações entre os *libertos* e os que faziam uso de seus serviços. E por que razão? Como o trabalho era um fato, *in genere*, desonroso, as relações laborais entre homens livres eram escassas, não servindo para contribuir como fundamento histórico de um instituto das dimensões do contrato de trabalho. Como os libertos dedicavam-se à profissão (assumiam como trabalhadores), sem temer pechas ou qualificações de "indignos", terminaram por alicerçar esse tipo de regulamentação que se admitiria como um dos ancestrais do vínculo empregatício contemporâneo.

Do mundo laboral romano, não só pode extrair-se essa constatação de ligação genética com o contrato de trabalho lato senso mas também com aspectos peculiares que, paulatina e progressivamente, foram consolidando-se no núcleo de tal ajuste.

A duração da jornada, para os escravos, por exemplo, costumava estender-se de "sol a sol", numa média aproximada de 13 a 15 horas (conforme inverno ou verão), com algumas variações à luz de práticas e costumes das diversas regiões do Império. De outro lado, subindo o *status* do prestador de serviço, a jornada diminuía: o liberto, em regra, trabalhava oito horas e o homem livre, tido como intelectual, não mais de seis horas diárias.

O hábito era que não ocorresse atividade *noturna*, salvo situações peculiares, no inverno, posto que o dia, em termos de luminosidade (e se fala do Hemisfério Norte, no caso), terminava muito cedo.

Na capital imperial, Roma, onde a prestação de serviços era menos exigente (já, na época, as metrópoles faziam valer seu poder político) do que nas províncias, consagrou-se um *intervalo intrajornada*. Normalmente, mesmo para os escravos, entre a sétima e a oitava hora da jornada, o trabalho era paralisado, por volta de 30 a 60 minutos, para que os trabalhadores pudessem alimentar-se, cuidar de seu asseio e higiene e até descansar.

Os *feriados*, por outro lado, baseavam-se em datas religiosas, quando se considerava uma ofensa aos deuses qualquer atividade profissional. A única exceção abria-se, nessa ocasião, para os labores de escravos responsáveis por serviços domésticos. No entanto, a grande paralisação laboral acontecia por ocasião das Saturnais (coincidentes com os dias 18, 19 e 20 de dezembro, em nosso calendário), quando os romanos concentravam toda sua atenção no culto às divindades e abandonavam qualquer prática laboral. Já na Roma inoculada dos primitivos sentimentos cristãos, começaram a surgir paralisações (inclusive protestatárias) para comemorar efemérides ligadas à nova Religião.

Impõe-se recordar, de que qualquer maneira, ocorria visível diferença entre os dispositivos aplicáveis aos escravos e os destinados aos libertos. No caso dos escravos, dava-se uma grande autonomia (poder quase discricionário) ao Senhor para adequar à sua vontade as normas do Digesto, regulando-as caso a caso, ajustando-as a costumes regionais etc. Já os libertos, mais protegidos pelas normas vigentes, detinham maior influência na fixação dos acordos reguladores da prestação laboral, mesmo sabendo que, ante uma controvérsia, deveriam ceder à vontade e aos interesses predominantes do homem livre a quem prestavam serviços. Por isso, não se poderá estabelecer sinonímia, nem mesmo analogia, entre o contexto romano e o mundo contemporâneo, com suas garantias irrenunciáveis embasadas em conquistas sociais e asseguradas pelo

Estado de Direito. Não reconhecer, porém, a semente fecundante romana é heresia histórica; encontrar igualdade é exagero passional, sem valia científica.

Francesco Carnelutti, analisando a "crise do Direito" (já, na década de cinqüenta, preocupante e criativa como a de hoje) bifurcava o mundo jurídico em duas grandes correntes: a Civil e a Penal. A primeira compreenderia as relações do *avere*, tutelando-as. A segunda abrangeria as garantias do *essere*, regulando-as.

Nas variadas relações laborais que o mundo romano apresentou encontra-se o predomínio desse Direito-matéria, que é o *avere*, mas já também se começa a delinear, progressivamente, o perfil do *essere*, a meio caminho entre o Coletivo e o Público, acenando com um chamamento da Justiça Social.

Em meio ao desapreço pelo trabalho muscular, a *agricultura*, excepcionalmente, mereceu especial consideração, seja dos políticos, como dos homens de letras, valorizando-a no consenso societário. Catão, o pró-homem por excelência, em discurso no Senado, afirmava: "*no campo, está a ocupação mais honrada do homem*". Terêncio ratificava a opinião do Moralista, asseverando: "A cultura da terra é própria do homem". Plínio, o Velho, enfocando temática que continua motivadora de polêmicas opiniões e extremados debates, defendia, com vigor, a situação do trabalhador rural e condenava o latifúndio, então incipiente, preocupando-se com o surgente êxodo rural. Alertava as autoridades que *não permitissem escravos na agricultura*, posto que, pelo seu significado, a atividade agrícola deveria estar reservada só aos que estivessem no pleno gozo de seus direitos. Cícero, também ante o Senado, sem chegar às loas para a agricultura, condena as profissões manuais urbanas; "na *carpintaria*, não há nada decoroso". É diante de tal mentalidade que se reduz, com o passar do tempo, a população ativa do Império, *particularmente na metrópole*, multiplicando-se o número de parasitas, sustentados, face hipotéticas atividades públicas, pelos cofres do Estado, que, por isso, foram debilitando-se (essa modelagem não é muito distinta de situações contemporâneas!).

Sérvio Túlio, idealizador do Grande Censo, constatou, por ele, a queda do padrão de vida da população, verificando-se a existência de *grande número* de "*proletários*" (classe na qual foram enquadrados todos aqueles que tinham menos de 12.500 aci) em oposição ao número *sempre menor* de ricos ou "*locupletes*". Os proletários foram isentos, pelo Imperador, de tributação estatal, mas se lhes oferecia como contrapartida, a entrega ao Estado da própria prole, que permaneceria no serviço militar do Império. Foi no seio desse proletariado (o patrimônio estava na prole) que, mais tarde, vieram a surgir — especialmente no Império Bizantino — as *primitivas corporações*, mau grado as restrições impostas por César Augusto (67 a.C.). Essas primeiras corporações reguladas por dispositivos legais e fiscalizadas impiedosamente pelo Imperador, distinguiam-se daquelas que as viriam substituir em plena *Idade Média* e que *geririam*, direta ou indiretamente, os *negócios públicos*.

As "*corporações romanas*" (primitivas, pois) destinavam-se, especificamente, a servir como instrumento de articulação religiosa e de satisfação de anseios culturais-familiares.

Não seria lógico que se ultimassem os comentários deste capítulo, sem registrar que alguns filósofos, mesmo no período romano, levantaram sua voz, *opondo-se* ao *regime escravo*. Sêneca chamava atenção de seus cidadãos, interrogando: "não pensas que o escravo respira o mesmo ar que tu, morre como tu e, um dia, pode considerar-te escravo"?, enquanto Marco Aurélio, imperador e pensador, não escondia ter tido como seu amigo mais fiel e conselheiro oficial o escravo Epítote.

Não ficaram, porém, os romanos só nas palavras de alguns pensadores ilustres. A História registra exemplos de libertos que chegaram à magistratura, apesar de também noticiar a rebelião, levando os que se achavam sob o jugo até o cimo do monte Aventino, num dos *primeiros grandes movimentos sociais de todos os tempos*. Por aí passou, quase desapercebido, um sentimento que se fez duradouro, e perpétuo, de chegar-se um dia ao alvo prometido, e merecido, da Justiça Social.

7. O CRISTIANISMO E O REGIME DE ESCRAVIDÃO

Convivendo com a queda do Império Romano, afirmava-se, no mundo, uma força espiritual que lançava sua influência sobre diversas áreas. Era o *Cristianismo*, que, defendendo o amor entre os homens, derrubava a teoria, velhos preceitos que serviram de sustentáculos à Antigüidade Clássica e a períodos que a antecederam. Retomando o princípio *hebraico* de que o *trabalho não era indigno*, o Cristianismo[10] foi mais além e defendeu a igualdade en-

(10) SEGADAS VIANNA, ob. cit., p. 85: "A dignificação do trabalho viria, entretanto, com o Cristianismo. Foi a palavra de Cristo que deu ao trabalho um alto sentido de valorização, não tendo consistência as alegações dos que afirmam que Jesus condenava o trabalho material quando declarava: "Não vos preocupeis com vossa vida pelo que haveis de comer, nem com o vosso corpo pelo que haveis de vestir. Olhai como as aves do céu não semeiam nem segam, nem guardam os grãos, e o Pai Celestial as alimenta".

tre os homens, o que era incompatível com a manutenção da escravatura, assentada em discriminação pelo nascimento, por motivação racial etc. A expressão de São Paulo, *"o que não trabalha, não come"*, identifica a linha dos seguidores de Cristo e, particularmente, a idéia que nutriam sobre o trabalho; para eles, elemento básico das relações humanas. O dever do trabalho, proclamado em todas as Constituições dos Estados modernos, teve sua semente nas Epístolas paulinas, que se adiantaram a elas em vinte séculos.

Mais tarde, mas ainda nos primórdios do Cristianismo, São Giácomo alertava que "o agricultor deve primeiro trabalhar para, depois, colher os frutos", enquanto Cristo prelecionava, libertariamente, condenando o modelo escravagista: "o escravo se torna livre do homem livre e este se transforma em servo de Deus".

Tais diretrizes, crescentemente acolhidas, foram afrouxando as bases da economia montada sobre a escravidão. O Cristianismo[11] defendia uma espiritualização maior na convivência entre os homens, o que implicava em novas diretrizes na regulamentação das duras relações laborais. Se todos os homens eram feitos à imagem e semelhança de Deus não se lhes poderia submeter a um tratamento desumano. Eram todos irmãos e as relações deveriam ser condignas, o que implicou na liberação de um grande número de escravos, à medida em que os senhores convertiam-se ao novo credo. Paralelamente, cresciam as retribuições e diminuíam as jornadas.

O Cristianismo também *quebrou* a *hierarquia* entre os diversos ofícios, dando a *todos o mesmo valor*. Apesar disso, preservava-se certo destaque para a atividade agrícola, agora sob fundamento de que seus exercentes, contando, em sua rotina, com as chuvas, os frutos silvestres, os animais estariam mais próximos da Natureza e, por conseqüência, de Deus, seu Criador; logo, deveriam

---

Nas palavras de Cristo existe um outro sentido: o de que as preocupações materiais não deveriam sobrepor-se às espirituais, estas sim, indispensáveis à conquista do Reino dos Céus. É o que encontramos no evangelho de São Mateus: "O que aproveitará ao homem ganhar todo o mundo, se perde sua própria alma"?

Neste mundo terreno, o homem teria de ganhar o pão com o suor de suas próprias mãos e seria com o seu esforço que ele deveria viver para ser digno, não bastando, para ter dignidade, a posse de bens materiais que lhe dessem direito ao ócio.

(11) SEGADAS VIANNA, ob. cit., pp. 85/86: "A evolução do cristianismo, valorizando o trabalho, não representava, também, nos primeiros séculos, a criação de condições fundamentais para um direito novo.

Valorizava-se o trabalho, mais do que como dever social, como um corretivo ao ócio, uma humilhação do corpo, e para assegurar a manutenção própria sem ter de obtê-la por mãos estranhas ...".

ser distinguidos. De qualquer maneira, o Trabalho passou a ser considerado elemento da Criação e seu titular, o trabalhador, o agente a ser valorizado.

Essa nova configuração funcional do Homem e de suas finalidades veio a dar uma tônica diferente nas relações laborais. É quando se assiste à decomposição do Império Romano; na proporção em que se liberam escravos, acredita-se na redenção pelo trabalho; é quando os *pater familias* cedem, progressivamente, grandes parcelas de sua despótica autoridade no âmbito familiar, incrementando-se, por decorrência, vínculos convencionais entre os dois pólos da relação bilateral de trabalho.

O sopro fraterno dos ideais cristãos[12] contribuiu para a derrubada do, até pouco tempo, onipotente modelo romano, que, na verdade, em seus alicerces, já apresentava deficiências insanáveis pelo desapreço com saudáveis princípios morais.

8. A PRÉ-HISTÓRIA DO ASSOCIATIVISMO PROFISSIONAL

Chega o momento de fazer uma incursão também sobre os *antecedentes* do que viria, na contemporaneidade, a constituir-se no *Direito Coletivo do Trabalho*. Sem que se possa ver em tímidas — mas existentes — iniciativas de associativismo na Antigüidade Clássica expressões muito similares ao sindicalismo dos últimos tempos, há de se registrar que este último, daquelas, recolheu alguns fundamentos.

Os helênicos apresentaram-nos as *hetairíades* ou *hetairias* (conforme *Pérez Patton*, em seu livro "Derecho Social y Legislación del Trabajo"), que reuniam, especialmente, *escravos manumitidos* e os *estrangeiros* aptos a exercer alguma profissão de pouco prestígio na época. Raros eram os homens livres nelas integrados.

Serviam, primordialmente, como órgão de proteção e auxílio mútuo, não tendo finalidade de controle do mercado ou de regulação profissional. Sua influência era diminuta, como se extrai do comentário de *Martin Saint-León* ("Historia de las corporaciones de oficio", 1945, Madrid, pp. 30 e segs.): "quien recuerda que 'hetairiade' era, en Grécia antigua, una asociación de 'hetairas', o sea, mujeres que comerciaban con el amor, aunque luego, con esse vocábulo, se designe a toda asociación secreta, la adopción del recordado nombre patronímico para designar a los antiguos colégios, denotaba el

(12) SEGADAS VIANNA, ob. cit., p. 85: "O cristianismo lançava as bases reais para séculos mais tarde, se firmarem os fundamentos do Direito do Trabalho".

desprecio que los griegos sentian por el trabajo". As *hetairíades* poderiam estipular regulamentações no pertinente às relações entre seus componentes — espécie de regimento de conduta interna — desde que tal elenco normativo não se chocasse com as leis do Estado. Em síntese, valem mais as *hetairíades* pelo seu registro histórico do que por sua efetiva — e modesta — atuação.

Já em Roma, o associativismo ganha importância. Tivemos dois tipos de *entidades* coletivas: as *societas* e os *collegium*. Aquelas formavam-se de individualidades imutáveis, uma vez que o desaparecimento de um dos componentes implicava na cessação de atividades da própria sociedade. Ligavam-se, umbilicalmente, aos seus parceiros fundadores e, em função deles existiam, o que lhes retirava boa parte de potencialidade na área profissional. Já os *collegium* demonstravam bem mais solidez. Independente deste ou daquele membro existiam, substituindo os mortos e/ou renunciantes por novos componentes e dando continuidade a sua atuação. Inicialmente, gozaram dos favores dos Estados, que os mantinham praticamente livres, desde que, no seu atuar, não infringissem o que era tido como ordem pública e os seus ditames reguladores.

Tais *collegium* vieram a bifurcar-se, durante a República, em *religiosos* e *profissionais*. Ambos guardavam características religiosas, dedicando a maior parte de suas reuniões a cultos sagrados. A distinção entre eles residia no fato de que os *religiosos* propriamente ditos não ultrapassavam, no seu agir, o campo específico da crença. Tratavam-se de congregações de homens, que viviam de seu trabalho e que, depois dele, reuniam-se para debater temas de fé e propagar os princípios a ela inerentes.

Já os *collegium profissionais*, mesmo compostos por elementos semelhantes aos anteriores, estendiam sua atuação à cooperação recíproca, formando verdadeiras *caixas de socorros mútuos*, segundo identifica *Renard* (*in* "Sindicatos, trade-unions y corporaciones", Madrid, 1942, p. 194). Mais tarde, vieram eles também atuar com *objetivos políticos*, dando seu apoio a diferentes lideranças na disputa do poder. *R. A. Nápoli* (*in* "Manual de Derecho Sindical", Buenos Aires, 1961, p. 21), sobre o tema, detalha: "cuando César, apoyado por muchos de ellos, llegó al poder, se apresuró a hacerlos desaparecer, excepción de los más antiguos que quedaron fieles a su carácter profesional. En la época clásica, los *collegium* se distinguían por dos características fundamentales: no tenian monopolio y no resultaban de existencia obligatoria".

Esses *collegium*, portanto, não se dedicavam a controlar o mercado profissional, limitá-lo ou formar mão-de-obra. Seu desiderato era outro. A *lex Julia* aboliu-os, juntamente com os *sodalitias*, entidades de cunho exclusivamente político.

A proibição legal condenou à morte a quase totalidade dessas instituições, determinando a transformação dos remanescentes em *corpora*, isto é, órgãos auxiliares do Império, partícipes de um poder corporativo e centralizador, do qual eram dependentes. Viraram estruturas do Estado, em nome de quem realizavam tarefas assistenciais, necessárias à subsistência populacional, perdendo força e autonomia.

9. FEUDALISMO

Como o Império, também o sistema laboral romano entrou em crise nos primeiros séculos do cristianismo. A Idade Média indica uma reformulação radical nas relações do trabalho. A escravatura, sob influência da mentalidade cristã, que defendia preceitos morais e religiosos com ela incompatíveis, desmantela-se. Outros fatores — ademais dos mandamentos cristãos — contribuíram para a formulação de um novo perfil societário. No século III, a *tributação*, no Império Romano, tornou-se altíssima com relação à propriedade rural; enquanto, em épocas passadas, o imposto incidia apenas sobre a terra *produtiva*, dessa época em diante passa a ser também exigido dos proprietários de terras *improdutivas* (mais consentânea com a mecânica tributária contemporânea, por sinal). Na época, porém, os "novos tributados" trataram de liberar-se do fisco, pois lhes faltava receita para pagar ao Estado. A solução foi *liberar os escravos*, entregando-lhes a área rural em que prestavam serviços, de modo que, sendo proprietários, passassem a ser, por conseqüência, contribuintes (nada mais, nada menos do que uma *reforma agrária*, por meio de pressão tributária; e isso há mais de 1500 anos!).

O *feudalismo* foi um outro fator que contribuiu para a derrubada do regime escravo, uma vez que "al producir el fracionamiento de los Estados en feudos, al incorporar el régimen de gobierno de los señores, dueños de vidas y haciendas, formalizó un avance sobre el trabajo servil, en forma total; ya que si bien el siervo pasaba a ser vasalo, éste también tenia ciertos derechos, y los deberes se reducían a cierto género de prestaciones exigibles en determinadas épocas del año" (*Guillermo Cabanellas*, *in* "Introducción al Derecho Laboral", Buenos Aires, 1969, 1º volume, p. 57).

Também a *Igreja Católica*, como pondera *Inchausti* (*in* "Orígenes del poder econômico de la Iglesia", Madrid, 1958, 2ª edição, pp. 75 e segs.), tornando-se porta-voz institucional dos ideais cristãos, cooperou para que se reduzisse a escravidão. Diz ele: "*La Iglesia*, al proteger la vida y la personalidad de los esclavos, al exaltar a los hombres, considerando a todos ellos hijos de un mismo Dios, señaló bases espirituales suficientes para que fueran materia ligadas por hechos; *procedió* en sus propriedades en forma que la doctrina sustentada pudiera armonizar con el empleo del trabajo ajeno. Para el cultivo de sus heredades utilizó el trabajo de siervos, esclavos emancipados que quedaban así sujetos a la tierra, que debian trabajar a perpetuidad".

Em face da estrutura feudal implantada, houve a atomização do poder e, correlatamente, as cidades foram obrigadas a estruturar-se politicamente, constituindo organizações governamentais locais e parcialmente autônomas com as quais se entrosariam, logo, as primeiras corporações propriamente ditas. Isso tudo também funcionou para que o regime escravagista sofresse queda na sua antiga importância.

A caída da escravatura, mesmo vertical, não significou o advento de um regime de igualdade nas relações do trabalho. As diferenças continuaram, levando *Marx* e *Engels*, com extremada ênfase, a asseverarem, em 1848, que: "Toute l´histoire de la société humaine jusqu'a ce jour est l'histoire de luttes de classes. Homme libre et esclave, patricien el plebein, baron et serf, maitre artisan et compagnon, en un mot, opresseurs et oprimés, dressés les uns contre les autres, dans un conflit incessant, ont mené une lutte sans repit, une lutte tantôt masqueé, tantôt ouverte, une lutte que chaque fois s'est achevée soit par un bouleversement revolutionaire de la société tout entiére, soit pour la destruction des deux classes en conflit" (*in* "Le Manifeste Communiste", tradução Ch. *Andler*, Paris, 1906, n. 2). As constatações de *Marx* e *Engels*, em termos de desigualdade, levaram-nos a propor modelos societários ousados e radicais que não lograram, quando formalmente implantados, a oferecer a resposta que os seus autores preconizaram. Também outras propostas, posteriores ao marxismo, postas à prova, não atingiram os objetivos planejados. É por isso que, ainda hoje, mesmo com melhoras, atenuações, correções, grandes *diferenças* — substanciais, por sinal — continuam a existir.

O que se viu, nos primórdios da Idade Média, foi a fase crepuscular da escravidão, surgindo, em seu lugar, outros regimes que mantiveram a primazia de uns homens sobre outros. Paulatinamente, pareciam afrouxar-se os vínculos que iriam reduzindo a pressão sobre as classes subordinadas, desejosas de alcançar condições mais dignas e compatíveis com a própria dimensão do Homem, nas relações laborais.

Na evolução dos sistemas laborais, viu-se, inicialmente, o homem vitorioso ou superior, muscularmente ao outro, condenar o derrotado à morte. A perda da vida era o preço da *condição de desigualdade*. A marca civilizadora evidenciou-se no instante em que o triunfador *poupou* seu *inimigo vencido*, condenando-o à escravidão, roubando-lhe a vida civil, mas mantendo a Vida. O *terceiro passo*, foi dado com a *liberação dos escravos*, fazendo-o servo(13). Não mais contentava-se o forte em poupar a vida de débil; passou a condená-lo ao trabalho sem remuneração e à perda da personalidade. Assim, transformava o escravo em elemento integrante do domínio senhoril e, por isso, *cabia ao proprietário* da res *sustentá-la*. O senhor preferiu *liberar o subjugado*, prendendo-o à terra, forçando-o a uma prestação de serviços que retribuía o ato da liberação e que, por sua vez, desobrigava-o dos gastos de subsistência. O antigo senhor, liberando o escravo, eximia-se dos gastos que com ele fazia, ao mesmo tempo que assegurava a perpetuidade da prestação de serviços, os quais passavam a *ligar, intimamente, o homem à terra*, e não ao seu antigo amo.(14) Essa poderia ser considerada como a terceira fase na "*evolução do homem trabalhador*". Ele passa a ser subjugado à terra, num *novo nexo de submissão*, mais atenuada para o ex-escravo e menos onerosa para o ex-senhor.

É a mutação que coincide com o início da era medieval propriamente dita, assinalando também que o final do período escravocrata vincula-se à grave crise econômica que abalou a sociedade européia à época.

Não possuíam mais condições os senhores para sustentar escravos, que, por sua vez, não produziriam bens em quantidades suficientes ou em qualidade tal que cubrissem os encargos exigidos para sua subsistência. O senhor passou da condição de proprie-

---

(13) SEGADAS VIANNA, *in* "Instituições de Direito do Trabalho", LTr Editora, 19ª ed., vol. 1, São Paulo, 2000, p. 29: "A servidão foi um tipo muito generalizado de trabalho em que o indivíduo, sem ter a condição jurídica do escravo, na realidade não dispunha de sua liberdade. Foi uma situação marcante da inexistência de governos fortes centralizados, de sistemas legais organizados ou de qualquer comércio intenso, assim como de circulação monetária. A servidão pode ser apontada como uma das características das sociedades feudais, e os juristas medievais, como *Azo* e *Bracton*, justificavam-na com a classificação romana, que identificava os escravos aos não livres, dizendo que os homens eram *aut liberi aut servi*. Sua base legal estava na posse da terra pelos senhores, que se tornavam os possuidores de todos os direitos, numa economia que se firmava na terra — agricultura ou pecuária ...".

(14) MARTINS, Sérgio Pinto, ob. cit., p. 34: "... os senhores feudais davam proteção militar e política aos servos, que não eram livres, mas, ao contrário, tinham de prestar serviços na terra do senhor feudal. Os servos tinham de entregar parte da produção rural aos senhores feudais em troca da proteção que recebiam e do uso da terra".

tário, que explorava diretamente seu negócio, à situação de quem o arrenda a outro, assegurando-se uma quota fixa de ganho. Evitava assumir o risco de um negócio incerto, numa hora incerta. Foi, assim, uma *época em que se desmontaram as riquezas familiares* concentradas no Império, multiplicando-se, em contrapartida, as pequenas economias familiares independentes.

10. COLONATO, SERVIDÃO DA GLEBA, VASSALAGEM

Antes de examinar-se o surgimento, vigência e extinção das corporações, impõe-se, a vôo de pássaro, embora, aludir a regimes laborais que apareceram, na Idade Média, em substituição à escravidão. Essa transição implicou, por exemplo, na transformação do *escravo em colono* ou *em servo da gleba*, cujos perfis convêm examinar melhor.

O *colono* — fruto indireto do Império Romano — surge nas províncias longínquas, onde, havendo necessidade de fixar e preservar fronteiras, em face das ameaças de invasões bárbaras, julgou-se hábil medida entregar aos que cuidavam da terra a sua propriedade. Transformava-se, assim, o *pacífico agricultor em destemido soldado*, capaz de lutar, indormidamente, não para defender um Império mas aquele "palmo de terra", razão de ser de sua existência. Apesar dessa transferência de propriedade, os antigos titulares da terra preservavam certa ascendência sobre os colonos, a eles submetidos, parcialmente, de uma maneira hereditária, e não uniformemente fixada.

Essa classe nova — a dos colonos — surgiu, obviamente, nas *periferias imperiais*. Interessante notar que, *além desses* colonos propriamente ditos, que receberam faixas de terras fronteiriças, também *outros* foram assim denominados, distintos daqueles, posto que não se lhes outorgou a propriedade do solo. Transformaram-se estes últimos numa "espécie de siervos, adheridos no ya a un señor individualmente, sino a una tierra" (*in Cabanellas*, obra citada, p. 57). Isto porque, como diz *Bayón-Chacón* (obra citada, p. 68) "el colonato dependiente implica un vinculo real absoluto entre la tierra y el colono en detrimento de las facultades del dueño: 'este' es dueño de la tierra, pero solo la tierra es dueña del colono".

Esses colonos, presos à terra, formavam-se de dois grandes grupos, como ensina *Renard* (*in* "História del Trabajo en Florência", Buenos Aires, 1961, pp. 43 e segs.): "*de un lado*, estaban los antiguos *esclavos liberados*, los cuales veian en la posibilidad de tener libertad pesonal una garantia que solo podria ser pagada con trabajos perpetuos y devotados"; *de outro lado*, achavam-se os *homens livres* que se rebaixavam; isto é, aqueles que, mesmo não sendo originariamente escravos, preferiam sujeitar-se a uma *obrigação permanente* de servir ao proprietário de uma área rural em troca da segurança pessoal, mesmo mínima. Sentiam-se incapazes de viver livres, e optavam por oferecer seus préstimos, para sempre, desde que se lhes outorgasse efetiva proteção e não se lhes tirassem direitos fundamentais. Passaram, pois, a ser *escravos da terra,* como, anteriormente, outros o foram de um amo determinado. *Renard*, acidamente, qualifica esses homens livres, que regridem à condição de servos da gleba, como *vilãos livres*.

Além desse, a Idade Média também apresentou, desde logo, um outro grupo, *o dos vassalos*. Semelhante, mas não idêntico ao dos colonos, ou ao dos servos de gleba. O vassalo mantinha-se numa posição subordinada, ligada basicamente a um aspecto belicoso. Era o *fiel soldado do nobre feudalista*, detentor de verdadeira soberania sobre determinada área interiorana. O vassalo vinculava-se ao dono do feudo por um *juramento de fidelidade*, que o obrigava a servi-lo perpetuamente. A natureza do serviço, porém, é que diferia. As ligações entre o nobre e o vassalo achavam-se enquadradas, principalmente, nos planos político, jurídico e social. Não era o aspecto econômico que predominava e este, na maioria das vezes, traduzia-se num imposto que o senhor feudal recolhia entre aqueles que se encontravam em sua propriedade e/ou sob sua proteção.

Assim, pagava o vassalo um tributo, além de comprometer-se a formar nas fileiras do feudalista em caso de movimentos sediciosos, tão comuns num tempo de linhas limítrofes tão tênues e poderes tão instáveis como foi o Medioevo. Como o primitivo colono, o vassalo costumava ser proprietário da faixa de terra que explorava, chegando, às vezes, até a atingir sólida posição econômica. Relacionava-se com o feudalista, usualmente, como o cidadão contemporâneo com o Estado moderno: pagando impostos e prestando serviços militares (e talvez como, na maioria das situações, o contribuinte de hoje: recebendo poucos e precários serviços públicos em troca!). Também estavam sujeitos a gestos arbitrários, permitidos aos feudalistas, que mesmo com o juramento de fidelidade não obstaculizavam.

Por outro lado, com relação ao *colono dependente e ao servo da gleba*, também há como distingui-los. O primeiro (colono) poderia chegar a ser proprietário da terra em que trabalhava, passando, então, a fazer parte da classe dos *colonos independentes*. Caso trabalhasse na propriedade de outrem, teria de pagar parte de sua renda àquele que lhe cedia a área cultivada. Essa parcela, teoricamente, era de livre estipulação das duas partes. Com o tempo, no entanto, foram desaparecendo os colonos independentes, e *os dependentes* passaram a perder os direitos de que gozavam anteriormente, quando, muitas vezes, chegaram a equiparar-se, civilmente, aos cidadãos livres. Achavam-se *adstritos à terra* em que trabalhavam, seguindo-a de dono em dono, como o acessório acompanha o principal. Assim, o *colono dependente*, à medida em que se lhe impediu de cultivar a terra para si, mediante o pagamento de arrendamento preestabelecido, *foi aproximando-se do servo da gleba*, categoria vizinha à do antigo escravo. *Cabanellas* (obra citada, p. 59) diz que "los siervos no podian poseer tierra propria, ni cultivar ésta sino para su señor. La servidumbre representó una esclavitud atenuada: convertido el amo en señor, no tenia ya facultad plena sobre la vida ni sobre la persona del siervo, que gozaba de hecho de contraer matrimonio y fundar una familia. Por eso ha sido definida la servidumbre como el estado en que un individuo tenia derecho a todas las obras de otro, dejando a salvo los derechos esenciales de éste como hombre".

O servo da gleba poderia trocar, portanto, de *señor*, mas não poderia jamais abandonar a terra a que se achava vinculado. Por sinal, *gleba*, originariamente, indicava a quantidade de terra que se podia remover com o primitivo arado. Só mais tarde passou a significar propriedade rural *lato sensu*. Assim, o servo o era da gleba, e não do proprietário, a quem se ligava apenas enquanto este mantivesse o domínio sobre aquela área. *Dobb* (*in* "Salários", México, DF, 1951, p. 10) assevera que "en la esclavitud, el trabajador está completamente sujeto al amo, en tanto que, en la servidumbre, la libertad se halla limitada estrictamente por la obrigación de ejecutar ciertos trabajos en beneficio de un señor".

Esse o panorama que antecede o surgimento das corporções. A escravidão tradicional já reduzida na sua dimensão é visível, em especial, nas cidades que serviam de entreposto comercial (Gênova e Veneza, por exemplo), onde ainda eram vendidos *escravos* que passavam a tal condição *por* serem considerados *infiéis* (em sua maioria, pertencentes a organizações religiosas muçulmanas). Os *colonos*, a princípio numerosos e importantes, vão sendo colocados em posição descendente na escala socioeconômica, enquanto os *servos da gleba* (formados, ao final, por um *mix* de escravos libertos e "vilãos livres") passavam a constituir a grande maioria da massa trabalhadora na zona camponesa, abrangendo, inclusive, ao final, os próprios colonos em decadência.

Enquanto tal sucedia nos campos, a *cidade* melhorava seu tratamento ao trabalhador. É essa também uma característica da Idade Média, distinguindo-a do período clássico, quando, no plano laboral, se dava especial relevo à atividade agrícola.

No Medievo, a cidade — antigamente abandonada — veio a constituir-se em um núcleo, onde os homens, progressivamente, aprenderiam a ser livres, apesar de entraves e barreiras que viriam a ser colocadas pelas corporações de ofício. *Pérez Botija* y *Bayón-Chacón* (obra citada, p. 2) afiançam: "durante casi toda la Edad Media, nel trabajo agrícola, el vínculo obligacional casi desaparece y es reemplazado por otro de carácter real y de Derecho Público; mientras el ofício artesano es proprio de hombres livres, incluso en los oficios tenidos por viles".

11. A RENOVAÇÃO ECONÔMICA MEDIEVAL E O JUS MERCATORUM

A Europa vira, antes, a transferência da sua base econômica da *urbs* para o campo. Fora um retorno quase primitivo para a civilização pastoril, que formara, nas regiões campestres, as bases encasteladas dos feudalistas, assentando, no poderio militar de suas forças, a manutenção de um "*minifúndio(?) do poder*". Cada castelo significava um verdadeiro Estado; uma organização econômica formava-se dentro das muralhas de pedra. As cidades, despidas da importância de outras eras, pareciam abandonadas, olvidando o fausto de outros tempos. Nesse ínterim, começa a observar-se o desenvolvimento de uma atividade, até então, pouco reputada: o *comércio*. Junto dos mercadores, chegaram os *artesãos*, livres das imposições escravagistas de épocas anteriores, passando a dar vida àquelas estruturas petrificadas. Gênova e Veneza, por exemplo, tornaram-se, de imediato, postos de intercâmbio com pontos distantes, inclusive com outros continentes.

A cidade foi entregue, assim, àqueles que *fabricavam* as mercadorias e àqueles que as *trocavam* por outros artigos, transportados de lugares variados. Surgem as *feiras*. A cidade tornou-se o grande *"magazine"*, centralizando a vida de uma região que, até então, estivera dissociada dos feudos próximos. Essa *ressureição*, em novos moldes, *da cidade* implicou numa alteração dos padrões econômicos e profissionais que se vinham impondo e predominando, no anterior regime pastoril (ou rural, *lato sensu*). O artesão não se mostrava disposto — quando o progresso e a riqueza começaram a bater-lhe às portas — a perder a situação que passou a desfrutar, rechaçando, por isso, a incipiente concorrência dos que denominou *noviços*. Foi quando tratou de fazer valer a tese do *monopólio*, marca que se fez visível com o aparecimento das corporações. Os comerciantes estipularam o *"jus mercatorum"* que "*era su ley*", como diz *Rodolfo Napoli* (obra citada, p. 28). Os costumes comerciais passaram a vigorar como norma imperativa, e as grandes *feiras* e mercados transformaram-se no centro da coletividade social, econômica e, paulatinamente, núcleo do poder público. O trabalho passou a significar o pilar sobre o qual se assentavam prestígio e poderio citadinos. Valorizando o trabalho, valorizaram-se, também, os trabalhadores; especialmente os artesãos, que trataram de congregar-se para, unidos, garantir a situação próspera que haviam atingido. É quando, efetivamente, surgem as *corporações*, alicerçadas no propósito defensivo dos "*mestres*" de manter privilégios conquistados, acrescendo novos. *Jellinek*, a respeito, registra: "El Estado vióse de este modo desintegrado. Ya no era un todo como en la antiguedad, sino partes semi-independientes. No habia más la autoridad central. Parecia que se teria construido uma yustaposición de Estados. El Estado de la Edad Media, por eso, se caracterizó por la atomización del poder publico" (*in* "Teoria General de Estado", 2ª edição, traduzida, Buenos Aires, p. 240).

Assim, entre a "soberania" territorial, militar e, parcialmente, econômica do senhor feudal e a prosperidade comercial do mercador e a do artesão, dividiam-se as prerrogativas que antes competiam ao Imperador e à sua administração centralizada.

Esse esquema de divisão dos poderes, no entanto, não foi constante, podendo dizer-se que o feudalismo antecedeu ao progresso que poderíamos intitular de *municipalista*. Depois da fase de exclusivo poderio feudal ocorreu a *bipartição* dessa autoridade com o *florescimento dos centros comerciais urbanos* que, por sua vez, no decurso inexorável do tempo, acabaram assistindo à sucessiva *decadência* dos nobres *proprietários de terras*.

Diz *Giuseppe Mira* (obra citada, p. 42 e segs), que "São Benedito fez a glorificação do trabalho, no período mais escuro e dramático do Medievo, depois do esfacelamento do Império Romano, surgindo, então, as divisões e multiplicando-se as separações do que fora um todo uno e aparecendo o mundo feudal, pontilhado de partículas fracionadas. Registra-se uma decadência geral e a crise econômica toma grandes proporções, correndo-se o risco da perda de todo um patrimônio cultural e econômico, que se conquistara e se organizara com tanto carinho e durante tanto tempo". E completa mais adiante: "as *ordens monásticas*, especialmente do século VI em diante, constituíram-se em verdadeiras ilhas, onde se logrou conservar, a salvo das correntezas destruidoras de hordas daninhas, o essencial de um passado cheio de cultura. *Mais tarde*, isto é, *depois do ano mil*, evidenciou-se a renovação econômica medieval, ensaiada há muito mas que se apresentava, até então, heterogênea e sem maior consistência".

Essa *renovação* alicerçou-se, especialmente, no espantoso crescimento demográfico, característico, sobretudo, dos dois últimos séculos antecedentes do milênio. Também o surgimento de novas e o rejuvenescer de antigas cidades, impulsionadas por grande dinamismo da atividade econômica, que, de há muito paralisada, reacendia-se, contribuiu para a esperada (e desejada) *renovação*. A indústria e o comércio, que vinham amadurecendo há séculos, ganham, dentro das proporções da época e das possibilidades que oferecia o meio, inequívoca *maturidade*. Foi quando se evidenciou o aparecimento da chamada *doutrina econômica medieval*. Não uma doutrina econômica nos moldes que se empresta, hoje, a tal expressão, posto que o conceito inovador só surge após as concepções de *Adam Smith* (fisiocrata e liberalista), por volta de 1700. Esta, a naturalista ou fisiocrata, correspondia a preceitos econômicos com *aspecto declarativo*, que procuravam a constatação da realidade do fato e, daí, por decorrência, formulavam leis pertinentes, seguindo a diretriz de que *"as coisas estão assim e há leis que verificam que elas estão assim"*. Em contraposição a isso, a doutrina econômica *medieval*, a que se fazia referência anteriormente, possuía *orientação normativa*, buscando influir no comportamento, isto é: *"as coisas estão assim porque há leis que as fazem estar assim"*.

No ano 1000 (mil), não existiam economistas, mas filósofos que estudavam o homem, buscando, também, enquadrá-lo dentro de uma conjuntura econômica. Daí o porquê do princípio-recomendação que *São Tomás de Aquino* transmite ao "Príncipe": "não deves incentivar o homem à incessante atividade mercantilista, pois, desse modo, despertas a sua cupidez".

Esse, enfim, o quadro socioeconômico e cultural que formava o *background* da Idade Média e no qual viriam a inserir-se, com o passar dos tempos, as poderosas corporações, veículos de um progresso inegável, mas também instrumentos poderosos de uma opressão corporativa, tanto econômica quanto política, indisfarçável.

12. CORPORAÇÕES MEDIEVAIS: CARACTERÍSTICAS, ESTRUTURA E FUNCIONAMENTO

O surgimento das corporações medievais parece encoberto pela névoa dos tempos. Um certo obscurantismo acompanha seus primeiros passos, gerando debates em torno da sua real paternidade.

Funcionaram como instrumento de um regime econômico fechado e rígido, que predominou nos últimos séculos da fase medieval. Diz *Pérez Botija* (obra, p. 54) que "acerca de la origen de las corporaciones se han repetido las mismas tendencias que se manifestaron al discutirse el origen del Municipio Medieval; *godo*, según unos; *hispânico-romano*, según otros; producto del contubernio entre *collegia* latino y *guilda* germânica, según los más, ofreció en España peculiariedades que los distinguen de ambas instituciones. Analogo a la confraldia religiosa en sus comienzos, hizo después sentir la impronta, hasta bien entrados algunos siglos de Edad Moderna". Num mar similar de suposições, a corporação recebe influências variadas e complexas.

O florescimento das corporações acontece por volta do *século doze*, tendo os primeiros focos corporativos aparecido logo após o milênio. Os movimentos iniciais tomaram vulto especialmente na Itália com o nome de corporações de artes ou *artes*, simplesmente; nos países germânicos, sob a denominação de *ghildas* ou *guildas*; na região de Flandres, onde se chamavam de *hansas*, e na própria França, denominadas de *jurandes*. Ao abarcarem o mundo civilizado de então, espraiando-se pelos centros mais populosos, fixaram, após constituídas, seu domínio sobre o comércio e, principalmente, sobre o regime da produção artesanal. *Cesarino Júnior* ("Direito Social Brasileiro, 1º vol., São Paulo, 1943, 2ª edição, p. 246) recorda-nos que a "História do Direito Social nos mostra a organização das corporações, com os seus três graus de trabalhadores: mestres, companheiros e aprendizes, e os seus dirigentes: priores, cônsules e reitores. Seu 'fim' era a conquista e conservação de um monopólio sobre um determinado mercado, donde a proibição do trabalho aos *não-inscritos*, a dificuldade da *admissão* e mesmo a hereditariedade na profissão".

A corporação era de *caráter* nitidamente *local,* agrupando os artesãos de *uma* determinada comuna. Além disso, regia-se por um *esquema profissional*, conglobando, no seu seio, aqueles que pertenciam a *uma só* profissão, ou a mais de uma, desde que fossem similares ou muito próximas, num hipotético sistema de enquadramento.[15] Em princípio, só poderiam exercer a profissão aqueles traba-

---

(15) SEGADAS VIANNA. "Instituições de Direito do Trabalho", LTr Editora, São Paulo, 2000, p. 31: "A identidade de profissão, como força de aproximação entre homens, obrigava-os, para assegurar direitos e prerrogativas, a se unir, e começaram a repontar, aqui e ali, as corporações de ofício ou 'Associações de Artes e Misteres'.

O homem, que até então, trabalhava em benefício exclusivo do senhor da terra, tirando como proveito próprio a alimentação, o vestuário e a habitação, passara a exercer sua atividade, sua profissão, em forma organizada, se bem que ainda não gozando da inteira liberdade. É que, senhor da disciplina, não só profissional, mas também pessoal do trabalhador, surgia a figura do 'mestre'".

lhadores que compusessem a corporação, mas tal impedimento não possuía a rigidez que se lhe dá em certos estudos a respeito do trabalho medieval. No entanto, uma proibição insuperável era a que *impedia* qualquer profissional de associar-se a *2 (dois) grêmios*; ainda que o trabalhador desejasse exercer a sua atividade em *dois* municípios, mesmo assim estaria obstaculizado, sempre que nessas duas comunas existissem corporações. Ou se pertencia à corporação da cidade *A*; ou se pertencia à corporação da cidade *B*. Cabia ao artesão fazer a opção. Se desejasse trocar o local de atividade, teria de submeter-se a provas de habilitação perante o grêmio de sua especialidade profissional na nova cidade para ser admitido no quadro de seus associados. Além disso, o grêmio desenvolvia uma tarefa controladora (razão de ser de sua existência), proibindo o que qualificava de *concorrência desleal*, fixando, simultaneamente, *preços iguais* para todos os mestres que produzissem artigos similares. Além desse, que seria um problema mais ligado à política econômica, ressaltava um outro aspecto de viva chancela laboral: a *vedação aos aprendizes* de, livremente, *trocar* de mestre. Entre eles, não se fixava uma dependência hierárquica contratual. Estabelecia-se, isto sim, uma subordinação de *"ordem pessoal"*, que livrava o trabalhador (aprendiz ou companheiro) da inferioridade do escravo, mas que não o liberava da imensa superioridade e, até certo ponto, das "violências do mestre". Tal submissão pessoal que prendia o aprendiz a um determinado mestre gerava, por outro lado, a possibilidade de o *artífice despedir o aprendiz*, sem maiores entraves, enquanto este último via-se constrangido, por obrigações que lhe retiravam direitos e o submetiam à obediência plena. A decisão do mestre só poderia ser revista pelo orgão de cúpula da própria corporação que, na prática, costumava endossar as atividades de seus associados mais expressivos. *Giuseppe Suppiej*, no verbete "aprendiz" da "Enciclopedia del Diritto" (Milano, 1958, Ed. Giuffrè, p. 814), assinala: "Due prestazione sono perció essenziali alla nozione di *apprendistato*, o *tirocinio*: il lavoro del'apprendista e l'insegnamento del maestro-datore di lavoro. Fra le due prestazioni 'maggior valore si attribuiva' comunemente 'in passato all´insegnamento', sicché, per attuare un equilibrio economico fra le prestazioni, l'apprendista aggiungeva al suo lavoro la dazione di una somma di denaro. In relazione el rilievo attribuito alla attivitá del maestro, che é indubbiamente attivitá autonoma; il contratto di tirocinio deva allora essere assomiliato piú al contratto d'opera (*locatio operis*) che al contratto di lavoro (*locatio operarum*). 'Oggi, fattore economici e sociali' di varie ordine 'hanno modificato la situazione originaria sino a far considerate la prestazione di lavoro dell'aprendista corrispettivo adeguato non solo dell'insegnamento, ma anche di una, sai pur ridotta, retribuizone'". Assim, em síntese, o aprendiz que, agora, ganha para aprender uma profissão, na Idade Média, além de submeter-se, pessoalmente, ao mestre, ainda, geralmente, o remunerava pelos ensinamentos recebidos.

Um outro aspecto que as corporações mostraram foi a coincidência na mesma pessoa da identidade de artesão com a de *gestor de "empresa"*. *Bayón Chacón* e *Pérez Botija* (obra citada, pp. 73/74) acentuam, a respeito, que: "en la época de oro del gremio se mantiene esta caracteristica en toda su pureza. El dueño del taller es siempre un maestro; cuando muere, le sustituye, aunque pagando lo que hoy llamariamos un traspaso, un oficial examinado, que asciende a maestro y que hasta entonces no pudo instalarse por falta de taller vacante". Dessa forma, predomina a valia profissional sobre a patrimonial. A linha sucessória segue os trilhos da *competência* e da *habilidade*, no exercício do ofício. Sucede-se, não por parentesco, mas por gabarito técnico. Substitui-se pelo saber fazer, e não pelo ter, nem mesmo pelo ser. Isso, porém, com o tempo, acabou cedendo lugar aos vícios decorrentes do próprio hermetismo da instituição. O tráfico de influências, as pressões familiares terminaram por superar o propósito de manutenção da austera hierarquia baseada no profissionalismo; em fase posterior, de decadência gremial, a sucessão nas oficinas, regida então pelo *nepotismo*, passou a subordinar-se à linha da consangüinidade e/ou da afinidade. Enfim, o *patrimônio continuava na família*, ainda que nela não houvesse ninguém, profissionalmente, qualificado para tanto.

A finalidade precípua das corporações, quer em termos econômicos quanto profissionais, dizia respeito ao controle quantitativo sobre o *número de oficinas*, bem como sobre o de *mestres* e *aprendizes* nelas atuando, tendo por jurisdição *uma* cidade. Tratavam, assim, segundo sua justificativa histórica, de evitar que pudesse haver ingresso livre (para eles, desordenado) no mercado, por parte daqueles que poderiam perturbar o equilíbrio produtivo, inclusive determinando queda no preço relativo das mercadorias fabricadas. Garantiam(se), com isso, a sua situação de proprietários-produtores já estabelecidos, regulando entre os concorrentes-parceiros uma política de preços satisfatória e também uma disciplina reguladora do aproveitamento da mão-de-obra.

O exercício de tais competências regrava-se nas (e para as) corporações por uma codificação de suas ordenações que, ademais do processo econômico, também normatizava as relações entre mestres, companheiros e aprendizes.[16] Cabia ao ente corporativo a faculdade regradora também da vida laboral, dispondo — com a tácita anuência de um Estado, praticamente inexistente — com rigorismo autoritário que se, por um lado, uniformizava, também vedava liberdades na, à época, inexpressiva área contratual. Assim, média remuneratória, duração da jornada, sistema de admissão, duração dos estágios de aprendiz e formação do companheiro, estavam submetidos a esse superpoder, também legisferante, que eram as corporações.

Não há como negar o seu poderio multiabrangente. Em termos profissionais, com inexcedível força impositiva, impunham não contestada prática de *reservas de mercado*, garantindo espaços *cativos* de ocupação para os que entendia como adequados para preencher áreas laborais. No contexto econômico-mercadológico, não se podendo dizer que foram precoces irmãos gêmeos (fisiologicamente, isto deve ser impossível), há de se reconhecer que, por filosofia e operacionalidade, fazem lembrar o funcionamento dos afinados *cartéis*, que, hoje, operam nas fímbrias do mercado, mesmo quando formalmente combatidos.

A *direção das corporações* era exercida pelos mestres, que se responsabilizavam não só pelo seu comando administrativo, como também compunham o que se poderia denominar de *bancas examinadoras*, incumbidas de avaliar a capacidade de um candidato para passar de um nível a outro, dentro de uma categoria; ou mesmo, desta para uma que lhe fosse ascendente. Os mestres, de acordo com o cargo que exerciam dentro da corporação, recebiam o título de cônsules, priores ou reitores, que respondiam pelas múltiplas funções e tarefas absorvidas pelas corporações, transcendendo o campo econômico, o segmento laboral e invadindo, inclusive, espaços, tanto políticos, quanto culturais *lato sensu*, com destaque no religioso.

Os *exames de suficiência* costumavam ser difíceis, uma vez que, havendo a necessidade de filtrar candidatos, tratava-se, antes, de um *concurso seletivo* do que propriamente de um mero exame de *habilitação*. Aberta vaga no quadro de mestria, devia ser selecionado um companheiro para preenchê-lo. Para tanto, dentre

(16) MARTINS, Sérgio Pinto, ob. cit., p. 34: "Os mestres eram os proprietários das oficinas, que já tinham passado pela prova da obra-mestra. Os companheiros eram trablhadores que percebiam salários dos mestres. Os aprendizes eram os mesmos que recebiam dos mestres o ensino metódico do ofício ou profissão ...".

"As corporações de ofício tinham como características: a) estabelecer uma estrutura hierárquica; b) regular a capacidade produtiva; c) regulamentar a técnica de produção."

aqueles que se pré-qualificavam, um seria escolhido, o que exigia a efetivação de árduos concursos, os quais, ao findar, atestavam a idônea competência do vencedor (novo mestre).

De corporação para corporação e especialmente, de município para município, variavam os prazos para completar-se o aprendizado, bem como os necessários à formação do companheiro. Naturalmente, quando o mercado de mão-de-obra mostrava-se plenamente satisfeito, os prazos dilatavam-se, contraindo-se em situação inversa. Esse processo de sístole e diástole na formação profissional obedecia rigorosa diretriz do alto comando corporativo. Ensina *Paul Pic* (*in* "Tratado Elemental de Legislación Industrial", trad. espanhola, Madrid, 1942, p. 73) que "al terminar el largo aprendizage — generalmente siete o más años — el aprendiz se convertia en *oficial* o compañero; si cambiaba, era matriculado nuevamente, previo pago de otro impuesto, y, entonces, buscaba trabajo en casa de un maestro, situación que duraba de tres a cinco años, no pudiendo abandonar la ciudad para contratarse en otro sitio, porque ello significaba volver a realizar un nuevo aprendizage". Assim, o trabalhador submetia-se a um período mínimo de 10 (dez) anos para escalar o íngreme penhasco que poderia, um dia, levá-lo à condição de mestre.

A corporação teve, de outra parte, a característica (e o mérito) de fazer com que a produção vencesse os estreitos e estritos limites do círculo familiar; com o regime corporativo, o processo econômico produtivo ganhou a dimensão dos interesses *citadinos*, primeiro passo para o que viriam a ser, no depois, as escalas nacionais e internacionais da contemporaneidade.

Dessa forma, o trabalhador, que se dedicava, antes, à atividade no âmbito doméstico — onde encontrava apoio e ao qual devotava confiança — reduzido, no entanto, nas suas possibilidades pelas limitações físicas impostas pelo restrito grupo familiar, procurou novas metas, criando condições para o trabalho em sociedade. A atividade laboral abandonou sua característica meramente domiciliar, entrosando-se no todo orgânico da vida coletiva. As exceções do período clássico tornaram-se a regra da época medieval, na qual, como se viu, ocorrem a concentração demográfica e o progresso econômico dos municípios. As *corporações* foram os instrumentos para essa *"abertura"* do fator trabalho, o qual, vencendo a tímida tradição de séculos, transformou-se na pedra do toque — valiosa — da economia medieval.

A vinculação familiar não poderia, no entanto, num golpe brusco, ser afastada radicalmente. Algo restou, por isso, do pretérito. As marcas são identificadas num aspecto que *Paul Pic* (obra citada,

p. 73) registra com exatidão: "El maestro tenia la obligación de enseñar a sus aprendices el oficio; éstos comian en su mesa, dormian en su casa y, no solamente no recebian sueldo, sino que aún pagaban sus padres una renta al maestro. Contra el pago de impuesto eran matriculados nel registro de la corporación". O aprendiz, por conseqüência, entrosava-se na família do mestre, passando, de forma atípica, a compô-la. Vivia num regime de aprendizado global, que se assemelhava a um internato, dividindo a mesa com seu professor e sendo por ele tutelado, não só naquilo que competia à profissão, mas também no pertinente à sua formação cidadã.

Tornava-se um *"filho emprestado"*, que devia respeito e obediência ao mestre, dentro da oficina e na vida particular. Essa amplitude — e profundidade — nas relações trazia consigo uma explicação para o abandono produtivo no trabalho a domicílio. Criava-se um paradoxo (que era, ao mesmo tempo, uma espécie de jogo de contrapartidas): o lar deixava de ser a oficina mas, em contraposição, a hierarquia profissional era conduzida para a intimidade familiar pelo contato íntimo entre mestre e aprendiz, e pela subordinação *pessoal* total a que este se submetia. Era, como sintetiza *Giovanelli* (*in* "Disegno Storico del Rapporto di Tirocinio in Italia", Roma, 1957, p. 250): "la perfetta partenitá del *lavoro*".

13. CORPORAÇÕES MEDIEVAIS: SUA PROJEÇÃO NO PERÍODO QUE AS SUCEDEU

Cabe, pois, formar, mais do que uma visão da intimidade da corporação, sua foto de corpo inteiro. *P. S. Leicht* (*in* "Corporazioni Romane e Arti Medievalli", Torino, 1937, pp. 132-134) vê nela a simbiose de correntes estranhas em uma hora de reformulação das bases da sociedade. Foram fluxos convergentes, de origens variadas, que contribuíram para criar esse organismo que se solidificou com o tempo, ditando as regras de uma época. São dele as palavras: "Cosí, vediamo fondersi correnti del tutto diverse nelle loro origine: quella proveniente dall'organizzazione di Stato, d'origine romana; quella che sorge, per formazione autonoma, dal principio dell'associazione medievale che stringe i compagni, i 'pares', in un legame di mutua assistenza per comune difesa e per la tutela degli interesi del grupo: vi contribuise anche la tendenza cristiana a formare fra i membri dello stesso ceto, se non addirittura della stessa professione, unioni fraterne con Scopi pii, sia per il culto, sia per l'aiuto i malato e per i suffragi ai confratelli defunti". Desse texto minucioso decorre a idéia-matriz do que a corporação representou para o desenvolvimento (posterior) do Direito do Trabalho, ao estimular, viabilizar e fortalecer o *associativismo*, em função de motivações aglutinadoras preponderantemente ligadas a similitudes profissionais (ou laborais, *lato sensu*).

Ademais de enfoques ligados ao trabalho, quem se integrava na corporação via nela também um instrumento com outras (e complementares) finalidades, que, apesar disso (religiosas, políticas, assistenciais etc.) não minimizavam e, muito menos, obumbravam o elemento "*trabalho*" que era determinante para sua própria existência.

Hernainz (*apud Pérez Botija*, obra citada, p. 55) oferece preciosa e precisa síntese sobre as características fundamentais dos grêmios medievais:

> "1º) su orientación, además de profesional, religiosa, manifestada en las prácticas y en el juramento que obligava sus membros;
>
> 2º) su 'obligatoriedad y exclusividad' dentro de cada profesión; para ejercerla era necesario inscribirse en la correspondiente corporación;
>
> 3º) su 'unilateralidad', ya que en un principio estaban unicamente formadas por patronos. Más adelante se permite entrar a aprendices y a oficiales, si bien se les prohibe formar, entre ellos, asociaciones;
>
> 4º) su acusado 'intervencionismo' industrial; establecian una regulación detenida de las condiciones de trabajo, ejercian verdadero monopolio en pro, más que del trabajo, de la industria;
>
> 5º) su nota de 'espiritualidad', pues la relación entre los diversos grados profesionales era personal, siendo la mutua lealtad y ayuda bases fundamentales en el trato. Asi mismo, eran destacables la obediencia y la jerarquia;
>
> 6º) su intervención en medidas de 'revisión', aplicando rudimentarios *'seguros sociales'*".

Dentro dessa descrição analítica, a corporação poderia ser entendida como um orgão de defesa do titular da produção, interessado em controlar rígida e, se possível, monopolisticamente, o mercado e que, com parcelas das somas ganhas em decorrência da vigência de tal regime, dedicava-se também a uma filantropia organizada e coletiva ("*denaro di Dio*"), fruto da forte religiosidade — muitas vezes, fanatismo — de que estavam tomados os cidadãos medievais. Partindo do raciocínio de que *"quem dá, ganha mais do que quem recebe"*, observa-se, na mentalidade dos associados corporativos, que a filantropia praticada possuía uma fundamentação embasada no investimento para conquistar a eternidade, tão almejada e tão desconfiadamente temida de inexistir (ou de não se obter).

Isto, porém, não impediu que se visualizassem nas criações das chamadas "artes", o arcabouço dos então porvindouros *seguros sociais*. As mutuais, organizadas no intuito de ajudar e proteger aqueles que não iam bem de negócios (e há de se ver nesses empreendimentos a predominância de um espírito assistencial, antes de caracterizar-se como um sistema securitário), eram sustentadas por taxas que as corporações atribuíam-se o direito de cobrar dos associados. Com elas, formavam fundos que proviam, especialmente, o *auxílio-pecuniário*, que visava a reerguer, no terreno mercantil (o comércio era a principal das relações econômicas), os que passavam por dificuldades negociais. Não havia um apoio que atendesse o cidadão em si, por carências meramente pessoais, mas uma cobertura efetiva para o produtor-comerciante associado, em face de crises financeiras que o atingissem, decorrentes de insucesso na vida profissional.

As corporações, ao mesmo tempo em que mostravam um rigorismo hierárquico absoluto na sua estrutura administrativa, com o tempo passaram a evidenciar certas *divergências* e *concorrências* entre as diversas profissões das então denominadas "*artes* e *ofícios*". Estabeleceu-se uma categorização entre as corporações, baseada principalmente em dois fundamentos: a) a *potencialidade econômica da "arte"*, característica da entidade; b) o *número de inscritos* com que contava o colégio. Conforme *Giuseppe Mira* (obra citada, pp. 63 e segs.), já em fins do século XII, na cidade de Peruggia (das mais importantes, à época) registrava-se a seguinte classificação:

> *I) arte dos mercantes*, apresentando receita média de seus membros superior a 1300 (mil e trezentos) fiori; *II) arte do câmbio*, com mais de 450 (quatrocentos e cinqüenta) fiori; *III) arte da lã*, com mais de 300 (trezentos) fiori; aliás, constituindo-se, naquele momento, na mais expressiva, por numérica, atividade de manufatureira da Idade Média. Depois dessas, o autor relacionava, em ordem decrescente de influência, a (arte ou o grêmio) dos escrivães, dos sapateiros, dos alfaiates, dos açougueiros, dos pedreiros e, por último, dos mineradores.

Essa hierarquia repercutia numa *representação política*. Assim, partindo do terreno econômico e assentando-se no campo do trabalho, a seriação apresentada possibilitava às corporações maior ou menor participação na vida das comunas. Como os *mercantes* costumavam colocar-se em posição de primazia, *a eles compe-*

tia assenhorar-se do *poder público*, equacionando, na sua ótica de interesse classista, a vida da coletividade. Os primeiros grandes entrechoques surgiram quando, estabelecida uma coalizão entre as *três* mais importantes corporações (mercantes, câmbio e indústria de lã), exarcebou-se, por parte de tal triunvirato, seu predomínio (inspirado em interesses específicos) no trato da coisa pública, em detrimento das outras entidades corporativas que lhes passam a fazer oposição, para não perder algumas poucas posições de privilégio que, historicamente, detinham.

Indiscutivelmente (e o tempo demonstrará isso à saciedade), o crescente emparceiramento das corporações com o poder público e político, trouxe conseqüências negativas para sua vida administrativa (que se passou a confundir com a do Estado), produtiva (ocorrência de alterações de mercado pelos entrechoques concorrenciais internos) e associativa (o exercício de poder externo levou a confrontos e rupturas que enfraqueceram a inicial força monolítica do sistema).

14. CORPORAÇÕES X SINDICATOS: VINCULAÇÃO HISTÓRICA

Impõe-se examinar, ante o império corporativo, a *vinculação* histórica dessas entidades com os *atuais sindicatos. Mário de la Cueva* (*in* "Derecho Mexicano del Trabajo", 1º volume, 1962, pp. 25 e segs.) tratando da matéria, assinala: "A corporação, na Idade Média, era um orgão eminentemente patronal, uma associação de produtores. Os mestres e proprietários das pequenas oficinas se aglutinavam, dentro da corporação, para defesa dos interesses comuns, relativos à produção. Não eram, portanto, grupos de pessoas, como acontece modernamente, mas grupos de empresas, razão pela qual só podem ser *comparados aos sindicatos patronais*". Indiscutivelmente, a corporação surgiu como o elemento capaz de unificar a profissão, no conceito amplo que o termo permite.[17]

Ao avaliar-se a comparação do mestre mexicano (na contemporaneidade, o sindicato patronal pressupõe uma outra entidade que agrupa, como contraparte da relação de emprego, associados empregados; esta não existia, como tal, na Idade Média, logo (...), há de se reconhecer, no grêmio medieval, mais do que um sindicato atual,

---

(17) SEGADAS VIANNA, ob. cit., pág. 31: "As corporações estabeleciam suas próprias leis profissionais e recebiam, por outro lado, privilégios concedidos pelos reis, desejosos de enfraquecer o poderia dos nobres senhores da terra e, também, pelo serviço que prestavam ao erário, como órgãos de arrecadação de certos impostos. Mais tarde, entretanto, os próprios reis e imperadores sentiram a necessidade de restringir os direitos das corporações, fosse para evitar sua influência, fosse para amenizar a sorte dos aprendizes e trabalhadores".

uma associação de proprietários de firmas individuais, ligados, especialmente, pela atividade similar que realizavam (onde, o empresário-proprietário era o próprio artesão, o mestre, o responsável pelo *cappolavoro*), mas também contando com outros elementos secundários para integrar-se, como p. ex., a identidade de princípios religiosos. Não igualando, mas apenas traçando um paralelismo, pode-se recordar que grandes centrais obreiras de nossos dias (2004) e de dias passados tiveram, e ainda têm, como um dos motivos de coesão dos seus quadros sociais, a identidade de — ou o compromisso com alguma — convicção religiosa. Basta examinar macroconfederações atuantes, sobretudo na Itália, França, Alemanha etc., particularmente no imediato pós-guerra.

As corporações, por outro lado, atingindo a cúspide do poder, sinalizaram, precocemente, com certos objetivos, encobertos ou ostensivos, do sindicalismo atual, que, por meio de opções *pragmático-partidárias*, por exemplo, trataram de ocupar espaço no mundo político. Exemplos, às vezes rudimentares e parciais, que a História ajudou, a distância, compor, mas que forneceram subsídios para que dos vestígios precoces de antes se chegasse às nítidas marcas de parceria da atualidade.

É *Mário da la Cueva* (obra citada, 1º volume, p. 26) quem afirma: "a *economia corportiva* não pode ser considerada como *economia livre*, mas também não se equipara simetricamente aos conceitos de *economia dirigida*, porque, nesta, é o Estado que interfere no planejamento econômico em benefício da coletividade e, naquela, eram os próprios interessados, os produtores, que controlavam o mercado, as vendas e a concorrência, restringida ou eliminada, de acordo com as deliberações soberanas do conselho dos mestres".

Era ao poderio corporativo que cabia, de uma forma ou de outra, o império político (em adonando-se do governo), jurídico (pela elaboração de ordenações que traçavam as diretrizes de comportamento, especialmente nas áreas comerciais e laborais) e econômico (controlando, através de um sistema baseado em interesses categoriais, o mercado e a produção).

Apesar da existência de uma memória de afinidades, não se deixará de identificar muitos pontos que diferenciam as corporações dos sindicatos modernos e contemporâneos. *Ferrucio Pergolesi* (*in* "Diritto Sindacale", Padova, 1961, p. 5) estabelece distinções básicas: "Qualche analogia non puó superare le profunde differenze tra quegli instituti ed i sindacati moderni. Sia per quel che concerne il reclutamento (che é di *soli* lavoratori o di *soli* datori di lavoro, nei nostri; *misto*, generalmente, negli altri o di soli datori di lavoro); il regolamento collettivo dei rapporti economici e di lavoro (contrattuale nel nostro diritto, statutario negli altri) e, *in genere*, tutto il coordinato ordinamento dei rapporti tra le varie organizzazioni, oltre che l'ordinamento interno di ognuno (un tempo, almeno per certi luoghi, assai vario pur in una ideologia sociale essenzialmente univoca propria del tempo ed ora sppiccatamente verso linee formalmente in parte almeno comuni, ma inspirate a ideologie tra loro spesso contrastanti da un collaborazionismo piú o meno accentuato ad una decisa lotta di classe); cosi, anche per quel che concerne il sistema di controlli e delle interferenze tra l'ativitá dello stato e dei sindacati da una parte e delle arti e del comune dall altra, in un sistema politico-giuridico tutto diverso, eminentemente frazionato nell autonomia dei gruppi quello medievale (pur in una necessaria risultante coordinazione, per lo meno di fatto, delle varie potestá e funzioni) e invece tendenzialmente assai piú unitario quello moderno (pur senza soppressione delle, autonomie di individui e di enti ed anzi con amplio riconoscimento di essi negli stati democratici)".

Às distinções minudentes de *Pergolesi* caberia agregar mais uma que convém seja recalcada: *a rigidez na hierarquia profissional*, representada pela posição extremamente *subalterna ocupada pelo aprendiz, não só* dentro da *oficina* (onde se justificaria pela sua menor soma de conhecimentos técnicos); *não só no âmbito familiar do mestre* (justificável, não com os excessos cometidos, mas em face do respeito que a própria idade deve impor), *mas também dentro da entidade classista*, da qual o aprendiz era associado e para a qual contribuía com a quantia que lhe era exigida por ocasião do registro. *No entanto*, não *participava* das *decisões*, ainda que devesse *obedecê-las*. Deveria cumprir o ordenamento emanado da instituição, mas não tinha nem voz, nem voto para influenciá-lo; sequer discuti-lo. Sua presença era absolutamente passiva. Por isso, somos tentados a reconhecer que as corporações medievais mostram traços de parentesco com os atuais sindicatos patronais, apesar de, para elas, como vimos, também contribuírem financeiramente grupos de profissionais que poderiam ser enquadrados (ainda que houvesse um forte vínculo pessoal ligando o mestre ao aprendiz), com melhor adequação, na órbita empregatícia.

Mesmo emprestando uma importância histórica menor às corporações, *Paul Durand* e *André Vitu* (*in* "Traité du Droit du Travail", Tomo III, Paris, 1956, p. 57) não negam que: "dans notre ancien droit, le régime du travail reposait sur une organisation obligatoire: la corporation, chargée de discipliner la profession. Aucune organisation rivale ne pouvait exister d'aprés d'elle", quando, no parágrafo primeiro, da secção segunda, examinam a "*interdição aos agrupamentos sociais*", aludindo ao Direito Sindical.

Mesmo não valorizando a figura da corporação na rota histórica que levaria ao sindicato, os mestres franceses desenham idêntico enquadramento genérico do binômio Corporação-Sindicato. Seriam instituições que, atuando em épocas diversas, focam (e/ou focaram) vários problemas que se assemelham. Distinguem-se porque as épocas diferenciam-se, num mundo em mutação sempre mais acelerada. E também porque, obviamente, os homens do Século XV tinham mentalidade muito diversa da de seu semelhante (tão diferente) de nossos dias.

Essa corporação — aparentada com o sindicato patronal e afim do sindicato obreiro — segundo palavras de *Cornelio Saavedra* (*apud Cabanellas*, *in* "Introducción al Derecho Laboral", 1º vol., Buenos Aires, 1960, p. 106) "más que destinada a la defensa de los intereses económicos de los trabajadores, constituye una entidad dirigida a defender los privilegios de los industriales". Por outro lado, sendo um elemento controlador do mercado, da mão-de-obra e da produção, a corporação significava um obstáculo ao exercício desse direito que o tempo consagrou: isto é, o *direito ao trabalho*, ou o direito a trabalhar. Em benefício de alguns, sacrificava e afastava da obrigação social, que é o trabalho, uma grande maioria. Talvez, até por isso, o tempo e a mentalidade libertária do homem vieram a ser, às vezes até injustamente, impiedosos com as corporações.

15. CORPORAÇÕES MEDIEVAIS: ÁREA DE ATUAÇÃO

Durante o período corporativo, as entidades que congregavam artesãos, companheiros e artífices compravam da Coroa licença para o exercício da atividade profissional. Inicialmente, essa concessão adquirida era privilégio dos feudalistas que, ao perder a supremacia política para os monarcas, também deixaram de ter a prerrogativa de cobrar esse arremedo de tributo. A corporação, formalmente, passou a ser, intermediária nesse processo de autorização profissional. Teoricamente recebia delegação da Coroa e a distribuía, mediante encargo, a seus associados, quitados com a obrigação pecuniária. Em regra, quem fixava, nominalmente, os destinatários das autorizações eram os dirigentes gremiais em quem se concentrava o verdadeiro poder concessivo, do qual a Coroa era mera referência teórica.

Tal controle corporativo, até para que a exceção confirmasse a regra, não era exercido em relação a certos setores laborais, por intermédio da autoridade do grêmio. Segundo *Manoel Alonso Garcia* (*in* "Introducción al Estudio del Derecho del Trabajo", Barcelona, 1958, p. 103), o mais profundo movimento de solidariedade ocorrido no período medieval intitulou-se "*revolução municipalista*", conforme a expressão batismal de *Renard*. Essa revolução, forçando a coesão dos elementos componentes dos burgos, das cidades, das aldeias, visava a fortificar tais agrupamentos populacionais em diferentes sentidos, inclusive no econômico. A corporação adequou-se, perfeitamente, a esse sócio-ambiente e, também por isso, radicou-se, à vontade, nas cidades e, preferentemente, nas maiores, operando com êxito notório. Enquanto isso, nas regiões interioranas, o trabalho era *livre,*[18] escapando, quer do controle governamental, quer da fiscalização corporativa.

Nelas, as pequenas cidades — como, de resto, na área rural — não existiam corporações ou figuras assemelhadas, o que estabelecia flagrante linha divisória jurídico-político-econômica e, por decorrência social e cultural, entre a vivência dita urbana e a do *hinterland*, especialmente da exercitada no trabalho agrícola e pecuário.

Além dessas exceções, mesmo nas cidades maiores — apesar da presença forte das corporações — certas profissões ficavam fora do controle corporativo. As atividades não alcançadas pelo controle gremial pertenciam a pólos opostos: *ou* porque eram demasiadamente fortes para ser subordinados a decisões de corpos associativos, *ou* porque eram, como referem *Pérez Botija — Bayón Chacón* (obra citada, p. 75), "oficios tenidos como *bajos*, colchoneros, para los que no se estimaba necesaria una mayor formación profesional y que no logran autorización para constituirse en gremio".

Recorde-se que a Idade Média conheceu outras entidades, como as chamadas "*confrarias*", onde também se reuniam pessoas que, em geral, realizavam atividades análogas. Elas, no entanto, não se equiparavam às corporações, já que se voltavam, *exclusivamente*, a promoções caritativas por obra e graças dos que professassem idênticos credos religiosos. Apesar de as corporações pos-

(18) OLEA, Manuel Alonso. "Introdução do Direito do Trabalho", LTr Editora, São Paulo, 1984, pág. 43, adverte: "Ainda que o trabalho livre por conta alheia, como realidade social relevante, tenha que ser situado na Revolução Industrial (fins do século XVIII e princípios do XIX), seus germens sociais, jurídicos e até mesmo econômicos, acham-se também na Idade Média, ainda que em ambientes completamente distintos dos da produção agrícola e da vida rural, nos quais também começou a frutificar ...".

suírem vínculos místicos, seu identificador marcante transitava pelas áreas econômicas, social e profissional, fazendo-as, pois, *distintas das assistenciais confrarias.*

Essas corporações, que vivenciaram as primeiras linhas de *autonomia contratual*, discretamente praticada na fase prévia à derrocada, estabeleceram, no *plano laboral*, a *heteronomia*, isto é, o *predomínio da vontade do ente*, criado pela solidariedade de alguns, sobre os interesses individualizados das partes, especialmente quando elas se mostravam débeis ou menos fortes. Enquanto as corporações gozavam de razoável autonomia, perante o Estado, as pessoas achavam-se subordinadas aos ditames rígidos do colégio no que concernia às disposições que regiam sua vida profissional. *Institucionalizava-se*, assim, a *relação laboral*, ganhando um estatuto fechado, quase impossível de ser descumprido naquelas áreas e por aqueles profissionais submetidos ao controle dos grêmios.

16. **"CAMPAGNONNAGES"** ***E ASSOCIAÇÕES PROFISSIONAIS***

Nesse levantamento histórico, há que se fazer uma análise da figura do *Companheiro*. No dizer de *Alonso Garcia* (*in* "Introducción al estudio del Derecho del Trabajo", Barcelona, 1958, pp. 105 e segs.): "La categoria de oficiales y compañeros tiene una importância realmente extraordinária, porque, al menos desde el punto de vista social, vá a jugar un papel decisivo en los fenómenos de subversión que se darán cuando el final del período gremial adviene y que constituirán, junto con uno de los sintomas más claros de la *decomposición de los gremios*, un precedente importante de lo que más tarde se resolverá como derecho de clase".

O companheiro foi a pedra de toque para a rebelião humana que ajudaria a destruir a fortaleza em que se abrigara, crendo ser inexpugnável, a corporação. Sentindo-se frustrado nas suas esperanças de chegar à condição de mestre e tornar-se um dos privilegiados do regime, o *companheiro* começou a arquitetar a mudança; mentalizou a reforma do *status quo*, lançando as sementes da revolta. Capaz, porque já ultrapassara a etapa do aprendizado, o companheiro tinha seu caminho barrado pelas determinações que se tornavam cada vez mais despóticas, restringindo a um grupo, acentuadamente limitado, as posições de mando. *Cabanellas* (obra citada, p. 113) assevera que "el compañero constituia, en realidad, un aprendiz en condiciones de ser maestro, pero contratado como obrero".

Foi o *espírito associativista-solidário*, determinante na Idade Média e nutriente das corporações, que veio a contribuir para que os companheiros — sentindo-se injustiçados e prejudicados — buscassem reunir-se para formar *suas próprias organizações*, destinadas a enfrentar as poderosas corporações. Assim, o sentido de congraçamento que auxiliara, de uma forma ou de outra, a congregar os artesãos, contribuiu para unir os companheiros, com o fito de destruir a *entidade controladora do homem e do resultado de seu trabalho*.

Como diz *Pirenne* (*apud Alonso Garcia*, obra citada, p. 111), "cada gremio de artesanos se convirtió, poco a poco, en una capilla egoista de patrones que deseaban transmitir a sus hijos o a sus yernos la clientela desde entonces inmutable de sus pequeños talleres".

Foi essa diretriz egoísta dos mestres, o sinal para união dos companheiros. À medida que se multiplicavam os atos discriminatórios dos artesãos, fortalecia-se o espírito de coesão e de combate dos companheiros. O tratamento depreciativo que lhes era dispensado; a remuneração pequena que, unilateralmente, lhes era fixada; tudo isso foi contribuindo para enraizar o espírito de rebelião dos companheiros que, numericamente superiores e arrastando consigo a massa dos aprendizes, terminaram por atingir seu desiderato.

No seu "Traité du Droit du Travail" (Tomo III, Paris, 1954, pp. 57 e 58), *Durand* e *Vitu* ponderam que a luta entre as companhias (*compagnonnages*) e as *mestrias* tornaram-se intensas, pelo domínio do mercado laboral de uma determinada região. O choque tinha como pano de fundo uma luta de classes colocando frente a frente dirigentes e dirigidos. Estes, no entanto, batalhavam para obter as mesmas vantagens e aproveitar-se de um (o mesmo) sistema que, em detrimento deles, funcionava operacionalizado pelas corporações. Poder-se-ia dizer que esse confronto foi *mais uma* (houve e são tantas na História da Humanidade) *luta pelo poder econômico*, com evidentes reflexos sociais e políticos. Fomentou-a a rigidez de tratamento, imposta pelos mestres, que se assemelhavam a escravistas patrões, com relação aos companheiros, os quais, por analogia, seriam comparáveis a desprotegidos empregados. *Os companheiros*, no entanto, *triunfando, não tratavam de alterar o esquema vigente*. Bastava-lhes, em regra, trocar as categorias na relação predomínio-submissão, invertendo-as nas posições da gangorra do poder. Por isso, para o sindicato atual, o movimento dos companheiros vale como referência histórica; não como linha exata de comportamento que sinalize postura contemporânea.[19] A *compa-*

(19) GOMES, Orlando e GOTTSCHALK, Elson. "Curso de Direito do Trabalho", 16ª ed., Editora Forense, Rio de Janeiro, 2000, p. 500. "... instituição muito semelhante ao sindicato de

nhia valeu — e muito — pelo que valeram os sentimentos associativistas que a levaram a surgir, e/ou atos desassombrados dos que se atreveram a constituí-las num contexto hostil e poderoso. Quanto aos seus propósitos, e a logros posteriores, não foram além de uma simples cópia — bastante adulterada, por sinal — das próprias corporações, cujo modelo encarniçadamente combatiam e ao qual, no momento de conquistá-lo, acabaram preservando, alçados de sua posição, não mais de sofridos dependentes mas, então, de desfrutantes amos e senhores.

17. DERROCADA DO REGIME CORPORATIVO

O desrespeito às rígidas diretrizes tradicionais foram minando o monopólio e, conseqüentemente, a importância das corporações. A transmissão por hereditariedade da condição de mestre prejudicava o incentivo à melhoria das aptidões e tirava a possibilidade de ascensão daqueles que sonhavam, legitimamente, com a mestria. Desse modo, acentuava-se, também, a diferença entre as possibilidades econômicas de uns e outros, uma vez que se tornara impossível para um moço, nascido fora das famílias proprietárias de oficinas, chegar um dia à condição de mestre, ainda que méritos profissionais tivesse para tanto. Por outro lado, as organizações de companheiros, dissentindo das mestrias, criavam uma concorrência que, econômica e politicamente, *retirava o privilégio da exclusividade* que a corporação se acostumara a manter. Além disso, dentro das próprias corporações, começava um certo *fracionamento*, ditado pela incipiente *especialização*. Categorias que formavam um só grupo, passaram a dividir-se e a subdividir-se, enfraquecendo o sistema pela atomização corporativa. Reduzia-se, assim, a pressão do grêmio — e sua óbvia influência — sobre o grupo social.

Com as divergências imperando, com o desinteresse dos mestres em preparar aprendizes a quem nada de novo, ou de mais esmerado, no campo técnico, ensinariam, posto que não mais se tratava de artesãos docentes que teriam atingido a qualificação por méritos próprios mas, simplesmente, familiares mais próximos — herdeiros — de um mestre falecido; com o aprendiz *também* pouco

---

nosso tempo — a *Campagnonnage*. Nele reuniam-se os *companheiros*, os operários de hoje, descontentes com os gravames econômicos impostos pelos *mestres*, quando nada ocorria em virtude das preterições no acesso da hierarquia corporativa. Assim é que se assinalam companheiros, que se intitulavam Filhos de Salomão, Filhos de mestre Jacques e de Mestre Subise, reivindicando aumento de salário, redução de jornada e monopólio dos empregos com as mesmas características de procedimento operário contemporâneo".

interessado em qualificar-se, sabendo de suas hipotéticas possibilidades de alcançar a posição magistral que, anteriormente, como ápice de hierarquia profissional, atingia-se por qualificação e competência e, agora, se obtinha por laços familiares, a *corporação claramente cedia.* Surgiram aí os primeiros ataques dos intelectuais, dos políticos e de alguns religiosos ao novo — e pouco idôneo — "sistema", onde encontravam um complexo de iniquidades, especialmente pelo vício do nepotismo, que desnaturava o que fora um austero processo histórico.

As entidades corporativas, predominantes durante cinco séculos, e que resistiram, por cerca de três outros, às pressões de vários setores da sociedade, terminaram por cair, com o estrépito de sua estrutura multissecular. Uma revolução sangrenta arrancou suas raízes, impregnadas de passado, do solo fértil da História. O homem acreditou, então (como tantas vezes, ante "*grandes aparentes*" mudanças), que, ao fechar-se a última corporação, inaugurava-se o "mundo melhor".

Ao mesmo tempo, a *máquina surgia*, quebrando toda essa estrutura que, até então, estivera consolidada no trabalho do homem. O trabalhador enfrentaria, a partir de então, um inimigo sem nervos, que custava por dez e produzia por cem. A corporação perdia sua grande motivação, despovoando-se as oficinas com o desinteresse dos trabalhadores de prestar serviços sob as ordens do mestre. O artesanato decaía e a industrialização — nova e desafiadora — tornava-se um fato. O mestre deixava de ter a importância de que, até então, desfrutara. Agora, também o artesão teria de submeter-se ao *novo monstro* que — não sendo cerebral, era mais útil — não sabia projetar, mas reproduzia de uma só vez, centenas de exemplares daquilo que alguém projetara (ou projetaria).

O trabalhador, sem maiores aptidões e que, até então, estivera à margem das posições importantes, passava a disputar, com chance, os postos de trabalho, uma vez que a máquina não distinguia entre artífice e simples operário sem maior criatividade e gabarito. Apagava tais diferenças, colocando todos no mesmo nível. Além disso, os impedimentos, para o trabalhador, da troca de cidade não eram mais respeitados, de vez que as primeiras indústrias obrigaram os *artesãos* a *abandonar as cidades maiores* — onde, antes, eles predominavam mas nas quais também começaram a formar-se os primeiros complexos industriais — e *procurar localidades provincianas.* Deixavam, assim, de lado os antigos regulamentos corporativos, cheios de proibições, por eles mesmos arquitetadas, para assegurar-lhes, protetivamente, reserva de mercado e engessamento concorrencial. *Agora*, tudo isso não mais lhes servia, já que, se aplicado, impediria sua fuga — rumo ao interior — da máquina e do sistema avassalador que ela começara a implementar.

A nova sistemática encontrava, além disso, a sua filosofia, nos ideais triunfadores da Revolução Francesa que, nas barricadas de rua, se propusera a derrubar as desigualdades políticas entre os homens. A igualdade formal fora implantada, privilégios vencidos, enquanto reboava pelo mundo civilizado o lema inovador: "Liberté, Fraternité, Egalité". A autonomia da vontade, em tese, tornara-se uma conquista inarredável e inesgotável. A cada um caberia decidir o seu próprio destino profissional. A *heteronomia* gremial cedia passo à *autonomia* individual. Como asseveram *Bayón Chacón* e *Pérez Botija* (obra citada, p. 80): "a la antigua legislación de trabajo y a la regulación gremial del mismo reemplaza la creencia de que la más *absoluta libertad debe imperar*". As idéias dos juristas madrilenhos são reforçadas por *Unsain* (*in* "Legislación del Trabajo", Buenos Aires, Tomo 1º, p. 41): "el derecho de trabajar es el titulo más sagrado y imprescritible que conoce el género humano. Persuadirse de que se necesita el permiso de un gremio para no ser agravoso a la sociedad, para no ser ocioso, para ganar de comer, es un delito; decidir que, en su suprema potestad, es el príncipe quien debe vender el derecho de trabajo es una monstruosidad; el poder soberano lejos de restringir el uso de este derecho por prohibiciones, debe asegurar a todos los ciudadanos el goce pleno de semejante prerrogativa".

Assim, *fatores de ordem* interna (o movimento dos companheiros, o fracionamento gremial pelas divisões do trabalho, a sucessão da mestria em razão da hereditariedade, o pouco progresso técnico-criativo pelo desinteresse dos artífices, em ensinar, e dos aprendizes, em aprender), *de ordem externa e natureza econômica* (surgimento da máquina, conseqüente industrialização e demanda de mão-de-obra não especializada) e *doutrinas político-filosóficas* (princípios do liberalismo e do racionalismo) levaram as corporações à decadência e ao desaparecimento.[20] e [21]

---

(20) MARTINS, Sérgio Pinto, ob. cit., p. 35: "As corporações de ofício foram suprimidas com a Revolução Francesa, em 1789, pois foram consideradas incompatíveis com o ideal de liberdade do homem. Dizia-se, na época, que a liberdade individual repele a existência de corpos inermediários entre indivíduo e Estado. Outras causas da extinção das corporações de ofício foram a liberdade de comércio e o encarecimento dos produtos das corporações. Em 1791, logo após a Revolução Francesa, houve na França o início de liberdade contratual. O Decreto d'Allarde suprimiu de vez as corporações de ofício, permitindo a liberdade de trabalho. A Lei Le Chapelier, de 1791, proibia o restabelecimento das corporações de ofício, o agrupamento de profissionais e as coalizões, eliminando as corporações de cidadãos.

(21) SÜSSEKIND, Arnaldo, Direito Internacional do Trabalho, 3ª ed., Editora LTr, São Paulo, 2000, p. 81, assevera que: "A Revolução Francesa (1789), com sua filosofia

18. POLÍTICA MERCANTILISTA E CAPITALISMO PRIMITIVO

A História registra que, com a agonia do século XV, o homem tratou de conseguir novas *vias* de comunicação para *as Índias*. O Oriente, longínquo, zona de importância básica para fornecimento de matérias-primas prioritárias à época, precisava ser alcançado por rotas mais curtas. Os mercadores venezianos, até então, dominavam os entrepostos que serviam de liame entre os dois mundos. No entanto, a segunda grande avançada dos orientais fez com que se vissem os comerciantes ocidentais na obrigação pragmática de conseguir um *novo itinerário* para chegar às suas fontes de abastecimento, sob pena de não sobreviver economicamente. Os turcos passaram a rondar o, até então, tranqüilo comércio intenso do Mediterrâneo. Confiantes, genoveses, florentinos e venezianos, apesar disso, deixavam-se estar na presumidamente cômoda posição de lucrativos intermediários (desconsiderando o avanço perigoso dos otomanos). Os povos da Europa Ocidental, no entanto, decidiram lançar-se ao oceano na busca de alternativas. Tentavam atingir o "Levante pelo Poente", na frase atribuída a Colombo. França, Espanha, Portugal, Inglaterra e Holanda, sentindo-se comercialmente oprimidas, puseram suas velas ao mar na ânsia de encontrar o caminho ambicionado, com o que evitariam pagar um preço — a seu juízo aviltante — por força da intermediação de terceiros e, ao mesmo tempo, se bem sucedidos no seu deslocamento físico, também estariam logrando um êxito estratégico político-militar: o impedimento da progressão invasora dos turcos, prestes a intrometer-se nos negócios e no jogo do poder.

A descoberta americana surge em meio a tal cenário e a esses desafios competitivos. E por conseqüência da mentalidade que abriu perspectivas novas no comportamento do homem medieval: "deseja-se conhecer experimentando, e não, pelas simples revelações indiscutíveis do antes ocorrido".

A participação da América — mesmo limitada no cenário mundial de então — enseja novas perspectivas. Depois de uma *fase* inicial de *pura dilapidação*, de retirar (depredar mesmo) sem construir por parte dos descobridores (era a febre do ouro, da prata, de tudo aquilo que alimentaria a fome de riqueza do continente euro-

---

liberal-individualista, partindo do princípio de igualdade jurídico-política de todos os cidadãos (todos são iguais perante a lei), consagrou, entre os seus postulados fundamentais, a liberdade contratual e, por conseqüência, a não intervenção do Estado nas relações contratuais (*laisser-faire*), proibindo, ainda, a coalizão de pessoas em corporações de direito ou de fato, para evitar a pressão de grupos em detrimento da liberdade individual".

peu dependente do Oriente), inicia-se uma *segunda etapa colonizadora*. Para *Giuseppe Mira* (obra citada, pp. 93 e segs.) foram as Companhias das Índias, amparadas por privilégios estatais na Inglaterra e na Holanda, que iniciaram, na área sob sua jurisdição, o que se chamaria de efetiva *etapa colonizadora* e prioritariamente *mercantil*. Transformou-se o continente americano em fonte de riquezas novas, em detrimento do Oriente, ao mesmo tempo que — para aqueles produtos que a América não fornecia — servia nosso continente de ponte para a conexão Oriente-Ocidente. Deslocava-se, pelo menos parcialmente, o eixo econômico do mundo de então, com inegáveis reflexos em todos os setores de atividade.

O grande ingresso de ouro e prata, por outro lado, determinou, de início, uma *inflação galopante*. Aumentava a oferta de tais produtos e o seu valor diminuía, gerando, como resultado lógico, um aumento de preços comparativos superior a 400% (quatrocentos por cento), em pouco mais de um século e meio; tal *índice*, sobretudo para aqueles tempos em que a inflação era fenômeno inusitado, poderia ser (e foi) considerado *explosivo*. Os que viviam de *valores fixos* (renda imobiliária, ganhos do trabalho) passaram a ser prejudicados, enquanto enriqueciam aqueles que operavam com *valores móveis* (exemplos típicos: comerciantes e industriais), que, em tal emergência, obtiveram o então chamado "*guadagno di congiuntura*", como diz *Nardi*. Era a vantagem obtida no processo de aumento de valor na prateleira, a remarcação de preço do estoque, enfim o crescimento do capital estático em decorrência de vantajosos e aproveitados fatores conjunturais (uma vantajosa onda especulativa, enfim!).

O panorama político, também, apresentou reflexos. No que viria a ser a Itália atual, viu-se a tradicional *Cidade-Estado* abrir mão da primazia para o *principado*, enquanto, em outras regiões, os *últimos bastiões do feudalismo* sucumbiam diante da *monarquia absoluta*. O regime da comuna, característico de uma época política e economicamente tranqüila em que se favorecera o crescimento e o domínio das corporações, não se mostrou habilitado a enfrentar o clima de efervescência negocial e de mutabilidade que ora predominava.

A política fez-se luta acesa e a hostilidade entre grupos divergentes transferiu-se para o cenário armado. O *banimento* dos derrotados era a pena imposta, por qualquer um que fosse o vencedor. Os banidos, por sua vez, homiziavam-se nos castelos vizinhos e entreteciam alianças com cidades menores para programar campanhas de vingança e retorno. Tal clima de combates constantes, de guerras intermináveis, prejudicava, em muito, a vida econômica, fragilizando a própria estrutura e os serviços das cidades.

Nesse ínterim, começam a aparecer líderes *comandantes*, que, por sua habilidade, ousadia (ou valentia) empolgam os comandados. Garantem, assim, a continuidade administrativa, em decorrência da força e adestramento de uma estrutura *bélica* que, por seus êxitos, assegura estabilidade gerencial aos dirigentes da coisa pública, reprimindo ataques e derrotando intenções destruidoras de aspirantes à invasão. Tais *comandantes* passam a significar verdadeiros *"salvadores da Pátria"*, na linguagem mística e administrativa dos medievais, transformando-se, em pouco, por aclamação, nos "senhores de fato" das comunidades. Um pouco mais e sua ascensão dominadora passava a ser de direito, pela confirmação, através de ato do Pontífice ou por quem, formalmente, representava o decadente Sacro Império Romano, simples memória melancólica de outrora. Assim. O "*Príncipe*", introdutor de um absolutismo rígido, era levado a tal posição pela vontade dos súditos, ou seja, por um rudimentar, mas nítido de legitimação procedimento popular. A democracia, como regime efetivo de execução e teórico de construção, avaria-se, fortificando-se, no exercício, a centralização do poder, inclusive com o direito assegurado ao Príncipe de transmissão hereditária do mando.

A *política mercantilista,* de outro lado, começa a impor diretrizes. Visando a seus objetivos, propõe *aumento populacional*, através de isenções tributárias para famílias numerosas. A tese era a da necessidade de aumento do número de consumidores, o que determinaria uma circulação mais veloz da riqueza. Também persistia a idéia de que as proles grandes estariam aptas a fornecer um número significativo de soldados para as tropas, encarregadas de guardar e, se possível, estender as fronteiras, nas guerras sucessivas. Abrindo caminho para a Revolução Industrial, o mercantilismo aumentou a oferta de mão-de-obra, reduzindo seu custo, ensejando exportação e aumento na geração de riquezas, ainda que concentrando seu benefício nas mãos de uns poucos.

À implantação plena do mercantilismo seguiu-se uma alteração na atividade de quem centralizava o processo: o *mercante*. Por volta de 1500, com as novas fontes de riqueza, ele *não só* trata da *operação de troca* que, até então, absorvera toda a sua atividade, mas também se dedica à produção, transformando-se em *empreendedor.* Passou a comprar matéria-prima e, com equipe própria, realiza aquilo que, antes, correspondia ao *artesão*, que, por sua vez, se vai transformando, *ipso facto*, em *subordinado* do *mercante*, entregando-lhe a sua produção. Nisso residiu, também, mais umas das razões determinantes da derrocada das corporações que, em variadas situações, passaram a depender do poder diretivo, por *ascendência* econômica, do *mercante-empreendedor*. Ele ganha foros de *capitalista primitivo*, influenciando vários setores, e não a um só, como acontecia antes, chegando, inclusive, a ousar giros com a *"matéria-prima" dinheiro* (atrevimento especulativo não praticado na época), metamorfoseando-se alguns *em banqueiros*. Foram tais mercantes — inovadores, arrojados e ambiciosos — que lançaram, na prática, os fundamentos ou, pelo menos, os antecedentes do capitalismo moderno. Isso tudo acontece, simultaneamente, com a queda dos artesãos independentes na vala dos subordinados laborais, ainda que, como cidadãos, permaneçam formalmente livres. O mestre, até então cioso de sua hierarquia, deixa escapar sua independência e vê-se comandado até mesmo nos mais elementares métodos de produção.

Começa, ao lado dessa alteração, um melhor aproveitamento econômico das forças naturais, refletindo num adianto produtivo das primeiras organizações pré-industriais. Simultaneamente, inventa-se a imprensa que, em seus primórdios, não pesou (e hoje é tão significativa!) no cenário econômico mas levou seus efeitos para o ambiente cultural, influenciando a mentalidade do povo. Tais elementos e circunstâncias — bastante heterogêneos, por sinal — incidiram imediata ou mediatamente, no *mundo do trabalho*. Nos alvores do século XVI, registra-se *uma reclamação dos empregados nas padarias* de Paris contra a introdução de um instrumento que deixaria a muitos deles sem ocupação. Era a *primeira rebelião de operários contra a máquina* (ou algo similar) que *ameaçava* postos de *trabalho* e, logicamente, o pão de cada dia. É o primeiro movimento conhecido contra o *fantasma da desocupação*, que começava a rondar os trabalhadores, assumindo perfis caóticos. Com a Revolução Industrial e, até hoje, com as crises econômicas, a automatização produtiva e a globalização, continuaram a criar, em menor ou menor grau, clima de insegurança e tensão entre os dependentes laborais.

O novo quadro modifica a mentalidade do povo, definindo-se as primeiras linhas da *futura orientação capitalista* em confronto com o pré-capitalismo de antes. Neste, a riqueza era um meio para chegar a um fim superior, espiritual; já para aquele, o capitalista, o bem tinha a finalidade exclusiva de satisfazer as necessidades que obstaculizavam a caminhada do homem, no plano material. O capitalismo não tinha, entre suas maiores preocupações, a licitude no uso dos bens, não sendo tal exigência integrante do conceito de propriedade, p. ex.: O objetivo era amealhar bens e mais bens, identificadores do êxito no perseguido. Era o caminho de acesso à Idade Moderna, já desenhado nos primeiros tempos de caminhada rumo ao predomínio do ter, do patrimonial. O mercantilismo é uma política de riqueza, de velocidade na circulação de bens, da qual o Estado tira sua parcela para manter-se e, se possível, expandir-se. Não mais interessam os condicionamentos da época precedente, hermética e estável. Os empreendedores, detentores das maiores somas capitalizadas, vêem-se — para multiplicar seu ganho — na contingência de *correr* grandes *riscos*, devido à complexidade dos novos negócios. E as *três grandes instituições* (Igreja, Estado e Corporações) que assistiram ao e compartilharam do epílogo da Idade Média, e ao surgimento da Idade Moderna, *como se comportaram*? A Igreja persistiu na sua obra doutrinária, especialmente através de *São Bernardino*, reconhecendo, no entanto, que havia mentalidade nova nos cidadãos; como exemplo de suas iniciativas diretas contra a maneira de proceder da época — dominada pela ânsia de riqueza fácil — cria os "*Montes de Piedade*", pelos franciscanos, visando a combater os empréstimos com altos juros (não muito diferentes dos da atualidade ...). No entanto, os seus ensinamentos e iniciativas obtêm resultados escassos, uma vez que o espírito dominante era contrário àquilo que preconizavam os religiosos.

O *Estado*, por sua vez, densamente centralizado, através das monarquias absolutistas, desenvolvia uma ação que incrementava o espírito capitalista, antes de freá-lo.

Por último, as *Corporações*, que entram em fase de involução, sofrendo o impacto dos elementos relatados, acrescidos do boicote sistemático que passou a ser feito pelos empreendedores — mercantes, os quais não queriam e, efetivamente, não podiam, ficar na mesma categoria do artesão — mestre, que deles dependia. A *submissão econômica do artífice supõe a hierarquização*. Por isso, as corporações não mais correspondiam à estrutura passada, principalmente porque o Estado que, em princípio, atuava em combinação com os grêmios, termina por fortificar-se e passa a influir na economia, que se vai tornando capitalista. O grêmio transforma-se num verdadeiro estorvo para o Estado, que busca, por isso, diminuir, ou mesmo retirar, totalmente, as funções que, antes, detinham as corporações.

Nenhuma das três instituições conseguiu centralizar a vida econômica e laboral. A *Igreja*, por ter posição contrária à predominante. A corporação, por ter sido superada por novos aspectos e novas técnicas que a transformaram em organismo obsoleto para o desenvolvimento social. O *Estado,* porque mesmo tentando operar no plano econômico, ainda se via superado, em pleno capitalismo, pela figura central do empreendedor, em torno do qual se construía o novo sistema.

Esse era o espelho de uma época. As corporações — responsáveis pela pré-infância do Direito do Trabalho — esfacelaram-se, face à imposição de leis que as baniam em definitivo. Decompuseram-se, sob a pressão de fatores internos, de fatores externos (ambos a elas especificamente aplicáveis) e das novas idéias filosóficas, políticas e econômicas que tanto influenciaram ao mundo de então.

A morte oficial das corporações só ocorreu em meados do século XVIII, apesar do seu declínio anunciado e continuado. *Cesarino Junior* (*in* "Direito Social Brasileiro", 1º vol., 2ª edição, São Paulo, 1943, p. 247) historia, com precisão, o epílogo dos grêmios: "Na Inglaterra, em 1753, uma lei aboliu a corporação dos sapateiros e outra, em 1756, a das artes têxteis. Em 1771, Maria Teresa as aboliu completamente na Áustria e na Lombardia, seguindo-se a Holanda e a Toscana (1780), a Prússia (1791), Veneza (1797), Estados Pontifícios (1801) e Piemonte (1814). Na França, há o célebre edito de Turgot de 1776, revogado, pouco depois, pelo de Clugny; porém, a Assembléia Constituinte só fez a abolição completa em 4 de agosto de 1789; mas, reconhecida a liberdade de associação, principalmente pela Constituição e pelo decreto de 21 de agosto de 1790, continuaram a existir sociedades de fato. Por isto, a *Lei Le Chapelier*, de 17 de junho de 1791, veio a proibir terminantemente a reunião para defesa de interesses comuns (i. é, coletivos), só reconhecendo o interesse particular de cada indivíduo e o interesse geral de todos (i. é, da sociedade).[22]

19. REVOLUÇÃO FRANCESA, "QUESTÃO SOCIAL" E "DITADURA CONTRATUAL"

No momento em que agonizavam as corporações e as idéias mercantilistas empolgavam a Europa, forçando a conquista do mercado internacional e defendendo a teoria de que a prosperidade dos povos dependia da quantidade de ouro que conseguissem armazenar, a França começou a verificar a generalização de um novo tipo de ente produtivo: a *manufatura*. *Francisco de Ferrari* (*in* "Leciones

---

(22) A Lei Le Chapelier dispôs que: "Art. 1º Sendo uma das bases fundamentais da Constituição francesa a abolição de toda classe de corporações de cidadãos do mesmo estado ou profissão, fica proibido restabelecê-las de fato, sob qualquer pretexto e com qualquer forma. Art. 2º Os cidadãos do mesmo estado ou profissão, os empresários, os que têm estabelecimento aberto, os operários oficiais de qualquer arte não poderão, quando se encontrem reunidos, nomear presidente nem secretário sindical, organizar registros, adotar decisões ou deliberar, nem elaborar regulamentos sobre seus pretendidos interesses comuns".

de Derecho del Trabajo", 1º vol., 1961, Montevideo, p. 64) assinala que "no es exagerado afirmar que en la historia de las manufacturas puede leerse el prologo de lo que, muy pronto, se conoceria, en el resto del mundo, con el nombre de la *'cuestión social'*, como la confirma el proprio *Durand*, cuando referiendose a las *manufacturas,* dice que fueron una mescla de liberalismo y de rigor". Apesar de significarem um passo adiante com relação ao grêmio medieval, ainda assim mantinham certo caráter despótico, no que tange à posição de supremacia quase absoluta em que era colocado o empregador. Ao empregado não se garantia o direito de despedir-se, voluntariamente, podendo, caso tal sucedesse, ser coagido pela polícia a ocupar o posto que deixara vago, a juízo e por requerimento do patrão. A melhoria primordial, no comparativo com o sistema gremial, residia na permissão genérica de ingresso voluntário nas, e liberdade de constituição de, novas manufaturas, sem peias e/ou entraves, posto que uma ânsia de produção e enriquecimento caracterizava a época.

Foi um mundo laboral com tal montagem que recebeu a *Revolução Francesa*. Corporificada na Declaração dos Direitos do Homem e do Cidadão, adotada pela Assembléia Nacional, transfiguraria politicamente o mundo de então. Propondo os ideais de fraternidade, igualdade e liberdade tentou impedir o aprisionamento dos direitos mais sagrados do homem. Derrubadas as corporações pela Lei Le Chapelier, não admitiam os líderes políticos e doutrinários da Revolução que, entre o indivíduo e o Estado, pudesse existir um grupo servindo de intermediário. O *individualismo político* assentava raízes profundas, abrindo estradas para que, seguindo-o, viesse a ter guarida o *liberalismo econômico*. Destarte, *Quesnay*, em sua obra "O Quadro Econômico" (*apud Rodolfo Napoli*, obra citada, p. 31) acentua as diretrizes que teriam predominado, na Economia, no segundo quartel do século XVIII e na primeira metade do século XIX; "existe un orden natural de la sociedad que rige la vida económica y hace, por lo tanto, superflua e innecesaria la intervención del Estado. Ese orden natural hace inútil imaginar leyes, sistemas o reglamentos para dirigir la vida económica: basta la libertad de acción". É a fundamentação explícita que sustentou o *"laissez-faire, laissez-aller"*.[23]

---

(23) SEGADAS VIANNA, ob. cit., p. 36: "... o Estado liberal portava-se como mero espectador, porque inspirado na fórmula *laissez-aller, laissez-faire*, que *Gournay* erigiu como lema característico do sistema, sua função seria apenas garantir a ordem social e política, com a força organizada, com os tribunais distribuindo justiça e dando aos particulares ampla liberdade de ação econômica".

A Revolução Francesa libertando (?), em termos teóricos e absolutos, o trabalhador e deixando o Estado fora da problemática laboral, dava à classe obreira uma "vitória de Pirro". Concedia-lhe, como criticamente foi dito, o "direito de morrer de fome". Nos primeiros tempos, porém, na euforia do triunfo, ao comemorar a queda dos que o subjugaram por séculos, o trabalhador não se apercebeu que apenas servia de ponte para uma troca, na qual muito pouco (ou quase nada) lhe tocaria como vantagem. Caía a *nobreza* e assumia o posto vago a *burguesia*, tratando de impor os seus padrões, *também muito diferentes* dos que eventualmente pudessem interessar à classe proletária.

A utilização múltipla da máquina e a própria Revolução Industrial, como um todo, ainda não haviam ganho aceleração e, conseqüentemente, produzido seus efeitos e a Revolução Francesa também não lograra fazer sentir, em toda sua extensão, os postulados que a inspiravam e que se propunha a implantar na sociedade.

Como ela liberava as partes, defendendo a divindade do pactado, originou-se o que *Pérez Botija* (obra citada, p. 62) qualificou de *"la dictadura contratual del patrono"*. Simplesmente porque o patrão, em posição de indiscutível superioridade econômica, não debatia cláusulas contratuais, nem condições de acordo com o empregado necessitado de obter o posto vago. Simplesmente — como se disse — *impunha o seu direito*, o direito do economicamente poderoso.

Dos termos dessa *igualdade desigual*, *Luisa Riva-Sanseverino* (*in* "Diritto Sindacale", 3ª edição, Roma, 1959, p. 15) extrai o conceito de *"questão social"*, que, acredita, viria a ser (e foi) motivo explosivo, gerando transfiguração nas relações humanas originadas do emprego e que influenciariam uma estrutura a ser criada como sendo o (e sob a égide do) *Direito* do Trabalho. Dizia a jurista italiana, textualmente; "la questione sociale consiste nella ricerca del sistema atto a garantire la piú equa ripartizione della richezza tra coloro che concorrono a produrla e, in particolare, a *garantire al lavoratore* una effetiva libertá, quale é, o solo puó essere, *la libertá economica*". Assim, a liberdade civil e política que a Revolução Francesa trouxe, no bojo de seu ideário, não conseguia superar as enormes desigualdades que decorriam de situações socioeconômicas totalmente desequilibradas. Por isso, Monsenhor *Ketteler* (*apud Cesarino Junior*, obra citada, p. 68) afirmava que "a questão social é uma questão de subsistência do operário. É uma questão de estômago". Os problemas decorrentes da "questão social" não chegaram a mobilizar lideranças do liberalismo. As concessões ocorridas, no decurso da Revolução Francesa, ao invés de amenizarem a "*ques-*

tão", que mal despontava, agravaram-na. No momento em que colocaram na liça laboral — sem distinguir categorias — um peso-pesado (patrão) e um peso-pluma (empregado), partindo do princípio de que as regras sendo comuns e iguais, ainda que os partícipes fossem tão desiguais, estaria assegurada a igualdade e a justiça, *consagraram, na prática, o absoluto desequilíbrio contratual*. Concedia-se liberdade para que imperasse a opinião do mais forte, num legalizado retrocesso a tempos primitivos. A então chamada "*grande indústria*" colocou à mostra, sem rodeios, o quadro real e duro que se armara na defesa de seus interesses.

Riva-Sanseverino (obra citada, pp. 16-17) fotografa a realidade subseqüente à Revolução: "In sostanza, il movimento popolare che dette corpo alla Rivoluzione Francese, vide i suoi ideali di una sempre piú effettiva uguaglianza e, quindi, di una sempre piú effettiva libertá, solo parzialmente realizzati: como é noto, la rapida crisi del liberalismo fu dovuta soppratutto al fatto che l'uguaglianza civile e l'uguaglianza politica, assicurate in seguito alla rivoluzione, non cancellavano le ingiustizie sociali, ma le rendevano ancora piú evidenti. Le libertá civile e politiche valevano infatti solo a far sentire piú crudamente al *popolo* la sua *servitú economica*, poiché profondo era il contrasto fra i poteri che esso aveva conquistato e la maggior miseria in cui la politica economica liberale lo aveva posto nell'ora incipiente mondo della grande industria".

O liberalismo, assim, num primeiro momento pós-revolução, no plano das relações do trabalho, propiciou a liberdade sem limites, entrechocando sujeitos que não competiam em igualdade de condições, terminando por gerar uma espécie de libertinagem, que danificava muitos e envilecia alguns.

Assim, paradoxais e inovadoras, simultaneamente, as idéias da Revolução Francesa desembocaram num ambiente de pressões sociais, de desníveis econômicos, de lutas comerciais e industriais. Sofrendo o impacto de fatores também acumulados pela Revolução Industrial, a Francesa chegou a ceder em alguns princípios que originariamente lançara, ao vê-los consumidos pela avalancha da fatos socioeconômicos que uma nova mentalidade desencadeara. *Benoist* (*apud Cabanellas*, obra citada, p. 117) explica que: "el hombre que la revolución politica habia individualizado cuando lo habia arrojado de la corporación, de la orden y de la clase, a su vez y bien pronto, la Revolución Industrial venia a reasocializarlo, arrastrándolo, quiera o no, a la asociación; una asociación que no es libre, sino en relación precisamente a la corporación de otrora, menos cerrada que aquella, pero como ella, aunque por otros motivos, ineludible". Essa concentração despersonalizante é determinada pela reunião de trabalhadores em uma mesma indústria, e destas em grandes complexos, para lograr a *produção intensiva* que os mercados já solicitavam e os empresários exigiam. Assim, o choque entre a teoria e a vida real deflagrava-se. As idéias políticas propunham-se a liberar os homens, tornando-os individualizados; a Revolução Industrial ajuntava-os, coletivizando-os, retirando-lhes essa dose de ser e de querer que a rebelião ideológica intentara conceder.

Evaristo de Moraes Filho (*in* "O Problema do Sindicato Único no Brasil", Rio, 1952, p. 107) assinalou, com propriedade: "Se os seres humanos haviam nascido desiguais, com a liberdade da luta pura e simples pela vida, ainda mais aumentava esse desigualdade. E isso porque as oportunidades e os bens de que dispunham não eram inicialmente iguais. Mais ainda se aprofundava essa diferença de situação e poder com a fragmentação individualista na visão social. Os homens se apresentavam para trabalhar como indivíduos isolados e separados, como se cada contrato individual de trabalho só pudesse ter interesse para ele. Não se via o grupo por trás do indivíduo. Vigorava o conselho de Le Chapelier: cada um cuide de si e siga as suas próprias condições personalíssimas de trabalho. Cada contrato era uma lei particular entre as partes".

Foi, enfim, a Revolução Francesa que "sacralizou" o *contratualismo*, possibilitando que *Edmond Piccard* qualificasse o Código Civil Napoleônico de "epopéia sagrada do Direito Privado", responsável pelo embasamento jurídico do período intitulado "Século Revolucionário", como dizia *Ortega y Gasset*, ao analisá-lo também sacudido pelo ímpeto renovador da Revolução Industrial.

Ao lado das Revoluções Francesa e Industrial, fatores colaterais também influenciaram na alteração da mentalidade do homem — século XIX. A irrefreada liberdade de iniciativa, fruto da Revolução Francesa, enquanto submetia os fracos, concedia possibilidade de avanço, de progresso aos que não caíam ante o poderio das forças econômicas.[24] Enquanto isso, o espírito humano assegurava-se o direito de vagar, criar, o que arejava a mentalidade tacanha que se

(24) RODRIGUES PINTO, José Augusto, ob. cit., p. 24: "Foi, pois, no ventre da Revolução Industrial, de contexto primário indisfarçavelmente econômico, que se gestou um aspecto novo do que veio a ser apelidado de questão social, exatamente o da repercussão social da transformação econômica das relações de trabalho".

Ainda, segundo o mesmo Autor, que, citando *José Martins Catharino*, Compêndio de Direito individual do Trabalho, vol. 1, p. 15, Ed. Saraiva, São Paulo, 1981, assim se manifestou: "Desse modo, embora reconheçamos razão a *Martins Catharino*, quando sustenta que o Direito do Trabalho não surgiu apenas da *Revolução Industrial nem da questão social*, que, em seu conjunto, lhe é anterior, esses dois fatos, o econômico e o social, interligados, foram o leito de onde se ergueu".

despegara do mundo medieval. *Bonnard* (*apud Francisco de Ferrari*, obra citada, p. 65) sintetiza-nos essa alteração, que deu *novas dimensões* ao homem dinâmico, personalizando os momentos terminais da Idade Média, dizendo: "Como se recordará, en este nuevo período, el mundo comenzó a conecerse a si mismo, con el descubrimiento de nuevos continentes y a cambiar rapidamente sus estructuras sociales y económicas, como consecuencia de los notables progresos que paulatinamente empezó a hacer la técnica al dejar la Revolución Francesa en libertad al hombre y a su espiritu fáustico. Si agregamos a estos hechos la *reforma religiosa* y, además, el *renascimiento*, que propicia, en estos momentos el retorno a las concepciones paganas; si recordamos el descrédito en que caen las ciencias medievales, la crisis de los sentimientos religiosos y el interés que despierta el mundo físico y su investigación, se compreenderá, por la significación que tienen todos estos hechos, en qué forma empieza a cambiar el concepto de las ideas políticas y la estructura de los sistemas económicos". Junto a isso, e também por isso, a *moeda*, circulando, fascinante, torna a *usura* uma obsessão, que praticavam *os ricos* e subjugava *os pobres*. A quietude da oficina do mestre, imutável, cedera lugar à algaravia ou ao lamento produzido pela *máquina* barulhenta do progresso, computando — como não se costumava fazer — números e insensível ao quadro humano do entorno.

Enquanto isso, travava-se o debate teórico, formulando amparos e críticas doutrinárias, que explicava ou condenava o contexto. De um lado, os *fisiocratas*, liderados por *Quesnay*, abominando toda e qualquer intervenção estatal, considerando que a vida econômica seguia as diretrizes imutáveis de uma *harmonia natural*, que não se alteraria por estímulos ou influências externas. O homem, fosse qual fosse a sua situação, deveria, para os fisiocratas, *ser deixado livre*, perigosa e desprotegidamente livre, para enfrentar o meio e as circunstâncias que a própria vida em sociedade apresentava. Por outro lado, a *Escola Liberal*, propriamente dita, liderada por *Adam Smith*, estendia os conceitos dos fisiocratas e *negando a "divindade" das leis naturais*, retirava delas os mesmos efeitos, julgando-as imperturbáveis e inarrendáveis. Ao Estado, segundo os liberais, reservava-se um mínimo capaz de não comprometer a quase *ilimitada liberdade individual*, ainda que esta produzisse, como produziu, concorrência desenfreada e socialmente prejudicial, evidenciada durante o *boom* da Revolução Industrial. Julgavam os seguidores de *Smith* que só dessa maneira poderia o cidadão atingir a sua capacidade de realização plena, uma vez que a sua iniciativa não permanecia restrita e bitolada. Para dar cores mais cinzentas a tal panorama, *Malthus* lança a sua teoria, preconizando, através de estatísticas (na análise da época, "corretíssimas"...), o verdadeiro aniquilamento famélico da Humanidade, que previa para o início do século XX. Assim, consolava-se (?) o povo com o fim próximo e com a certeza de que as dificuldades sofridas eram efeito de uma situação de fato, superior a todas as forças, de características insuperáveis. Cabia, pois, ao cidadão, malthusianamente falando, organizar a própria miséria, ante a catástrofe maior de um anunciado fim coletivo. *Lasalle*, nesse ínterim, elaborava a *"lei de bronze dos salários"*, ajuntando-lhes um fator de deterioração progressiva que tornava mais redutível a remuneração e mais frágil e desvalida a situação do trabalho e do trabalhador.

É quando *Charles Darwin* apresenta-se, formulando e defendendo o *evolucionismo*, enfim a conexão imbatível entre a adaptabilidade e a lei do mais forte. Logo se transportou tal principologia para os campos político e econômico-social.

Como pondera a respeito *De Ferrari* (obra citada, p. 74): "la sociedad de entonces, que servia de escena a tantas injusticias, no era pues una arbitraria combinación de intereses. Si al frente de ella habia una clase más fuerte que dominaba a los demás y las sometia a todo género de padecimientos e injusticias, tal situación era más bien una consecuencia de los 'sanos principios' — darwinianos — de la selección natural".

Os débeis economicamente, os incapazes para o trabalho deveriam submeter-se à situação, compreendendo que o homem — último degrau ascendente da escala zoológica, como queria *Darwin* — também se submetia às imposições puramente animais da luta pela existência.

É fácil, pois, entender o quanto de diferença haveria, ante tão inovadoras teses e circunstâncias, entre o cidadão contemporâneo da Revolução Francesa e o protagonista da Idade Média.

Para agudizar essa realidade, tornando inclemente a *luta do homem contra o seu semelhante*, nessa exacerbação competitiva individualista, a Revolução Industrial eclode e, com ela, aspirações e frustrações, prosperidade e miséria, tendo — especialmente na França e na Inglaterra — o homem como sujeito e objeto, beneficiário e vítima.

20. A REVOLUÇÃO INDUSTRIAL

E, afinal, o que se deveria entender por Revolução Industrial? Em princípio, seriam as alterações produzidas por fatores científicos, até então estranhos, que incidiram, preliminarmente, na indústria, e que se refletiram em toda a vida econômica, num período que oscila entre meados do século XVIII e meados do século XIX? Para *Toynbee* (*apud Moret*, *in* "Historia general del desarollo de las organizaciones de trabajadores", Buenos Aires, 1933, p. 18) houve uma *modificação repentina e parcial* na sociedade. Para *Birnie*, no entanto (*in* "Historia Económica de Europa", México, 1940, p. 1), mesmo admitindo a denominação, *não houve* reformulação súbita, nem catastrófica, ainda que as conseqüências tenham sido tão profundas que possam ser chamadas de revolucionárias.

A Revolução Industrial evidenciou a presença da máquina, dentro da produção humana, tornando-a maciça e despertando os empreendedores para a possibilidade de conquista de *grandes mercados*, que se multiplicaram, à medida em que, com o correr dos tempos, os meios de comunicação e transporte aproximaram novos Continentes e os próprios países europeus entre si. *Não* se deverá limitar a Revolução Industrial exclusivamente à "entronização" da máquina na indústria. Uma série de fatores — como se viu — já preparava o caminho para essa reviravolta no regime econômico-social. A máquina e os efeitos dela advindos corporificaram, adensando, significativamente, a problemática que, até então existente, não despertara maiores inquietações por não atingir proporções tão amplas e/ou tão nítidas.

Cabanellas, inspirado em *Kimball* (obra citada, 1º vol., p. 113) afirma que "la herramienta era siempre un auxiliar de la destreza del trabajador, en tanto que las grandes invenciones llevaron 'la habilidad transferida' a un punto en que la habilidad del obrero resultaba un auxiliar de la herramienta o de la maquina". O surgimento do *"operário-robô"* trouxe profundas alterações, processadas — segundo *Birnie* — de forma progressiva. *Riva Sanseverino* (obra citada, p. 22) afiança que "in un primo tempo, la macchina fu utilizzata come semplice mezzo per transformare l'energia musculare del lavoratore", ocupado em mera operação de movimento ritmado, exonerado de qualquer exercício intelectual, servindo tão-só de apoio e sustentação para o impulso inicial de que necessitava o engenho. *A seguir*, prossegue a mestra italiana, "in un secondo tempo, il quale coincide con l'applicazione del vapore, e poi dell'eletricitá all'attivitá produttiva, la macchina determina la possibilitá di transformare le energia che derivano della natura e non del corpo umano". A função do operário limitar-se-ia a simples tarefas de vigilância e controle, segundo autores mais radicais. De qualquer maneira, faz-se evidente, com a consolidação da Revolução Industrial, já nos primeiros anos do século XIX, que o trabalhador vai sendo deslocado para uma posição de inferioridade, posto que o processo produtivo passa a ter, como peça básica, o *equipamento*, que ao homem passa a substituir, em vários aspectos, vantajosamente.

Importa salientar que a Revolução Industrial não foi um acontecimento *estático* e isolado; fez-se, ao contrário, de *pequenas revoluções*, que se foram sucedendo em vários campos. Não se pode enclausurá-la numa fase específica da História, posto que seria limitante restringi-la a algum período fixo compreendido entre duas datas. Foi um processo que sacudiu os alicerces econômicos, sociais, políticos e culturais da Humanidade, com uma intensidade mais forte, direta e específica, durante aproximadamente cem anos mas que, com diferente impacto, sob outras aparências, ainda faz sentir seus efeitos refletidos até na contemporaneidade eletrônica, informática e biotecnológica do mundo globalizado.

Brota na Inglaterra depois de 1760; nos Estados Unidos, ao redor de 1870. Entre uma e outra data irrompeu em diferentes partes da Europa. Foi acima de tudo, a ciência aplicada à indústria, simultaneamente a um expressivo aumento populacional e ao emprego crescente de capital concentrado, estimulando que tradicionais comunidades agrícolas, sob o impulso de tais condicionantes, apressadamente viessem a urbanizar-se. *T. S. Ashton* (*in* "La Rivoluzione Industriale: 1760-1830", trad. italiana, 1953, pp. 85 e segs.) faz questão de enfatizar as peculiariedades do que seriam "as revoluções industriais", assinalando que "in ciascuno dei diversi casi, peró, lo sviluppo del movimento é stato influenzato da particolari *circostanze di luogo e di tempo*".

Como um aporte histórico detalhista pode-se relacionar como primordiais, na jornada desbravadora da Revolução Industrial, as seguintes invenções: a) *1764-1775*: máquina de fiar; b) *1778*, técnica (ou método) de pudlagem (operação que visa a afinar o ferro fundido para transfundi-lo em ferro comum ou em aço); c) *1785-1790*, tear mecânico (tornando realidade o esperançoso desafio ou a proposta de utopia de *Aristóteles*, isto é, a "da agulha andar por si só no tear"); d) *1790* , a máquina a vapor; e) *1799*, a máquina produtora de papel.[25]

(25) GOMES, Orlando e GOTTSCHALK, Elson, ob. cit., p. 500: "John Ray inventou a "lançadeira volante" ("flyshuttle" em 1733, Johan Wyatt e Lewis Paul, o "tear mecânico" em 1738; James Hargreaves, uma máquina de fiar "spinning-jenny" em 1770; a Rechard Arkwright atribuiu-se a invenção da "Water-frame", uma fiadeira mecânica mais aperfeiçoada; Samuel Crompton introduziu-lhe novos aperfeiçoamentos com a "mule", em 1774 e 1779; Edmund Cartwright inova no campo da tecelagem mecânica com a "power-loom", brevetada em 1785; e finalmente, James Watt, em 1769 e 1781, inventou a máquina a vapor, acontecimento capital e decisivo para a Revolução Industrial".

O momento, no entanto, como assevera *Cabanellas* (obra citada, p. 117), poderia considerar-se como de consolidação material da Revolução Industrial, seria aquele em que "la mecanica se incorpora a la *construcción de nuevas máquinas*. A partir de ese momento puede afirmarse que la Revolución Industrial estaba en marcha, y que sus artífices eran los creadores de las *máquinas hechas en série*, iguales las unas a las otras, perfeccionadas constantemente por el uso". A máquina reproduzia-se e, sem respeitar barreiras temporárias, superava-se e invadia, cada vez mais, o campo que antes estivera reservado ao trabalhador. Era o próprio homem, inseminando a máquina com aperfeiçoamentos; substituindo, com eles, procedimentos laborais antes executados por seu semelhante.

Essa máquina, que reduzia o cansaço físico do homem, via-se enquadrada num mundo de idéias políticas que a conduziam pelo caminho destinado a diminuir as próprias possibilidades econômicas do "*homo faber*"; o menor esforço, a subtração da fadiga passaram, também, a significar o temor de substituição pelo gigante de ferro, sem anseios e sem família. O homem laboral transformava-se de *ator em espectador*, consciente de sua fraqueza para fazer frente, com vantagem, a esse concorrente mais forte e menos exigente. A força humana, os músculos que, em muitos casos, eram alicerces da produção tornaram-se secundários (quando não, descartáveis), uma vez que a máquina, consumindo menos, rendia mais. Bem dizia *Birnie* (obra citada, p. 135): "la Revolución Industrial hizo unos cuantos ricos, pero hizo muchos pobres. Aumentó la riqueza nacional, pero disminuyó el bienestar nacional. Fomentó la prosperidad material, peró suspendió el progreso social. La Revolución Industrial, casi por vez primera, puso más de relieve el problema de la pobreza al crear una clase de proletarios sin tierra ni propriedad. El trabajador industrial del siglo XIX fué un asalariado, divorciado por completo de los medios de producción y que para vivir tenia que depender enteramente del trabajo de sus manos".

Com a introdução do maquinismo na produção apareceram efeitos em múltiplas áreas. A grande indústria recebeu o seu batismo e provocou a concentração de capitais (Capitalismo), de um lado; produziu, de outro, a interação do trabalhador, dando vida ao espírito de equipe, ao sentimento de coletividade. *A família modificou-se*, e muitos *menores e mulheres*, também lutando por um posto de trabalho na guerra pela subsistência, abandonaram os lares e tornaram-se operários(as) como os demais. A produção estandartizou-se, desaparecendo a preocupação com o requinte detalhista, típico do artesanato medieval. O poderio econômico — fruto da concentração de capitais — submeteu o trabalhador à rígida supremacia hierárquica, ao mesmo tempo que *se depreciava, pelo afluxo* de *oferta*, o *trabalho em si*, conceituado como mercadoria.

Era o *salariato* e, com ele, a cidade absorvendo o campo e começando a multiplicar-se os grandes centros populacionais (tidos como *metrópoles*), enquanto o desemprego iniciava sua jornada funesta, rondando lares humildes. Era a Revolução Industrial: trágico — e questionável — terremoto de indiscutível progresso.

21. A MÁQUINA, A DIVISÃO DO TRABALHO E O CAPITAL

Com o sistema corporativo, a produção estava estruturada em oficinas, relativamente pequenas, nas quais um diminuto número de pessoas, com habilidade e paciência, realizava tarefas pertinentes ao ofício. O surgimento da máquina implicou no completo aniquilamento de tal produção artesanal. Os índices quantitativos de rendimento apresentados pela máquina superavam, de muito, o mais eficiente dos mestres. Além disso, começavam a abrir-se as portas de um *mercado internacional*, de um comércio em larga escala, exigente de produção em tonelagem, e não de isoladas e limitadas unidades. Era o volume que começava a importar para suprir um consumo que se multiplicava com o incremento populacional. Paralelamente, a ganância dos empreendedores aumentava, ante a possibilidade do lucro. As máquinas, no entanto, de que tanto se falou, constituíam raridade, posto que sua fabricação era demorada e seu custo elevado. Por isso, requereu-se a concentração de grandes somas para equipar as primeiras indústrias, as quais, por sua vez, entrando no mercado concorrencial, tratavam, de imediato, com uma *política de preços reduzidos*, liquidar o risco de competição. Destarte, para que se maquinizasse o mundo da produção exigiu-se *concentração de capitais*, ponto prevalente e progressivo de qualquer projeto. *Cesarino Júnior*, nesse sentido, destaca que "o emprego de maquinismos exigia grandes capitais, de modo que as pequenas oficinas, isoladas, não podiam subsistir. Assim, ocorreu a união de capitais de diferentes titulares, para a aquisição de máquinas, caminho trafegado, pois, para a concentração de capitais" (obra citada, p. 69).

Coube ao antigo mercador, que, depois, ocupou a posição mista de empreendedor-mercador, colocar-se no ápice de uma burguesia próspera, que enfeixou somas de capital na mão, entesourando moedas e colocando-se, ante uma nobreza decaída e vencida, à frente de toda uma nova conjuntura econômica, ostentando a condição de proprietário da máquina, nova fonte de riqueza.

Alonso Garcia (obra citada, p. 124) assinala a relação entre a inovação técnica e o seu reflexo econômico e social: "la conexión entre el movimiento técnico y el movimiento social es incuestionable. Sin las invenciones, la industria hubiera continuado su muy lento progreso, y no habria habido revolución industrial; y por outra parte, sin los *recursos recién descubiertos*, las invenciones muy dificilmente se hubieran realizado, y su utilización hubiera sido muy limitada".

Fazia-se evidente que, mesmo com o surgimento da máquina, se não houvesse a Europa obtido — no Novo Mundo — um elenco de matérias-primas valiosas, pouco teria conseguido o continente europeu, uma vez que o poder aquisitivo continuaria restrito e as possibilidades estimuladoras da concentração de capitais reduzidas.

Das inovações técnicas, escolhemos dois aspectos que merecem ser levados em consideração. Em primeiro lugar, passou-se a obedecer a uma *política de divisão do trabalho* mais rígida e abrangente. A máquina, complexa, reclamava um operário que a controlasse e que conhecesse as suas intimidades e minúcias. O homem passou a ser qualificado, laboralmente, de acordo com sua capacidade de usar os novos instrumentos de trabalho; por outro lado, realizando as tarefas mais rudes, a máquina exigia parceiros que aperfeiçoassem a produção em série — e, usualmente, não refinada — que ela gerava. Surge (e eis aí outra decorrência da volumosa produção mecanizada), o *especialista;* aquele operário que, na rede industrial, dedicava-se, muitas vezes, a procedimentos formalmente mínimos, que se requeria fossem executados com precisão e perfeição. *Na época gremial, não* se admitiria o *especialista*, uma vez que os baixos índices de produção e produtividade obrigavam o trabalhador dedicar-se a todos os misteres para alcançar um rendimento operacional diário capaz de ensejar uma retribuição satisfatória. A máquina, no entanto, produzindo aos milhares, sobrecarregava o próprio especialista e determinava *subespecializações* dentro da especialização. O fenômeno da especialização, a partir de então, ganhou continuidade, como mais um subproduto do ingresso da tecnologia na produção.

Riva-Sanseverino (obra citada, p. 22) sintetiza assim a emergente concentração de capitais, em decorrência dos altos preços da maquinaria: "Poiché la macchina implicava notevoli costi di aquisto, di impianto e di esercizio, che solo una minoranza di industriali poteva sobbarcarsi, questa minoranza essendo in grado di acrescere notevolmente la produzione, venne bem presto a trovarsi in una posizione privilegiata, che le rese possibile di eliminare i produttori manuali".

As regiões agrícolas, enquanto isso, davam sinais claros de estagnação, vivendo em estágio medieval. *As pequenas cidades*, iluminadas pelas luzes, já coloridas, das indústrias, *atraíam o campesino*, que se seduzia pela possibilidade de trabalhar na fábrica, com um salário fixo e garantido, vivendo na enganosamente benfazeja civilização. O *êxodo rural* fez-se intenso, transformando, em pouco tempo, algumas *aldeias*, onde se instalaram fábricas, *em grandes cidades*, com seus subúrbios delineando-se e um núcleo inicial de população marginal. As grandes famílias interioranas constituíram, de logo, o "exército dos proletários", isto é, daqueles que tinham, como *único patrimônio, a própria prole*. Pode-se deduzir que a *máquina* se, por um lado, requeria, para sua adequada exploração rentável, a concentração de capitais, também determinava, paralelamente, concentração do operariado.[26] O trabalho deixou, *ipso facto*, de ser realizado nos limites do espaço domiciliar, uma vez que *ela* — centralizando toda a produção — tornara-se eixo da atividade laboral e "exigia" que fosse, em torno de si, que se agrupassem, para produzir, os trabalhadores. Esse contato dos parceiros laborais, gerado pelo trabalho *análogo e/ou complementar*, influiu na mentalidade do operário e terminou por contribuir, decisivamente, na criação compartida de um *espírito de coletividade*, de *classe* que, até então, como empregado, ainda não tivera. *Evaristo de Moraes Filho* (obra citada, p. 103) descreve a situação: "A aglomeração dos trabalhadores em torno do motor, nos grandes centros urbanos, facilitou sobremaneira a interação social dos operários, aproximando-lhes os contatos que, agora, ficavam diretos, permitindo-lhes uma permanente troca de idéias e de opiniões". A fábrica era concentradora porque o motor exigia um cortejo de súditos para completar o seu trabalho.

Pergolesi (obra citada, pp. 6-7), sintetizando os fatores que implicaram na alteração econômico-social sofrida pelo mundo civilizado, comenta: "Mentre l'ambiente económico subiva *trasformazioni radicali* — sia per l'ampliarsi e lo spostarsi dei principali centri economici, produttivi e comerciali, a causa, in ispecie, della *scoperta dei paesi di America* e della formazione di grandi imperi coloniali; sia per una accentuada *concentrazione di capitali*; sia per l'affermarsi

---

(26) RODRIGUES PINTO, José Augusto. "Curso de Direito Individual do Trabalho", 4ª ed., Editora LTr, São Paulo, 2000, p. 21: "A concentração do elemento humano trouxe desdobramentos importantíssimos. Entre eles, a urbanização da sociedade industrial, ponto de partida para a formação das grandes cidades, metrópoles e megalópoles, provocada pelo efeito catalisador dos estabelecimentos industriais. De fato, passaram eles a constituir pólos da atração de mão-de-obra, abrindo melhores condições de recrutamento e retribuição, além de exercerem o fascínio das virtualidades de maior conforto social pelo progresso material que proporcionaram".

e lo svilupparsi, rapido e intenso, *del macchinismo* e *in genere* per l'adozione di nuovi mezzi tecnici di produzione, in seguito a mirabili invenzioni e scoperte (c.d., 'Rivoluzione Industriale'); sia per l'intenso raggrupamento ed *inurbamento* de masse di lavatori intorno a nuove industrie, in condizioni di puro salariato, insieme a una crescente *specializzazione* e divisione del lavoro — e *mentre si invocava sempre piú* una maggior libertá nella vita pubblica, le corporazioni si irrigidivano invece in corpi chiusi, privilegiati, senza correspondenti funzioni di uttilitá generale; la loro 'neofobia' anzi e la loro gretta ed arretrata regolamentazione dell'attivitá produttiva erano di grave intralcio al progresso".

Partindo do motor — com sua valorização excessiva e com as exigências para sua utilização — chega-se à *concentração de capital*, que o empregava, e à *aglutinação* (fruto da proximidade física ocupacional e da similitude de encargos) *operária*, explorada pelos detentores do maquinismo.(27) A Revolução Industrial, gerando a divisão do trabalho e, nele, a especialização, fez com que as atividades das nações mais progressistas, à época, se desviassem da agricultura para a indústria, ao mesmo tempo que a população era arrebatada da terra e conduzida, em multidões, para as cidades.

O comércio internacional ganhou fôlego e o tráfego de produtos manufaturados, dados em troca de matérias-primas, alcançou números elevadíssimos. A riqueza circulava, depositando-se, no entanto, na mão de poucos, ainda que fosse fruto da ação produtiva de grandes coletividades. *Azcarate*, a respeito, assinala: "el cambio procedido crea aumento de riqueza y de bienestar; pero a costo, en primer término, de que la sociedad humana pierda su homogeneidad. Es ése el precio que se paga, y sus consecuencias resultan aún más graves. La Revolución Industrial reune en la fábrica o en la mina a

(27) OLIVEIRA VIANA, J. "As Novas Diretrizes da Política Social", 1939, pp. 4-5, assinala que "... no seu supermundo, em monopólio absoluto, os ricos avocavam para si todos os favores e todas as benesses da civilização e da cultura; a opulência e as comodidades dos palácios, a fartura transbordante das ucharias, as galas e os encantos da sociabilidade e do mundanismo, as honrarias e os ouropéis das magistraturas do Estado. Em suma: a saúde, o repouso, a tranqüilidade, a paz, o triunfo, a segurança do futuro para si e para os seus.

No seu inframundo pululava a população operária: era toda uma ralé fatigada, sórdida, andrajosa, esgotada pelo trabalho e pela subalimentação; inteiramente afastada das magistraturas do Estado; vivendo em mansardas escuras, carecida dos recursos mais elementares de higiene individual e coletiva; oprimida pela deficiência dos salários; angustiada pela instabilidade do emprego, atormentada pela insegurança do futuro, próprio e da prole; estropiada pelos acidentes sem reparação; abatida pela miséria sem socorro; torturada na desesperança da invalidez e da velhice sem pão, sem abrigo, sem amparo ...".

miles de obreros, a quienes los empresarios conocen poco o nada; además, éstos constituyen para aquéllos una espécie de mito. Asi se forman *castas rígidas*, carentes de simpatia entre si; y las secuelas se traducen en frecuentes rozamientos entre patrono y obrero, entre capital y trabajo, entre rico y pobre" (*in* "Los Deberes de la Riqueza", Buenos Aires, sem data, p. 13). Não vemos onde, exatamente, existia essa homogeneidade pretérita alardeada por *Azcarate*. No entanto, não há como rechaçar a afirmativa de que a máquina e as novas idéias em voga serviram para aprofundar, e muito, os desníveis socioeconômicos que, com menor distância, também separavam pessoas e grupos na fase gremial. Essa homogeneidade não existiu; não existe; e não existirá. Apenas na mente fantasiosa dos autores do "Maniffeste des Egaux" poderia ter florescido simbolicamente. Infelizmente, mesmo a máquina, padronizando produção e igualando exigências laborais, em pleno apogeu dos ideais libertários e (teóricos) igualitários da Revolução Francesa, logrou ser instrumento de equilíbrio. Também ela aprofundou o fosso da separação que colocava, como diz *Paul Pic* (obra, p. 11), de um lado, os titulares da grande indústria, "distribuyendo dividendos para los capitalistas selvages" e, de outro, "la masa de trabajadores reducidos a un salario a menudo insuficiente".

22. *INDUSTRIALIZAÇÃO E MERCADO DE TRABALHO: EMPREGO E DESEMPREGO*

A Revolução Industrial serviu, também, para destroçar ou, pelo menos, abalar certos redutos que pareciam solidamente alicerçados. Foi o que se evidenciou com a *instabilidade familiar*. O fato de a máquina aplainar a qualificação, em princípio, de todos os trabalhadores (a especialização só foi destacando-se com o tempo) em um mesmo nível profissional, tornou possível o *ingresso, no mercado de mão-de-obra, de mulheres e menores.*[28] Assim, a dona-de-casa, que, até então, nada mais fora do que isso, passou a competir na luta por um posto, ansiosa por reforçar a economia doméstica, abalada pela inflação que alcançava índices assustadores para a época, e temerosa de um desemprego no amanhã. O chefe da casa, que costumava ser o responsável pelo sustento familiar, sentia que

(28) SÜSSEKIND, Arnaldo. "Direito Internacional do Trabalho", 3ª ed., Editora LTr, São Paulo, 2000, p. 82: "O incremento da máquina a vapor substituiu braços humanos e desequilibrou a oferta e a procura de trabalho — desequilíbrio que se acentuou pelo fato de que mulheres e crianças, cada vez em maior número, passaram a procurar emprego, a fim de melhorar a receita familiar, aceitando salários inferiores aos dos homens".

a sua posição de empregado não era sólida ante o aumento no número dos que desejavam uma colocação, oferecendo serviços por baixíssima remuneração. Assim, famílias transformaram-se em sociedades por quotas, economicamente falando, necessitando do trabalho de todos para a obtenção de uma receita média razoável, que viesse, inclusive, a garantir a continuidade de atendimento das necessidades inadiáveis, mesmo com o desemprego de um ou de outro de seus membros. Além disso, as *mulheres* e os *menores*, considerados *meias-forças,* eram remunerados com salários inferiores, razão pela qual sua acolhida nas fábricas era mais fácil do que a destinada ao trabalhador adulto. Se a máquina dispensava o esforço muscular e exigia vigilância, a mulher e o menor estavam perfeitamente aptos a substituir o homem maior que, pela mesma tarefa, cobrava preços superiores. Com isso *quebrou-se* grande parte da própria *autoridade* discricionária que o *homem* — como chefe da casa — mantinha até então. Vendo-se obrigado a contar com os proventos da esposa e dos filhos para equilibrar as finanças familiares, sua *supremacia ficou abalada* no terreno econômico, com óbvios reflexos na vida doméstica.

A *indústria*, por sua vez, que, num primeiro impulso, requereu trabalhadores à mão cheia, uma vez estruturada, sentiu que a *oferta* de mão-de-obra (atraída aos magotes pela perspectiva da absorção inicial) *superava*, em muito, a *procura* efetiva. Foi quando o capitalista começou a fechar os portões das fábricas para as multidões operárias desejosas de prestar serviço em troca de qualquer remuneração. A respeito, ensinava *Riva-Sanseverino* (obra citada, p. 23): "l'introduzione dei mezzi meccanici, dette la minore complessitá e faticositá delle prestazioni richieste, dette la possibilitá di impiegare su vasta scala donne e fanciulli, o sai, le cosidette *mezze forze* di lavoro, le quali potevano essere pagate con retribuizioni notevolmente inferior; e questa aumentata oferta di lavoro a condizioni piú bassa venne ad esercitare una sensibile concorrenza sui salari degli uomini, facendoli notevolmente ribassare".

Assim, *ao invés* de pagar-se *salário maior ao menor* (porque se acreditava que estaria capacitado a desenvolver, de forma idêntica, tarefa conferida anteriormente ao adulto), pagava-se *salário menor ao maior*, criando-se um processo desordenado e injusto de concorrência laboral. Dessa forma, jogava-se a *família inteira* no mar aberto de uma *economia anárquica*, onde o "livre jogo" das partes determinava as regras a seguir; jogo esse celebrado com cartas marcadas, uma vez que a parte economicamente poderosa, ante um Estado inerme, comandava o mercado de trabalho na forma que mais lhe convinha.

Também o *campesinato* sofreu, na carne, os entrechoques dessa luta pela sobrevivência. Como assinala *Tannembaum* (*in* "Filosofia del Trabajo", Santiago do Chile, 1955, pp. 12 e 13), "el campesino habia sido creado en la intimidad de una pequeña aldea, donde los valores de la costumbre prescribian cada acto entre la cuna y la sepultura y donde cada hombre desempeñaba un papel en un drama conocido por todos. Ese campesino se encontraba ahora aislado y perplejo. El universo simbólico, que habia dado forma a los modos de los hombres, através de las edades en la aldea, el feudo y el gremio, habia desaparecido". Assim, desprotegido, o *homem* que veio do *campo* em busca de oportunidade, atraído pelo mistério do progresso citadino, sentia-se perdido, derrotado. A fábrica, com que sonhara, não o recebia de braços abertos. Ao contrário, dispensava outros que, como ele, tinham vindo em procura de fortuna e civilização. Os postos de trabalho, além de difícil obtenção, eram mal remunerados. Permanecia na cidade, para não retornar *derrotado* ao seu meio, mas sentia-se traído pelas imagens que, a distância, ilusoriamente construíra. A riqueza "prometida", as benesses desenhadas não eram, na prática, para todos. *Restava-lhe*, apenas, incorporar-se à maré dos descontentes, dos explorados, e *protestar*, marginalizando-se na periferia urbana, que crescia graças, à "contribuição" da sua pobreza (e da de outros, como ele).

Além disso, a *mecanização* não respeitava os requisitos — hoje, indispensáveis — de *segurança no trabalho*. A *periculosidade* estava presente em cada jornada. A insalubridade não causava espécie e a péssimas condições de higiene submetiam-se os obreiros. Com isso, chegou-se a um *enfraquecimento considerável da população* que, mal nutrida, trabalhando inúmeras horas por dia, em ambientes infectos e anti-higiênicos, começou a definhar. Principalmente mulheres e crianças cediam ante a péssima situação ambiental. A situação chegou a limites tais que o *Doutor Villermé* (verdadeiro precursor dos médicos do trabalho), em seu histórico "*Relatório*", pedia providências às autoridades, mostrando um quadro negro, que qualificava de inumano. Aliás, também os generais prussianos e franceses — ao tomarem conhecimento da condição física de seus soldados jovens — descobriram as causas de sua *reduzida capacidade torácica*. Com pais fatigados, e subnutridos, lançados na fábrica desde os sete anos, o jovem não alcançava os requisitos mínimos que uma tropa em combate exigiria. Assim, o progresso gerado pela máquina teria custado caro, perturbando a organização familiar, destroçando a população rural e marginalizando-a, debilitando a própria espécie. *Riva-Sanseverino* tem estas palavras sobre o ambiente de trabalho nos primeiros passos da industrialização: "Il lavoro meccanico, soprattutto quando, come allora accadeva, non sai accompagnato da un adeguato sistema de sicurezza, é anche di per se stesso, oltre che per le materie che impiega, antigienico e pericoloso, e come tale, causa di lesioni, di malattie professionali e di malattie in generale; inoltre, specialmente nei riguardi delle donne e dei fanciulli, esso quase sempre significava diminuizione delle nascite, arresto del sviluppo físico e, in generale, deperimento della razza".

Não poderemos, sob pena de colocar-nos em posição parcial, permanecer unicamente nessa postura crítica à introdução da maquinaria na produção. *Cesarino Júnior* (obra citada, pp. 70-71) dela faz ardorosa defesa, ponderando: "o emprego dos maquinismos tem sido muito malsinado, atribuindo-se-lhe, entre outros males, o aparecimento da desocupação e o rebaixamento do nível intelectual do operário, em virtude da divisão do trabalho o sujeitar a fazer eternamente o mesmo serviço. Houve, a princípio, até a destruição de máquinas e de fábricas pelos operários, elaborando petições no sentido de interdizer, pela lei, as máquinas e as fábricas, donde a necessidade de normas para a proteção das máquinas. Nenhuma dessas objeções contra a máquina procede".

Alegava-se que a máquina criava o desemprego, prosseguia *Cesarino*, porque substituía o operário: "À primeira vista, pareceria verdade, dando causa, inclusive, na Inglaterra, à destruição de maquinismos, ante a ocorrência das primeiras despedidas face à maior eficiência dos equipamentos em relação ao trabalho manual. Posteriormente, se pôde verificar que se, nalgumas fábricas, de fato, os maquinismos produziam dispensa de operário, por outro lado, para sua própria fabricação, requeriam a admissão de inúmeros trabalhadores, demonstrando-se que 1/3 da produção mundial é de máquinas. Também não é exato que, uma vez instaladas as máquinas numa fábrica, não dependam mais elas das que fabricam similares ou novos maquinismos".

E prosseguia, em detalhada defesa, lembrando que não somente as ferramentas mecânicas se gastam (e gastavam), carecendo de manutenção e reposição, como também se requer renovação, mesmo ante máquinas perfeitas, em virtude do aperfeiçoamento técnico (hoje, muito mais veloz que há 150 anos) que forçava o industrial a inovar constantemente sua aparelhagem produtiva para assegurar capacidade competitiva. E isso, a luta concorrencial cobrando atualização, estaria a exigir demanda de novos instrumentais, cuja criação e fabricação gerariam novos empregos, compensatórios das perdas pela substituição, na ponta, do homem pelo equipamento. Recordava, ademais, que fora graças à máquina que se criaram setores de atividade, e, com eles, indústrias e serviços; e, naquelas e nestes, empregos aos milhares (ou milhões): siderúrgico, automotivo, telecomunicações, aeronáutico, cinematográfico etc. etc.

Tampouco, segundo ele, seria exata a afirmação crítica de que a máquina teria rebaixado o nível intelectual do trabalhador, posto que, na sua visão, mesmo no trabalho manual de antanho haveria atividade meramente repetitiva (do que se acusava a máquina), enquanto que, com a mecanização, teria sido exigido do operário, por decorrência da sua complexidade maior, um melhor preparo, a fim de bem entendê-la e poder dirigi-la. E conclui sua alentada defesa, enfatizando que a máquina *só* beneficiou o obreiro, pois se incumbiu dos trabalhos mais pesados e nocivos à sua saúde, como aconteceu, por exemplo, na proteção que lhe ofereceu, ao substituí-lo em muitas tarefas penosas e perigosas.[29]

A argumentação, mesmo brilhante, de *Cesarino Júnior*, só é válida com muitas (ou várias) ressalvas. Deixa de lado o fato concreto da ocorrência, não contestável, de uma crise de desemprego nos momentos de implantação da Revolução Industrial, tentando obscurecer tal episódio com dados genéricos e argumentos que valeriam (e até valeram) para *algumas nações* mais industrializadas, *quando atingiram* patamares bem mais adiantados e bem posteriores no processo fabril. Não parece muito recomendável negar, ou olvidar, o ocorrido em meados do século XIX (e por um período bastante largo), utilizando estatísticas englobando, p. ex., já na metade do século XX, a indústria automobilística. Sabe-se, perfeitamente, que, *com o correr do tempo*, e com a conseqüente alteração de toda a sociedade, à luz de fatores sociopolítico-econômicos, houve ajustamentos (se não com perfeição, de maneira bem aceitável) na relação da máquina com o esquema laboral. Tal não implica, nem recomenda, porém, que se negue o fato de que sua "*entrada em cena*" trouxe conseqüências alarmantes e mesmo revolucionárias, refletindo-se na perda de uma segurança mínima que a *nova figura de empregado*, à época, começava a adquirir.

---

(29) RODRIGUES PINTO, José Augusto. "Curso de Direito Idividual do Trabalho", 4ª ed., LTr Editora, São Paulo, 2000, p. 22. Reportando-se sobre a introdução da máquina no processo de produção de bens e circulação de riquezas, assevera que: "Economicamente, a utilização da máquina desatou duas conseqüências relevantes: a) a produção em larga escala, demandando, de início, maior emprego da atividade pessoal do trabalhador e, sucessivamente, sua valorização pelo domínio adquirido do *know-how* do processo produtivo; b) a concentração do elemento humano, antes disperso nos pequenos núcleos artesanais, em torno das unidades onde se instalaram as máquinas".

Por outro lado, ao argumento de que as máquinas eram consequência de fábricas que, ao produzi-las, geravam empregos, conviria fazer constar duas ponderações a mais para subsidiar o debate: a) as referidas fábricas de máquinas, que gerariam também empregos, *também* se utilizavam de *máquinas para produzir máquinas*; b) os grandes capitais exigidos para a montagem de metalúrgicas nos primeiros tempos obrigaram que seu número fosse limitado, incapaz, portanto, de abrigar a todos aqueles trabalhadores, desempregados pela introdução da máquina nos mais diversos setores de atividade.

Sobre a influência da "automatização" (precária da época, diga-se de passagem), na mentalidade do trabalhador, é o próprio *Cesarino Júnior* quem nos diz (obra citada, p. 71, nota 102), citando *Berdiaeff*, que: "*Keyserling* tiene razón al señalar la destrucción del orden emocional por la civilización mecánica y al reclamar su restauración. La máquina asigna golpes temibles a la concepción y al ideal humanista del hombre y de la cultura". O trabalhador, psicosocialmente teria perdido sua individualidade e até mesmo seu referencial, encurralado no rebanho submetido ao patrão. Profissionalmente, salvo exceções, passava a ser um escravo do motor. Assim, com suas reais possibilidades de criador reduzidas, limitava-se a fiscalizar a produção em série, sem poder emprestar um toque humano finalístico à matéria-prima que se ia transformando, em meio a complexas operações mecanizadas. Comprimia-se o indivíduo nos pavilhões fabris, achatava-se-lhe a personalidade para que ele reagisse como se fosse u'a máquina de carne e osso.

Isso o aproximou ainda mais de seu colega, desprezado e vencido como ele, gerando a solidariedade da miséria e do sofrimento.

Ressalvadas as macrotransformações que o tempo ensejou e continua ensejando nos últimos 200 anos, as novas Revoluções Industriais, do início do século XX (da energia elétrica, do petróleo) e do seu segundo quartel (informática, microeletrônica, telecomunicações), já, agora, no limiar do mundo pós-industrial, determinaram um quadro que, se não repete, relembra, ante a complexidade tecnológica do computador (bisneto, muito mais inteligente que sua ascendente esclerosada, a máquina de 1750/1800), a relação inovadora e inquietante, já antes vivida, entre o equipamento produzido (que passa a produtor) e o homem produtor (que se transforma, usualmente, em mero repetidor). Volta, aí, globalizado, com novas, vistosas e sedutoras roupagens, o ameaçador fantasma do desemprego.[30]

---

(30) NASCIMENTO, Amauri Mascaro. "Iniciação ao Direito do Trabalho", 26ª ed., LTr Editora, São Paulo, 2000, p. 43: "A tecnologia mostrou o seu lado cruel: a substituição do trabalho humano pelo *software*; a desnecessidade, cada vez maior, de um quadro

Em síntese, para o *bem (?) da Humanidade*, é o *homem* — com seu inesgotável poder inventivo operacional — na atualidade, *criando* engenhos de extraordinária sofisticação que, como resultado, dispensariam, por eficientes, o poder inventivo de outros homens.

23. AS IDÉIAS LIBERAIS E O MUNDO DO TRABALHO

Há de se fazer alusão também a doutrinas e teorias políticas e filosóficas que impulsionadas pelos novos tempos e suas realidades, ou a eles e a elas impulsionando, foram de significativa importância no perfil diferenciado que se veio a construir para a sociedade. Assim, a *vontade humana*, até então menos valorizada, passou a ser exaltada (até mesmo idolatrada), como decorrência das teses de *Kant* e, de uma certa forma, também identificadas na teoria contratualista de *Rousseau*, que via, desde os primeiros indícios da organização social, a superposição da vontade do homem no confronto com qualquer possibilidade de influência ambiencial ou determinação histórica imperativa. Concluía-se, desde logo, que se o indivíduo, autonomamente, decidia ordenar-se em sociedade, firmando um pacto coletivo, autorizado por sua consciência individual e respeitado como lei suprema, não poderia haver outra solução, no intuito de regular as relações humanas em qualquer campo, do que retornar à fórmula salvadora e saneadora do *Contrato Social*, a qual teria dado forma e esquematização ao nosso comportamento sobre a terra.

As deduções daí decorrentes desembocaram na vereda da *liberdade absoluta*, corolário inevitável do raciocínio condutor à possibilidade de se assegurar ao homem *todas as condições* para decidir, sem limites de qualquer espécie. Dizia *Paul Durand* (*in* "Traité du Droit du Travail", Tomo I, p. 57 e segs.), que uma filosofia *individualista*, *igualitária* e *liberal* constituir-se-ia no fundamento da sociedade revolucionária que nascia com o liberalismo, provocando — entre outras coisas — a dissolução dos grêmios e, para tanto, oferecendo fundamentação teórica.

As idéias vigentes contribuíram, por outro lado, para colocar na posição de *"juez y gendarme"* (*De Ferrari*, *in* "Leciones de Derecho del Trabajo", Montevidéu, 1961, p. 48) a um Estado de quem se

---

numeroso de empregados para obter os mesmos resultados com redução da demanda de trabalhadores entre 25% e 35% da força de trabalho; a informatização e a robótica como principais fatores de crescimento na produtividade; o aumento do desemprego e do subemprego em escala mundial; o avanço da sociedade de serviços maior do que a sociedade industrial; novas profissões; sofisticados meios de trabalho, uma realidade bem diferente daquela na qual o direito do trabalho nasceu".

retirava o élan vital das relações econômico-sociais. Abrindo passo para a vontade humana, escoltada pela liberdade individual, o Estado quedava-se a contemplar a liça repleta de gladiadores desiguais que pugnavam sob a bandeira do alardeado (e nunca efetivado) *igualitarismo* total. Enclausurado por princípios radicais, era o próprio Estado, por sua passividade e omissão, o grande responsável pelo desajuste econômico que se robustecia, na luta social, que ganhava proporção; e pela própria reação que se estava armando, paulatinamente, em cada concentração obreira que, ao ruído das máquinas, arquitetava a possibilidade de, um dia, virar a face da moeda.

Bania-se, por outro lado, *a intermediação* em todos os campos. A *reforma protestante* colocava, de lado, a ponte humana entre o crente e seu deus; a extinção das corporações rompia o contato associado entre o dirigente e o dirigido. Enfim, só deveriam permanecer o indivíduo, liberto e capaz de querer, e o Estado, coletividade organizada, com suas funções, poderes e atividades bem limitadas.

Amparado, assim, em um Direito Natural que buscou suas razões primeiras no *racionalismo cartesiano*, a época terminou por encontrar-se, plenamente, no liberalismo econômico, abrindo ao comércio, à indústria e à atividade profissional os amplos portões do mercado concorrencial, onde se deveria decidir, em luta aberta, toda a sorte de relações. A oferta e a procura passaram a imperar como regimento típico de uma época incontrolada e, por muito tempo, incontrolável. Como pondera *Alonso Garcia* (obra citada, p. 131), "el dogma de la concurrencia en un absoluto régimen de igualdad era la expresión más viable de lo que económicamente cabia señalar como dogma esencial del liberalismo en su tradución económica".

A liberdade e a igualdade, proporcionadas por esse mundo entregue à fúria das forças concorrenciais ilimitadas em jogo, dentro de um sistema pré-capitalista, determinaram conseqüências calamitosas obrigando a um despertar estatal imprescindível para regular as condições de um mercado que se mostrava parcial e opressor. Sobre o *perfil inicial* capitalista, aliás, *Goetz Briefs* (*in* "El Sindicalismo de ayer y de hoy", trad. espanhol, Madri, 1957, p. 15) acentua que "el capitalismo solo es posible en un mundo circundante no-capitalista", aproveitando-se das teses de *Schumpeter* e explicando, mais adiante, o seu pensamento sob o fundamento da perfeição e da veracidade do princípio, segundo o qual os "contratos" são sagrados. Pondera que o "cientificismo e o economismo são conseqüências do capitalismo" e que nenhum deles enquadraria e/ou valorizaria suficientemente a fidelidade, a honorabilidade, de molde a que fossem elementos capazes de assegurar a plena execução de uma relação comercial, social, jurídica etc. Assim, para *Briefs*, o capitalismo *só podia propagar-se* e perpetuar-se em uma sociedade (ou meio circundante, conforme sua terminologia) que não seguisse a mesma cartilha utilitarista e que desprezasse os meios para atingir os fins que alicerçam o próprio capitalismo. Para o enfoque capitalista, segundo *Briefs*, o ser converter-se-ia em mera soma de possibilidades mensuráveis e valorizáveis, devendo, portanto, a estratégia capitalista incidir, para germinar, em um meio onde seriam guardados e respeitados os preceitos éticos fundamentais, os elementos básicos da moral, capazes de assegurar a perfeita adimplência de um acordo.

Assim, em tal contexto conceitual, até certo ponto paradoxal, estranho e temporariamente ajustado, o homem via-se jogado às dimensões de suas possibilidades, estribado nos dogmas "infalíveis" da hipotética igualdade total e da liberdade absoluta.[31]

Dessa maneira, no *terreno das relações laborais*, o empregado, economicamente débil, era entregue à sanha do capitalista, ansioso por lucro e prosperidade, seguindo ditames utilitaristas, ante a platéia complacente, constituída por um *Estado, que via nessa luta desigual*, a forma sublimada da própria *igualdade*. A liberdade resumia-se na possibilidade de dizer não para contratos indignos, para salários injustos, para condições inumanas de trabalho. NÃO que significaria o desemprego e a completa impossibilidade de obter, depois, mesmo esses salários injustos, únicos oferecidos aos trabalhadores como contraprestação por penosos serviços obrigados a prestar. *Para o empregador*, por outro lado, investido no próprio Estado, através da Revolução, a liberdade absoluta mostrava-se operativa, permitindo-lhe, em nome de conceitos abstratos e irreais (como o da igualdade genérica), ditar as normas de contratos prejudiciais aos obreiros, sem qualquer interferência estatal. Abria-se-lhe a chance de *diminuir os custos de suas mercadorias*, através da redução constante e incontrolável dos *salários*, único componente da equação produtiva de características variáveis e entregue ao livre pulsar das pressões econômicas.

Segundo *Alonso Garcia* (obra citada, p. 142 e segs.), assim poderiam sintetizar-se as características e influências desse emergente e dominador momento do pensamento liberal:

---

(31) SEGADAS VIANNA, ob. cit., p. 34: "Entregue à sua fraqueza, abandonado pelo Estado, que o largava à sua própria sorte, apenas lhe afirmando que era livre, o operário não passava de um simples meio de produção".

"a) as inovações técnicas teriam gerado um *clima de revolução quanto às condições de fato do* trabalho, criando-lhe uma nova problemática sociojurídica e possibilitando, no futuro, o surgimento de novos conceitos no plano laboral;

b) o liberalismo teria determinado uma *alteração* no sentido *da própria sociedade*, o que influiria na contextura das sucessivas relações jurídicas;

c) a *economia liberal* teria influenciado no campo jurídico, sacralizando a lei da *procura e da oferta*, considerada como lei natural e intocável;

d) o novo Direito liberal estaria alicerçado no *dogma da autonomia da vontade*, como regente das relações entre os sujeitos contratantes; no princípio da *liberdade contratual* e *da liberdade de iniciativa; no enquadramento da relação* entre empresários e empregados, dentro do marco do Direito Civil; *na concepção das relações* de trabalho dentro de uma margem de liberdade absoluta, só controlável quando infringente do disposto no Código Civil, tardio e pouco expressivo, capaz, apenas, de impugnar os abusos de direito;

e) *proibição* absoluta *de todo fenômeno de associação e de coalizão*, deixando o *indivíduo solitário*, frente ao Estado (que atuaria por meio de puras relações administrativas) e só, também, frente a outro indivíduo, que lhe poderia oferecer determinadas condições contratuais, as quais poderiam ser aceitas, ou não, por aquele."[32]

24. O SALARIADO: SÍMBOLO DA RELAÇÃO DE EMPREGO

A valorização concedida ao *contratualismo*[33] fez da vontade individual a chave do esquema jurídico-laboral daquela época. Tal

(32) SÜSSEKIND, Arnaldo. "Direito Internacional do Trabalho", p. 82: "Na Inglaterra e nas possessões britânicas, as leis proibitivas da coalizão (*Combinations Acts*) de 1799 e 1800 dispunham que "serão ilegais todos os contratos ... celebrado ... entre trabalhadores operários de fábricas ou outros trabalhadores assalariados ... para obter um aumento dos salários ... uma redução ou uma modificação da duração do trabalho ...". Em virtude dessas leis, "o trabalhador que participasse de uma coalizão com o fim de perseguir objetivos proibidos, ou que incitasse outra pessoa a fazê-lo, a deixar o seu trabalho ou a sustentar os grevistas podia ser castigado com pena de prisão". Também nos Estados Unidos, "os princípios em que inspiravam os seus tribunais, nos seus julgados sobre as coalizões se fundam no direito consuetudinário inglês e mais precisamente nas regras relativas à conspiração" tal como verificado em histórico julgamento verificado em Filadélfia, no ano de 1806 (OIT, "Liberdade Sindical — Manual de Educación Obrera", Genebra, 1963, p. 10).

(33) MORAES FILHO, Evaristo. "Tratado Elementar de Direito do Trabalho", FB, 1965, p. 394: Teoria contratualista. No século XVIII os juristas encontravam dificuldades em

enfoque levou o trabalhador, cedente de serviços em troca de remuneração, a uma posição de inferioridade tal que *Guépin* afirmava: "Vivre pour l'ouvrier, c'est ne pas mourir". Esse obreiro, desprotegido de uma legislação estatal que equilibrasse com superioridade jurídica a sua inferioridade econômica, passou a constituir-se num dependente exclusivo da "*bolsa de trabalho*", oscilando (maiores exigências laborais e menores salários) na proporção da maior ou menor pressão empresarial, que funcionava comparando o contrato de trabalho a um mero pacto de compra-e-venda. O *trabalho* entrava no rol, puro e simples, das mercadorias, e liberado a toda sorte de influências permitidas pelo liberalismo econômico, *depreciava-se*, na medida em que crescia a oferta de trabalhadores desocupados e, muitos deles, famintos.

Kaskel-Dersch (*in* "Derecho del Trabajo", tradução espanhola, Buenos Aires, 1961, p. 12) assinalavam que "en Alemania, la transición desde el artesanato a la industria fabril, a partir de la primera mitad del siglo XIX aproximadamente, tuvo por consecuencia que, con la implantación del maquinismo, aumentó cada vez más el 'trabajo asalariado dependiente', de modo que este trabajo no presentaba ya para la mayoria de los trabajadores un simples *estado de transición* hacia la independencia como empresario, como ocurrió en el artesanato, sino que se convirtió en un *estado permanente* para toda la vida profesional". Dessa maneira, os baixos salários aprisionavam o trabalhador, despojando-o de oportunidades e ambições de melhorar sua condição na hierarquia da produção. O *salário máximo*,[34] às vezes (e não poucas) não chegava a atender a um mínimo vital individual e a ele se agarrava o empregado como tábua de salvação. O empresário retirava vantagens da igualdade jurídico-formal, forçando a concorrência predatória na oferta e reservando-se o direito de imposição de exigências que lhe fossem as mais favoráveis, ainda que elas não fossem compatíveis com as mínimas condições éticas para salvaguarda da dignidade do operário contratado.

---

classificar a nova figura que surgia no universo jurídico em decorrência do fenômeno socioeconômico que se expandia, o trabalho por conta alheia assalariado sob a forma de emprego. Forçavam a mão e faziam submeter-se a nova espécie contratual aos tipos clássicos, usando para institutos diversos a mesma etiqueta.

(34) NASCIMENTO, Amauri Mascaro. "Curso de Direito do Trabalho", 1998, 15ª ed., Saraiva, pp. 616/617, "são encontrados períodos de salários máximos, exemplificando-se com a "Ordenança de João, o Bom", fixando-o para a França, o *"status of Labourers"*, do Rei Eduardo III, na Inglaterra, e, no mesmo país, leis de 1548, sancionado com multa e prisão quem pagasse ou recebesse salários além do máximo".

Foi esse processo de agudização de cobranças máximas e remunerações mínimas que fermentou o sentimento de revolta dos proletários. O *Direito do Trabalho*, desconhecido no que viria a ser a sua conceituação e comportamento atuais, teria, naquele então, o seu impulso genético mais expressivo contra aquela espécie de "massacre" socioeconômico a que se via submetido o operário.

Sobre esse surgimento dramático — combativo e combatido — do Direito do Trabalho dizia *De Ferrari* (obra citada, pp. 70-71): "dicho derecho surge con el 'asalariado' y vino a crear, con sus vindicaciones, un nuevo régimen jurídico. Los nuevos princípios, que se pondrán en práctica en ese momento, como consecuencia del triunfo de la Revolución Francesa, en realidad, solamente crearon, en la sociedad, profundas diferencias entre sus miembros, extendieron la miseria y enriquecieron a un número muy reducido de hombres".

O "salariato" ou "salariado" passou a ser, a partir de então, o centro de toda a arquitetura jurídica, envolvendo o trabalho. *Goetz Briefs* (obra citada, pp. 35 e segs.), a respeito, assevera: "j'entends par prolétaire l'ouvrier 'salarié' — non soumis au régime du fonctionnaire — qui trouve dans l´aliénation constante de sa force-travail la source unique ou au moins essentielle du revenu nécessaire à l'entretien de la vie, et qui, dés lors, se trouve engagé dans une destinée portant en soi-même les causes suffisantes d'une perpetuélle reproduction de la condiction de travailleur salarié". Dessa forma, a perpetuidade da condição de assalariado, a impossibilidade econômica de ascensão nos degraus da profissão serviram também como instrumentos de distinção. A liberdade de iniciativa, a vontade absoluta e a igualdade total proclamadas pela Revolução Francesa de nada mais serviam, no campo laboral, do que como carcereiros impiedosos da subordinação do trabalhador, que não via, ante conjuntura tão desfavorável, sequer um raio de esperança.

Citando Cabanellas (obra citada, p. 122), podemos dizer que "trabajadores los ha habido siempre, pero no asalariados, en el concepto actual. Esa situación de dependencia real, efectiva, es la que crea un tipo de trabajador distinto al considerado como estable durante siglos". Chega-se, destarte, à conclusão que o salariado pode ser entendido como o regime que substitui o modelo corporativo e a sua estratificação. *No salariado*, a relação laboral divide-se entre *os que empregam* e *os que são empregados*; os que oferecem trabalho e os que oferecem dinheiro por esse trabalho. Em sua essência, o salariado existe até hoje, limitado por numerosa (hoje, menor do que a de alguns anos passados) legislação protetora que buscou impedir fossem efetivadas práticas desumanas que campearam livremente, durante o predomínio do liberalismo e de inércia do Estado.

O trabalhador, segundo os princípios defendidos pela Revolução Francesa, achava-se livre para aceitar a proposta do patrão; livre para desligar-se do estabelecimento onde prestava serviço; livre para exigir maiores salários, sendo a sua *vontade a suprema lei*.[35] O empregador, por sua vez, exercia o poder de despedir, quando não mais desejasse o trabalhador na empresa. A rescisão contratual não exigia contraprestações indenizatórias nem se bitolava por modelos legais. Em época tal, o contrato de trabalho aparece dentro do marco amplo do Direito Civil e sob a forma (assemelhada) de um arrendamento de serviços.[36] Ressalte-se que as regras que os códigos civis consagravam para tais relações eram inteiramente insuficientes, além de elaboradas sob critérios nitidamente favoráveis ao empresário. É esse viés patronal, somado ao desnível flagrante e original entre as partes, que explica e justifica a necessidade da intervenção do Estado que, com o tempo, acabaria por introduzir-se.

Assim, o regime do *salariado*, que viu primeiro a *liberdade de trabalho*, no seu aspecto teórico positivo, serviu para ferir, deixando cicatrizes profundas, o espírito de Justiça Social. Tal ocorria quando se assistia às jornadas excessivas de trabalho[37]; ao aproveitamen-

(35) Lei Le Chapelier, de 17 de junho de 1791, estabelecia a liberdade dos indivíduos de fixar a jornada de trabalho e o salário, sem interferências das corporações.

(36) MORAES FILHO, Evaristo. "Tratado elementar de Direito do Trabalho", FB, 1965, p. 394). A mais antiga das teorias origina-se do direito romano, incluindo o contrato de trabalho entre as espécies de *locatio*. O contrato de trabalho nada mais seria do que uma simples manifestação do arrendamento com as mesmas notas características deste. Alugava-se um homem ou a sua força de trabalho como quem aluga uma casa ou qualquer outra coisa.

A estrutura jurídica da Roma antiga ao considerar o trabalhador como escravo o excluiu da possibilidade de figurar como sujeito de uma relação jurídica trabalhista, entendido que era como coisa, portanto um instrumento de trabalho, as subseqüentes conceituações estavam condicionadas à idéia fundamental de uma coisa arrendada.

... Segundo Guillouard, *Traité du louage*, t. 2, 1885, doutrinador da idade Média, a definição legal do Contrato de Arrendamento, constante do Código de Napoleão, compreende o arrendamento de serviços no qual uma das partes põe o seu trabalho a serviço da outra (*locatio operarum*) ... acrescente-se mediante remuneração ...

(37) NASCIMENTO, Amauri Mascaro. "Curso de Direito do Trabalho", 1998, 15ª ed., Saraiva, p. 10: A imposição de condições de trabalho pelo empregador, a exigência de excessivas jornadas de trabalho, a exploração das mulheres e menores, que constituíam mão-de-obra mais barata, os acidentes ocorridos com os trabalhadores no desempenho das atividades e a insegurança quanto ao futuro e aos momentos nos quais fisicamente não tivessem condições de trabalhar foram as constantes da nova era no meio proletariado, às quais podem-se acrescentar também os baixos salários.

to danoso de mulheres e menores em serviços insalubres; à queda constante do valor salarial e ao aumento de número de desocupados. Por outro lado, o poderio empresarial corroía as últimas estruturas profissionais autônomas, ainda remanescentes do corporativismo. As grandes indústrias fechavam as pequenas oficinas e os últimos artesãos viam-se obrigados a engrossar as vastas fileiras de assalariados, logo dependentes, incapazes de concorrer, no mercado de produção, com as fábricas; e obrigados a lançar-se, em igualdade de condições, no mercado de mão-de-obra, onde vigoravam salários exíguos, pelo "aluguel" de sua habilidade e de seu esforço.

Se o preço da matéria-prima não oferecia margem de oscilação maior e imperava a liberdade contratual no terreno das relações laborais, o empresário, como dizia *Dobbs* (*in* "Salarios", Mexico, D. Federal, 1941, p. 10) "obtiene su utilidad de la diferencia entre el salario que há de pagar y el precio que consigue por el producto acabado. De ahy que la desaparición de todas las restricciones a la libertad del trabajador se haya generalizado en la historia como una de las condiciones previas al desarrollo del salariado".

Verificava-se o estabelecimento de uma situação caótica em face da fixação salarial entregue a uma relação de profunda desigualdade entre as partes. Enfim, o cidadão livre já não se encontrava submetido às normas de um ente social — a corporação — que limitava o exercício do direito ao trabalho, em face dos interesses da produção, do mercado e do próprio espaço funcional controlado do trabalhador. Era *outro ente impessoal*, a *empresa*, quem fixava, agora, unilateralmente, a jornada, os "salários", as particularidades das tarefas, os repousos e a despedida. Naturalmente que, na fixação de tais condições laborais, não era o interesse geral, senão o intuito de ganho em cada empreendimento o que contava.

Em síntese, valem as palavras de *Paul Durand* (obra citada, pp. 72-73), ao asseverar que a *economia liberal* era uma economia *anárquica*, em que cada empresário, a seu arbítrio, fixava a importância e o padrão de sua produção, que, para ganhar a *preferência do consumidor de baixo poder aquisitivo* decaía em qualidade e aumentava em quantidade, com preços reduzidos. Essa dinâmica econômica, seduzida pela lei da oferta e da procura, levou ao *rebaixamento* funcional e remuneratório do assalariado, e à sua multiplicação concorrencial; e ensejou o surgimento *da grande indústria*, separando o capital do trabalho, estimulando o seu enfrentamento, numa luta de classes institucionalizada e sem quartel.

25. POLÍTICA, RELIGIÃO E TRABALHO: "O MANIFESTO" E AS ENCÍCLICAS

Durand (obra citada, p. 73) ensina que a separação entre o capital e o trabalho determinou o desaparecimento dos laços pessoais que, em outras épocas, existiam entre empregados e empregadores (ou quem a eles se assemelhava nas funções). O patrão, desconhecido e odiado, tornou-se um mito, temido e amaldiçoado.

O sistema concorrencial, usado pelos empresários, infundiu, na mentalidade dos trabalhadores, a necessidade de enfrentá-los, de considerá-los, econômica e socialmente, como *inimigos*. Em princípio, a batalha do trabalhador foi inglória porque eram poucos os resultados práticos. A arrancada inicial serviu, apenas, para sedimentar, na consciência proletária, a idéia de que a situação vigente era injusta, ainda que legal. A desorganização e a repressão estatal (orientada pela burguesia industrial governante) conseguiram, no entanto, fazer com que as raras conquistas obtidas nos primeiros cinqüenta anos do século significassem muito pouco.

Ao se concluir a primeira metade do século XIX (1848), surgiu o Manifesto Comunista, de *Marx* e *Engels*, verdadeiro breviário da luta classista, procurando dar embasamento científico e transformar em verdade histórica o choque quotidiano que punha, frente a frente, irmãos de um mesmo povo.

Popper (*in* "La sociedad-abierta y sus enemigos", Madrid, 1945, pp. 310 e 311) destaca trechos especiais do documento de *Marx* e *Engels*, assinalando, por exemplo, que "a História de todas as sociedades que existiram, até o momento, é a História da luta de classes, entendendo que o indivíduo não estaria submetido à sua vontade mas à guerra das classes, que seria a bússola do destino humano". Segundo o "Manifesto", *não é a consciência do homem que determina a sua vida, senão a sua vida social que determina a sua consciência*. No plano econômico, *Marx* proclamava que o "homem poderá ser livre, à medida em que se emancipar do processo produtivo, o que nos faz entender que nunca fomos livres, mesmo analisando todas as sociedades já existentes".

E, enfaticamente, prossegue: "Como poderemos emancipar-nos do processo produtivo? Unicamente, fazendo com que outros realizem o *sujo trabalho* em nosso lugar. Vemo-nos, assim, forçados a utilizá-los como meios para nossos fins: devemos degradá-los. Só poderemos comprar um maior grau de liberdade ao custo da escravidão de outros homens, da divisão da Humanidade em classes; a classe governante adquire a liberdade ao preço da classe governada, os escravos. Mas tal fato traz, como conseqüência, a necessidade de que os membros da classe governante devam pagar por sua liberdade com um novo tipo de escravidão. Em efeito, estão obrigados a oprimir e a combater a massa governada, se querem conservar sua própria liberdade e situação social. Dessa maneira, todo o mundo, governantes e súditos, por igual, estão presos na mesma rede e obrigados à luta entre si'.

E adiante, aduz: "as relações de classe, que caracterizam o sistema social, são independentes da vontade do indivíduo. O sistema social assemelha-se assim a uma enorme engrenagem onde os indivíduos vêem-se colhidos e aplastados".

O manifesto de *Marx* e *Engels* procurava estimular e justificar uma forte reação contra o sistema vigente. Tratava de destronar a vontade absoluta e a liberdade contratual, enquadrando-as nas limitações dos fenômenos materiais, intentando contestar as idéias provenientes da Revolução Francesa. A apregoada e teórica *superioridade individual* ficava absorvida, segundo eles, pela vida social e a engrenagem do sistema societário era capaz de aplastar toda e qualquer iniciativa individual. Por outro lado, convidavam os "proletários de todo o mundo a unir-se para *enfrentar o inimigo* dessa batalha constante, o *empregador*. E asseveravam: "os sistemas sociais ou sistemas de classe mudam com as condições de produção, posto que de tais condições depende a forma através da qual os governantes podem combater e explorar os governados".

Marx e *Engels* visavam mostrar ao mundo de então que o modelo concorrencial, instaurado pela burguesia que levara a cabo a Revolução Francesa, servia aos interesses de uma classe, pois lhe assegurava condições de permanecer no domínio do econômico e, correlatamente, no topo hierárquico do próprio Estado.

Os conceitos, sabidamente radicais e rígidos, de *Marx* e *Engels* foram muito difundidos: apoiados e contestados. Hoje, é notório que teorias diversas informam a estrutura das classes sociais, inclusive a discutível proposta por *Carrel* (*in* "La incógnita del hombre", trad. espanhol, Buenos Aires, 1948, p. 260), defendendo o princípio de que não se deveria a fatores socioeconômicos a divisão da população em classes, mas "descansaria sobre una sólida base biológica y sobre las particulariedades mentales de los individuos".

O fundamental, para a temática que ora nos preocupa, foi o que significou o "Manifesto" como elemento de congregação da classe proletária, como orientação para que fosse focada, nos seus ângulos, uma nova visão das relações laborais, contribuindo, assim, para o surgimento do associativismo como elemento de indiscutível importância para a futura consolidação do Direito do Trabalho. Dando um arrazoado sistêmico e doutrinário para as reivindicações obreiras que, a princípio, se faziam silenciosas, *Marx* e *Engels* despertaram, também, as atenções de todos para a problemática que se criara com a vigência das diretrizes liberais da Revolução Francesa, entregando a uma livre concorrência desigual o mercado de emprego.

O contexto, assim analisado, foi assimilado por diversos pensadores, principalmente os chamados *Socialistas*, que trataram de abrir, para ele, os olhos dos próprios operários. Estes, numa coesão ainda inicial, passaram a pleitear, como reivindicação classista, melhorias nas suas condições, especialmente no que se referia aos salários e às horas de trabalho. Com isso, a classe obreira atuou de uma maneira mais homogênea, baseando suas propostas nas críticas feitas aos postulados liberais. A luta de classes ganhava um conteúdo definido. O proletário, que se curvara, durante certo tempo, às imposições do poderio econômico do industrial; que se sujeitara aos rígidos regimentos de fábrica; que se via compelido — pela propalada liberdade contratual — a aceitar as mais baixas condições ou até a morrer de fome, *agrupava-se*, em sociedades que, externamente, funcionavam como *mutuais ou caixas de socorro* e que, de fato, traziam, no seu bojo, o sentimento de *resistência e de coordenação classista* que informaria o *sindicalismo* no seu primeiro quartel. *Marx* desejava a arregimentação bélica do obreiro para que — congregado — lograsse ascender às culminâncias do poder político, substituindo a ditadura econômica da burguesia pela do proletariado. Foi essa diretriz que perdurou nos primeiros tempos e que fazia fervilhar a cabeça dos líderes das mutuais, conspirando nas trevas. O Estado, através de seu poder de polícia, reprimia e condenava essa união movida por interesses profissionais, considerando-a prejudicial à estrutura do regime. O operário, por isso mesmo, nas suas primeiras iniciativas, tinha contra si também o Estado, de quem ele esperava uma intervenção legislativa destinada a equilibrar o desnível da relação empregatícia.

Não foi, porém, *só* a voz de *Marx*, *Engels*(38) e dos socialistas que se ouviu sobre o problema. *Também a Igreja Católica*,(39) e (40)

---

(38) DE LA CUEVA, Mario: "Derecho Mexicano del Trabajo", 4ª ed., vol. I, p. 75: "... o *manifesto comunista* de *Marx e Engels* teve grande relevância nas lutas proletárias, na segunda metade do século XIX, do espírito de luta do proletariado contra o capitalismo".

(39) RODRIGUES PINTO, José Augusto. "Curso de Direito Individual do Trabalho", 4ª ed., LTr Editora, São Paulo, 2000, pp. 30/31: "A Igreja Católica Romana jamais deixou sua vocação de nascença para ser um poder de ordem universal, ora paralelo, ora dissociado e, às vezes, amalgamado com o do Estado".

preocupada com a estrutura iníqua, que se formara e estava a consolidar-se, face abusos cometidos em nome do Direito de Propriedade (que, segundo ela, deveria ser exercitado de maneira a contribuir para o bem comum), *através da Encíclica "Rerum Novarum"*, da autoria de *Leão XIII*, manifestou-se criticamente sobre o contexto, não aceitando a situação a que estava sendo submetida a classe trabalhadora. O documento papal significou um esforço para elevar o padrão dos operários, cuja condição calamitosa era flagrante; relacionava causas de tal estado de coisas, tais como a destruição dos antigos grêmios (sem adequada substituição por instituição sucessora), a desordenada ambição deflagrada pelo regime da livre concorrência etc. Dessa maneira, a Encíclica identificava, implicitamente, no liberalismo, as origens do quadro socioeconômico danoso, e particularmente seu reflexo no mundo do trabalho, propondo a intervenção estatal corretiva, por entendê-la necessária.

A Encíclica não utilizaria, logicamente, a terminologia do Manifesto de *Marx* que, analisando o mesmo problema e constatando a mesma realidade, tirava diferentes conclusões e propunha distintas soluções. A Igreja empenhava-se em oferecer uma resposta atenuadora para a luta de classes, através de *fórmulas harmônicas*, mesmo admitindo que o quadro, no momento, conduzisse, pelo ímpeto do lucro empresarial, a uma perspectiva de crescente desavença. O Manifesto, por sua parte, via, na luta de classes, uma constante na marcha da História, servindo de impulso para que a classe obreira se dispusesse a enveredar por urgente e ingente "guerra" contra a burguesia. O Manifesto tratava de induzir o proletariado a buscar, nesse confronto, substituir o patronato nos postos de comando, bem como, pela doutrinação do socialismo mais radical,

---

... "Embora não se possa dizer que os eclesiásticos tivessem ficado, antes disso, inteiramente alheios a outras modificações processadas com notável intensidade no começo do século XIX, somente em 1891, como instituição, pela voz de seu chefe universal, a Igreja iniciou uma participação efetiva e, daí em diante, continuada no acompanhamento das alterações forçadas pela irreversível sociedade industrial.

Sua entrada em cena foi tão vigorosa que, hoje, é indicada como um dos marcos da evolução universal do Direito do Trabalho. Seu veículo foi a Encíclica *Rerum Novarum*, do Papa *Leão XIII*, centrada na questão social, em seu todo, e nos grandes problemas despertados pela necessidade de dignificação humana do trabalhador, em particular".

(40) MARTINS, Sérgio Pinto, ob. cit., p. 37: "A Encíclica *Rerum Novarum* (coisas novas), de 1891, do Papa *Leão XIII*, pontifica uma fase de transição para a justiça social, traçando regras para a intervenção estatal na relação entre trabalhador e patrão. Dizia o referido Papa que "não pode haver capital sem trabalho, nem trabalho sem capital" (Encíclica *Rerum Novarum*, Capítulo 28). A igreja continuou a preocupar-se com o tema, tanto que elaborou novas encíclicas: *Quadragesimo anno*, de 1931, e *Divini redemptoris*, de Pio XII; *Mater et Magistra*, de 1961, de João XXIII; *Populorum Progressio*, de 1967, de Paulo IV; *Laborem exercens*, do Papa João Paulo II, de 14.9.1981).

extinguir o lucro e fazer desaparecer a propriedade privada, teses que não conseguiu consolidar. A Encíclica via, na intervenção estatal, no associativismo destinado a propugnar por melhorias de trato e convivência no ambiente laboral e no afastamento de interferências político-ideológicas, soluções para a crise existente. O Manifesto tratava de criar sindicatos *revolucionários* e de orientá-los a práticas belicosas que conduzissem à conquista do Estado, nele (Manifesto) considerado sob dominação da burguesia. Apesar das discrepâncias, a existência de uma aberta luta de classes, fomentada na esteira da liberdade formal que aprofundava desigualdades, era apregoada por *Marx* (que a estimulava para agudizar o confronto) e por *Leão XIII* (que, tratando de anestesiá-la, perseguia soluções miraculosas de pacificação). *Evaristo de Moraes Filho* assegurava (obra citada, p. 346) que "tiveram igualmente uma forte parcela na gênese do Direito do Trabalho as lutas sociais que se desenrolaram sobretudo no século XIX. Os ludistas,[41] os cardistas, na Inglaterra; as revoluções de 1848 e 1871, na França; a revolução de 1858, na Alemanha, representavam muito no despertar do Estado para a intervenção e regulação da vida econômica. Não se limitavam mais os operários a assistir, de braços cruzados, a sua própria desagregação e ao seu extermínio biológico e econômico. Reuniam-se, reivindicavam, protestavam". Guiavam-se em suas primeiras escaramuças, pelo Manifesto Comunista, no qual, segundo *GIDE*, "cada uma das frases produz o efeito de uma bala". Imiscuindo-se nas fermentações políticas, ou gerando-as, os trabalhadores criavam o *clima de intranqüilidade* e de insegurança que servia a seus propósitos, destinados, pelo menos, a mostrar ao empresário que, se não fossem reformuladas as bases sobre as quais se assentava a relação de emprego, não mais existiria tranqüilidade na produção. Entraria em *colapso* o emergente *sistema capitalista*, tão dependente da circulação das riquezas e das operações de troca, irrigadas por mecanismos financeiros, que davam vida às atividades comerciais e industriais. A finalidade operária era *pôr em xeque* justamente o que se encontrava no ápice da preocupação empresarial: sua *produção* e, por decorrência, seu *lucro*. Paralisada a atividade pelas constantes agitações, de nada adiantaria pagar pouco e exigir muito, posto que não haveria clima para o desenvolvimento pleno da atividade profissional. Necessitava o empregador de um

(41) SÜSSEKIND, Arnaldo. "Direito Internacional do Trabalho", p. 84: "em 1811, a ação operária, com incremento do movimento dos ludistas, cujo objetivo era a destruição dos "monstros de ferro", levou a Câmara dos Lords a apreciar uma lei prescrevendo a pena de morte para os detruidores de máquinas — fato que inspirou *Lord Byron* a compor um poema exaltando os operários que, em virtude dela, foram conduzidos ao cadafalso".

novo esquema que — de qualquer maneira e a qualquer custo — colocasse o proletário na sua função produtiva específica, sem outras preocupações que não fosse a de trabalhar.

Esse antagonismo de classes mostrava-se diverso daqueles que haviam gerado outros tipos (*semelhantes mas não idênticos*) de entrechoques sociais no passado. Como a regência estava em mãos de uma organização capitalista, o poder não estava na força, mas na posse de bens, fazendo-se a notória divisão das classes sociais entre os que detinham o comando da indústria nascente e os que careciam de toda espécie de bens patrimoniais. Assim, o *ter* condicionava o divisionismo. Os bens reproduziam-se pelo trabalho dos empregados que, por um salário exíguo, ficavam aprisionados nos limites estreitos reservados à sua classe. Enquanto isso, contribuíam para a produção em série que permitia a crescente acumulação de lucros e consolidava a diferença entre eles e os empresários.

A postura patronal, animada por uma prepotência que a conduzia às esferas governamentais, o baixo índice intelectual de governantes e governados (especialmente destes), a volúpia pela riqueza que, em certos casos, obtinha-se facilmente, contribuíram para manter vivas as decepções e afastar os grupos, que, originariamente, encontravam-se separados nos seus anseios e necessàriamente juntos no processo de produção.

A indústria que, na sua razão de ser, deveria ter o propósito de congregar uma comunidade, voltada para os interesses de uma produção maior e melhor, não conseguia unir seus componentes em torno de um fim único a que se deveriam propor. O empregado e o patrão separavam-se e colocavam-se frente a frente, ao invés de ladearem-se no sentido de atingir um objetivo comum. Os interesses tornavam-se contrapostos e *não levavam à convivência pacífica*, e, muito menos, à colaboração.

A total liberdade empreendedora conferida ao empresário possibilitou um resultado econômico e financeiro apreciável, enquanto determinava absoluta impossibilidade de harmonia, do ponto de vista social, entre as forças da produção. *Hueck-Nipperdey* (*in* "Compendio de Derecho del Trabajo", Madri, trad. espanhol, 1963, p. 28) afiançavam que "la dictadura empresarial condujo a una exploración del obrero, como apenas puede imaginarse hoy; jornadas de trabajo excessivas, salarios de hambre, sistema del 'truck', protección insuficiente de la salud y contra los accidentes y, en especial, utilización desmedida del trabajo de las mujeres y niños, son los rasgos más significativos de las condiciones sociales del momento. Son las condiciones que *Karl Marx* tenia ante sus ojos, y ellas han preparado el cuerpo de sus doctrinas sobre la lucha de clases".

Enquanto, *na Alemanha*, a luta de classes fazia pressão sobre as áreas governamentais com o trabalhador exigindo, ao invés de apenas ceder, obrigando a que *Bismarck*[42] passasse a apoiar uma política efetiva de seguros sociais, visando, principalmente, aos operários incapacitados pela idade ou pela enfermidade; nos Estados Unidos, verificava-se, desde o início, *maior liberdade* com relação às *entidades de classe*, deixando o governo — como o fazia com as relações individuais — que tivessem autonomia. Liberava a associação profissional para que entrasse no cenário da produção e enfrentasse o empresariado, com as "armas" de que pudesse dispor. Daí, os *boicotes* repetidos, as *greves* reiteradas que eram respondidas com *lockout* e "*listas negras*" patronais. Os pactos associativos mostravam, às vezes, até ímpetos belicosos e, como dizia *Napoli* (obra citada, p. 34), "para contrarrestar los cierres patronales y las listas negras confeccionadas por los empleadores, los obreros se vieron obligados a reunirse subrepticiamente y formaron una sociedad secreta de modo que 'ningún espia' del jefe pudiera introducirse en la logia para delatar a sus compañeros". Obviamente, a batalha classista atravessara o Oceano e eclodira também no Novo Mundo, a partir do momento em que circunstâncias *similares* de industrialização e de modelagem da concentração de capitais, dentro de conceitos liberais, apresentaram-se nas Américas.

Pergolesi destacava (obra citada, pp. 9-10) que a luta de classes germinara em um ambiente saturado de desigualdades sociais e onde se aprofundavam sulcos de cisão entre as categorias: "la spinta piú efficace verso un nuovo associazionismo e una legislazione protettiva del lavoro forse venne *trovarsi*, al meno per quel che concerne l'ambiente operario, piú che in astratte dottrine politiche e sindacali, non sempre chiaramente formulate e ancora meno ben compresse ed assimilate, in *bisogni sempre* piú sentiti ed advertiti, commisti a un certo vivo senso di giustizia, forte e naturalmente zampillante nell'intimo delle coscienze, se pur un pó confuso nelle espresioni, verso un ordine che meglio equilibrasse i rapporti umani della produzioni".

---

(42) SÜSSEKIND, Arnaldo. "Direito Internacional do Trabalho", p. 88: "*Bismarck* obteve do Parlamento a aprovação das leis que instituíram, em favor dos trabalhadores da indústria e do comércio, os seguros de enfermidade (1883), de acidentes do trabalho (1884) e da velhice e invalidez (1889), sendo que o primeiro foi estendido à agricultura em 1886)".

Pergolesi, ao subestimar o valor das doutrinas que orientaram as lutas obreiras, incorre num certo desenfoque da panorâmica real. É claro o fato de que a massa obreira aderiu aos movimentos reivindicatórios movida por necessidades concretas que lhe batiam à porta, exigindo, em nome da sobrevivência minimamente digna, alterações no contexto de dificuldades. No entanto, não há como se negar que as emergentes lideranças trabalhistas receberam o impacto estimulante dos ensinamentos de pensadores teóricos do século XIX, que ajudaram a encontrar um rumo a seguir e fundamentos para alicerçar sua mobilização grupal. Com esse ideário — variável, no contorno, dependendo do país ou região, mas muito similar no conteúdo — ordenaram seus movimentos e asseguraram convergência de forças.

Retiraram sua doutrina do que propunha *Marx* combinando com as diretrizes de *Leão XIII*, nem sempre compondo esse *mix* de maneira muito ortodoxa. Agregaram teses, extraídas já da experiência prática, das novas lideranças sindicais — revolucionárias ou não-revolucionárias — afeitas ao pragmatismo da ação classista reivindicatória. Enfim, foi a oferta espontânea e sofrida da massa obreira que contribuiu com o quadro de necessidades e a ânsia de superá-las gerando uma temática sobre a qual incidiram as diretrizes de doutrinadores que deram conteúdo científico-ideológico e religioso aos esforços de mudança, no rumo da sensibilidade social, ao mundo de então. O campo estava arado e a terra era fértil; no entanto, a semente fecundante foi escolhida pelo técnico (político e/ou pastor, no caso) que, conhecendo as características do solo, escolheu o grão apropriado para a época de melhor florescência.

Riva-Sanseverino (obra citada, pp. 17 e segs.) percorreu similar roteiro analítico ao dizer que "George Sand, Shelley e dei filosofi ed economisti quali Comte ed Engels, richiamarono in vario modo l'attenzione sulla questione sociale, mentre se aveva tutto un fiorire di giornali e di publicazioni da essa ispirati e ad essa dedicati".

Assim, *Sismondi, Babeuf, Buonarruoto, Blanc* e outros lançaram teorias e mais teorias, defendendo igualdade efetiva entre os homens e propondo reformulações radicais e, em geral, impraticáveis na realidade. Tudo isso preparava, porém, inclusive a opinião pública, para uma reação mais efetiva e sugeria a todos o debate e a reflexão que o problema — de resto, direta ou indiretamente, à coletividade inteira atinente — exigia. Só depois de 1848 tivemos o socialismo chamado "*científico*", com o abandono de formulações tidas como abstratas e utópicas[43], e com a utilização de métodos efetivos de ação. Segundo *Engels* (*apud Riva Sanseverino*, obra citada, p. 19), "i postulati tecnici dei comunisti non riposano affatto sopra idee o principii che siano stati inventati o scoperti da qualche riformatore sociale. Essi non sonno che l'espresione generale di una lotta di classe existente di fatto, di un movimento storico spontaneo che si svolge sotto i nostri occhi". Os autores do "Manifesto", trataram de aproximar-se, ao máximo, da situação que então se vivia, para, dessa forma, colher maior adesão às suas idéias e propostas.

Enquanto *Saint Simon* ficava em considerações quiméricas, *Marx* e *Engels* expunham agudamente, o problema da fábrica mais próxima, logo ali, na primeira esquina do quarteirão industrial.

Apregoando a "mais valia" — que condenava o lucro e o capitalismo — e pregando a organização do *partido proletário*, que deveria subir ao poder e dele alijar a burguesia, o "Manifesto" espicaçou a ânsia de rebelião nutrida pelo operariado e incrementou as manifestações reivindicatórias e violentas das incipientes organizações associativas.

A respeito, *Riva Sanseverino* faz uma análise da própria história social do século XIX: "Se il periodo che va dal 1770 al 1815 fu caratterizzato della progressiva abolizione delle corporazioni medioevali e dal profilarsi della questione sociale; e il periodo che va dal *1815 al 1848* si caractteriza da utopistici tentativi di *ricostruzzione della societá* e dalla istintiva tendenza dei lavoratori a coalizzarsi fra di loro; col 1848, il *mundo* del *lavoro* si avvió decisamente verso la cosciente conquista della libertá sindacale. In altri parole, il lavoratore, che la Rivoluzione Francese aveva reso libero, ma isolato, si rese sempre piú conto come fosse principalmente nella solidarietá professionale che egli poteva trovare il mezzo per resistere alla 'dittatura contratuale' del datore di lavoro". O *Estado*, por sua vez, depois de ter, terminantemente, *proibido* o funcionamento de associações profissionais, passou a *tolerá-las* e, finalmente, a *reconhecê-las*, ao mesmo tempo em que efetuava uma intervenção cada vez mais direta nas relações contratuais, delimitando a, anteriormente ilimitada, autonomia individual, buscando, dessa forma, possibilitar uma igualdade de fato entre os celebrantes. Enfim, esse duplo movimento — *organização profissional* visando às

(43) DE LA CUEVA, Mário, ob. cit., p. 72: "... A crítica ao socialismo utópico, ao direito de propriedade e à exploração de que o proletariado, as mulheres e crianças eram vítimas, serviu fundamentalmente para despertar a consciência da burguesia e induzi-la a um tratamento mais humano dos operários".

reivindicações permitidas pela liberdade sindical de um lado, e *intervenção legislativa* do *Estado* no campo do trabalho, de outro — caracterizou a segunda metade do século XIX e os primeiros do século XX, até a primeira guerra mundial. Nesse dúplice movimento, impulsionado por duas fontes (proteção estatal e *auto-ajuda classista*, na expressão de *Kaskel* e *Dersch*), ocorre a etapa final de partejamento do Direito do Trabalho, que se independiza e realiza tarefas de aproximação das classes sociais, tão desvinculadas pelas batalhas do período liberal. Encontrando, assim, um mundo laboral entregue à fúria dos contratos impiedosos, o Direito do Trabalho buscou estabelecer um clima de igualdade para que, se obtida, efetivamente, pudesse ser exercida e desfrutada a liberdade. O Estado, querendo dar limites justos e intervindo sem despersonificar, e o *próprio operário*, congregando-se para a defesa de seus direitos, *formariam uma barreira* que poderia — e deveria — conduzir à Justiça Social.

26. A ASCENSÃO DO DIREITO DO TRABALHO: PARTIDA E META

O movimento do século XIX, partindo de raízes econômicas, atingiu o social e encaminhou-se para o político; em princípio, de forma violenta; mais tarde, admitindo e até perseguindo o conciliatório pragmático. Como diz *Goetz Briefs* (obra citada, p. 43), "el movimiento obrero no tiene, pues, presente al trabajador como miembro de una profesión o industria, sino como elemento integrante de una clase". Assim, o *movimento*, na sua forma mais ampla, serve como etapa precedente à do sindicato. Agita e engloba as massas que, uma vez conscientes de suas reivindicações, seguem trilha profissional larga, para, depois, agrupar-se, compartimentados, sob a bandeira do sindicato, orgão de hierarquia mais rígida e de estruturação mais definida, ante o *"movimento"*, que se identificou pela espontaneidade, pela força momentânea e pela arregimentação informal, quase — ou até — anárquica. O sindicato, dizia *Briefs*, surgia das cinzas ainda fumegantes, do "movimento" operário que, como tal, estava a transfusionar-se na nova entidade e, por isso, na sua forma original, esvaía-se. Foi o exemplo que ofereceu a Inglaterra (onde o sindicalismo cresceu sobre os alicerces destroçados do "cardismo") ou os Estados Unidos (onde a História repetiu-se, tendo como protagonistas os "Cavalheiros do Trabalho", de tão belos propósitos e tão escassos resultados, por sua visão nefelibata).

Enfim, o *movimento operário* (coeso no século XIX) foi o prefácio do *sindicalismo*, proporcionando com a sua desintegração, por falta de condições organizacionais, e pela mera instantaneidade de seus projetos e ações, o espaço vazio para que este último — já com viés de articulação complexa e programada — surgisse para ser (como foi e é) duradouro.

Marx qualificava-o como mera decorrência do movimento obreiro porque seria, basicamente, uma *estrutura e um agente da luta de classes*, enquanto isso, *Lasalle*, numa visão evolutiva, conceituava o sindicato como um intento desesperado de encobrir a mercadoria trabalho sob a forma homem. E os sindicatos (guardadas as exceções circunstanciais que confirmaram a regra) têm mostrado que, à medida em que se consolidaram, integrando-se, de per si, na vida social, realizaram um roteiro cautelar — mais ou menos discreto — de distanciamento dos próprios movimentos de que se (e a quem) serviram, para, progressivamente, consagrarem-se a objetivos próprios. Em geral, não exatamente coincidentes com instituições aparentadas que gravitam no espaço político, particularmente partidário, comum ou próximo.

Pérez Botija — Bayón Chacón (obra citada, p. 11) recordavam que "sobre las situaciones sociales, economicas etc. se configuran las normas jurídico-laborales. Pero si el Derecho del Trabajo no puede evadirse de esas circunstancias, tampoco puede confundirse con ellas; una cosa es la materia sobre la que se actúa y otra el instrumento jurídico que se emplea. Al estudiar jurídicamente los problemas laborales, recordemos que la misión del jurista no es resolver la cuestion *social*, o promover el *desarrollo económico*, sino abordar los problemas que, para el Derecho, suscitan".

Esse foi o terreno preparado para a consolidação, ampliação e diversificação de formas conceituais e alternativas procedimentais que vieram a compor (a cada dia, modificando-se, adatado e adatando-se) o Direito do Trabalho. Originariamente, há de se recordar, como uma reação ao desrespeito de legítimos (e desconsiderados) direitos mínimos dos mais débeis economicamente que, ao unirem-se por similitude de aptidões e orientar-se por teses e sugestões político-econômicas estratégicas de proteção e rebelião, enveredaram pelo caminho de lutas, visando à conquista de medidas que, pelo menos, minimizassem a penúria e a insegurança. Não havia mais que dois caminhos: ou continuar a penosa desigualdade ou fazer com que o Estado interviesse, fixando normas e consagrando (ou admitindo) ações que permitissem (fosse pela proteção governamental, fosse pelas conquistas das associações operárias) aos trabalhadores força sociopolítica que lhes viabilizasse condições de implementar a liberdade jurídica aspirada, condição essencial para a cidadania.

Era o momento de enfrentar a encruzilhada. O *laissez-faire* não apresentava condições de resistir às pressões operárias e à forte inquietação da opinião pública, cada vez mais informada e disposta a influir. O século do contratualismo, alicerçado na igualdade formal e no desnível real, cedia passo a sugestões jurídico-político-econômicas, pelo menos parcialmente, compensatórias. A força dos esbulhados, porque estavam aprendendo a aglutinar-se, planejada e pragmaticamente, *crescia*, ainda mais ruidosa do que ordenada, mas, mesmo assim, bem mais eficiente do que antes.

Leão XIII, combatendo o estímulo ao enfrentamento e à fermentação da luta classista decorrentes de *Marx* e de tantos quantos se afinaram, em linhas gerais, com seus postulados, na *"Rerum Novarum"*(44) tratava de mostrar que o entrechoque classista era contra a natureza, a razão e a própria realidade. A Encíclica deixava entrever que, em face da conjuntura produzida pelo impacto liberal no universo laboral, chegara a hora de o *Estado abandonar* a posição estática de *espectador* (por meramente assistir), e de *expectador* (por quedar-se na expectativa), e de *intervir* para aproximar-se do caminho do diálogo, mesmo inicialmente divergente, mas esperançosamente convergente, que deveria (e deve) reger o ambiente da produção.

O Estado não poderia fazer ouvidos de mercador a um clamor que tinha como porta-voz o próprio Sumo Pontífice, somando liderança espiritual a seu inequívoco poder político. Por isso, *Hueck-Nipperdey*, sintetizando, asseveram (obra citada, p. 29) que "para la supresión de los abusos se adoptaron fundamentalmente dos caminos: el de la intervención legislativa y el de la autodefesa de los interesados. Ambos han contribuido conjuntamente a la formación del moderno Derecho del Trabajo".

Como o Direito Coletivo do Trabalho dependia de uma estruturação harmônica e sistemática das classes patronal e obreira, e como a situação, no terreno laboral, estava a exigir providências

(44) SÜSSEKIND, Arnaldo. "Direito Internacional do Trabalho", p. 88: "*Leão XIII* divulgou a famosa Encíclica *Rerum Novarum*, conclamando todos os povos a adotar os princípios da Justiça Social, com a finalidade de elevar o nível moral, intelectual e físico dos trabalhadores e estabelecer a união fraterna entre estes e seus empregadores. Combatendo as soluções extremistas defendidas pelos socialistas revolucionários, o Sumo Pontífice procurou demonstrar que os interesses do Estado, dos patrões e dos trabalhadores não são inconciliáveis, desde que atendidos os princípios naturais da Justiça Social. A Encíclica abordou quase todos os aspectos do amparo ao trabalhador humano, oferecendo soluções baseadas na filosofia social da Igreja".

urgentes e radicais, o legislador viu-se obrigado a intervir para evitar inconvenientes mais graves. Isto redundou, tecnicamente, na formação de um "direito especial protetivo", na expressão de *Hueck* e *Nipperdey* (obra citada, p. 29), em favor do *operário*. De tal sorte, estipulavam-se obrigações jurídicas, de natureza pública, exigidas, conseqüentemente, do empregador, por parte do Estado, visando à proteção do trabalhador e garantidas em sua cobrança, na maioria das vezes, por sanções penais.

Ainda se mantinha, no entanto, a mentalidade que assegurava a liberdade contratual; bitolada, porém, por limites mais estreitos, impostos pelo Estado intervencionista, que buscava, através de diretrizes específicas, possibilitar patamares dignos para o trabalhador. *Garcia Oviedo* (*in* "Tratado Elementar de Derecho Social", Madri, 1934, pp. 3 e 4) salientava que "el Derecho del Trabajo es también social, por referirse preferentemente a *una clase* de las que integran la sociedad actual: *la clase proletaria*. No hay inconveniente, pues, en llamar a esa legislación, como hace *Scelle*, 'legislación de clase', pues para aquella preferentemente se dictó, al efecto de la realización, por el Estado, de esa parte de su misión providencial, consistente en proteger al débil y colocarle en situación de poder participar, en una cierta medida, de los goces y ventajas de la situación".

Duguit (*apud Cesarino Júnior*, obra citada, p. 19) entendia ser incumbência do Estado auxiliar aqueles que se achavam impossibilitados de adquirir os recursos necessários à sua subsistência, raciocinando, no entanto, sob a diretriz de um critério de condenação apenas do que se viesse a entender como um quase abuso de Direito. Ou seja, o contratualismo continuava a vigorar plenamente como doutrina predominante e a ação estatal, nesses primeiros tempos, se fazia através de uma reprimenda que, inclusive, tomava feição penal. Como o Direito da época adotou frente a tal contexto-desafio uma posição cético-distante, até mesmo não envolvente, tolerava-se (a liberdade contratual), ainda que não se visse fomentada. Só, *lentamente*, conseguiu-se a liberdade de coalizão, ainda que lhe faltasse proteção jurídica. Permitiam-se as convenções coletivas que, no entanto, careciam do mais elementar regramento jurídico, de modo que a interpretação de suas cláusulas fazia-se, exclusivamente, com as normas do Direito Civil.

Assim, não se dando guarida à possibilidade sindical de obrigar-se e obrigar a seus filiados, a contratação coletiva *valia* mais *como* um *pacto de honra* que se devia respeitar para solucionar problemas reais, já existentes dentro das fábricas. *Era a necessidade que gerava* (e possibilitava) *o seu cumprimento*, e *não a lei*. O Direito do Trabalho superava os seus últimos (?) obstáculos para atingir a plenitude, isto porque, por um lado, o *intervencionismo es-*

tatal, que se tornava progressivo, não possuía, ainda, uma postura bem definida (o que ocorreria só mais adiante), enquanto a *auto-ajuda*, incipiente, não conseguia penetrar no terreno jurídico formal e receber a chancela oficial (garantidora de sua aplicabilidade) porque continuava dominada por mentalidade antiimpositiva, remanescente do auge do liberalismo.

De qualquer maneira, nessas manifestações coletivas, na regulamentação profissional, já iam os grupos substituindo o papel, até então desempenhado, quase que, exclusivamente, pelos indivíduos isolados. Os grupos de empresas e as associações de toda espécie, embora clandestinas, iam construindo as normas gerais da conduta social das profissões que representavam. Eram os *acordos coletivos* entre *empregados e empresa*, *entre sindicatos e grupos de empresas*, entre *sindicatos operários e sindicatos patronais*. Manifestava-se esse *direito extra-estatal* nos regulamentos de empresa (os primeiros e, por isso, elementares) e nas conciliações de greves (difíceis, pelo primarismo de estratégia, de parte a parte). Como asseverava *Evaristo de Moraes Filho* (obra citada, p. 110), "já existia agora um *direito costumeiro do* trabalho, de índole coletiva, bem amadurecido, bem estruturado, que só faltava receber a homologação final dos poderes públicos. O *sindicato* já havia surgido como instituição social; restava ao *Estado* unicamente *reconhecê-lo*".

Estava, pois, o Direito Coletivo do Trabalho delineado. Assim, enquanto assistia, de forma complacente, à solidificação das bases associativistas, o *Estado*, cada vez mais, partia ao encalço dos abusos cometidos em nome do individualismo. As restrições aumentavam e o intervencionismo passava a condenar muitas daquelas práticas que, anteriormente, compunham, sem suspeita de qualquer ilegalidade, o quadro das relações laborais. De outro lado, o Poder Público, depois de proibir severamente as associações profissionais, foi, paulatinamente, levado a tolerá-las e, após, a reconhecê-las, dando-lhes específica disciplina legislativa. Tal fato, qualificável como envolvimento indireto do Estado na área do trabalho, fez-se acompanhar de uma intervenção, mediante leis, que, fundamentando-se no pressuposto de uma equalização das partes nas relações contratuais e numa uniformização das normas em relação aos seus destinatários, colocaram limites, cada vez mais rigorosos, na autonomia individual. Ilimitada — até então — cedeu passo ao *interesse coletivo*, erigido em hierarquia maior, em nome do bem-estar e da tranqüilidade sociais.

O Estado assumia, com vigor, a posição de *responsável pela coletividade,* enfrentando problemas, mesmo fora de sua antiga e restrita órbita de *"juiz e gendarme"*. O Direito do Trabalho ganhava contorno e preocupação sociais mais definidas, tratando de utilizar os meios jurídicos que estivessem a seu alcance para reger, de forma mais justa, as relações entre empregados e empregadores, até então expostas e submetidas ao arbítrio das forças econômicas preponderantes. Passou-se, assim, a frear a ilimitada liberdade de alguns para possibilitar garantias econômicas mais compatíveis para muitos.

A igualdade *jurídica efetiva* (que não se deve confundir, nem de longe, com igualdade plena) entre patrões e empregados, alcançada em linhas gerais no estágio atual, não foi obtida com um passe de mágica. O tempo testemunhou históricas greves que deixaram patenteado o protesto dos que não tinham e não podiam, contra a opressão dos que não cediam.

A História, sobretudo inicial, do Direito do Trabalho é uma síntese de pequenas-grandes histórias, de episódios de despreendimento e de lances generosos e ousados de líderes incontestes, perdidos muitos de seus registros pela não valorização, apressada, dos cronistas desatentos da época.

Do que não restava dúvida era da necessidade de proteção especial de que carecia o trabalhador individual. Como ensinavam *Kaskel* e *Dersch* (obra citada, p. 13) "se le confiere en parte el Estado (primer paso: legislación sobre proteción del trabajador), en parte las asociaciones profesionales de trabajadores (sindicatos) que llegan a ser factores de una *evolución colectiva autonoma* del Derecho del Trabajo por encima del trabajador individual".

Da conjugação desses dois elementos — interno e externo — surge e vem a consolidar-se o Direito do Trabalho. As duas idéias — a da ajuda estatal e da auto-ajuda coletiva — dominam a panorâmica inspiradora de sua feição moderna. *Mesmo parecendo paradoxal*, como disciplina que serviu (e serve) de elemento conciliador e, simultaneamente, como força jurídica regradora no (e do) cenário humano da produção, o *Direito do Trabalho foi* (*e é*), em sua última essência, *fruto do capitalismo*, nascido à sombra de seus excessos, com a finalidade de combatê-los e impedi-los. Conseqüência do regime da livre iniciativa e vivendo no espaço reservado à atividade empresarial privada, o Direito do Trabalho — apesar de pertencer à ciência jurídica — sempre apresentou reflexos fortes (dos) e nos campos político, econômico e, particularmente, social. Esforçou-se no propósito de ensinar o capitalismo a socializar-se (sem quebrar seu vínculo genético com a propriedade privada e o lucro), buscando incrementar processos e fórmulas democratizadoras do capital (através da participação nos lucros, do acionariado obreiro, dos conselhos de co-gestão, do cooperativismo etc. etc.). Por outro lado, revitalizando-se, no século XIX, nas páginas belicosas do "Manifesto Comunista", dele se afastou, à medida em que passou a propor e a defender o entendimento das classes, a reunião pragmática das forças da produção, a *transformação da fábrica*, que fora, primeiro, patíbulo e, mais tarde, arena, onde as classes sociais se digladiavam, *em comunidade pacífica*, construída sobre a busca de prevalecentes interesses convergentes.

O processo de criação comum, talvez seja o que tenha determinado o fato de que embora haja entre as leis trabalhistas de diferentes nações, algumas (e até, em certos casos, significativas) diferenças, e mesmo divergências, *prevaleçam* as similitudes e analogias, bem mais evidenciáveis do na comparação entre normas civilistas, por exemplo. Isto talvez se explique em razão de que as *regras laborais*, oriundas de necessidades similares em todos os países onde se consolidou a industrialização, e, diante delas, do esforço combinado de indivíduos e coletividades[45] — que se foram transformando de objetos em sujeitos do processo — *ganharam* forte parecença, que se estendeu além-fronteiras.

Essa analogia nunca chegou (nem chega) a significar igualdade, devendo ser entendida em termos relativos. Há diferenças que, apesar disso, não desfiguram a raiz comum e a finalidade a que se propunha — e se propõe — a disciplina. Na arrancada inicial e num espaço temporal significativo de consolidação, viu-se a hierarquização superior do *direito sindical*, da negociação coletiva, da presença associativa e das normas que garantiam a sua atuação, destacadamente entre os *países anglo-saxões* (em especial, Estados Unidos e Grã-Bretanha, além dos nórdicos); enquanto isso, os latino-americanos, pela debilidade de sua estrutura gremial, priorizavam a normatividade estatal voltada à proteção da relação trabalhista individual, e a Europa latina — grande fonte fática e doutrinária da novel ciência — oferecia fortes subsídios nos dois campos.

Ocorreram, assim, diferenças, às vezes meramente temporárias, determinadas pelo grau de maior ou menor evolução do processo participativo sindical operário, *de um lado*, mas também, *de* outro, decorrentes do avanço do processo democratizante nas socie-

---

(45) CARRO IGELMO, Alberto José. "Curso de Derecho del Trabajo", Bosch Casa Editorial, Barcelona, 1985, p. 13: "Fué una necesidad de defensa que originó el nacimiento de la relación laboral, introduciendo el reconocimiento de una serie de derechos que le eran negados al trabajador. De defensa frente a una situación que habia absorvido todo lo que de deseable y digno tiene el trabajo hasta convertilo en labor desesperada".

dades politicamente organizadas, ensejando um acrescer de garantias individuais mínimas, inspiradas em princípios de proteção social estatal, limitadoras das franquias contratualistas do liberalismo pretérito.

Há de se reconhecer, no entanto, à luz de tão larga trajetória, que a maioridade do Direito do Trabalho, como tal, alcançou-se com a *consagração do princípio da autonomia*; só que essa *autonomia* é a *coletiva*, vinculada ao *poder e ao agir associativos*.

Vencido o interregno desnaturante do oficialismo ditatorial, dominador, por certo tempo, em algumas regiões do mundo, em períodos simultâneos e/ou sucessivos (através do nazi-fascismo e seus derivados, bem como do comunismo e seus subsidiários), com suas formulações discricionárias, *foi assegurado, na plenitude, o caminho da participação democrática*. Ela *não se deixou* estar na mera submissão ao modelo contratualista do passado — quando a balança pendia nitidamente para a força econômica — *nem* pelo já referido corporativismo em sua formulação autocrática, que entregava as relações do trabalho e os orgãos representativos de classe ao completo domínio de um Estado ditatorial, que os submetia a seus interesses — menores — de caráter político.

Do Estado, omisso no pretérito e que se fez intervencionista, na dominação ideologizada do século passado, *cobrou-se*, *em nações democráticas*, de avançado estágio civilizatório, o dever de ensejar razoáveis condições de igualdade entre as entidades representativas classistas para que estas, a partir de sua capacidade mobilizadora e num clima de liberdade, ajudassem, compartilhadamente, a estabelecer regras que, dinamicamente aplicáveis, pudessem reger o mundo do trabalho.

Em geral, através de pactos coletivos, forma mais acabada da construção endógeno-classista do Direito, pela qual se busca equiparar a gestão de direitos e implementação de regras das forças da produção, o Direito do Trabalho atingia seus objetivos maiores. Entregaria, destarte, aos interessados a solução de seus problemas (como pleiteava a Revolução Francesa, ao defender a liberdade contratual plena), condicionando, porém, tal sistemática do livre acordar a uma estrutura sindical forte, representativa dos operários e capaz de evitar que eles viessem a ser colocados em posição inferiorizada e submissa. O desenho dessa equivalência negocial tentou garantir condições prévias de diálogo e finais de estipulação, em pé de igualdade, às partes celebrantes.

Dessa presumível igualdade, com liberdade, viria a desenharse a perspectiva, ambicionada no século XIX, por *Leão XIII*, de paz social ou, pelo menos, de *não-hostilidade*, decorrente da consciência de que, pragmaticamente, o *insucesso da empresa*, se é a impossibilidade do lucro e o risco de perda patrimonial para o empresário, é a perspectiva do desemprego para o trabalhador; enfim, um horizonte sombrio de ruína comum.

Pergolesi proclamou (obra citada, p. 14) que se "il nuovo movimento, comune a tutti i paesi industrialli europei ed extraeuropei, anche se in diverse forme, diversa efficienza, diverse fasi di sviluppo, ha come fine precipuo l'elevazione del trattamento economico giuridico dei lavoratori subordinati e come mezzo la negoziazione collettiva che sostituisce alla predisposizione unilaterale delle condizione di lavoro da parte del datore (con mera adesione del lavoratore, formalisticamente libera, in realtá economicamente determinante) una normazione concordata in situazione sociale pari, o almeno ravicinata, in virtú della rappresentanza collettiva dei lavoratori, il *'contratto collettivo'* diventa, in tal modo, fonte di disciplina del rapporto individuale e fa passare l'ordinamento aziendale, in modo piú o meno accentuato, da un regime tendenzialmente *'assolutistico'* ad un regime (a cosi dire) *'costituzionalizzato'*".

27. DIVERSOS TIPOS DE SOCIEDADE PARA DIVERSOS ESTÁGIOS DO TRABALHO

A evolução histórica do trabalho, no seu enfoque pelo mundo jurídico, não se esgota no ponto a que chegamos. A cada dia, estabelecem-se novas situações e geram-se novos condicionamentos dos quais, usualmente, decorrem direitos e obrigações.

Foi com os princípios políticos da Revolução Francesa e a modelagem conjugada do liberalismo-livre iniciativa que, sob o impulso econômico da Revolução Industrial, se determinou a caracterização básica, para o Direito, das figuras do *empregado e do empregador*. Não há dúvida, porém, de que foi, já num segundo momento do capitalismo — ajustado às influências estatais intervencionistas moderadas da democracia social — que se procurou alcançar um patamar de equalização, se não do trabalhador individual, pelo menos de sua expressão grupal, o *sindicato*, diante do outro partícipe da relação, isto é, a empresa.

No entanto, a *sociedade*, hoje composta de (e dividida em) tantas e tão diversas sociedades nacionais e, agora, também comunitárias, *revela-se*, à luz de circunstâncias econômico-político-culturais e, obviamente locais, *díspar*, também na modelagem laboral: 1) ainda existem expressivos contingentes populacionais em momento civilizatório *pré-revolução industrial*, vivendo situações primitivas, estruturas tribais, onde o Direito do Trabalho é uma aspiração de poucos e um desconhecido de quase todos, que pouco ou tudo ignoram do avanço tecnológico. E *são muitos milhões* no mundo; majoritários na África, mas também encontradiços em outros continentes; 2) há os que, já, *noutro estágio*, mas também anacrônicos, vivem, *hoje*, a realidade do *pretérito apogeu europeu da Revolução Industrial*, quase duzentos anos depois: máquinas primitivas; garantias mínimas; contratos impostos; sindicatos inexistentes ou meramente cartoriais, enfim numa estrutura onde, no máximo, se chega a um formal ilusório, ante uma dura realidade impositiva rural-fabril, sob forte prevalência do economicamente poderoso. E são *alguns milhões*, que, por exemplo, estão "bastante representados" em várias áreas da América Latina, Ásia etc. etc.; 3) reconheça-se, também, a presença de grupos sociais numerosos que, criando e utilizando sofisticados equipamentos relacionam-se com o trabalho, no cenário de uma *revolução industrial tecnológica*[(46)], na qual são partícipes destacados a informática, a robótica,[(47)] a eletrônica, a biotecnologia e tudo que delas decorre e depende. São diferentes os empresários em tal contexto — em geral, sobrepondo-se às fronteiras nacionais e/ou continentais — não mais com feição humana personalizada, comunicando-se com a sociedade, que vêem como mero agente de consumo, através da *"mass midia"* e planejado *marketing* indutor. Em tal estrutura, o empregado, para sobreviver, precisa emparceirar-se com a máquina, a fim de que ela não o exclua, substituindo-o, causando sua demissão, num ascendente desequilíbrio entre novas ocupações (surgindo em progressão aritmética) e extinção das existentes (em progressão geométrica). Com nuanças mais ou menos fortes, inquietações pressagiadas e momentâneas euforias, é com o que nos deparamos *no primeiro mundo*, misto de deslumbramento e pânico, esperança ansiosa e temor renovado. E não são desprezíveis minorias, mas *diversos milhões* os que, por mais conscientes, apercebem-se e balançam nesse mundo de fartura, sobre um paradoxal mar de

---

(46) RODRIGUES PINTO, José Augusto, *in* "Curso de Direito Individual do Trabalho", LTr Editora, São Paulo, 2000, p. 22: "O gigantesco salto tecnológico dos países industrializados, no seu esforço para vencer a convulsão universal batizada como II Guerra Mundial, projetou-nos num terceiro estágio do processo iniciado dois séculos antes, que se tem convencionado chamar da *3ª Revolução Industrial*, mas que nos parece mais adequado chamar *Revolução Tecnológica*, em vista de se caracterizar pela crescente pressão da tecnologia de ponta sobre a economia do emprego".

(47) SÜSSEKIND, Arnaldo, *in* "Instituições de Direito do Trabalho", Ed. LTr, São Paulo, 2000, p. 207. No início de 1989, existiam 141.000 robôs no Japão, 29.000 nos Estados Unidos, 14.900 na República Federal da Alemanha, 6.600 na Itália, 6.577 na França e 4.303 na Grã-Bretanha ("Información OIT, outubro de 1989, p. 4). Em 1996 já funcionavam mais de um milhão de robôs, com predominância no Japão".

temores do progresso que, pela desocupação, muitas vezes exclui impiedosamente; 4) e não se poderá omitir o contingente dos que já transitam rumo à *sociedade pós-industrial.*[48] Minoritários, seletivos, compõem a parcela dos criativos; crentes na perspectiva de consolidar-se um desenho, em anunciação, da sociedade desenvolvida do hoje para amanhã, reservando espaço privilegiado para os que laboram com o cérebro, na função inventiva, deixando para as máquinas, por eles programadas, o repetitivo e o esforço físico. *São poucos*, ainda, *e* no desenho de um *amanhã* altamente tecnificado, *não serão muitos*. Com eles, traça-se o perfil de um porvir de trabalho a distância, até de ocupações sem emprego, de atividades autônomas e, talvez, de um tempo livre cobrando aproveitamento que bom seria viesse a ser de fazer e criatividade, num desejável — e difícil de projetar — *ócio produtivo*.

São e serão as muitas facetas desse trabalho que muitos esperam, nalgum lugar, que venha a mais empregar (como o futuro dos que ainda estão no antes) e outros — bem menos — crêem que, cada vez ocupará menos, pelo fim do emprego (e são os que acreditam já estar no depois). Facetas diversas de uma só moeda. Seu futuro — que, aqui ou ali, passa pelo atraso do tribal, pelo mutante da terceirização, pela exigência da tecnologia automatizante e pela perigosa sedução do ócio — é incógnita e dúvida; descoberta e pesquisa; enfim, ganhos e perdas, de que se tratará, com detalhes, na hora própria em obra específica.

---

(48) NASCIMENTO, Amauri Mascaro. "Iniciação ao Direito do Trabalho", 26ª ed., Editora LTr, São Paulo, 2000, p. 42: "O nome sociedade pós-industrial aparece no livro de *Alain Touraine*, "Le Société Post-Industrial" (1969), é usado por *Domenico de Masi*, em "A sociedade Pós-Industrial" (1999) e tem por finalidade assinalar o deslocamento do processo de produção, da indústria para outros setores".

CAPÍTULO II

O SINDICATO

28. O GRUPO SOCIAL

Faz-se imprescindível, para bem tratar do associativismo profissional, alargar o horizonte visando a alcançar sua macroexpressão, isto é, o *grupo social*, que, segundo ensina *Eugene Dupréel* (*apud Evaristo de Moraes Filho*, *in* obra citada, p. 21) "é a reunião de indivíduos, em cujas relações sociais, o elemento de acordo sobrepuja o de antagonismo". O grupo social(49) forma um conjunto que se distingue de suas partes, possuindo como que um *animus* próprio, capaz de diferenciá-lo e de caracterizá-lo, face ao meio circundante e aos próprios componentes que o estruturam e que, pela sua interação, fazem-no subsistir. Há, dessa forma, uma superposição da vontade grupal sobre a soma das vontades individuais componentes, uma vez que tal adição pode não coincidir com a do agrupamento, que é própria e definida.

O grupo social exige de seu partícipe adequação à globalidade, por meio de um laço psicológico, que o integra e intera naquela estrutura conjunta. Esse liame significa o instrumento que o grupo — como um todo — emprega para entrosar cada um, e todos, na vontade compartilhada desse próprio grupo. Não se trataria, portanto, de um aglomerado, formado por mera decorrência de justa-

(49) Pode-se considerar o exercício pleno do grupo social da seguinte forma: "Parece possível agrupar os sistemas sociais básicos nos cinco seguintes domínios: o social, o econômico, o institucional, o territorial e o das referências simbólicas. A área social é caracterizada pelo conjunto de sistemas (grupos, comunidades e redes sociais) em que uma pessoa se encontra inserida, desde os mais imediatos e restritos — tais como a família ou a vizinhança — passando pelas intermédias — de que são exemplo a pequena empresa, a associação desportiva e cultural, o grupo de amigos, ou a comunidade cultural — até as mais amplas — como a comunidade local, o mercado de trabalho, ou a comunidade política" (COSTA, Alfredo Bruto da. "Exclusões Sociais". Lisboa, Gradiva, 1998, pp. 14-15).

posição física ou por aproximação momentânea. Requer o *grupo* algo mais: a conexão de finalidade dos elementos que o alicerçam para que dessa conexão o grupo — como ente quase autônomo — forme a média volitiva, aproximada, que será diretriz do coletivo, do "*nós*".

Segundo *Evaristo de Moraes Filho*, reproduzindo *Dunkman* (obra citada, p. 27): "entre o Estado e um modesto grupo doméstico perdido no interior do país, colocam-se grupos concretos de variadas espécies: efêmeros e duradouros, permanentes e passageiros, grandes e pequenos, com finalidades materiais e objetivos ideais, de contato direto ou indireto, de formação natural ou de criação artificial, e assim por diante. Dentro da nação, que representa o grupo total em relação aos demais grupos parciais, vive, em acomodação de fato, uma variedade infinita de agrupamentos humanos completos: famílias, escolas, grupos de recreio, centros culturais, literários, artísticos, partidos políticos, seitas religiosas, igrejas, clubes de toda espécie, confrarias, congregações acadêmicas, congressos, equipes esportivas, federações e confederações, organizações de beneficências, *associações profissionais* e assim por diante".

O que enlaça os elementos componentes de uma *profissão*[50], tomada esta na sua mais ampla acepção, dentro de uma associação, *é a afinidade*, que, por razões diversas, existe no seio de uma categoria. Essa afinidade correlacionou-se com a similitude de reivindicações, *ou* com a proximidade física no local de produção (elemento fundamental nos primórdios do Sindicato), *ou* com o nivelamento social dos que exerciam atividade similar (no caso das associações que congregam seus sócios, tendo em vista o ofício exercido), *ou* com a identidade daquele de quem reivindicavam algo; *ou*, por outro lado, essa afinidade poderia ser entendida como a soma parcelada e ponderada (de acordo com os elementos *tempo e espaço*) de todas as razões já mencionadas ou de algumas delas. O que resta indiscutível é que a *atividade ocupacional do indivíduo* é que o conduziria a essa aproximação com seus colegas, de modo a constituir o grupo social profissional.

O importante, nos grupos sociais *lato sensu*, era a correlação ou comunidade de interesses, ensejando a criação de uma série de associações que poderiam ser *políticas* (ocorrendo na esfera das relações institucionais), *naturais* (vivenciadas no e pelo contexto familiar), *religiosas* (vinculadas à fé) e, especialmente, *profissionais*

---

(50) Ou seja: esse mercado consagrou mais o termo profissão do que ocupação. (CAHAD, José Paulo Zeetano, CACCIAMALI, Maria Cristina (Org.) Mercado de Trabalho no Brasil: novas práticas trabalhistas negociações coletivas e direitos fundamentais do trabalho. São Paulo, LTr, 2003, p. 383).

(grêmios, sindicatos), oferecendo multiplicidade de denominações. As associações profissionais tinham raiz econômico-laboral, provocadas por interesses similares, originários do mundo do trabalho[51].

A expressão *associação profissional* empregava-se tanto em sentido *genérico* quanto *estrito*. No primeiro, significaria união de trabalhadores ou de empresários, ou de ambos, formada com uma finalidade qualquer; por exemplo, uma *agremiação esportiva* integrada por pessoas da *mesma* profissão. Tal grupo era (e continuará sendo) profissional, na medida em que uma outra característica (ou traço de aglutinação) não venha a superar tal aspecto. No momento em que a *faceta esportiva* ganhar dimensões tais, de modo a *superar* as marcas profissionais, o grupo deve incluir-se, por óbvias razões, no contexto das entidades ligadas ao esporte. *Por outro lado, associação profissional em sentido restrito* são as que têm por fim específico a defesa dos interesses relativos à profissão, agrupando os que a exercitam em situações jurídicas similares (empregados, p. ex.). A associação profissional, no seu enquadramento restrito, à medida em que se foram consolidando princípios do Direito do Trabalho, consagrou a idéia de que ela só tem legitimidade conceitual quando se restringe à representação ou de empregados, ou de empregadores. *Excepcionalmente*, quando congrega *autônomos*.

O que se impõe, na análise dessa transição do genérico para o detalhado (grupo social-associação profissional), é a busca de uma conceituação precisa para o *"interesse coletivo"*, forma difusa da concentração de necessidades e de anseios relativos a (e característicos de) uma comunidade que apresenta, como elemento vinculante, o laço psicossocial. Afirmava *Santoro Passarelli* (*in* "Nociones de Derecho del Trabajo", trad. espanhola, Madri, 1963, p. 19) que "interés colectivo es el interés de una pluralidad de personas hacia un bien apto para satisfacer una necesidad común". Recordava o mestre romano que o interesse coletivo *não era* (nem é) a *soma dos* interesses individuais, *mas a sua combinação*. Seria *indivisível*; incapaz, portanto, de ser satisfeito pela adição de vários bens que

(51) Entendemos que há uma linha direta de ação entre a ideação, a previsibilidade (a finalidade), que formam uma conexão interativa que solda a práxis ontológica do trabalho diante do agir societal. Nesse sentido já em nível superior à protoforma da práxis social, o trabalho é resultado de um pôr teleológico através do qual o ser social cria e renova as próprias condições da sua reprodução. O trabalho enquanto fonte primária da articulação entre causalidade e teleologia é um processo entre atividade humana e natureza que se sintetiza na célula do ser social. GOMBAR, Jane. "A tecnologia da informação e o mundo do trabalho na sociedade pós-moderna". Dissertação de Mestrado, Universidade de Caxias do Sul, dezembro 2002.

correspondessem, separadamente, às necessidades que contribuissem para o surgimento desse interesse. Para satisfazê-lo, sendo coletivo, requerer-se-ia *um único bem*, que tivesse, de per si, a capacidade de *satisfazer a necessidade da coletividade.*

O interesse coletivo, pertinente ao fracionamento da coletividade organizada, *não pode ser confundido* com o *interesse público.* Muito menos, com o interesse *individual.*

Deveria, face à tradicional bipartição — hoje tão difícil de delimitar — do Direito em Público e/ou Privado, ser colocado, pela modelagem clássica, na área do Direito Privado, sempre e quando fosse feita uma clara diferenciação do *interesse individual.* Delineia-se, destarte, o *interesse intermediário,* fazendo uma *ponte* abstrato-concreta entre o Estado e a pessoa, possibilitando a que viesse a surgir — entre a norma estatal (lei) e o acerto jurídico individual (contrato) — esse fenômeno diverso, amplo e de criação do mundo fático relacional, que se passou a batizar de *contratação coletiva,* ou, para outros, *"lei do grupo".*

Convém que se faça a distinção desse interesse coletivo, associado ao melhor atendimento da vontade grupal profissional, e o que, apressadamente, alguns sociólogos oferecem como indevido sinônimo, isto é, o *egoísmo coletivo,* fruto puro e simples do somatório de egoísmos individuais dos componentes de uma coletividade. O interesse coletivo, que foi "grão de sal", desde o início de busca da autonomia do Direito Coletivo do Trabalho, por isso mesmo, sempre refletiu-se na associação profissional e dela foi espelho reflexo, numa relação simbiótica.

Esse armar-se do quadro das relações laborais passa, conscientemente, pelo capítulo da profissão, tão ampla e tão esmaecida nas linhas fronteiriças que a delimitariam, para que se avance no tema grupo social — associação profissional — Direito do Trabalho.

Georde Simmel (*in* "Sociologia", trad. espanhola, Buenos Aires, 1939, p. 40 e segs.) trata de demonstrar que a profissão deve ser entendida como a *harmonia* entre suas *duas manifestações*: a *vocação* (aspecto subjetivo) e a *ocupação* (aspecto objetivo). Se tinha razão *Haroldo Ennis*, referenciado pelo próprio *Simmel*, de que "ocupação é uma forma de atividade à qual um indivíduo se dedica para obter remuneração", conclui-se, com *Evaristo de Moraes Filho* (obra citada, p. 42), que a "profissão é o *gênero de ocupação* que uma pessoa exerce habitualmente".

Henri Culmann, referido por *Evaristo* (obra citada, p. 60), pondera que a profissão "existe, na realidade social, como um grupo de atividades, espontâneo e natural, anterior a qualquer tentativa de regulamentação pelo direito".

Poder-se-ia dizer que foi essa consciência da profissão[52] que levou — no entrechoque dos descompassos competitivo econômico-sociais — o indivíduo a acercar-se ao seu *afim profissional* para estruturar — sem ingerência, ou contra essa ingerência, estatal — o organismo associativo. Assim, a associação profissional assemelhava-se a uma entidade *voluntária* (por ser da iniciativa de seus membros a sua criação), mas, por outro lado, mostrava, nos seus primeiros tempos, a força do meio, a coagir os potenciais fundadores a concretizar o ato de união. Enquanto a profissão é um fato espontâneo, natural, a associação — dependente da vontade individual — viu-se também impulsionada pela força abrupta do ambiente e das oscilações classistas e/ou profissionais.

Para *Ferrucio Pergolesi* (*in* "Diritto Sindacale", Padova, 1961, p. 55), depois de estudado o grupo social, perpassada a coletividade e conceituado o interesse coletivo, cabe colocar em destaque a *categoria profissional*, que não deixa de ser uma das variantes da própria idéia de coletividade; assevera que ela é "formata da coloro che svolgono professionalmente (cf. Art. 2062 Cód. Civ. ital.) una medesima attivitá (o conessa o similare) in un dato ramo della produzione economica in una determinata posizione (di datore di lavoro, lavoratore dipendente, lavoratore indipendente, libero professionista)". Analisando a conceituação de *Pergolesi*, talvez não fosse necessário nela tipificar os profissionais liberais (como categoria específica), uma vez que, na prática, se subssumiriam, necessariamente, no grupo dos dependentes ou no dos independentes.

De qualquer maneira, a natureza da *categoria profissional*, logicamente, pertenceria mais ao âmbito da investigação sociológica do que ao da regulamentação jurídica, posto que ela, como diz *Di Marcantonio*, se mostra "di una fluiditá estrema, potendo variare il grado di specificitá del criterio tecnico che differenzia l'un gruppo dall 'altro'" (*in* "Appunti di Diritto Sindacale", Roma, 1958, p. 205). A preexistência *e a independência da categoria*, ante o ordenamento jurídico que a regulamentou, são fatores que *Pergolesi* também destacava (obra citada, p. 55).

---

(52) Nesse sentido a profissão é compreendida: Como marca consagrada no mercado de trabalho, como mercadoria de competência reconhecida: é a guardiã de uma certa forma de subpolítica normalizada. A identidade pessoal-social está conectada nesses padrões de força de trabalho com o direito e dever de dispor da essência do trabalho. (BECK, Ulrich; GIDDENS, Anthony; LASCH, Scott. Modernização reflexiva: política, tradição e estética na ordem social moderna. Tradução de Magda Lopes, São Paulo, Unesp, 1997, p. 63.

Disso decorreu a constatação de que a *categoria* foi pedra angular do *associativismo profissional* e de que dele, como ponto de apoio ou área de atuação, partiu-se para a convalidação do *sindicalismo*[(53)].

29. FORMAS SIMILARES AO SINDICATO

Antes de se buscar a fixação conceitual do que seria (ou é) Sindicato, conviria uma revisão, *en passant*, daquelas estruturas que, mesmo vivendo no e do plano grupal, com ele — sindicato — não devem ser confundidas, posto que, entre eles, são identificáveis diferenças num ou noutro(s) aspecto(s).

Em primeiro lugar, caberia aprofundar o sentido exato do termo "*coalizão*", que, de certa forma, padece de (ou causa uma) ambigüidade exegética, particularmente para o juslaboralista brasileiro, à luz de interpretações idiomáticas. Inúmeras traduções espanholas (bem mais encontradiças do que as portuguesas), em especial de textos germânicos, apresentam el "derecho de coalición" como o direito de (ou à) *sindicalização*. Tal ocorreu em *Kaskel-Dersch* (obra citada, p. 467), quando destacavam que se deveria fazer distinção técnica entre os conceitos aplicáveis a (ou decorrentes da) "coalición, asociación y reunión". Acentuavam, em continuidade, que "la libertad de coalición no és de ningún modo idéntica a la libertad de asociación (art. 9, ap. 1), sino que se debe distinguir netamente de ella, como así también de la libertad de reunión. Estos tres derechos (y también libertades) fundamentales existen en forma independiente uno al lado del otro. La libertad de coalición tampouco es una subespecie de la libertad de asociación". Diziam, mais adiante, que la *coalición* achava-se garantida de forma mais efetiva pela própria legislação alemã do que a *associação*, uma vez que aquela corresponderia, na avaliação jurídico-contemporâneo do sistema germânico, à organização em torno da qual se congregariam os empregados ou os empregadores para defesa de seu interesse coletivo profissional.

Já a *reunião*, a que também faziam menção expressa os tratadistas em pauta, identificar-se-ia, no esquema teutônico, como o *agrupamento espontâneo*, de caráter ocasional (logo, de duração transitória ou efêmera) e que se poderia formar em torno de qualquer grupo social.

---

(53) Perseguidos e até proscritos dos quadros legais, os sindicatos conseguiram subsistir ou reaparecer porque, fruto da tendência de união que o homem como *zoom politicus* tem para alcançar certos objetivos, o sindicato nasce à margem da ordenação oficial da sociedade e às vezes contra essa ordenação. SÜSSEKIND, Arnaldo (*et al.*). "Instituições de Direito do Trabalho", 19ª ed., São Paulo, LTr, 2000, p. 1075.

A *associação*, por sua vez, sem subentender, na conceituação, um grupo determinado, requeria uma estrutura definida (diferente, pois, da reunião), inclusive pela determinação de perseguir um caráter de continuidade.

"La coalición" (e é importante distingui-la da nossa coalizão ou coalização, que implica em conceitos diferentes) seria, para os alemães, a expressão estereotipada do agrupamento, de caráter permanente, voltado para a defesa dos interesses coletivos profissionais. Em torno dela, erigir-se-iam garantias contra o Poder Público, o Estado em si, como também contra determinadas e específicas pessoas físicas e jurídicas e forças sociais. Enfim, para os alemães, *coalición*, na tradução espanhola, já seria o sindicato na sua forma acabada.

Para demonstrar, com nitidez, o sentido diverso do termo *coalizão, entre nós*, recorremos a *Evaristo de Moraes Filho* (obra citada, p. 93) que afiançava: "sem o direito de coalizão, não poderia ter surgido, *a posteriori,* o sindicato". O que tem aquela de reunião associativa *passageira* (a coalizão), para determinado fim de defesa de interesses profissionais, possui o *sindicato* na perseguição permanente com estrutura montada, da busca continuada e concreta de atendimento duradouro desses mesmos interesses coletivos classistas[54].

A coalizão, assim, entre nós, seria o *prefácio do sindicato*; a fase selvagem da organização, depois, estruturada racional e cientificamente. Brotava como o acesso raivoso num momento de ira; como o protesto incontido e unido de uma classe, sentindo-se vítima de injustiças que se repetiam. Era a coalizão a resposta que visava a um objetivo momentâneo e, se possível, rapidamente atingível. Talvez só ela tivesse a capacidade de funcionar como o fermento, habilitado, pela batida freqüente do bastão opressor, a crescer e vir a desdobrar-se — como, de fato, tantas vezes, ocorreu — na forma consolidada do sindicato institucionalizado da atualidade.

Por *coalizão*, no caso, deveria entender-se *toda a reunião* que, por sua natureza, nascesse, usualmente, para ser passageira. Talvez, forçando um pouco a nomenclatura e a conceituação — a partir de uma contextualização mais realista do processo coletivizante, sobretudo laboral — a *reunião*, na doutrina brasileira, seria utilizada como o sinônimo mais aproximado de *coalizão*, mesmo que, nas

---

(54) Numa linha similar: "primeiro o fizeram com simples coalizões, como uma forma corpórea de associação, em horas de dificuldades e conflitos sociais; depois como sindicatos, coalizão durável e permanente". SÜSSEKIND, Arnaldo (*et al.*). "Instituições de Direito do Trabalho", 19ª ed., São Paulo, LTr, 2000, p. 1075.

múltiplas traduções espanholas de obras germânicas, notava-se a absoluta antinomia — inexistente no Brasil — entre os dois termos, que representariam, sob tal interpretação (repita-se: para nós não adequada), polos extremos e opostos, em termos cronológicos, de manifestações associativas, dentro da área profissional. *Hauriou*, citado, inclusive na obra de *Evaristo*, entendia haver impossibilidade de caracterizar-se a coalizão como uma organização estável, qualificando-a como um acordo acidental e peculiar, decorrente de (ou visando a) um fato determinado.

Pérez Botija — *Bayón Chacón* (*in* "Manual de Derecho del Trabajo", vol. II, Madri, 1963, p. 658) também contribuem, oferecendo a sua peculiar e discutível definição de coalizão: "es una unión circunstancial de personas con intereses profesionales comunes, encaminada a la defensa de los mismos. Son, pues, sus rasgos definidores el carácter experimental, su formación para un fin concreto, su falta de organización administrativa, de personalidad jurídica, de institucionalización y su extinción, una vez logrado el fin o estimado como de imposible logro. Es, pues, un fenómeno más cercano casi al derecho de reunión que al de asociación".

Admitimos que o caráter circunstancial, a montagem para um fim específico, extinção uma vez conseguido o objetivo ou impossibilitado o seu alcance, a falta de organização interna, *todos esses enfim*, seriam *pontos típicos da coalizão.*

Registre-se que a coalizão, apesar de aparecer, geralmente, na problemática sociojurídica, através dos *movimentos profissionais*, também surge em outros contextos, como no mundo *político*, no qual se aproxima muito de sua aparentada, a *reunião*.

As coalizões constituíram-se em antecedente histórico do processo de sindicalização. Seu surgimento adatava-se às próprias circunstâncias dos tempos iniciais. Sua fácil desintegração constituía-se num golpe mimético, ajudando-a a dissimular-se em meio às perseguições político-econômicas (e mesmo policiais) do pretérito.

A liberdade de coalizão, conseguida, pois, à margem de duros embates, perdeu grande parte de sua utilidade, quando se reconheceu e passou a respeitar-se a *liberdade sindical*, alvo maior. Numa linguagem figurada — escrita com o distanciamento dos tempos — era como se os *poderes da época* reconhecessem o que, antes, qualificavam como "bando revolucionário" — julgado enganadamente de pouca expressão bélica — convidando-o a participar de negociações visando a estipular condições de uma (aparente) paz honrosa.

Acreditou-se que não haveria mais ações violentas. Terrorismo obreiro, como qualificava o patronato. Passaria a vigorar uma linha mais negocial — sem chegar à diplomática — para tentar obter aquelas vantagens e direitos que, em princípio, eram aspiradas pelos operários como devidas garantias.

Também *não se pode confundir* Sindicato com *Fundação*, posto que, nesta, não costumaria haver vontade coletiva, apenas individual (ainda que o fim em si, a que se propõe, volte-se ao coletivo). Ela é (a fundação), em última análise, fruto de uma idéia pessoal, que, geralmente, determina sua ação. Nela só existe um *animus*, já que o ente executor ou o beneficiário, nem mesmo remotamente poderia considerar-se *corpus*. A fundação não tem, no seu alicerce, a vontade do todo; aquela combinação de interesses individuais que produzem, conjugados, amalgamados, o interesse coletivo. Baseia-se em disposição individual e só esta mostrar-se-ia capaz de desenvolver toda a mecânica funcional, sem a interferência do conjunto que servirá como beneficiário, mas a quem se reserva uma participação estritamente passiva, que, por si, impediria qualquer similitude com o sindicato.

Impõe-se, também, *distinguir* a *associação* propriamente dita, de natureza *genérica*, *da* associação *especificamente profissional*. E mesmo esta, do sindicato; tanto nos conceitos técnico-doutrinários, quanto nos eminentemente legais (inclusive, nas normas brasileiras). Enquanto a *primeira* (de natureza genérica) deveria entender-se como uma estrutura coletiva, permanente, mas adatável a qualquer grupamento, a *segunda* (específica) restringiria o direito a (ou a possibilidade de) participação àqueles que se interligassem por meio do vínculo da profissionalidade. Associação profissional faria às vezes de adolescência do Sindicalismo, ou "rascunho"de uma proposta, da qual o sindicato é o *projeto* detalhado e definitivo.

Essa distinção que, simultaneamente, é uma gradação (associação, associação profissional e sindicato), com suas características próprias e diferenciações mais ou menos sutis não é uma constante no mapa-múndi do Direito do Trabalho; no entanto, serve como a mão à luva, na feliz expressão machadiana, face o elenco normativo brasileiro.

Algo similar ocorria *na Argentina*, no comparativo entre associação simplesmente profissional e a associação profissional com "*personeria gremial*" (expressão constante na legislação do Prata), posto que só esta última detinha as chamadas *capacidades funcionais* dos sindicatos, enquanto as primeiras ("simplesmente profissionais"), tendo, ou não, a personalidade jurídica outorgada pelo Direito Civil, delas careciam, estabelecendo-se, evidente desigualdade e mesmo discriminação. A personalidade gremial, concedida pelo governo, poderia por ele ser retirada de um e outorgada a outro sindicato que, de uma maneira ampla, se apresentasse como o "mais representativo", titulação concedida *apenas a um* deles, por categoria, em uma mesma base territorial.

Se a Argentina chegou a dar tal ênfase à distinção entre associação profissional e Sindicato (chamemo-los assim), o mesmo não sucedeu, por exemplo, na Itália, face à não regulamentação do notório artigo 39 da Constituição peninsular. Tratava tal dispositivo da substituição — pela "rappresentanza unitaria" generalizante — da espontaneidade da contratação coletiva, decorrente, *a cada vez*, de um princípio complexo, mas de valia democrática mais explícita, ou seja, da decisão majoritária, caso a caso, para que, só então, ocorresse o alargamento abrangente de seus efeitos.

No que tange à Alemanha, é válida a lição de *Hueck-Nipperdey* (*in* "Compendio de Derecho del Trabajo", trad. espanhola, Madri, 1963, p. 263), quando dizem: "la libertad de *coalición* (entenda-se, na versão, para o nosso idioma e nosso Direito: sindicalização) debe ser rigurosamente separada de la libertad de *'asociación general'* y de la 'libertad de reunión'. A seguir, aduzem: "por un lado, el derecho fundamental de la libertad de 'coalición' es más reduzido que el de libertad de 'asociación', pues aquél se limita a la unión de trabajadores y de empleadores, en su carácter de tales, y con el objeto de la defensa y exigencia de condiciones de trabajo y economicas, mientras que la asociación comprende toda clase de asociaciones, con o sin capacidad jurídica y con cualquier fin".

De outra parte, no entanto, o Direito Alemão é mais protetivo da "libertad de coalición", válida para qualquer pessoa, sem conhecer limitação alguma, no direito a seu exercício, enquanto que "la libertad general de asociación" tem garantia constitucional, em favor dos cidadãos alemães, nos limites — amplos, é verdade, mas condicionados — do artigo 116 da Carta Básica do país. Não há, conseqüentemente, uma proteção absoluta para a "libertad de asociación" como a constituída para fazer intocável e imperturbável a "libertad de coalición". Destarte, a Alemanha, mesmo sem priorizar a interferência estatal, distinguindo Sindicato de associação profissional (como ocorre no Brasil e na Argentina) também não se rendeu à modelagem italiana, onde a associação de fato não ganhou um enquadramento legal definido, apesar de se lhe ter assegurada a mais completa liberdade de atuação e subsistência. A respeito, *Santoro Passarelli* (obra citada, p. 22) pondera que "el principio de la libertad sindical es una aplicación particular del principio constitucional de la libertad de asociación (art.18)".

Também se faz necessário traçar referências comparativas do Sindicato com a *corporação*, que tem similitudes — e diferenças — com o agrupamento profissional permanente. Tecnicamente, a não ser em momentos históricos definidos, quando certos regimes políticos alteraram a feição natural do Sindicato, descaracterizando-o para adatá-lo, obrigatoriamente, ao esquema político em vigor, a associação profissional não pode ser entendida como sinônimo de corporação, ainda que possuam vários elementos comuns. A corporação foi confundida com o Sindicato no período fascista, por farta legislação italiana à época, da qual se gerou, por sinal, matriz para a então nascente normatização laboral brasileira das décadas trinta/quarenta, com destaque para a parte coletiva. *Royo Villanova* (*apud Pérez Botija*, obra citada, p. 379, nota 10) afirmava que "la corporación es la persona juridica de base asociativa, el grupo de personas que se han unido para conseguir un fin; es la 'universitas personarum'. Mas también lo es la asociación". No entanto, enquanto na corporação perdura uma vontade supra-individual, na associação o elemento volitivo será resultado da mistura da vontade de seus componentes, que se encontra na mediana de todos, sem dever ser especificamente a de nenhum deles. Enquanto a corporação utiliza — graças à imposição legal, ou não — uma coação irresistível, a associação mostra-se dependente da articulada combinação de vontades individuais. Como dizia *La Tour du Pin*, "é bom recordar que a coação pode aproximar os homens, mas não, necessariamente, associá-los". Isto para lembrar que a corporação, na sua formulação genuína, possibilita e enseja a reunião, mas não tem o dom de estabelecer, por si, a união. Essa impositiva predominância do *corpus* sobre o *animus* obsta, por assim dizer, uma identificação mais profunda entre a estrutura corporativa e a instituição associativa, quando analisadas com rigor científico jurídico-sociológico.

Do que não se tem dúvida é que o indivíduo procurou unir-se ao(s) seu(s) colega(s) de atividade para constituir com ele(s) uma força capaz de levar avante propósitos e reivindicações que visassem à melhoria da situação profissional. Passando da coalizão, rápida e agressiva, para o associativismo permanente (tolerado, regulado, protegido ou simplesmente liberado pelo Estado), a *união profissional* foi (e continua sendo), com uma identidade não muito mutável, na essência, elemento marcante na História da Humanidade, sobretudo dos últimos trezentos anos[55].

Aliás, essa ênfase que o Sindicalismo ganhou e — apesar dos percalços, desafios e vicissitudes — continua a ter, fora focada por *Lindolfo Collor* (*in* "Exposição de Motivos do Decreto 19.770[56], de 19/março/1931), ao asseverar: "Fora de dúvida é, Sr. Presidente, que o século XX ter marcado o seu rumo na conquista de um novo *status* social: a expressão jurídica da interdependência econômica das classes. Foi o século XIX a era do individualismo econômico; o século XX será, como já está sendo, o da sindicalização das forças produtivas". A respeito, *Alfredo João Louzada* (*in* "Legislação Social Trabalhista, Rio de Janeiro, 1933, p. 339), completava: "acima do Direito Privado, do "indivíduo-patrão" e do "indivíduo-operário" se erigiu, uma convenção, regulando os direitos e os deveres do "patrão-classe" e do "operário-classe". Era a coletivização do profissional dentro da classe a que pertencia e que, iniciando, historicamente, como reunião para oposição, foi, como se viu, em muitos casos, transformando-se também em *reunião para produção*, com a mudança do próprio modelo produtivo, dos conceitos e estratégias da empresa, da ação sindical e da organização da sociedade em si. Enfim, criara-se o quadro para que se alicerçasse aquela que pôde ser entendida como uma das idéias centrais do Sindicalismo evolutivo[57], sintetizada pelo brilho de *Franz Oppenheimer* e tantas vezes repetida: "O indivíduo se engana muitas vezes na proteção de seus interesses. Uma classe nunca se engana de modo permanente".

---

(55) Nesse mesmo sentido ver: SÜSSEKIND, Arnaldo (*et al.*) "Instituições de Direito do Trabalho", 19ª ed., São Paulo, LTr, 2000, pp. 1081-1082.

(56) "Estabelecia o Decreto n. 19.770 a unidade sindical e, para evitar que os sindicatos tivessem desvirtuadas suas finalidades, determinava no art. 1º alínea *f* entre as condições de reconhecimento abstenção no seio das organizações sindicais de toda e qualquer propaganda de ideologia sectária de caráter social político ou religioso". SÜSSEKIND, Arnaldo, *op. cit.*, p. 1081.

(57) "A construção da estrutura sindical oficial (e a ideologia corporativista que lhe dá suporte) não foi somente produto de repressão e do silêncio a que foram subjugados os setores mais combativos e de esquerda do movimento operário-sindical brasileiro. Foi também o resultado de uma série de medidas legais e político-ideológicas engenhosamente articuladas dentro as quais a educação constituiu um dos mecanismos de propaganda e convencimento". MASFREDI, Silvia Maria. "Formação sindical no Brasil; história de uma prática cultural", São Paulo, Escrituras Editora, 1996, p. 32

30. SINDICATO: CONCEITO E DEFINIÇÃO; SUA RELAÇÃO COM O CAPITALISMO E O SEGURO SOCIAL

O passado pode ajudar no encontro do antecedente etimológico da palavra *sindicato*. *Gallart Folch* (*in* "El Sindicalismo como fenómeno social y como problema juridico", Buenos Aires, 1957, p. 15) afirmava que o termo francês "*syndicat*" — antecedente do nosso — designava aqueles que se achavam vinculados a uma corporação ou, em outras palavras, encontravam-se sob a tutela de um "*syndic*". *Syndic*, por sua vez, originava-se do grego e sua mais adequada acepção (modernizada) seria "procurador". E foi tal expressão, com tal raiz, que veio a difundir-se pela latinidade, batizando essa instituição tão complexa e multifacetada: *o sindicato*. Em Italiano, *sindacato;* em Espanhol, como no Português, *sindicato*, todos circunavegando a expressão franco-grega que serviu de matriz e referência. Já o mundo anglo-saxônico seguiu outros roteiros etimológicos e vocabulares. No Alemão, utiliza-se *arbeitwerein* e/ou *gesellchafts*, enquanto, no Inglês, titulam-se as entidades sindicais de *trade unions*.

Deixando de lado a questão meramente terminológica e ingressando no conceitual, arrimamo-nos a *Mário de la Cueva* (*in* "Derecho Mexicano del Trabajo", Ciudad Mexico, Tomo II, 2ª edição, p. 285) quando assevera: "el fondo ideológico del sindicalismo estuvo formado en sus orígenes por el pensamiento socialista — entendiendo por socialismo la doctrina social que pretende estructurar la vida económica sobre el trabajo". Aliás, *De Ferrari* (*in* "Leciones de Derecho del Trabajo", Montevideo, 1961, p. 89) trilhava caminho similar ao do jurista asteca, sublinhando que: "Como se sabe, el sindicalismo originariamente pretendió ser un retorno a las formas más puras del pensamiento marxista". Ante a referência a tal embasamento ideológico inicial da área sindical, convém recordar que os primeiros movimentos da associação profissional tiveram, forçosamente, uma relação de intimidade com idéias político-sociais vigentes à época. O sindicalismo contemporâneo, é bom que se registre, a vôo de pássaro embora, mesmo com algumas manifestações guardando proximidades político-ideológicos, trata, majoritariamente, de adotar estratégia marcantemente utilitarista, negocial, posto que tal é a cobrança — *resultados* — que lhe é transmitida e exigida pelo corpo social que representa, e pela categoria como um todo.

Rodolfo Napoli (*in* "Manual de Derecho Sindical", Buenos Aires, 1961, p. 20), com o apoio doutrinário de Unsain, advertia: "*sindicato* es una cosa (el quadro de la asociación) y 'sindicalismo' es outra bien diversa, la qual entraña toda una doctrina acompañada de acción. No todos los sindicatos, decia, son sindicalistas, exactamente como no todos los sindicalistas responden a una idêntica concepción de la doctrina, de los medios y de los propositos gremiales". Na avaliação conseqüente a tão inspirada dicotomia didática, poder-se-ia dizer que, hoje restariam contingentes minoritários de *sindicatos sindicalistas*, prevalecendo, crescentemente, os *pragmáticos* negociais que apenas registram, no arquivo de memórias, eventuais vínculos e alinhamentos com determinadas correntes políticas e seus fundamentos ideológicos.

Na busca de uma compatível e abrangente *conceituação de Sindicato, Santoro Passarelli* (obra citada, p. 19) prelecionava: "son asociaciones de 'trabajadores' o de 'dadores de trabajo' constituídas para la tutela de 'intereses profesionales colectivos', preferentemente el interés en regular la competencia entre trabajadores y entre dadores de trabajo". Tal definição mostra a diretriz privatista do sindicato, destacando o aspecto concorrencial vivido pelo mercado de trabalho, como elemento incidente (se não preponderante, assaz expressivo), na razão de ser da associação profissional. Fica implícita no conceito de *Santoro Passarelli* a significação que se atribuiria (e se atribui) à *contratação coletiva* (tão maior quanto mais expressivo, num país, o desenvolvimento e sedimentada a democracia), motor da vida sindical e destacado catalisador de sua pretensão de, progressivamente, ampliar representação e representatividade. Esse enfoque privatista (a nosso juízo, legítimo) do Sindicato, não impediu ao mestre romano de propor, como indispensável, a elaboração de um estatuto de direito público, prévio e superior, compromisso da sociedade e do Estado em seu nome, fixando as idéias de liberdade sindical e de organização profissional, assegurando, por seu exercício e atuação, os símbolos e garantias de um regime democrático.

De outra parte, *Sidney* e *Beatrice Webb* (*in* "History of Trade Unionism"), segundo *Pérez Botija* (obra citada, p. 374, nota 35), resumiam, entre o sintético e o simplista: "Sindicato es una asociación permanente de asalariados con el fin de mantener o mejorar las condiciones de su relación de trabajo". Os sociólogos britânicos restringiram-se a um enfoque parcial e, por isso, imperfeito da vida sindical. Permaneceram com os olhos no passado, quando o Sindicato primevo era algo que se resumia à reunião associativa de trabalhadores, enquanto o espírito grupalizante não se comunicara ao patronato. De há muito, sindicato tornou-se ocorrência *bilateral*, para, mais tarde, fazer-se *trilateral*, conceituando também os grupamentos classistas dos que, trabalhadores ou microempreendedores, *não têm nem são empregados autônomos.*

Paul Durand e *André Vitu* (*in* "Traité de Droit du Travail", Paris, Tomo III, 1956, p. 40) afirmavam: "Le syndicat est un groupement, dans lequel plusieurs personnes exerçant une activité professionale, conviennent de maître en commun, d´une maniére durable et au moyen d'une organisation interieure, leurs activités et une part de leurs ressources, en vue de assurer la défense et la répresentation de leur profession et d'améliorer leurs conditions d´existence".

Na visão dos juslaboralistas gauleses — também privatistas — há um alargamento da missão sindical (propósitos e finalidades), que se grifa na expressão final, onde se atribui à associação profissional a tarefa — em relação aos trabalhadores, precipuamente — de "melhorar suas condições existenciais"; ultrapassa-se, assim, aquela espécie de balizamento que identificou, no Sindicato, um instrumento (ou um agente) para tentar melhorar, apenas, *condições de trabalho*.

Face à posição de *Durand* e *Vitu*, de outra parte, se fazia complexa — para não dizer, *difícil* — a *assimilação*, no conceito, da *entidade patronal*. Há — desde que falando-se em condições existenciais — necessidade de enveredar por diferente roteiro, a fim de que também se possa pensar em produzir melhoria nas referentes aos *patrões*. Para tanto, a idéia inicial do sindicato — entendido como instrumento de combate na luta de classes — não podia ser mantida. Havia que se passar a vê-lo, não mais como agente belicoso, mas como elemento hábil para a transformação da empresa em comunidade de produção, dependente da cooperação consciente de todos. Talvez só nesse visual, da empresa-comunidade de trabalho, poderia ser suficientemente alargado o conceito de *Durand-Vitu* para que nele pudessem caber também os empregadores, como, hoje, rotineiramente ocorre.

Já *Pérez Botija* (obra citada, p. 376) dizia: "en resumen, es decisiva la idea de protección profesional, y por ello podria proponerse como definición dogmática (del sindicato) la de que és una asociación de tendencia institucional que reune a las personas de un mismo oficio para defensa de sus intereses profesionales". A proposta do professor ibérico está vinculada a outra afirmativa sua, a imediatamente anterior, em que aludia estar o sindicato enquadrado costumeiramente na área reservada às associações, "aunque se halle en tránsito hacia la corporación". *Botija*, difundindo seu estudo no início da década de sessenta, o fazia na Espanha franquista, na qual se estabelecia um entrosamento (mais que isso: dependência) do Sindicato com relação ao Estado, que lhe delegava, supervisionando e controlando, a possibilidade de executar determinadas funções, originariamente de natureza público-governamental.

O catedrático madrilenho, portanto, restrito a uma influente visão, nacional e momentânea, enfatizava que o Sindicato, recebesse, ou não, a qualificação de corporação, estaria, intrinsecamente, dotado de uma coação *"naturalmente legalizada"*.

Os conceitos do *Sindicato coativo*, recipiendário de funções estatais por delegação, foram amplamente difundidos por governos centralizadores e autoritários (tanto à direita, quanto à esquerda) que, ao aumentar-lhe atribuições e competências, diminuíram-lhe espaços de liberdade e autonomia. A idéia de coatividade, trazida por *Botija*, como elemento distintivo do Sindicato, vincula-se a essa miscigenação, entre o adulterino e o incestuoso, com o Estado ditatorial. O que se pode (e deve) aceitar é que o sindicato possa exercer uma *coação peculiar*, não derivada da vontade oficial via norma legal, mas obtida pelo destaque da posição societária por ele conquistada, regulando, *através de negociações coletivas*, situações laborais em áreas que, anteriormente, não se encontravam sob sua competência. Enfim, impondo vontade e marcando presença, por direito *de conquista*, e não pela outorga imperativa do poder estatal que, ao "fortalecer", debilitava.

Segundo *G. Mazzoni* (*in* "La Disciplina dei Sindacati et dei Contratti Collecttive di Lavoro nel sistema delineato dell'art. 39 della Costituzione — I Problemi di attuazione legislative", Riv. Dir. del Lavoro, Milão, 1949, p. 30): "L'art. 39 é andato piú oltre. Esso rappresenta, abbiamo visto, un 'terzo sistema', tra l'assoluta libertá sindacale e un sindacalismo, di diritto publico, mediante il quale si rende efficiente, agli effeti giuridici, una regolamentazione di categoria di tutti gli aspetti del rapporto subordinato di lavoro. Scartata la tesi del sindacato único di diritto publico ed ammessa, quindi, una pluralitá di sindacati di diritto privato, non é scartata, invece, la possibilitá che 'i vari sindacati registrati' — in quanto agiscono in unitá di contrattazione collettiva — 'possono adempire a fini publici'". Portanto, em tal sistemática (que foi *inovadora*), mesmo na regulamentação do dispositivo constitucional (representação unitária), a decisão dos negócios em nome da categoria existirá, desde que todas as organizações sindicais existentes, direta ou indiretamente, compartilhem do processo de composição dos grupos de decisão negocial (a dita representação unitária). O que a lei italiana visou (e obteve) foi manter a liberdade sindical, disciplinando a inter-relação com áreas limítrofes e permitindo que a organização profissional atuasse, autônoma, de modo a dispensar o protecionismo estatal que, *usualmente*, amparando, cerceia. Além do mais, doutrinariamente, excluía-se a possibilidade de uma abordagem corporativa que, de uma forma ou de outra, subordinasse o sindicato à vontade estatal. A fórmula tinha, inclusive, a capacidade de tornar fática a perspectiva, citada pelo próprio *Mazzoni*, e formulada por *Duguit:* "era o Estado *dividindo a soberania* com agrupamentos econômicos e culturais (e *profissionais*, agregamos nós, face à realidade palpável que se foi construindo e com a qual, inclusive, se está, pelo menos parcialmente, convivendo), que teriam seu campo próprio de ação, com verdadeiras e específicas jurisdição e competência".

Desse modo, *sempre que*, legitimamente, *reagiu*, em nome de sua representatividade e autenticidade, às tentativas de dominação do Estado, logrando, destarte, fracionar atribuições, o *Sindicato rejeitou* o corte corporativo histórico (do muito antes) e oficialista autoritário (de pouco mais de meio século).

Pérez Botija — Bayón Chacón (obra citada, p. 662) julgavam que "el término asociación profesional pertenece al *Derecho político*, y es una simples subespecie de la asociación en general; en cambio, el concepto de sindicato cae de lleno en el campo de las relaciones laborales colectivas y, por ello, del Derecho del Trabajo". Os termos de tal definição servem para ajudar a delinear as distinções entre o que seria uma figura *intermediária* (a associação profissional) comparada à *associação lato sensu* e, particularmente, ao *Sindicato*. Este é que exercita a representação efetiva da profissão, como instituição, ainda que, como entidade específica, limite-se ao espaço de sua capacidade de conquistar associados. A associação profissional, por sua vez, aquela que já é sem ainda ser, também decorrente dos elementos que definem e constituem a afinidade no campo profissional, não goza, geralmente, da amplitude de prerrogativas do sindicato, por ser dele — numa comparação muito sumária — um projeto não concluído.

O que se foi consolidando, tanto na doutrina quanto na legislação, e, obviamente, na prática, foi a *exclusividade representativa*, ou seja, a exigência de que a entidade represente só *empregadores ou só trabalhadores*, excluindo-se a possibilidade do *sindicato misto*, modelagem usada por regimes (ditatoriais) de assimilação integral do Sindicato pelo Estado. Essa versão *mista* poderia (e foi, em alguns casos) *total*, ou seja, da base ao vértice (do sindicato local à confederação nacional), como se estruturou no modelo franquista espanhol, *ou parcial*, compreendendo as instâncias superiores, mantendo-se os alicerces (estruturas municipais) separados, instituído e exercitado pelo corporativismo fascista italiano.

O que se precisa enfatizar é que a celebração de *negociações* (convenções, acordos etc.) *coletivas* evidencia-se como forma primordial de defesa dos interesses coletivos de empregados e empregadores, devendo ser, a missão por excelência da entidade sindical[58]. Há, porém, de se reconhecer, que, no Brasil, a convenção coletiva constituiu-se, até duas décadas passadas, em verdadeira raridade. Razões múltiplas contribuíram para tanto: a falta de consciência associativa de operários e patrões; o, até bem pouco, forte intervencionismo estatal, limitando ações e burocratizando procedimentos; a solução, muitas vezes mais expedita, dos problemas de natureza econômica, graças à intervenção da Justiça do Trabalho, editando, em dissídios coletivos, sentenças normativas. Tudo isso desestimulou, na modelagem que se impetrou, no Brasil, fruto da inspiração corporativa da *"Carta del Lavoro"*, de *Arturo Rocco*, o emprego da contratação coletiva. O sindicato deixou de lado a sua função negociadora, substituída pelo regramento estatal: seja pelas normas legislativas, pelos controles do Executivo e/ou pelas sentenças do Judiciário. O contrato (depois, rebatizado convenção) coletivo(a) de trabalho permaneceu depositado no arquivo dos institutos sem passado, durante largo tempo. E dava a impressão de que o marasmo duradouro prolongar-se-ia, em face da acomodação, ante tal contexto, inclusive — e sobretudo — das próprias entidades sindicais, tanto de empregadores quanto de trabalhadores.

Foi a partir da Constituição de 1988, com a redemocratização do país, que se iniciou, lenta mas continuadamente, um processo de renovação oxigenizante do mundo associativo profissional brasileiro. Menos no quadro legal e muito mais na realidade fática passou a ocorrer um progressivo esforço de autonomia, tanto de gestão, quanto operacional dos sindicatos. Na esteira da globalização e das privatizações, as relações laborais ganharam tinturas mais criativas do mundo associativo, em detrimento das imposições exógenas estatais. Foi a partir de então, e com razoável freqüência, que a negociação coletiva passou a ter significação no quadro estatístico do país, sem ainda ser predominante, como no mundo industrializado, mas capaz de evidenciar que o sindicato já passava a ter participação em normatizações coletivas.

Evaristo de Moraes Filho (obra citada, p. 106) chamava a atenção para o fato de que "o capitalismo, o alto capitalismo, é inimigo da improvisação, da falta de especialização técnica. No capitalismo, devem as pessoas ser encaradas pela atividade que efetuam. E qual a forma social que tomam esses grupos englobantes dos que exercem a mesma atividade? O Sindicato. É assim o Sindicato uma

(58) Inclusive, com a elaboração direta das normas que irão reger seus interesses, constituem, na visão de *Rousseau*, a manifesta expressão da liberdade, ou seja: "la libertad consiste en la obediência a la ley que cada uno se há prescrito". *Apud* BOBBIO, Norberto. *in* "Teoria General del Derecho", trad. Rozo Acuña., Madri, Ed. Debate, 1993, p. 69.

das manifestações mais espontâneas e diretas do capitalismo moderno". Não é só pelo divisionismo técnico, característico do Capitalismo (acima aludido), que se estabeleceu essa correlação com o Sindicato. Indiscutivelmente, o elemento histórico conta, nessa avaliação, mostrando que, apesar de colocados em trincheiras diversas, foi a atuação de um (o Capital), dentro das diretrizes econômicas do liberalismo, que fez com que o outro (o Trabalho) viesse a arregimentar-se para organizar sua autodefesa.

Paradoxalmente, a luta contra o Capitalismo foi responsável, em grande parte, pela maternidade sindical, mesmo que, figuradamente, procurando esconder a origem desse aparente estupro social. Ainda que inegável a hostilidade original, o Sindicato tomou nova feição, aperfeiçoada através dos tempos, ao ter de enfrentar inimigos poderosos desde as batalhas iniciais, em que se apresentava, primordialmente, como contraparte, na relação coletiva de trabalho, perante o empregador.

Goetz Brifs (*in* "El problema sindical ayer y hoy", trad. espanhola, Madri, 1957, p. 25) diz, a respeito da relação Sindicato-Capitalismo: "El Sindicato creció y se fortaleció bajo una filosofia pragmática cuyos principios procedian de la *ética* económica. El mismo *éthos* yace en el fondo de la lucha entre el Capital y el Trabajo: sólo los objetivos son distintos". E prossegue (pág. 39): "Los sindicatos han logrado éxito y poder gracias a haber adoptado el *ethos* próprio del capitalismo liberal y haberlo utilizado para sus próprios fines. La exigencia constante de *más, más* y *siempre más* se convirtió en su norma rectora".

A organização sindical, desse modo, depois de um ímpeto inicial de caráter ideológico, quando sindicato e sindicalismo assemelhavam-se muito, quase confundindo-se, foi adotando meios de atuação ditos mais "realistas" ou "pragmáticos". Pôs de lado a primeira proposta de conquista do Poder e de alteração da estrutura e dinâmica do Estado, tratando de agir, cada vez mais, como representação classista — logo, setorial — dedicando-se às reivindicações continuadas. Os meios de pressão, como ensinava *Ugo Piazzi* (*in* "Appunti di Tecnica Sindacale", Roma, 1963, pp. 32 e segs.), foram os mesmos dos antigos movimentos, progressivamente evoluindo, com maior requinte e habilidade. Aperceberam-se, de pronto, os dirigentes sindicais que, como veículo reivindicatório, a tática empregada trazia resultados positivos, enquanto, como arma destinada a metamorfosear o Estado, faltava-lhe potencial adequado. Além disso, na "moral entre estranhos" que influenciava o associativismo de uma organização em tempos de capitalismo incipiente, o egoísmo individual pressionava, afrouxando os laços de coesão em movimentos ideais, enquanto os cingia, fortemente, nas arrancadas visando à obtenção de vantagens materiais palpáveis.

Aliás, como dizia o histórico líder sindical norte-americano Sam Gomppers, o único que não se pode deixar de fazer é pedir "*sempre mais*". E o Sindicato, nas principais nações industrializadas, logo absorveu essa linha de pensamento e ação, tratando de seguir modelos comportamentais diante do que chamara capitalismo "opressor". Com isso, o que tratava era de responder na mesma moeda as investidas negociais contundentes dos economicamente mais poderosos. O diálogo, pois, começou a ocorrer, de maneira, se não fraterna e amigável, clara e objetiva, já que o raciocínio negocial indutor dos opostos era movido pelo mesmo objetivo de lucros-perdas, ainda que por lados diferentes. Foi quando, também, a coletividade proletária começou a perder a sua teórica uniformidade, surgindo, em seu interior, grupos privilegiados ou tidos como mais poderosos dentro da própria categoria que, originariamente, mostrara-se unida contra os que, pelo poder, estariam a dominá-la.

Briefs (obra citada, p. 31) mostrava a similitude no modo de ação, já em épocas bem distantes, do capitalismo liberal e do sindicato-reinvindicador, assinalando: "desde el éxito máximo a la máxima opresión, oscila la escala de las posibilidades, incluso entre asociaciones de intereses orientadas en un mismo sentido. Lo que consiguen los impresores y los obreros metalúrgicos permanece, para los obreros textiles (por ejemplo), como aspiración irrealizable; pero, no obstante, deben contribuir (mediante el incremiento de precios o evitando la redución de los mismos) a los costos derivados de condiciones de trabajo que beneficien a aquellas otras asociaciones *más poderosas y mejor situadas*". O Sindicato, assim, também teria admitido, historicamente, uma certa hierarquia do poder econômico, nos mesmos moldes que conhecera, em relação adversa, no capitalismo. Teria adotado, pois, o comportamento que julgou lhe conviria (e ao próprio capitalismo), com o que se teria *despreocupado do consumidor*, o qual, muitas vezes, era um seu associado (portanto, parte de seu corpo) e, mais ainda, correndo o risco de marginalizar, por olvido, o próprio proletariado em geral.

Por esse comportamento — ou seja, o da referida *despreocupação* — o Sindicato obreiro *jamais*, em tempos pretéritos, teria registrado, *como vitória*, uma *redução nos preços das mercadorias*, mas sempre teria aceito a suba dos salários, festivamente, ainda que à conta de acréscimo no valor de venda de artigos de consumo aos próprios assalariados.

Dessa maneira, ao beneficiar um grupo, criavam-se condições mais difíceis de subsistência para a coletividade classista. Adotando essa política, inspiradora também do capitalismo, esquecia-se (ou deixava de lado) o Sindicato seu vínculo prioritário, que deveria ser entretecido com o consumidor. Com isso, a associação profissional desenvolvia e consolidava um esquema político-econômico em que, passada a etapa das provações e confrontos iniciais, criava-se uma relação de causa e efeito, se não perfeita, bastante costumeira, na qual à elevação de padrões remuneratórios seguia-se a suba de preços de venda de bens e/ou serviços. Com isso, praticamente, a sociedade, em torno da organização capitalista, teria passado, toda ela, a ser (ou a agir) também (de forma) capitalista.

Recorda *Goetz Briefs* (obra citada, p. 52) a frase de *David Dubinski*, segundo a qual "el sindicato precisa del capitalismo como el pez del água". Este (o capitalismo) racionalizado e democratizado — progressivamente contemporâneo, enfim — por mais humano e também mais exigente de produtividade, admitiria a recíproca: isto é, sentiria necessidade de coexistência com um sindicalismo independente, a fim de que se formassem sistemas de *freios e contrapesos*, contribuindo para o equilíbrio socioeconômico do Estado.

Faz-se necessário, também, um sobrevôo na antiga realidade — hoje desmontada — dos *países de sistema econômico-político-social plenamente centralizado*, como na extinta "Cortina de Ferro" e na relação *anômala* que disso decorria para uma vida categorialmente representativa e de gestão autônoma do sindicato. Não há dúvidas de que um planejamento centralizado da economia impedia qualquer espaço de atuação de sindicatos livres. Inclusive soava paradoxal o fato de que o coletivismo — e grifamos o modelo no auge soviético — não deixasse morrer o Estado em benefício de uma sociedade em que o livre desenvolvimento de cada um constituísse condição prévia para o livre desenvolvimento de todos, como pressupunha *Marx;* se não que o que "morresse" fosse a liberdade de cada um, juntamente com a liberdade de todos, e o que se afirmasse, com uma violência despótica, ilimitada, fosse, precisamente, o Estado.

Assim, enquanto o Sindicato consolidava-se no mundo capitalista, adotando, como *"ethos"*, aquela forma de pensar pragmática do adversário primitivo, deixando-se absorver pelo utilitarismo, no outro quadrante do mundo, isto é, dentro do que eram áreas do *regime socialista*, o Sindicato, praticamente, *desfigurava-se*, tornando-se simples orgão fiscalizador (ou de mero acompanhamento) dos planos qüinqüenais de governo. Enfim, transfigurando-se em submisso componente — direto e/ou indireto — da organização estatal.

Sobre esse perfil sindical, vivido no mundo socialista, durante cerca de 75 anos, *Ubaldo Prosperetti* (*in* "Lezioni di Diritto Sindacale Comparato", Milão, 1962, p. 78) afirmava: "secondo i principi proclamati dal congresso dei sindacati del 1949, scopo dei sindacati é soprattutto l`organizzazzione della competizione socialista dei lavoratori per l`attuazione dei piani statali de produzione, per il miglioramento della produtivitá di lavoro e per l`abbassamento dei costi".

Fez-se, pois, o sindicato, durante todo o período de forte dominação do regime comunista, um simples coadjuvante, sem poder exercitar a sua dupla missão essencial: reivindicar e negociar. Cerceado no seu espaço de atuação, negada a liberdade de mobilização crítica, fez-se mero apêndice da formidável máquina do Estado, na qual seu espaço era o de mera decoração para uso externo e propaganda do regime.

Também, nesse acompanhamento da caminhada histórica do Sindicato, de suas boas ou más companhias, dos apoios e antagonismos, há de se registrar a convivência que teve (e tem) com os *seguros sociais*.

Nas fases iniciais da Revolução Industrial e de predomínio da *ditadura contratual*, leis severíssimas — como já se viu — proibiam associações, cominando duras sanções penais para os que infringissem os dispositivos então em vigor. Como estratégia, para esquivar-se de tais sanções, os trabalhadores passaram a deslocar-se para o setor ocupado pelas *caixas assistenciais*, as denominadas *mutuais*, que, organizadas e sustentadas pelos próprios trabalhadores, serviam como lenitivo — ainda que mínimo — para os duros golpes que a estrutura então vigente ia aplicando-lhes. *Riva-Sanseverino* (obra citada, p. 27), analisando a evolução histórica do Sindicato, na Inglaterra, em tempos de Revolução Industrial, afiançava: "Le *Trade Unions* sorsero, infatti, parallelamente alle societá cooperative, a scopi di mutua assistenza". Via-se, pois, que o ímpeto inicial da luta de classes teve de ser, para efeitos ostensivos, dissimulado sob as vestes de entidades de cooperação econômica (cooperativas de consumo) ou de proteção social (mutuais).

Isso, como se deve supor, criou um clima de entendimento e de forte aproximação entre, à época, o Sindicato "disfarçado" e a(s) organização(ões) que se encarregava(m) de realizar uma primitiva atividade previdenciária. De resto, o que se verificava era, ante a inação do Estado, os próprios trabalhadores auxiliando-se, por meio de instituições de "companheiros" (reminiscência da Idade Média) e de socorros mútuos (fortemente estimulados por solidariedade religiosa), que muito contribuíram para que pudessem enfrentar momentos tão difíceis no exercício profissional (trabalho ininterrupto, fadiga, invalidez, morte etc. etc.) O *operariado*, consciente de sua fragilidade para fazer frente, de igual para igual, ao empregador e, especialmente, ante o Estado — que perseguia o associativismo laboral — tratou de remediar a situação de precariedade, unindo-se, e buscando, no auxílio mútuo e na solidariedade social, a terapêutica para essa fase inicial, tão amarga.

Aí, pois, pode-se sediar a relação que se criou, na prática e na mentalidade dos trabalhadores, que enxergaram lampejos de similitude entre a coesão que os devia unir para uma *missão ofensiva*, a luta de classes (tarefa atribuída, na ocasião, ao emergente sindicato) e *a reunião defensiva* (*projeto* protetivo *pacífico*), para obter recursos visando à cobertura face riscos decorrentes do trabalho. O tempo encarregou-se de realizar a separação entre os conceitos e as finalidades do *Sindicato e do Seguro Social*, colocando-os em compartimentos próprios, mesmo preservando canais de comunicação desimpedidos.

No mundo contemporâneo (depois da intimidade unificadora do início, e de uma nítida separação do depois) nota-se um agir usualmente sincrônico, permitindo que — sem igualar-se — recordem fórmulas originais de convivência, mesmo enfatizando as identidades próprias (técnicas, políticas e socioeconômicas), que cada um deles ostenta.

De qualquer maneira, *Goetz Briefs* (obra citada, pp. 27/28), a respeito do "parentesco e afinidade" desses dois grandes institutos, assinala que "de la evolución del Sindicato hasta alcanzar una situación consolidada se han derivado amplias consecuencias. Las resumiremos como sigue:

1. ....

2. Las instituiciones y la legislación en materia de *política y seguridad sociales* han adquirido un desarrollo extraordinario, con la tendencia, por parte de esta ultima, de establecer una asistencia general contra los riesgos tipicos que la vida ofrece. Comparase, en este punto, en qué medida el princípio de la responsabilidad personal ha cedido ante el de la responsabilidad colectiva".

É óbvio que, nessa etapa, ainda que se esteja a tracejar a imagem de novas figuras tutelares do contexto social (partindo da Caridade, transitando pela Assistência, destacando a Previdência, para chegar à Seguridade), não se tinha a visão exata da evolução, complexa, célere e abrangente, que viria a ocorrer no cenário universal. Valeria destacar as palavras de *Miguel Angel Cordini* (*in* "Temas sobre el Derecho de la Seguridad Social", *in* "Estudios de

Derecho del Trabajo y de la Seguridad Social", Buenos Aires, 1960, p. 157): "la seguridad social trata de ayudar a toda la sociedad delante todos los riesgos", o que permite que se possa aquilatar o quanto se alargou aquele modesto ideal inicial e a que nível de abrangência coletivo-societária os tempos e as circunstâncias conduziram a tímida proposta original. É tão amplo o universo securitário que justifica a expressão de *H. Baylos Corroza* (*in* "La Seguridad Social como ideal y como tecnica", Madri, 1961, p. 4): "a raiz de la amplitud de la Seguridad Social resulta impreciso fijar sus limites y llegar, sin dudas, a su propia denominación".

Na atualidade, destacando a atividade exponencial do sindicato, a *contratação coletiva*, há que se sublinhar a usual existência, no seu bojo, de cláusulas referentes à *seguridade,* provando a continuidade e o refinamento da relação histórica entre as duas instituições (Seguro/Seguridade Social-Sindicato), usando, como instrumento conectivo, a Convenção Coletiva de Trabalho (fruto da ação do grêmio e responsável pela regulamentação ultralegal, classista, da primeira).

Dizia *Alonso Olea* (*in* "El Sindicalismo en los Estados Unidos", Panorama del Sindicalismo Mundial, A C. N. Coleción Bien Común, Madri, 1962, p. 148): "El Sindicato, dicho sea un sindicato de negocios o un sindicato económico, tiende a tener como misión fundamental esta: la de concertar con empresarios las condiciones en que debe ser prestado el trabajo de sus miembros, y, através de las votaciones de que hablaba antes, de todos los que trabajen en la rama de industria o en la profesión que constituye la base de la sindicación. Cuáles son las materias objeto de esa regulación colectiva? Sustancialmente, en primer lugar, y decisivamente, los salarios, es claro; y, además, todo lo que genéricamente se llaman condiciones de trabajo: la jornada, la seguridad y higiene del trabajo, la composición de los grupos de trabajadores, el número de trabajadores que es necesario para cada tarea, los sistemas de incentivos etc.; y, mui recientemente, lo que se llamó *beneficios marginales*, de *seguridad social* como regla, y que después de muchas dudas acerca de si podian, o no, ser tema lícito de contratación en un convenio colectivo, es cuestión que se decidió en un sentido afirmativo". Nessa larga digressão, *Olea* tornava abundante e minuciosa, a um tempo, a explicação e o arrazoado desse acasalamento retomado, via negociação coletiva, do Sindicato com o Seguro — mais genericamente, com a Seguridade — Social. A respeito, *Juan Eugenio Blanco* (*in* "Estudio de los Convenios Colectivos", Madri, Prêmio Marvá, 1963, p. 81) afiançava: "sin embargo, el criterio de la Oficina Internacional de Trabajo es el de la procedencia de incluir tales cláusulas en los Convenios".

Dessa forma, o Sindicato — que usou a máscara das mutualidades para existir — voltava, agora, mais revigorado, e procurava, num raio cada vez mais amplo de ação, dar guarida à Seguridade Social, numa atitude de "gratidão" para com a cobertura salvadora do passado e numa confirmação prática e atualizada do elo histórico, que esteve no berçário de importantes fenômenos do cenário jurídico-social da Humanidade, isto é, do Sindicato com a Previdência (mais que isso, com a Seguridade) Social.

31. O BINÔMIO ESTADO-SINDICATO: ACERTOS E CONFRONTOS

Nessa reconstituição do passado — sem deixar de fazer as necessárias incursões no presente — cabe explicitar melhor as relações Estado-Sindicato; verificar, em largos rasgos, como agiu o Poder Público, cioso de sua soberania, com relação ao que aparecia como um novo fenômeno que despontava no mundo das relações sociais.

No princípio, ante um panorama liberal, Sindicato e Estado não protagonizaram o caos, mas se envolveram em luta aberta. O grêmio viu-se na contingência de ter — mesmo débil — dois *fronts* de guerra permanente: contra os patrões, de um lado; contra o Estado, do outro, que lhe negava o direito ao reconhecimento existencial, enquadrando-o como se albergasse um bando de celerados. Por isso, o operariado e sua liderança associativa entendiam que o Estado era apenas a classe burguesa — enfim, o patronato — transformada em Poder Público. Para o operário, que via no empregador fabril um explorador, ele era a encarnação do Estado, uma vez que neste também estava a presença daquele.

Essa luta aberta travava-se contra a organização profissional dos empregados, já que a incipiente *entidade similar patronal* não sofreu, naqueles tempos, perseguição, por não ser considerada prejudicial às finalidades superiores do Estado, então marcadamente pró-empresário. A organização empregadora significava, apenas, um hiato no mundo sem intermediários que a Revolução Francesa buscava implantar. No entanto, tal associação não despertava temor pela impossibilidade prática de que se transformasse em núcleo de perturbação revolucionária. Faltavam motivos para que o empregador viesse a aglutinar-se para destruir uma estrutura que lhe era nitidamente favorável.

De qualquer maneira, independente da peculiar posição da entidade empresarial, o *Sindicato obreiro* encontrou diversas *posições do* Estado, comportando-se mimeticamente, de forma a adequar-se às concepções político-econômicas vigentes em cada período. Como ensinaram *Paul Durand* e *André Rouast* (*in* "Précis de Legislation Industrielle", 4ª edição, Paris, 1953, pp. 168 e segs.), inclusive incorporando ensinamentos de *A . V. Dicey*, pode-se dividir em etapas razoavelmente distintas as relações Estado-Sindicato.

A *primeira* delas seria *de hostilidade* e/ou *repressão*, durante a qual se capitulou no Código Penal francês *o delito de coalizão*, exercendo-se fiscalização severa para que não se infringisse a norma em vigor. A lei *Le Chapelier* vigorava na plenitude e a mutualidade servia como disfarce para que os proletários convivessem seus problemas e, pela similitude neles encontrada, reunissem forças para reagir, usando primitivas estratégias (às vezes, violentas, como a sabotagem) para reprimir o que seria a opressão estatal. *Rodolfo Napoli* (obra citada, p. 32), ao comentar tal momento, diz: "Las asociaciones profesionales actuaban, sin embargo, aunque lo hacian subpreticiamente, bajo la apariencia de inofensivas sociedades de socorros mutuos. Por su propia sobrevivencia, además de luchar contra los patronos, lo hicieron contra el Estado, el qual les negaba el derecho a ser reconocidas como *personas*". Na Inglaterra, a cominação ao associativismo profissional vinha do *"Combination Act"*, de 1800, que obstaculizava o surgimento de entidades congregadoras das *profissões*, visando, com isso, a salvaguardar a *liberdade do comércio e da indústria*, uma vez que a *common law* considerava *incompatível* a garantia dessas duas liberdades (a sindical e a empresarial), por considerá-las colidentes. Não havia, nos diferentes países, inspiração e fundamentação idênticas para a negativa à estruturação sindical; *os franceses* diziam fazê-lo por amor ao liberalismo, responsável pelo anticorporativismo; já *os ingleses*, mesmo admitindo a liberdade associativa *in genere*, proibiam-na de validar-se quando congregasse trabalhadores, posto que — entendiam — estaria conflitando com liberdades maiores, relativas ao comerciar e ao industrializar etc.

A motivação doutrinária, que justificava o veto aposto ao direito associativo proletário, vinculava-se às garantias imprescindíveis que se deveria oferecer à liberdade de trabalho (individualismo contratual, e não interferência do Estado), que, pelo espírito que dominava os teóricos da época, era vista como absoluta.

Uma *segunda fase*, denominada de *tolerância* ou *aceitação* desdobrou-se em meados do século XIX. Conheceu seus albores, no continente, com a Revolução de 1848, que, na França, implantou alguns princípios socializantes, mas que não logrou consolidar-se no poder. No entanto, as diretrizes defendidas pelos revolucionários de 1848 amadureciam e viram aplicação parcial de suas teses ocorrer posteriormente. Em 25 de maio de 1864, ganhava-se uma batalha na luta pelos direitos pertinentes à sindicalização, com a promulgação da lei que afastava da normatização francesa os dispositivos que tipificavam o associativismo profissional como delito penal. Não se chegara, ainda, a considerar a sindicalização como um direito, mas, pelo menos, já se lhe permitia o livre exercício, catalogando-a no rol das liberdades disponíveis.

O cenário inglês antecipara-se, cronologicamente, a essa conquista. Os *"Combinations Acts"*, de 1824 e 1825, praticamente, permitiam (ou até garantiam) a liberdade sindical, desde que não se revestisse de "coação, violência ou intimidação" (*sic*). Diz-se mesmo que, se foi em nome do individualismo liberalizante que mestrias e companhias foram extintas, seria em nome desse mesmo individualismo que os sindicatos viriam a ser reconhecidos. Salienta *D. B. Todorovich* (*apud Evaristo de Moraes Filho*, p. 113) "como se poderia proclamar a liberdade individual, sem deixar que os indivíduos dela disponham livremente"? Inclusive, há de se complementar: utilizando-a para, se entenderem conveniente, congregar-se, associar-se?

A *terceira fase* seria a de *proteção* ou *de garantia*. Melhor esta (garantia) que aquela (proteção), que poderia gerar uma errônea idéia de privilégios ou favoritismos, que nem de longe se enquadravam em tal momento da história sindical. O que se assegurou ao sindicato, no limiar desse novo período, foi uma legislação adequada para ensejar-lhe, efetivamente, o direito de existir e de ser reconhecido. De ser e de agir, enfim. E às claras. Não mais existia simplesmente, mas existia devidamente reconhecido nos textos legais. O homem não se associava apenas porque o Estado suspendera as punições para quem se agremiasse; nem porque, simplesmente, era livre para tal, *mas porque adquirira o direito de pertencer a uma entidade profissional.*

A etapa, na verdade, consolidou-se com o *"Trade Union Act"*, cuja denominação foi um reconhecimento explícito das organizações profissionais. *Vetava-se*, pela lei, a coação destinada a impedir a sindicalização, bem como a que se propunha a obstaculizar o trabalhador de retirar-se de um determinado sindicato. Reconhecia-se o direito positivo e o direito negativo de sindicalização.

Em 1884, *Waldeck-Rousseau* apresentaram projeto, na França, semelhante à norma inglesa, explicitando uma série de garantias, que se estendia ao sindicato patronal. O Congresso francês chancelou a propositura. Expressamente consagrou os direitos positivo e negativo de sindicalização, tanto para o operariado quanto para o patronato. Asseguravam os legisladores gauleses a inexistência de contradição entre a proclamada liberdade de trabalho e a liberdade associativa que, a partir de então, passou a ser considerada como parcela complementar e — mais que isso — asseguradora da efetividade prática da primeira.

Evaristo de Moraes Filho (obra citada, p. 113) amparando-se em *Todorovich* para identificar essa terceira fase, teria conceitos peculiares, qualificando-a como a etapa em que "os próprios poderes públicos solicitariam o concurso das associações profissionais. Sem as assimilar aos seus orgãos próprios, aos serviços públicos propriamente ditos, o Estado se dirigirá a eles para consultá-los sobre questões de ordem social ou econômica".

A evolução histórica do sindicalismo, no entanto, comportaria considerações colaterais, em decorrência do sucedido nessa terceira etapa. *Pérez Botija-Bayón Chacón*, por exemplo, (obra citada, p. 673) identificavam duas etapas específicas (ou *subetapas*): a de "semi-exclusividade" e a de "exclusividade".

Dentro da primeira, admitindo-se a pluralidade sindical, a lei costumaria conceder determinadas regalias para uma certa organização sindical: *"a mais representativa"* (fosse por critérios políticos — ser peronista — como em certa época na Argentina; fosse por critérios quantitativos, decisiva na modelagem alemã; fosse por um conjunto de requisitos, inclusive o comportamento da entidade no decurso da Segunda Grande Guerra (como constava na legislação francesa), que passava praticamente a falar em nome das demais, submetidas a sua liderança e a quem delegava a missão negociadora.

No tópico que *Bayón Chacón-Pérez Botija* (obra citada, p. 675) chamavam de *exclusividade*, destacava-se a situação em que "el Estado puede reconocer un único sindicato para cada rama profesional. Dentro de ese grupo cabe una doble posibilidad, puesto que pueden existir sindicatos únicos patronales y sindicatos únicos obreros o instituirse sindicatos únicos de tipo mixto". Já se viu que se pode, *e deve*, desde logo *descartar*, na atualidade, a última alternativa que foi utilizada na modelagem corporativa fascista italiana, exportada *a pleno* (às vezes, até ampliada, como no exemplo do franquismo espanhol) *ou parcialmente* (inspiração da parte coletiva da CLT), para muitos países, nas décadas de trinta e quarenta especialmente.

De qualquer maneira, *a exclusividade* ou *a unicidade* imposta por força da norma legal (interferência do Poder Público, desde logo) implicaria numa negação de liberdade, pois o que se verificava era uma absorção dos Sindicatos pelo Estado que os transformava num instrumento de execução de tarefas que seriam (e são) inerentes ao Poder Público. Na medida em que se lhes reservava — por ato exógeno à categoria — o direito monopolístico de representá-la (e isso aumentaria sua esfera de atuação), teriam de, *em contrapartida*, submeter-se a controles, não só categoriais, mas do Estado, bem como sofrer influências da máquina governamental, o que retiraria parcelas de autonomia da entidade associativa. E isto quereria dizer menos liberdade.

No Brasil, onde se enraizou a idéia limitadora da unicidade (que nos impede de ratificar a carta de alforria do sindicalismo universal: a Convenção n. 87, da OIT), mesmo com aquelas, hoje superadas, tentativas de disfarçar o monopólio imutável com a permissão inútil de criação múltipla de associações profissionais (sem poder político e sem recursos materiais), continua a estratificação. Faltou coragem decisória e vontade política à maioria constituinte de 1988 para fazer uma correção democrática atualizadora, implantando a *pluralidade sindical* e extinguindo a "tributação público-privada", que outra coisa não era a chamada "contribuição sindical" e continuam a ser — em nome de sua extinção meramente formal — seus sucedâneos, ainda mais gravosos. O quadro brasileiro de antes e atual, no *plano normativo* (legal e mesmo constitucional), continua albergando uma liberdade sindical a meias, se é que ela assim pode ser corretamente tipificada. Enquanto isso, a realidade fática, nos últimos vinte anos, sobretudo, construiu, na *cúpula do sistema*, fora e acima das limitações formais, *uma pluralidade sindical*, pela multiplicidade de centrais sindicais obreiras (CUT, Força Sindical, CGT etc. etc.) que se fazem valer e respeitar por representatividade, alicerçada numa autêntica representação, permitindo falar em nome de milhões de associados, voluntariamente inscritos nos seus quadros. A respeito de tão paradoxal situação, heresia jurídica e absurdo político-social, fez-se uma ampla e minuciosa análise após a Constituição/88 (*Carlos Alberto Chiarelli*, São Paulo, Editora LTr, 1990, "Trabalho na Constituição", vol. II, Direito Coletivo do Trabalho).

Retornando à avaliação histórico-doutrinária, sobre as dinâmicas relações Estado-Sindicato, *Pérez Botija — Bayón Chacón* (obra citada, p. 674) oferecem uma síntese progressiva: "en definitiva, la relación entre el Sindicato y el Estado obedece a uno de estos quatro princípios: *prohibición*, *tolerancia*, *libertad y oficialización*". Tal manifestação requer uma revisão crítica, em função da marcha da História e do compromisso do Sindicato contemporâneo com uma essência democrática, particularmente autônoma. Por isso, considerar como derradeira a etapa da *oficialização* não condiz, nem com o desejado e tampouco com o realizado. A oficialização atingiu limites áureos durante o intervalo entre as duas Grandes Guerras (no modelo nazi-fascista e de seus derivados) e até o início da década de noventa (na União Soviética e afilhados-dependentes), quando de sua extinção, acompanhando a queda do "Muro de Berlim". Os sinais desse envolvimento, que, raros, ainda permaneceram, não reproduzem fielmente os princípios originais e, na verdade, têm significado, quer qualitativa quer quantitativamente, de reminiscência inexpressiva.

Não significou tal estágio a última volta do ponteiro do efetivo e constante progresso do Direito Coletivo do Trabalho. Na variedade de alternativas que a mutável realidade social apresenta (e apresentou), uma característica sedimentada é a de que o Sindicato, para assegurar sua legitimidade, deve ficar fora da área estritamente estatal. É pessoa jurídica de Direito Privado e, apesar de cumprir funções que se identificam com os fins públicos, deve agir sem subordinação ao Estado. Normalmente, trata-se de estabelecer uma correlação de atividades, uma interdependência de funções entre o Poder Público e a organização profissional. Apesar da não subordinação, é inegável que a importância do Sindicato — na atualidade — obriga que ele seja chamado a tarefas de colaboração com o Poder Público, participando, sobretudo, de comitês e comissões, de natureza paritária, que tratam de temas de interesse profissional.

Francesco Carnellutti (*in* "Teoria del regolamento collettivo del lavoro", Padova, 1936, p. 46 e segs.) recordava a existência do que julgava ser uma *fase derradeira* na evolução *do sindicato* (o tempo e a mutabilidade societária, empurrados pela tecnologia e pela globalização, mostraram que ainda não se escreveu a página final, cuja redação não tem data, ao que parece, para ser ultimada), *na qual* a entidade profissional, simples sujeito de Direito Privado, devidamente reconhecida e respeitada pelo Estado, tornar-se-ia sujeito *de Direito Público*. *Carnelutti* pressupôs que o ponto culminante da vida sindical ocorreria na retomada de uma ligação simbiótica com o Estado. Destarte sua inequívoca genialidade, *Carnelutti* também se deixou influenciar (e até dominar) pelas idéias corporativas, então *"na moda"*. Nessa oficialização fascista, julgavam seus defensores existir uma interdelegação de poderes; o Sindicato, anteriormente livre, delegaria o direito de autodirigir-se, abrindo mão de sua autonomia completa, entregando-a ao Estado, enquanto este, em contrapartida, ofereceria ao Sindicato o direito de controle sobre toda a categoria, com a outorga de um genérico poder normativo.

O certo é que, com o passar dos tempos, deixou de existir nos países de maior expressão (1º Mundo e maioria dos emergentes) o modelo oficialista, em decorrência de uma oxigenização democrática, acompanhada pela abertura de fronteiras, fruto do processo de integração/globalização. Nesse contexto contemporâneo — onde se cobra competitividade e ganha espaços a privatização — arrefeceu a luta de classes, historicamente energizada em razões ideológicas. A respeito, assinala *Rodolfo Napoli* (obra citada, p. 35): "uno de los perfiles más interesantes que ofrece el sindicalismo contemporáneo en los países de gran desarrollo industrial es que va perdiendo cada vez más el carácter de órgano de la clase proletaria que le asignara el marxismo, para asumir el papel de organismo representativo de los intereses profesionales de los trabajadores. Asimismo sus dirigentes compreenden y practican la idea de que defienden mejor esos intereses, propugnando la colaboración con las empresas para la obtención de más y mejores bienes y servicios". Era, em outras palavras, diretriz similar à da lição de *Santoro Passarelli* (obra citada, p. 28) quando afirmava: "Los Sindicatos se han elevado de instrumentos de defesa y lucha para la realización de los respectivos intereses profesionales colectivos, a instrumentos de 'composición pacífica' de los intereses contrastantes y de disciplina profesional de las categorias".

Essa evolução do Sindicato teria ocorrido, segundo *Kaskel-Dersch* (obra citada, p. 463), com sua migração da posição de *contraparte* da relação laboral, com o tempo e com as novas condições de relacionamento, para a de *co-partícipe*, sempre e quando prevalecesse o entendimento — o que não é regra absoluta, mesmo na contemporaneidade —; enfim, na esteira de que a empresa seja vista como uma comunidade de produção, e não com um mero anfiteatro de contendas.

Conviria, a respeito, recuperar os vaticínios de *Evaristo de Moraes* (obra citada, p. 103) que, em 1905, antevendo profundas alterações para o então surgente século XX, afirmava: "dia virá em que o Sindicato não será somente o porta-voz das reclamações e das reivindicações operárias; será o contratador do trabalho". Não é exatamente essa a atuação da maioria dos sindicatos brasileiros, ainda que expressiva parcela encaminhe-se para tal comportamento, e muitos deles já assim se comportem. De qualquer maneira, esse é o sindicalismo do 1º Mundo e dos afluentes e emergentes ocidentalizados nos diferentes continentes. Verificou-se uma mutação da atividade sindical que buscou, com espírito pragmático combativo e meios eficientes não predatórios (em regra), obter vantagens e garantias (e, ultimamente, sobretudo, não perdê-las) para seu grupo social, sem, no entanto, acreditar que tais vantagens e garantias só poderiam ser conquistadas a partir da derrota e do prejuízo da outra parte da relação sociolaboral, a quem, inclusive, no início da conflituosa convivência, se propunham a aniquilar.

Hoje, o Sindicato tem como idéia central de sua política oferecer ao seu quadro social e, se possível, a toda categoria, melhoria no nível de vida. Estimular acesso ao (para quem não tem) e a preservação do (para quem já tem) emprego, qualificação profissional, acréscimo (ou, no mínimo, anti-inflacionária preservação) do valor salarial, normas complementares de higiene e segurança e, inclusive, benefícios securitários e participativos complementares. Tudo isso transita pela maior produção e melhor produtividade da empresa, pela sua aperfeiçoada e efetiva competitividade, a qual passaria a ser enfocada tanto por patrões, quanto por empregados, numa visão mais comunitária, de co-participação. Se não, sempre, nem por todos, por muitas vezes e já por expressivas parcelas de parte a parte.

32. CORRENTES DE PENSAMENTO QUE O INFLUENCIARAM

O Sindicato obreiro, através dos tempos, deixou-se influenciar por orientações ideológicas e religiosas, ou eventualmente por induções conjunturais localizadas (peronismo e a sua relação "carnal" com a CGT argentina, p. ex.). *G. Cabanellas* (*in* "Derecho Sindical y Corporativo", Buenos Aires. 1959, p. 257) assim explicitava as diversas exteriorizações do sindicalismo, a partir de sua maioridade como manifestação organizada: "a) el sindicalismo revolucionário; b) el sindicalismo reformista; c) el sindicalismo cristiano; d) el sindicalismo marxista; e) el sindicalismo de Estado".

Assim, o *sindicalismo revolucionário*, defendido por anarquistas e que encontrava em *Sorel* a sua maior expressão, teria sido o passo inicial. Mais romântico, belicoso e teórico do que operativo e prático, serviu especialmente para criar uma mentalidade classista bem definida. O sindicalismo anárquico ou *"sindicalismo de combate"*, na expressão de *Mahieu* (*in* "Evolución y Porvenir del Sindicalismo", Buenos Aires, 1954, p. 43), fez-se presente durante a fase de proibição estatal; isto é, quando era mais rígida a condenação aos intuitos de resistência classista.

Já o *sindicalismo reformista* mostrou novas formas de enfrentar o problema. Não mais a antiga luta desordenada, o desejo de suprimir o Estado; não mais o ideal exclusivo da greve generalizada e da revolta contra qualquer forma conciliatória, mas a busca de conquistas e proteção para a categoria, representada por planos reivindicatórios e estratégias de luta que não visavam à extinção da propriedade e à supressão do Estado, mas procuravam, tão-somente, retirar daquela e deste a maior segurança possível para o operariado.

Retornando a *Cabanellas* (obra citada, p. 258), "el proletariado organizase con el fin de obtener justificadas reivindicaciones, sin pretender la formación de una sociedad nueva". Dessa forma, delimitava-se a natureza do confronto. Mantinha-se o combate — ainda que esse espírito de entrechoque fosse atenuando-se com o tempo — especialmente no terreno econômico, sem espraiá-lo para o plano político, como outrora.

O acordo de *Manheinn*, por sinal, firmado em princípios do século XX, visou ao afastamento sindical da área partidária, mostrando os caminhos peculiares e recomendáveis que deveriam ser trilhados, diferentemente, por partidos e associações profissionais(59). A respeito, *Goetz Briefs* (obra citada, p. 44) assinala que "el acuerdo de Manheinn de 1906 otorgó a los sindicatos, frente a los partidos, la libertad de acción gremial", acertando-se, dessa forma, o marco em que se processaria (e processou-se) a desvinculação — pelo menos formal — das linhas e estruturas político-partidárias das sindicais. Foi uma vitória (um avanço, pelo menos) dos ideais pragmáticos, defendidos, principalmente, nas primeiras décadas da centúria passada, por entidades anglo-saxônicas (destacadamente estadunidenses), adeptos do enunciado do reivindicar mais, mas só reivindicar benefícios categoriais, conforme a tese de *Gomppers*.

A encíclica *"Rerum Novarum"*, de *Leão XIII* (segunda metade do século XIX), divulgada, com aplausos, pelos sociólogos cristãos (notadamente os católicos), produziria, a partir de suas macrodiretrizes, influências marcantes nas relações coletivas de trabalho. O *Papa*, pregando a fraternidade, a união, a obtenção de níveis dignos de vida, através do caminho do entendimento e do diálogo, mostrou nova rota a ser palmilhada para que viessem a ser atingidas *metas de valorização do trabalho e de respeito às pessoas que o executavam*. Como ponderava *Alejandro Unsain* (*in* "Legislación del Trabajo", Buenos Aires, Tomo II, 1953, p. 178), "la fórmula de colaboración de la Encíclica Rerum Novarum es amplia, concibiéndose como un tipo de cooperativismo ajeno al sindicalismo de Estado", asseverando que se deveria encontrar a solução de todo o desajuste e de todas as imcompreensões sociais "en la compenetración, en el amor y en la hermandad de todos los hombres". Era, enfim, a fundamentação de um sindicato onde teria força arregimentadora o fervor religioso. As idéias da Igreja, via manifestação papal, lançavam os fundamentos do *solidarismo* que, sensibilizado pelo drama operário, não propu-

---

(59) "Foi com o alvorecer do século XX que se começou a falar em sindicalismo, sob o aspecto legislativo e legal em nosso País. Assim, (...) e sob a influência das palavras de *Leão XIII*, na *Rerum Novarum*, pugnava-se pela mutualidade operária, tendo fundado, logo depois, a Corporação Operária de Camarajibe". SÜSSEKIND, ob. cit., pp. 1078-1079.

nha o confronto revolucionário, nem o mero ganho utilitário, mas introduzia, no processo, o compromisso com a fé, com os valores cristãos e com a dignidade humana. Desaconselhando o confronto, propugnava pela eqüidade. Sem estimular a greve, incentivava os trabalhadores a unirem-se para, no sindicato, melhor defender seus legítimos interesses. Sem condenar o lucro e protegendo a propriedade privada, queria vê-los capazes de oferecer oportunidades igualitárias de acesso à qualidade de vida socialmente distribuída.

Seguindo no roteiro da classificação de *Cabanellas* encontramos o sindicato *marxista* (ou comunista), o qual se diferenciaria do revolucionário porque este se dedicava, *sempre*, a combater o Estado, enquanto aquele *só o fazia* quando, a seu juízo, o Governo estivesse a representar a burguesia no poder. O sindicato comunista portanto, não tinha por meta destruir o Estado, de forma absoluta e sem condicionantes, como também não se dedicava, pura e simplesmente, a obter níveis de vida mais compatíveis para o trabalhador. Visaria à substituição da classe dominante na esfera estatal, comprometendo-se, doutrinariamente, a entregá-la (por meios até violentos, se necessário) ao proletariado. As organizações sindicais comunistas formaram as célebres "*Internacionais*", que, inspiradas nos mandamentos de *Marx*[60], buscavam unir os operários e, principalmente, estipular métodos de ação e objetivos uniformes para o proletariado nacional.

Houve, também, a presença de uma tendência sindicalista que aproximava a associação profissional do *nacionalismo*, destacando os elementos que comporiam a sociedade pátria, afiançando que tais elementos seriam fundamentais para a caracterização, meios a empregar e fins a perseguir, por parte do sindicato. *Gallart Folch* (obra citada, p. 22) recordava que: "el carácter internacionalista predomina en las doctrinas que conforman tanto el sindicalismo de izquierda (anarquismo y marxismo) como de derecha (cristiano-social)". Feita uma ressalva ao enquadramento direitista, oferecido por *Folch*, ao sindicato social-cristão (a nosso juízo, centrista), valia sua conclusão: "olvidaban los ideológos del Sindicalismo, una de sus especiales dimensiones: *la nacional*".

Surgia, em conseqüência, o sindicalismo inseminado com idéias de um nacionalismo bastante agressivo (quase xenófobo), tendo origem em esquemas políticos que tratavam de adequar o sindicato

(60) "A dialética marxista sustenta uma ideologia onde o socialismo deve imperar através da luta de classes, prevendo a tomada do poder pelos trabalhadores com o desaparecimento da burguesia detentora do capital, objetivando uma sociedade nivelada e justa ... As idéias de *Marx* e seus seguidores encontram uma grande ressonância a partir da criação das primeiras associações e sindicatos". MARRAS, Jean Pierre. "Relações trabalhistas no Brasil: administração e estratégia", São Paulo, Futura, 2001, pp. 44-45.

às suas finalidades políticas. Foi a modelagem da Itália de Mussolini, da Espanha de Franco, enquanto, na Alemanha, Hitler preconizava e punha em prática uma ação radical, de extinção do sindicalismo que se atrevesse a algum laivo de autonomia. Não se contentava em "domesticá-lo", aprisioná-lo ao Estado. Numa linha ditatorial rígida, *ultranacionalista*, submetia uma versão travestida do Sindicato a um "heterocomando", que se nucleava no centro do poder governamental-partidário. O Sindicato era, quando exposto, mero continente de um conteúdo de ação política governamental de doutrinação autoritária.

O pós-guerra — final da década de quarenta em diante — ainda mostrou, nos países europeus, a influência significativa do ideológico na vida sindical, já mesclado, porém, com tinturas de utilitarismo. Prosseguiram, com vitalidade, agremiações profissionais com vínculos marxistas e também outras de nítida tendência cristã. As primeiras, com um rasgo de visão prática, abdicaram, ostensivamente, daquele intuito histórico de levar o proletariado ao poder e prosseguiram, como entenderam conveniente, insistindo na luta por maiores garantias e vantagens. Quanto às agremiações de índole religiosa, não se resumiam a desenvolver a prédica da fé e da fraternidade, ainda que assegurassem ser esse o grande anelo. Os operários cristãos desenvolviam táticas semelhantes às dos marxistas, procurando obter, através delas, avanços protetivos e conquistas efetivas. Naturalmente que, na época, quando a matéria em pauta era de ordem política, ponderações e, obviamente, posições de marxistas e cristãos eram diferentes. No entanto, quando em jogo, apenas, o debate relativo às condições de trabalho e suas "cláusulas marginais", as atitudes eram idênticas.

Desenhava-se, dessa maneira, para o Sindicato dos trabalhadores, um perfil de instituição cuja utilização da força própria devia ser feita no sentido de obter vantagens para os seus integrantes, mediante pressão exercida categorialmente nos períodos prévios à negociação coletiva, e para influenciá-la. Nos Estados Unidos, onde a sindicalização evitou o contágio ideológico, os ideais e estratégias utilitaristas chegaram ao auge, criando, em determinados momentos, desavenças entre as organizações das categorias grandes (e, por isso, fortes) e a das pequenas (logo, fracas), que não possuíam poder pressionante suficiente para arrancar benefícios que as congêneres poderosas, de outros setores profissionais, obtinham. O utilitarismo negocial alcançava limites tais que se chegava a perder aquela posição inicial — e típica — classista; e a solidariedade do empregado para com o empregado de outra categoria desaparecia, seguidamente, no mar de interesses de cada grupo. Essa preocupação desesperada de obter sempre mais não impedia que se *restringisse* o ímpeto de destruição classista dos primeiros tempos e fosse estabelecendo-se um início de ideal comunitário dentro da empresa. O empregado, que passava a não ver possibilidades e talvez não julgasse hábil, apossar-se da empresa, através de ações belicosas, tratava — pedindo sempre mais — de obter melhores condições econômico-financeiras para, quem sabe, até se tornar um acionista (co-proprietário minoritário) dela, fazendo com que o trabalho absorvesse ou se aproximasse do capital, através das próprias regras do jogo, escolhidas por esse mesmo capital.

Nessa marcha evolutiva há que se estabelecer compatibilidades entre os movimentos sindicais e a racionalização do, originariamente caótico, Direito do Trabalho. *Pérez Botija* (obra citada, p. 368) ponderava que "no cabe estudiar el régimen jurídico del trabajo en la sociedad contemporánea sin tener en cuenta el papel que desempeña el Sindicato". E aprofundava a tese de que a vinculação entre o Sindicato e o Direito do Trabalho era tão acentuada que "un Derecho del Trabajo sin sindicatos seria un ordenamiento amputado de una de sus instituciones más fecundas. Una estrutura sindical apartada del Derecho del Trabajo reduce el hecho asociativo a puro encuadramiento profesional". Fazia-se evidente, pois, na trajetória comum do Direito do Trabalho e do Sindicato a necessidade vital que havia, para o Direito do Trabalho, da existência do Sindicato; especialmente nos países em que o Direito Coletivo armara uma grande estrutura, alicerçada em (e alicerçando) dispositivos de *sobredireito*, que viriam a aplicar-se no mundo real, através do contrato individual de cada empregado com seu empregador.

A sensação moderno-contemporânea (até agora, pelo menos) é de que Direito do Trabalho e Sindicato *não* poderão *viver separadamente*. O desenvolvimento das relações trabalhistas terminou por conduzir a um constante progresso na organização e na atividade sindicais. O Sindicato, por sua vez, só poderia (e pôde) crescer, ganhando prestígio e força política e, durante certo período, multiplicando o quantitativo de seus associados, à medida em que, realmente, começou a compartilhar ativamente do processo de regulação das relações laborais. Ficasse na condição de simples ente cadastral não teria, possivelmente, logrado subsistir (pelo menos, com o significado que a maturidade atuante lhe outorgou). Foi (e é) a sua ação que o colocou no palco iluminado dos organismos de expressão. E essa ação terminaria por desembocar, efetivamente, nas águas movimentadas desse rio caudaloso, que é o Direito do Trabalho.

Além da correlação específica e atual do Sindicato com o Direito do Trabalho, não se poderia esquecer dos vínculos importantes que se estabeleceram, no passado, entre o *Sindicalismo* (então uma idéia e uma proposta doutrinária; praticamente uma ideologia) e a fase de partejamento do Direito Laboral.

Vale recordar a lição de *Francisco de Ferrari* (obra citada, p. 90), que asseverava: "como es fácil compreender, el sindicalismo hizo sentir también su influencia sobre la formación del Derecho del Trabajo no tanto por lo que significan sus criticas y concepciones sobre la vida social, sino por su poderosa acción como *grupo* de presión". Enfim, o *entrosamento* que, no decurso do tempo, viria a acentuar-se, com o fortalecimento do sindicalismo e também, durante largo período (hoje, questionado pela flexibilização), com a ampliada atuação e abrangência do Direito do Trabalho, regulando tanto as relações individuais quanto as coletivas (que, cada vez mais, de forma macro, balizavam as primeiras), teve raízes históricas. Estas prendem-se não só às primeiras e incipientes associações profissionais mas também a própria carta ideológica sindicalista — que se montou a partir de variadas propostas; umas convergentes, outras conflitantes — servindo como elemento de pressão para despertar o Estado e, com ele, gerar a legislação subseqüente, passo inicial do Direito do Trabalho propriamente dito. *Pérez Botija* (obra citada, p. 372) dizia, com propriedade, que: "el *sindicato*, sociologicamente, tiene por origen y destino la unidad del *'homo faber'*. La empresa es aglutinación profesional, únele técnica y económicamente; aquél le agrupa política y socialmente". Repassava, assim, o tratadista ao sindicato uma fatia de soberania (agrupar politicamente etc.), desfalcando, destarte, operacionalmente, o Estado de poderes que originariamente seriam seus e que, em regra, não se disporia a ceder; só fazendo-o, conforme *Botija*, ante a prática atuação do grêmio e, por decorrência, de uma "relativização doméstica" da soberania. Aliás, *Renard* (in "Sindicatos, Trade Unions y Corporaciones", trad. espanhola, Madri, 1916, p. 467) já defendera essa posição de especial relevo: "el sindicato no será toda la sociedad futura, pero podrá ofrecer a esta sociedad su forma dominante de organización del trabajo y, parcialmente, sus moldes de organización política". Assim, nos alvores do século passado (há quase noventa anos), *Renard* já previa o alcance de um posto de destaque a que, efetivamente, décadas depois, alçou-se o Sindicato. Este — referindo-nos, basicamente, a países de forte índice de sindicalização, democráticos e com elevado e atualizado grau de industrialização — *influenciou*, na centúria passada, com sua capacidade mobilizadora e pressão na área político-social, de forma significativa, o rol de ocorrências sobre o campo institucional e econômico de vastas regiões e (pela importância delas) reflexamente, sobre o mundo todo. Mau grado sua expressão e significado, tais fatos não se constituíram em motivo suficiente para pôr de lado a regência superior do processo, que continuou (e ainda continua), em mãos do Estado, mesmo com a ocorrência desse aparente fracionamento de soberania. O Estado, pela sua contextura, fruto da própria coletividade (figura grupal espontânea e abrangente), tendo de conviver com forças produtivas e não produtivas, regendo-as indistintamente, não poderia ser posto em questionamento e suportar entrechoques, salvo ante as radicais e anárquicas idéias de *Proudhon*. O Sindicato, e a tanto teria conduzido a progressão fática e doutrinária, mesmo vestido, usualmente, com a roupagem que lhe cai bem, de sujeito de Direito Privado, realizaria ações com vistas a fins públicos, sem que, com isso, implicasse numa proposta (ou desafio) de disputar o poder de *"imperium"* que se enfeixaria no Poder Público.

O Sindicato, à medida em que aumentou o seu poder, orientou seu modo de agir numa reprodução comportamental, ou na postura similar, do indivíduo isoladamente considerado. Dizia *Goetz Briefs* (obra citada, pp. 89-90) que: "los principios fundamentales del individualismo económico son ahora aplicados y practicados por las asociaciones. Son estas asociaciones, libres, autoresponsables, que persiguen sus propios intereses o compiten entre si. Brevemente: se comportan como se comportaba el indivíduo. En lugar de la sociedad individualista, aparece una sociedad integrada por una pluralidad de asociaciones". Talvez *Briefs* tenha hipertrofiado suas conclusões, generalizando, para uma proposta universal, o resultado de uma observação, em determinado período e em regiões específicas; no entanto, foi indiscutível a predominância de sentimentos reformistas pragmáticos no evoluir da mentalidade sindical. Com isso, construiu-se uma estratégia do constante demandar, integrando-se, a partir desse então e desse proceder, o dirigente sindical no espírito nuclear do capitalismo. O que fazia a distinção era o *leit motiv*: enquanto no capitalismo propriamente dito, ligado à inversão, ao risco e ao empreender, o lucro era (e é) o bônus do êxito e se transfere, em princípio, para o titular do capital aplicado, na versão da política sindical negociadora o resultado obtido dividir-se-ia também entre os membros da associação classista, ainda que o ganho distribuído resulte até de um ônus para o consumidor, mais fraco econômica e politicamente do que um sindicato de categoria bem estruturada. Na medida em que fosse (e tenha sido realmente) essa a diretriz sindical, não teria a agremiação classista condições de substituir o Estado mas, isto sim, de colaborar, setorialmente, para a obtenção de níveis de vida mais compatíveis para o trabalhador e, idealisticamente, destinados a uma aproximação do ideal de Justiça Social.

33. LIBERDADE SINDICAL COMPLEXA

a) Direito positivo e negativo de filiação

Impõe-se examinar outro tema de grande relevância: a *liberdade sindical*. No evoluir da História, verificou-se o desenho de um círculo que abrigava e se compunha de vários segmentos. Em princípio, o trabalhador desejava reunir-se numa entidade para criar uma força grupal e, dessa forma, tentar fazer frente ao poder patronal. No entanto, o Estado *tinha*, por seus vínculos com a linha contratualista liberal da Revolução Francesa e cedendo à pressão empresarial, *uma política* que, rigorosamente, proibia a associação obreira. O operário sentia necessidade; queria, mas não podia. A lei então vigente estabelecia, expressamente, para ele, a *obrigação de* não ser. Mais tarde, admitida a aglutinação profissional, principiaria um processo, lento e progressivo, de equilíbrio entre as forças contrapostas de pressão; ou seja, garantia-se a liberdade de ser e evidenciavam-se a vontade e o interesse de ser. No entanto, o próprio sindicato, que convivera, penosamente, com a sua "precoce excomunhão legal", em certos países e em determinados momentos, aproveitou-se de um circunstancial poder político e *passou a exigir*, diante de um Estado com ele conivente (e interessado), a *afiliação obrigatória*. Levava, assim, o *trabalhador ao padecimento* de um círculo vicioso em que, de início, não pudera exercer o direito de, coletivamente, defender-se e, depois, passado um breve intervalo de respeito à proteção dos interesses coletivos, via-se privado da elementar faculdade de querer, ou não, ser representado e por quem entenderia legítima tal representação. O sindicato que, na verdade teria de ser (e, no mundo ocidental, mais tarde, foi) resgatado, abrindo caminho para subsistir, e garantindo, para cada operário, a liberdade de associar-se, avançaria, bem *a posteriori*, consagrando a possibilidade, para esse mesmo obreiro, de escolher entre agir isoladamente, no mundo das relações profissionais, ou respaldar-se numa entidade coletiva que reuniria os iguais. Combinaria, assim, os seus interesses com os de seus companheiros de categoria, para que, se formasse, espesso e nítido, o interesse coletivo profissional.

No entanto, o que se veria, circunstancialmente, em certos países, seria o sindicato, paradoxalmente, com os espaços conquistados, crescer de tal forma que tentaria (impulsionado por um Estado que visava a submetê-lo, oficializando-o) impedir o exercício da livre escolha associativa para o trabalhador, pela qual, em épocas anteriores, tanto ele próprio (Sindicato) se empenhara. Desejava, isto sim, a compulsória filiação do trabalhador, uma vez que — argumentava — o Sindicato prestaria serviços a uma categoria inteira, e não apenas, a seus associados. Destarte, quem, antes, defendia o livre-arbítrio do trabalhador, apresentava novo e surpreendente comportamento. Procurava, graças ao poder que emanava da sua vasta área associativa, coagir, de modo a que se inserissem, inclusive nas convenções coletivas de trabalho, cláusulas obrigatórias de sindicalização para quem detinha ou aspirava um posto de trabalho. Parecia ser uma quase vingança dos sindicalistas do ontem, em nome dos pioneiros de anteontem, que se viram barrados nos portões das fábricas por ousarem liderar movimentos associativos profissionais.

Por esse procedimento, visando a obter a afiliação obrigatória, caberia registrar enfoques distintos, através dos tempos. Nos países democráticos, era o próprio sindicato, que, ao valer-se de seu poder, buscava influir nas áreas parlamentares e negociais coletivas para levar avante seu propósito impositivo de afiliação. Em países autoritários, a adesão obrigatória decorreria de uma situação de fato, ainda que, formalmente, a legislação preceituasse que a organização era livre. Tamanha, porém, era a diferença de tratamento entre sindicalizados e não sindicalizados que só restaria ao indivíduo, para dar continuidade eficiente a sua vida profissional, cumprir a obrigação (teoricamente exercitar o direito) de associar-se. O dever de ser e fazer, nesse caso, nasceria do ordenamento estatal; mais ainda, das próprias finalidades do regime, do qual o sindicato era, apenas, uma das vigas de sustentação.

Há de se destacar, também, o avanço do *contratualismo*, depois de ter sofrido uma etapa de paralisação devido à crescente intervenção estatal, sobretudo nas primeiras décadas do século passado. A progressão do contratualismo influenciou a liberdade sindical. As cláusulas estipuladas nas convenções coletivas restringiam a área de liberdade do indivíduo, no que tange a sua possibilidade de integrar-se em um sindicato ou permanecer fora de seus quadros. As diretrizes decorrentes das *"cláusulas de exclusão"*, (*"closed shop"*, *"union shop"* etc.) evidenciavam essa possibilidade de o sindicato influir na vontade individual e, praticamente, dominá-la até o ponto em que (e enquanto) as legislações nacionais não negassem validade a tais acordos (procedimentos), autêntica comprovação do giro de 180 graus realizado pelas organizações profissionais. De defensoras da liberdade de afiliação, passaram, em vários países, a gestoras de projetos de sindicalização obrigatória.

Argumentava-se que, acima da garantia individual — disciplinadora e protetora das atitudes pessoais — haveria uma espécie de *garantia categorial*, embasamento legal para essa coação contratual admitida, que visaria a constranger o trabalhador a sindicalizar-se. Não se justificaria tal procedimento em nome de direitos individuais, pois estes — ante a coação contratual de sindicalização — ficavam prejudicados. Assim, a defesa do *interesse da categoria*, que se veria prejudicado pelo desfalque de parte de seus componentes na atividade sindical como grupo de pressão, *tentaria explicar* (sem justificar, diga-se de passagem) essa técnica de mobilização, via convenção, que projetava seus reflexos sobre o quadro associativo e exigia comportamento do trabalhador, cobrando seu ingresso gremial.

Tal obrigatoriedade sindicalizante nunca nos pareceu lógica e aceitável, por não compatível com elementares liberdades individuais. A *imposição*, fruto da lei ou de cláusulas de convenções coletivas, não se coadunaria com as faculdades que, desde então, deviam ser asseguradas ao cidadão, no contexto de seus direitos sociais. A única obrigatoriedade que se poderia admitir seria a que nascesse da própria consciência individual, da lei moral e, especialmente, do sentimento espontâneo da solidariedade profissional, adquirida e desenvolvida pela educação. Sublinhe-se que o *Sindicato*, ao deixar de lado o superior valor da liberdade individual e ao submetê-la a presumíveis interesses da categoria (ou de parcela dela concentrada sob a jurisdição desse mesmo sindicato), *deixava de ser o órgão próprio de defesa dos interesses sociais* para atuar em moldes e com fins nitidamente assemelháveis aos do capitalismo. *Goetz Briefs* (obra citada, p. 88) prelecionava: "el sindicato es el sujeto de una función general, de carácter social, que se realiza dentro de las características de la época capitalista. Mas, al mismo tiempo, es una institución que trata de aprovechar, por medio del poder de la asociación, las posibilidades que el capitalismo ofrece. Esse objetivo es proprio de un cartel. Los sindicatos aspiran 'el dominio y control' del correspondiente sector del mercado de trabajo".

De qualquer maneira, com variantes, pressões e opressões, a *liberdade sindical* continuaria sendo o direito conquistado pelo indivíduo de, exercendo uma atividade geralmente remunerada, como empregado (e, nas situações específicas, como patrão ou autônomo), *poder associar-se*, ou não, à sua entidade profissional. Direito que, como dizia *Hauriou*, sempre se distinguiu de outras garantias individuais, porque sua efetivação consumava-se na constituição de grupos sociais, o que determinaria a reunião, em uma só idéia, dos termos Direito e Liberdade.

Ferrucio Pergolesi, tratando do tema (obra citada, p. 50) afirmava que "in ogni hipotesi, la libertá sindacale si presenta comme libertá *complessa*, includente ció che sonno rapporti interssoggetivi plurimi". Segundo ele, há diversas liberdades, sob o largo pálio da liberdade sindical, que se acham interligadas. Seria o caso exemplificado da liberdade individual de associar-se, ou não, vinculada, por outro lado, com preceitos estatutários, garantidos, na sua elaboração, também pelo princípio da sindicalização livre.

Ao relacionar Sindicato e Estado, e particularmente a liberdade que, em torno da ação daquele, se necessita e exige, *Pergolesi* (p. 49, obra citada) assinala: "mentre nel tipo di Stato democratico la libertá si suoi considerare comme un *diritto naturale*, nel tipo di stato totalitário la *libertá é concessione dello stato* stesso, che puó, a suo arbitrio, delimitarla nei piú vari modi". Trata-se daquela constatação fática de que, da mesma forma dos direitos políticos, a liberdade de associação profissional pode ser mantida formalmente nos esquemas ditatoriais, mas existirá, apenas, em função do Estado, ou, simplesmente, como mero artifício para uso publicitário externo.

Destacável na conceituação de liberdade sindical do jurista peninsular, o fato de que "la libertá sindacale è un complemento della libertá dei singoli lavoratori ed operatori economici". Dessa forma, somente poderia completar-se (ou complementar-se) a liberdade individual, quando viesse assegurada, correlatamente, a liberdade de associação profissional, funcionando como barreira contra o Estado discricionário e contra forças coatoras ilícitas atuantes no processo de negociação coletiva. Seria lícito deduzir a reciprocidade decorrente do raciocínio *supra:* somente poderia reconhecer-se plena, efetiva e consistente a liberdade sindical (filiação, desfiliação etc.) quando, previamente, se garantisse a cidadania, mediante o respeito à liberdade individual, exercitável em todos os seus planos.

Santoro Passarelli (obra citada, pp. 22-23) ampliava a definição, dizendo: "la libertad de la organización sindical debe entenderse, en segundo lugar, como libertad para los particulares pertenecientes a la categoria de escoger entre los varios sindicatos existentes y también como libertad de dichos particulares de no inscribirse en ningún sindicato". A coloração dessa liberdade *em segundo lugar* não era uma questão de inferiorizá-la num hipotético *ranking* libertário, mas porque *Passarelli*, analisando e conceituando a liberdade sindical *in genere* como complexa, iniciava (questão de mera ordem didático-científica) pelo tópico referente à criação de entidades, ou seja, a polêmica unicidade-pluralidade, que antecederia à de filiação etc., ora tratada.

Um aspecto que decorreria das ponderações do mestre romano vinculava-se à existência de um direito do associado, previsto, ou não, por dispositivos estatutários, *de abandonar o sindicato* a que pertenceria. Sobre isso prelecionava: "Libertad Sindical quiere decir, en fin, libertad de la organización profesional, no sólo respecto al Estado, sino, también, a respecto de las partes de la relación de trabajo". Destarte, haveria (e deve haver) um direito superior de opção associativa do empregado (e também do empregador) de ingressar em e também de se retirar de uma associação profissional, o que, sendo um direito individual, mesmo quando negativo (saída) integraria a idéia complexa da liberdade sindical. Haveria, enfim, liberdade sindical quando se protegesse (não para privilégios) a legitimidade do sindicato, inclusive ante o Estado, para que exercitasse sua função representativa categorial, mas também quando se assegurasse ao associado (ou potencial associado) o direito de exercitar suas idôneas pretensões, livremente, livrando-o de indevidas pressões da própria entidade.

Riva-Sanseverino afirmava (obra citada, p. 20), pertinentemente: "il principio della libertá di inscrizione ad un determinato sindacato: questo, non solo nel senso che ognuno é libero di participare alla organizzazione di un sindacato o di aderirvi in seguito, ma 'anche nel senso *che ognuno* é *libero di non far parte* di una determinata o di alcuna associazione, comme pure di cessare di essere membro. Ció non esclude che, anche per coloro che rimangano al di fuori dell'organizzazione sindacale, talle organizzazione vengano ad essere rilevante'". É óbvio que, à medida em que os sindicatos ganharam expressão numérica, força política e amparo legal, mesmo não engessados por vínculos e dependências formais com a estrutura oficial, sua atuação — especialmente negociadora, inclusive de políticas concertadas de governos — passou a ser importante. Isso vale mesmo para os membros da categoria não-integrantes do quadro social, considerando o efeito de ações de *interesse público*, envolvendo o, ou realizadas pelo, Sindicato, ainda que preservada a sua condição de pessoa de Direito Privado.

Já no Direito Alemão, *Hueck* e *Nipperdey* (obra citada, p. 277) destacavam as garantias constitucionais que ensejavam ao trabalhador o direito a sindicalizar-se, referindo-se ao artigo 9.3 da Carta Básica germânica que explicitava a liberdade associativa *para cada um* e *para todas as* profissões. Por isso, foram (pós-2ª Guerra Mundial) nulas as cláusulas que estabeleciam, na negociação coletiva, impedimento ao trabalhador *de sindicalizar-se*. No entanto, se o problema fosse focado do ângulo que visava a assegurar o *direito de* não *filiação*, para *Hueck* e *Nipperdey* a resposta já não era conclusiva (obra citada, pp. 283/284): "la cuestión de la libertad de coalición negativa plantea el problema en si, y en qué límites puede ser alguien forzado a ingresar en una coalición (problema de la licitud de la organización obligatoria). Evidentemente, tal organización obligatoria es *inválida* si para ello hay un ingerencia en la *libertad positiva* de coalición: esto es, sí un trabajador o un empleador organizado viene obligado a ingresar en una organización diversa a la que él pertenece. Pero *es problemática* si también se tiene derecho a no pertenecer en absoluto a coalición (libertad negativa de coalición)". Partindo da lei nacional, *Hueck-Nipperdey* entendiam que não estaria explícita uma garantia plena à liberdade negativa de sindicalização. Ao contrário, amparando-se em argumentações históricas locais, julgavam que existiria, com base em indireta fundamentação, *certa imposição* circunstancial de afiliação, permitida e garantida aos sindicatos. Apesar da autoridade dos autores e da temática nacional que enfrentavam, mesmo tendo sido preocupação político-jurídica predominante a de permitir, num certo momento, maior campo de atuação às entidades sindicais, não se deveria entender que tal alargamento operacional — tendo em vista, inclusive, associações que passaram a ser gigantescas — asseguraria a elas a existência de um *poder automático de filiar*, inclusive contra a vontade de quem seria, originariamente, o titular individualizado desse direito de associar-se: Não pareceria correta a idéia de *Hueck-Nipperdey* alegando que a garantia de liberdade negativa chocaria com o direito de propaganda assegurado aos sindicatos.

Poderia, no caso, aduzir-se uma ponderação valiosa: se a negação da liberdade de não afiliação é feita no sentido de assegurar mais força ao trabalhador, não se poderia esquecer que tal *coação associativa* também atingiria a categoria econômica (patronato); conseqüentemente, por tal caminho, paradoxalmente, estar-se-ia obrigando a que o economicamente poderoso não se desmembrasse categorialmente, forçando sua união e tornando-o ainda mais forte.

Dentro da linha que, doutrinariamente, se vem destacando no acompanhamento evolutivo da História sindical, não se poderiam aceitar as cláusulas que ofereciam, na negociação coletiva, o direito de trabalho do empregado, dependentes de seu vínculo sindical. Referimo-nos às chamadas *"cláusulas* de *organização"* no seu *sentido restrito*, quando estabeleciam que a permanência no emprego dependeria de afiliação do operário *em um determinado sindicato* (fato só passível de ocorrência, obviamente, na pluralidade sindical), que seria o celebrante daquela convenção coletiva. O mesmo ocorreria com a *"cláusula de organização"*, *lato sensu*, na qual se determinaria que só poderia fazer jus ao posto de trabalho aquele operário que se encontrasse *vinculado a uma entidade sindical*, não se explicitando especificamente qual delas. Esta segunda hipótese somente ofenderia o direito negativo de sindicalização (o que não a faria menos limitativa da liberdade), enquanto a primeira atingiria o direito à sindicalização, tanto no aspecto negativo quanto no positivo.

Também complexa, doutrinariamente, seria a *"cláusula geral de exclusão da convenção coletiva"*, pela qual o empregador ver-se-ia proibido de conceder aos empregados não-sindicalizados, por ocasião da celebração contratual, ou aos que viessem a ser admitidos na vigência do convênio, as *condições favoráveis* conquistadas através do referido ajuste sindical. Face a tal imposição contratual caberiam duas considerações: *a primeira*, ao olhar-se a matéria do ângulo patronal: como envolver o empregador não-associado sindicalmente, em face de diretriz oriunda de tal cláusula, estipulada por entidade da qual não faz parte? Como agiria a organização sindical patronal, política e juridicamente, com relação a uma empresa não componente da corporação, se tivesse de implementar tal dispositivo contratual coletivo? Seriam negadas vantagens classistas, pelo não acatamento? Tratar-se-ia de cláusula inaplicável, sobretudo, diante de empresa não-associada indisposta a adequar-se a tal disposição? Dir-se-ia que, enquanto as *cláusulas de organização*, tanto lato, quanto estrito senso, mesmo com muito baixa incidência prática, poderiam ser de aplicação defensável pelo patronato, esta última — a cláusula geral de exclusão — não teria amparo doutrinário, nem viabilidade operacional.

Em segundo lugar, examinando, no Brasil, o que dispunha o artigo 461, da CLT, via-se a vedação no elenco normativo nacional, da cláusula geral de exclusão. Mesmo que a CLT, na versão original, estimulasse a sindicalização (ainda que fosse a nutrida pela intimidade do Estado), a disposição do artigo *supra* era taxativa: "sendo idêntica a função, a todo trabalho de igual valor prestado ao mesmo empregador, na mesma localidade, corresponderá igual salário, sem distinção de sexo, nacionalidade ou idade". Esse discriminar, por força da sindicalização, com base em convenção, e aplicado pela empresa, estabelecia uma quebra indevida de um valor maior: *a isonomia*. Por isso, ética e juridicamente, *inaceitável*, diferentemente de serviços técnicos, assistenciais etc. (formação profissional, cooperativa de crédito, bolsa de estudos etc.) que o sindicato oferecesse com seus recursos — mesmo em parte ou totalmente originários de cláusula negocial — para associados e dependentes: o que era (e é) permitido e, até, apoiado.

Algumas leis, como no caso da australiana, e mesmo da mexicana (Ley Federal n. 49.236), aceitavam, sem entraves, as estranhas "cláusulas de organização", não opondo objeções que originassem prejuízo ao exercício de direitos individuais.

Ocorre que o fundamento ético-jurídico e, especialmente, de política social que se enraizou no substrato de tais legislações era a idéia — não explícita, mas assumida — de que a sindicalização não deveria ser vista como um *direito* mas como um *dever*. Um *ônus* imposto ao próprio trabalhador, ainda que *em seu benefício*. E essa idéia da "imposição vantajosa", em certos casos e em certos países, fez-se de maneira tão efetiva que levou alguns autores a verificar que, p. ex., nos Estados Unidos, houve época (o que não é o caso atual, obviamente) em que era mais fácil trocar de nacionalidade do que mudar de sindicato. Aliás, *Capitant* (apud Pérez Botija, obra citada, p. 385) chegava a comparar os *não-sindicalizados*: "con los Heimatlosen o apátridas, que se benefícian de la existencia del Estado sin contraer deberes civicos, también estos no sindicalizados lucrarian injustamente, obteniendo ventajas por la coesión ajena". *Cesarino Júnior* (obra citada, p. 275), por sua vez, e corroborando, à época, a opinião de alguns "católicos sociais" assinalava: "chegou o momento em que a gente se sentirá numa profissão como numa pátria, em que não será mais possível subtrair-se aos deveres da solidariedade profissional, como aos da solidariedade nacional".

Aliás, em determinados momentos, a problemática envolvendo a ou decorrente da liberdade sindical gerou interpretação não muito coincidente e posições tidas como dúbias no que se referia à Igreja Católica. Alguns de seus doutrinadores, como destacava *Brugarola*, ponderavam que existiria liberdade sindical, ainda que se evidenciasse uma obrigatoriedade de afiliação, sempre que tal ocorresse num cenário de pluralidade sindical, de modo que o "constrangido" aderente tivesse "liberdade" de optar por uma entre as várias opções associativas que, potencialmente, se lhe ofereceriam. Não era essa, no entanto, a posição oficial da Igreja, quando se descia a uma análise minudente, tanto da *"Rerum Novarum"* quanto da *"Quadragesimo Anno"*. De resto, faz-se difícil entender a formulação primeiramente citada (obrigação associativa com posterior liberdade de escolha entre várias entidades) como exemplo aceitável de efetiva *liberdade sindical*, vista esta como complemento — e parte integrante — da e integrada pela *liberdade* individual. Se inexistir a possibilidade de opção entre sindicalizar-se, ou não, para o indivíduo, não existirá o direito, ainda que, *a posteriori*, possa ele escolher a agremiação a que deseje — entre várias — vincular-se.

Também específico, e não menos criticável, o modelo brasileiro, que ainda permanece e assim perdurará se mantiver a unicidade. Filiar-se, ou não, entre nós, é um direito. Exercitado, afunila-se o processo e acaba a possibilidade eletiva: só haverá, naquela área específica, uma entidade credenciada a representar o trabalhador ou a empresa, "individualmente" considerados.

Temos, assim, a *imposição* (ou a exclusão da opcionalidade) *em segundo grau*, à qual só se sujeitará o sindicalizável que tiver, em primeiro grau, livremente, decidido associar-se. Na situação inversa (sindicalização obrigatória e pluralidade de entidades), a imposição será pré-requisito, ocorrendo, em linguagem universitária, não durante o curso, mas no *próprio vestibular*.

Por outro lado, deve-se distinguir desse amplo direito de sindicalização, um *direito administrativo específico a sindicalizar-se*, que se caracterizaria pela reunião, por parte do trabalhador ou do empregador, da série de requisitos que o estatuto social e/ou a lei exigiria para admissão numa entidade. Tais condicionantes ligavam-se, inicialmente, à trajetória profissional do indivíduo, quando se tratasse de associativismo de trabalhador.

Evoluiu-se, em nosso país (pós-Constituição de 1988), ao reservar, como deveria ser, aos estatutos das entidades, a fixação de outros elementos pertinentes ao ato de associar-se: idade, estágio profissional (aprendiz, trabalhador comum, aposentado etc.), bem como o requisito de idoneidade moral. A mecânica gerencial — estrutura administrativa do poder sindical — bem como as regras eleitorais (prazo de mandato, sistemática de eleição etc., que, antes, obedeciam rígido e minucioso *"manual"* do Ministério do Trabalho (onde constava até o modelo — tamanho, tipo de páginas etc. — de livro de admissão de associados), *tudo, enfim*, num saudável arejamento democrático, *foi transferido* à *legítima competência* do quadro associativo, que normatiza o que julga necessário, através do estatuto da entidade.

As mesmas considerações podem e devem ser dirigidas à estrutura patronal; também ela se viu oxigenada por essa franquia autonomista, quebrando-se a modelagem obrigatória que o sindicato devia adotar, para nascer; e preservar, para sobreviver.

Dessa descompressão mais aproveitou-a a vertente operária. É no seu compartimento que a realidade fática estimulou e propiciou o espontâneo (e extralegal, para não ferir a valiosa criação com o anátema de rançosa ilegalidade) surgimento e consolidação da *pluralidade de centrais sindicais* (CGT, CUT, Força etc. etc.). Entre os *empregadores*, ou pela memória de acomodação deformante perante a formatação histórica revogada, de um lado; ou por estratégia política, visando a manter a aglutinação, com o fito de assegurar posição unificada e, por isso, mais forte; *ou*, provavelmente por ambas, a unicidade permanece intocável, em todos os escalões, até porque, até hoje, não vingou qualquer projeto de central sindical empresarial, se é que tal foi pensado por algum líder patronal.

Hueck e *Nipperdey*, sobre o acesso ao direito de sindicalizar-se, no Direito Alemão (obra citada, p. 276), aludem que "los acogidos en establecimientos penitenciarios, sanitarios, benéficos y asistenciales, no tienen derecho de coalición alguno; pues, como se señaló en el párrafo 39, II, el derecho de coalición corresponde sólo a los trabajadores y empleadores como tales". Como se viu, a formulação legislativa germânica — nesse particular, surpreendentemente intervencionista — invadiu a esfera que se recomendaria permanecesse sob jurisdição e competência estatutárias sindicais, e inabilitou ao associativismo profissional os encarcerados, os aposentados e mesmo os que, não o sendo, estivessem gozando de um benefício previdenciário temporário, e enquanto este fosse mantido.

Lá a reclusão corta o liame entre o associado e o sindicato, julgando-se que o detento, além da suspensão transitória de seus direitos políticos, também vê sobrestados, enquanto cumprir sanção, os sindicais. Já no caso de aposentados e dependentes de benefícios previdenciários, a legislação teutônica, obviamente, não os exclui do exercício das liberdades civis, mas, quer pela suspensão, quer pela extinção (ou rescisão) do contrato individual de trabalho, faz com que cessem os direitos sindicais. Definitivamente, para os jubilados; temporariamente, para os em gozo de auxílio transitório.

O direito à admissão, uma vez preenchidos certos requisitos, começaria a tornar-se matéria controvertida, especialmente nos Estados Unidos, isto porque alguns dirigentes sindicais seguiram orientação diversa daquela que nortearia o verdadeiro espírito de solidariedade intraclassista. Assim, com a finalidade de assegurar vantagens maiores para um grupo menor, praticou-se (com enfáticas e questionáveis justificativas de grupos beneficiados) a *closed union*. Por meio dela, *limitava-se* o ingresso de associados no sindicato, mesmo que os eventuais candidatos à adesão apresentassem condições de idade, idoneidade e profissionalidade perfeitamente condizentes com os propósitos da entidade. Criava-se um procedimento que lembraria o desenho de uma "monopolização sindical" ou, como queriam outros, uma indevida "reserva de mercado", chocando frontalmente *tanto* com a busca de crescente e voluntária adesão, para a entidade ser mais representativa, *quanto* — e sobretudo — com as táticas, mesmo indevidas, de imposição associativa sobre toda a categoria (por meio das especiais e atípicas "*cláusulas sindicais*"). Em ambas as situações, desconsiderava-se (até mesmo desprezava-se) o interesse e/ou o direito individual de alguém associar-se, ou não. A *closed union* fechava a entidade, para que privilégios e vantagens que ela viesse a conquistar fossem distribuídos (obviamente, em fatias maiores) entre os aquinhoados e restritos associados. Impedia-se, assim, a sindicalização para não repartir benefícios com toda (ou grande parte) da categoria. Deliberadamente, cerceava-se o desfrute dos colegas, numa clara prova de anti-solidariedade. Esse egoístico atuar teve como reação oportuna e forte, na vida sindical ianque, o fortalecimento da pluralidade. A cláusula *closed union* teria surgido da existência de um *ethos* capitalista no contexto ocupado taticamente pelos dirigentes sindicais. Ressalve-se que tal esquema não conseguiu (como não deveria conseguir) sucesso, tornando-se, logo, impraticável pela hostilidade que lhe passou a mover a própria classe obreira. Num estudo sobre a matéria, os *Rotwein* (*in* "Labor Law", 1939, trad. espanhola, Madri, pp. 23 e segs.) diziam que cláusulas tais (a que se poderia denominar de *cláusulas de* "*obstrução*" para diferençar das cláusulas de "*organização*" e das de "*exclusão*") terminariam por transformar o sindicato em um verdadeiro *labor trust*, ou seja, uma entidade baseada na força de uma categoria poderosa e que passaria a gerar privilégios para um elitizado grupo, bastante delimitado.

Seria destacável, também, neste item, que o *ato de troca* de um sindicato por outro, num regime necessariamente de pluralidade sindical, implicaria em exercício consecutivo (e não simultâneo) de duas liberdades. Primeiramente, o associado demissionário, renunciando à sua condição de sócio, exerceria um direito negativo de associação. Numa segunda etapa, aderindo ao sindicato de sua *nova preferência*, exerceria um direito positivo de afiliação. Evidenciava-se, pois, num sistema de pluralidade, em que, por decorrência da liberdade sindical, consagrava-se o direito de troca de entidade associativa para o sócio individualmente considerado, que, com isso, firmava-se, mesmo tacitamente, o direito negativo de associação. Simplesmente porque seria necessário um estágio intermediário, obrigatório no decurso do processo de mudança. Enfim, para que um associado o seja, de novo e *no novo*, teria sido indispensável que, primeiramente, ele o tenha deixado de ser, de forma absoluta, no anterior e em qualquer outro. Seria a passagem pelo "limbo" sindical.

34. UNICIDADE OU PLURALIDADE SINDICAL; "O MAIS REPRESENTATIVO"

Falar de sindicato é falar de liberdade sindical. Tratar dela é enfrentar a questão antiga e atual da *unicidade ou pluralidade*[61]. *Riva Sanseverino* (obra citada, pp. 206-207) ensinava que "la libertá sindacale si tratta non soli della libertá de aderire o non aderire ad una associazione professionale, o di costituire associazione professionali", vinculando a idéia de liberdade à faculdade, assegurada à individualidade, reunida, em grupo categorial econômico ou profissional, de constituir uma entidade sindical, ainda que outra da mesma categoria exista na mesma área territorial. Aliás, *Santoro Passarelli* (obra citada, p. 22) ponderava que "la libertad de la organización se manifiesta de varios modos. Ante todo, como libertad frente al Estado, de 'constitución' de los sindicatos, incluso de una 'pluralidad' de sindicatos para una misma categoria profesional". *Riva Sanseverino* ampliava sua análise quando asseverava que: "la maggior parte degli ordinamenti si attiene al principio della pluritá sindacale; questo sebbene tale principi risulti talora attenuati, comme negli Stati Uniti d'America". Se a unicidade sindical é o sistema que admite, em uma determinada área, apenas a existência de um sindicato por categoria, a pluralidade, obviamente, consiste na não-delimitação do número de entidades profissionais da mesma categoria no mesmo espaço físico.

A unicidade[62] verificava-se (e se verifica) de várias formas, na prática. *Poderia ser fruto* da imposição de um regime discricionário que oficializava um sindicato e obstaculizava o surgimento de

(61) "Entende-se por unicidade sindical o princípio que permite a abertura de apenas um sindicato da mesma categoria profissional, na mesma base territorial ... Pluralidade sindical é oposto. Ou seja, é o sistema que permite formar tantos sindicatos quantos se desejarem da mesma categoria, na mesma base territorial". MARRAS, Jean Pierre. "Relações trabalhistas no Brasil: administração e estratégia", São Paulo, Futura, 2001, p. 53.

(62) *Mascaro Nascimento* faz referência sobre o paradoxo existente no sistema de representação sindical brasileiro, "em que a unicidade sindical não assegura a unidade de ação sindical", na medida em que, não obstante a unicidade, é comum observar-se, na prática, "o fracionamento ... que pode dividir os sindicatos, até mesmo em múltiplas negociações na mesma empresa, como nos casos de categorias profissionais diferenciadas negociando isoladamente com o empregador". LOGUERCIO, José Aymard. "Pluralidade sindical: da legalidade à legitimidade no sistema sindical brasileiro", São Paulo, LTr, 2000, pp. 55-56.

outros, posto que a entidade sindical serviria — inclusive ou prioritariamente — como veículo de suas diretrizes políticas. *Numa outra alternativa*, o sindicato único seria produto de um regime democrático, no qual se estipularia a unicidade por lei, invocando a defesa de um interesse — polêmico, na verdade — de concentrar esforços, em especial de parte dos empregados. Nessa formulação, a nosso juízo, haveria uma restrição ao exercício da liberdade, por meio impositivo, exógeno à categoria, ainda que frutificada num regime obediente, em essência, a preceitos democráticos. Foi *Evaristo de Moraes Filho* defensor dessa formulação, inclusive enfaticamente argumentando que a unicidade, com tal processo genético, não ocasionaria qualquer mácula ao conceito e à prática democráticas. *Uma terceira hipótese* existiria quando tal unicidade sindical viesse a ser decorrência das próprias vivências e circunstâncias da política sindical; isto é, quando *cláusulas sindicais*, pela sua força, acabassem *levando o trabalhador* — preocupado com a defesa de elementares (e prioritários, para si), interesses econômicos — para *um mesmo* sindicato, usualmente o de maior expressão, na comparação com outros de idêntica categoria. Se esse sindicato tivesse capacidade e/ou condições de extinguir — com a sua política de "monopolização" — os demais *"concorrentes"*, estaria sendo atingido o patamar da unicidade. *Uma quarta hipótese* ocorreria quando, espontaneamente, se registrasse a unificação, fórmula que conciliaria, de maneira correta, a liberdade de escolher entre opções plúrimas, livremente e sem pressões, uma só entidade, por julgá-la a mais habilitada e idônea para defender o interesse do optante, que se somaria ao de seus colegas, conseqüentemente ao interesse coletivo. Tal formatação, aspirável como ideal, tem inequívoco viés utópico quanto a sua concretização, considerando que os sindicatos são constituídos de homens que, pela sua própria natureza, exerceriam o direito usual de discordar. Essa união voluntária ter-se-ia verificado, momentaneamente, na Alemanha do pós-guerra, mas não teria sido capaz de resistir o passar do tempo e, mesmo lá, terminaria por fracionar-se, nos padrões costumeiros, aproveitando justamente o clima de garantias e franquias democráticas existentes, no país, também vividos na área sindical. O sindicalismo inglês — apesar de, historicamente, as Cláusulas sindicais terem, também, entre os britânicos, a sua dose de importância — serviria como exemplo de coesão unitária espontânea, talvez dos mais efetivos no decurso dos tempos recentes. Não ocorreria, porém, nem mesmo nesse contexto inglês, dado como exemplar, a *unicidade absoluta*; no entanto, haveria de se reconhecer que os índices de predominância de uma determinada organização chegariam, lá, a ser tão expressivos que nos animariam a apresentá-los como paradigmáticos.

Poder-se-ia afirmar que o direito à pluralidade seria expressão da vida democrática no espaço sindical, ainda que o ideal, para a pragmática defesa dos interesses categoriais, fosse a unificação, (unicidade), conquistada como decorrência da livre aglutinação. Haveria de se *entender a união*, quando fruto da exclusiva vontade das partes associadas, filha da educação e do tirocínio dos sindicalizados (e não resultado de pressões, injunções, favores políticos — estatais ou partidários — ou mesmo gremialísticos), *como a mais perfeita* formulação associativa; grande meta (quase inatingível, na prática, pelo caminho da espontaneidade) a ser alcançada.

O próprio exemplo da Alemanha pós-1945 foi o de (re)estabelecer sindicatos que tinham, mesmo num contexto democrático pluralista, a aspiração e o propósito de encarnar a "unidade". Constituíram-se, com a exclusão de enfoques e comprometimentos ideológicos (naquele então, o busílis para o divisionismo intracategorial) sindicatos, que nasciam com a ambição sadia (mas quase quixotesca) de que deveriam (e poderiam!) abarcar a inteira gama associativa, por adesão não-forçada, e, portanto, representar todos os membros de uma determinada categoria.

Via-se que o pós-guerra atribuía o fracionamento categorial como algo, usualmente, conseqüente ao fator ideológico. Seria o elemento que, mesmo não se sobrepondo ao econômico no elenco das prioridades e reivindicações, levaria o trabalhador a buscar o seu próprio grupo (politicamente homogêneo), transformando-o em sindicato (socialista, democrata cristão, comunista e mesmo fascista, como a CISNAL italiana, p. ex.). Tal não impediria (e não impede) que, nas batalhas por exponenciais condições de trabalho (remuneração, jornada laboral, garantia de emprego etc.), reivindicações similares não só permitissem, como estimulassem e viabilizassem, ações unificadas tópicas dos grupos institucionalmente separados. Esse foi (e ainda é com atenuações nas discórdias e aproximações táticas bem mais usuais) o quadro dos países da União Européia e seus afluentes, dependentes e vinculados, onde impera a pluralidade, tendo, como ponto de histórica secessão, a marca político-ideológica. Conviria destacar que, no Brasil contemporâneo (2004), no segmento onde, faticamente, a pluralidade ocorre, ao arrepio constitucional e legal, isto é, na cúpula do sindicalismo obreiro, algo similar verificava-se: CUT e Força Sindical surgiram autônomas e divergentes, digladiando-se pelo comando do processo, também porque as inspirava (e inspira) diferente matriz (nem tanto ideológica), mas visível no plano político-partidário; isso não as impede, atualmente, de assumir diversas e seguidas campanhas unificadas. Existiria uma composição, de fato, passageira, como que uma unidade em face de interesses comuns momentâneos (geralmente patrimoniais); a campanha a ser feita seria (e é, na prática) a mesma, mas, tão pronto findasse, sobreviria a separação dos grupos que estiveram pontualmente emparceirados. *Paul Durand* e *André Vitu* (obra citada, p. 184) preceituavam, com precisão, que: "la diversité des courants d'opinion qui caractérise la societé politique se retrouve dans la société professionnelle. Des tendances autoritaires, des luttes politiques a son interieur ont poussé à la création d´un assez grand nombre de syndicats". Pela lição dos tratadistas franceses entender-se-ia que, numa imitação da sociedade política, o meio laboral, historicamente, ante o fenômeno do associar-se, tenderia a separar-se, movido por um agente divisor preponderante: a coloração partidária. E mais, bem mais do que por isso, pelos matizes ideológicos de diferentes grupos que, em razão deles, se constituiriam. Não se pode deixar de reconhecer que — mau grado a ideologização carregue consigo o "vírus" da separação, indiscutivelmente prejudicial para a força do movimento profissional — foi também um atestado do crescimento intelectual e da maturidade política do segmento operário, capaz de conviver e assimilar (a seu modo e com diversas opções) linhas doutrinárias, muitas vezes, bem complexas. Não lhe sucedeu — onde ocorreu tal imersão ideológico-partidária — a quietude, quase desinteressada (talvez arriscando ao amorfo) de um proletariado *passivo* (não confundir com pacífico), desinteressado em enfronhar-se das diretrizes fundamentais (políticas, inclusive) que, de um modo ou de outro, terminariam por também refletir-se nas relações de trabalho. Um proletariado sem inquietação, despido de preocupações políticas, seria mais receptivo à unicidade, menos pelo mérito da coesão e mais pela apatia que cercearia a divergência e a conseqüente criatividade. A regra não seria absoluta. Como se disse, o desinteresse poderia ser decorrência da incapacidade ou da acomodação; ou, então, quando a neutralidade — por descompromisso — fosse tão forte que desestimulasse (ou impedisse) qualquer preferência ideológica, como acontecia na modelagem sindical estadunidense. Antes (hoje, diferentemente, já ocorre a sensível penetração partidária — democrata, especialmente — nas organizações sindicais ianques) o trabalhador fazia separação nítida, incontaminável, entre as correntes políticas que procuravam correr no subsolo do mundo da produção e movimentos associativos típicos do sindicalismo, aos quais — e só a eles — entregava a tarefa de equacionar seus problemas laborais.

Pergolesi (obra citada, p. 52) mostra a dimensão do conceito de liberdade sindical, que, pela sua natureza, compreenderia *rapporti* do indivíduo com o sindicato; deste com o Estado, com outros sindicatos, com a categoria, com terceiros enfim, *rapporti* esses que estariam, pela área de manifestação que os fatos propiciam e as leis não vedam, abrigados sob o manto dessa ampla e complexa forma específica de liberdade. Dizia o mestre de Bolonha: "In breve la libertá sindacale importa tra l´altro: a) la *libertá* di *costituzione*, adesione sucessiva, recesso di singoli lavoratori e datori di lavoro da associazioni di primo grado (o di membri di categorie a tal fine assimilate con interessi professionale proprie, libri esercenti, mezzadri etc.); b) conseguentemente (dato saliente), *libertá di associazione* plurime nell'ambito di una stessa categoria economico professionale". Destarte, vinculavam-se as idéias de afiliação espontânea com as de constituição plúrima no âmbito da *liberdade sindical* que, para a melhor doutrina, seria composta desses *dois pré-requisitos* aos quais, também como indispensável, agregar-se-ia a autonomia *sindical*. Assim, desdobrar-se-ia a liberdade sindical (que dera seu primeiro passo com a não obrigatoriedade de adesão), com o direito de associativismo plúrimo para a mesma categoria na mesma área física. Tal pluralidade que, em princípio, decorria de divergências (ou, pelo menos, de variedades) ideológicas, mais tarde também obedeceu, na sua ocorrência, a outros fatores indutores.

Assim, se a liberdade sindical era um elemento complementar (mas intimamente integrado) da liberdade individual, poder-se-ia afirmar que o *direito de afiliação, ou de não afiliação*(63), a possibilidade (ou, mais, a prerrogativa) de *pluralismo sindical* e a *autonomia de gestão* são as três forças que se interligam para, por sua vez, constituírem o coração dessa liberdade sindical. E outra coisa não é o que diz — já quase como dogma jurídico-político-social — a *Convenção n. 87*, da Organização Internacional do Trabalho (OIT), cujos efeitos projetaram-se, entre outras, sobretudo na *Convenção n. 98*, onde se dispôs sobre garantias para a livre articulação e consecução da negociação coletiva que, mesmo correndo o risco de ser restritivo, pelo sintético, seria o grande estuário onde desembocariam as correntes soltas da liberdade sindical. Enfim, uma — se não a mais valiosa — das pragmáticas conseqüências desse operar da liberdade gremial.

(63) Nos países onde impera a democracia sindical (liberdade de criar sindicatos e liberdade de filiação, em geral nos termos "ninguém está obrigado a se filiar", contar o número de filiados significa exatamente isso: saber para quantas pessoas o contrato coletivo negociado entre sindicato e patrão terá vigência. CARDOSO ADALBERTO, Moreira. "A trama da modernidade: pragmatismo sindical e democratização no Brasil", Rio de Janeiro, Renavan, 1999, p. 74.

Conveniente abeberar-se nas ponderações de *Pergolesi*, quando fazia uma incursão sobre o associativismo empresarial (obra citada, pp. 65 e 66); ainda que ele as tenha produzido focando, prioritariamente, o panorama italiano, elas desbordam para o cenário internacional: “le associazioni di imprenditori che talvolta si erano giá intesi per finalitá dirette a tutela economica degli interesi di categoria, particolarmente, l'auto disciplina della loro libertá concorrenziale”. Tal manifestação era fruto do próprio desenvolver das entidades empregadoras, que se iniciaram visando não só à regulamentação das condições de trabalho, mas, especialmente, buscando atuar na área da convivência interpatronal, como mediadoras da concorrência comercial (mercadológica, diríamos hoje), e não apenas da competição, eventualmente ocorrida, pela obtenção de mão-de-obra. Os sindicatos empresariais iniciaram como cooperativas de crédito ou de produção e, apesar do tempo e das circunstâncias, ainda tinham, na memória latente, *uma espécie de matriz* referencial que se fizera indelével, mesmo após tantas gerações: a *corporação* (sobretudo a mestria) *medieval*. Dessa lembrança, transmitida, com alterações e esmaecimentos, de geração em geração, vinha essa missão de regularizar, ordenando, o processo concorrencial.

No Brasil, tais organizações, paradoxalmente, começaram por onde as outras terminaram, ou seja, pelo *meio rural*. As primeiras entidades, dizia *Evaristo de Moraes Filho* (obra citada, p. 186) “como claramente se conclui dos artigos 9º e 10, do Decreto n. 979, tinham feição mais econômica, servindo de “intermediárias de crédito” em favor de seus associados”. Superando seus próprios limites, o sindicato patronal, além de suas funções específicas, tratava de ganhar outras áreas (menos precípuas, sindicalmente falando) de atuação, isto é, buscando “sua inserzione nella piú comprenssiva vita politica-economica” (*Pergolesi*, obra citada, p. 65). Assim, como centralizador da opinião empregadora, procurava aumentar seu espaço de atuação, agindo na discussão de políticas públicas econômicas, em projetos comunitários sociais, em pressões legislativas congressuais, em propostas de programas científicos de aplicação pragmática (a chamada “ciência de resultado”), inclusive em ações negociais além-fronteiras, buscando mercados para assegurar comercialização do produzido ou a produzir.

Fundamental, porém, sobretudo numa visão laboral, era a inteireza do *sindicalismo patronal*, em grande parte, responsável, por essa conquista-prerrogativa, que foi paulatinamente assumindo e incorporando, de criticar, de assessorar, inclusive de acessar, direta ou indiretamente, núcleos de decisão política, incidente no e determinante do contexto econômico-social (do trabalho ao crédito;

da moeda ao comércio exterior, passando pelos tributos e aprofundando-se na seguridade social). Representando, em geral, a *expressão livre* da *unidade classista* (unicidade espontânea), o ente profissional dos empregadores se tem abalançado como de importância crescente, posto que sua manifestação — salvo raríssimas exceções — representa a voz de *toda a categoria*, o que a potencializa em termos de influência externa e, simultaneamente, pelo não fracionamento, a põe a salvo de arriscados e prejudiciais desgastes internos. Ainda *Pergolesi*, a respeito (obra citada, p. 66) comentava: "inoltre concorre a spiegare l'accennato orientamento, il fatto della *unitá del movimento organizzativo degli imprenditori*, mentri in molti paesi la libertá sindacale porta ad una pluralitá di sindacati nell´ambito delle stesse categorie di lavoratori". Os empresários, por priorizarem, com maior atenção e interesse, as relações econômicas (e suas prováveis e/ou possíveis projeções) não se deixariam contaminar, de forma tão intensa, pelo menos, como os trabalhadores, por motivações e por divergências, delas decorrentes, originárias preponderantemente do plano político-ideológico. Além disso, analisando o associativismo empresarial, há de se reconhecer que sua motivação inicial é o da produção material; a preservação patrimonial a defender; o aspirado e motivador lucro a conquistar etc. Tudo isso, e muito mais, harmonizava-se perfeitamente, desde o início, com as teses e políticas do liberalismo econômico, na versão vigente à época de arrancada do sindicalismo. Tal beneplácito — melhor dizer: incentivo — estimulou a aglutinação associativa sem discrepâncias endógenas. Não havia campos ideológicos hostis; sequer, divergentes. Não se repetiam as orientações opostas surgentes no mundo obreiro, permanentemente a colidir, competindo. Esse contexto levaria à união e ao entrosamento de posições que determinaram a *unicidade sindical patronal fática*, sem coação contratual nem imposição estatal. Unificação ideal, inspirada pela vontade e exercida com total liberdade, obtida sem pressão exógena, fazia-se mais efetiva. Fruto, em grande parte, de interesses patrimoniais que se transplantaram para o compartimento das posições políticas similares, essa unificação, ao largo do tempo e da variedade geográfica nacional, e até continental, não poderia ser absoluta, mas se mostraria muito mais imune às investidas divisionistas ideológicas e ao vírus do fracionamento. Excepcionalmente, e sem uma expressão que fosse além da mera exceção, quase isolada, para confirmar a regra, com motivação preponderantemente religiosa (e muito discretamente política) surgiam, aqui ou ali, ações autônomas, quebrando a união plena. Era o caso, na Itália, por exemplo, da União Cristã de Empregadores, que sem ter, na amplitude da expressão, funções tutelares econômico-sindicais agia num terreno próximo, nutrindo e estimulando ideais de corporativismo democrático, se não de absoluto solidarismo, pelo menos, na doutrina, com ele, identificados, pela fé.

Conviria, nesse particular, destacar a marcha do sindicalismo patronal brasileiro; não unificado, formalmente, na cúspide associativa por uma central sindical mas, tática e estrategicamente, agindo, harmonicamente, nos temas essenciais, face à repetida articulação entre as confederações nacionais setoriais (indústria, comércio, agricultura, transportes etc. etc.). Assim, aqui não há fusão institucional, por razões de política corporativa interna, mas tem havido, não só sintonia de opiniões, como unidade mobilizadora no comportamento e na atuação.

O que se deve registrar, na avaliação da prática brasileira, é que as entidades patronais — quanto mais notórias e patrimonialmente bem dotadas — usam duas estruturas. *Uma*, como sociedade civil, não formalmente sindical, portanto não submetida a controles estatais (muito menores hoje, é verdade), mas ainda remanescentes na legislação; a tais entidades atribuem patrimônio, posto que tem possibilidade de manejo administrativo e gestão orçamentária livres dos últimos e preservados formalismos fiscalizadores governamentais. *Outra*, em íntima sintonia política com aquela, mas tendo *natureza sindical*, para operar no espaço onde se requer tal feição. Não vivem afastadas. Ao contrário, completam-se. São imagens projetadas, com coloridos diversos, mas pelo mesmo corpo.

Voltando à temática da liberdade, a Organização Internacional do Trabalho, através da palavra de seu Diretor-Geral, Juan Somavia, reiterou, recentemente, seus objetivos, atualizando-os: "a primeira meta da OIT é promover as oportunidades para que as mulheres e os homens possam obter um trabalho decente e produtivo, em condições de *liberdade*, igualdade, segurança e dignidade humana". Para isso, agregou uma linha de ação do organismo montado sobre três alicerces básicos: a) *melhorar* a vida e as *condições de trabalho* de homens e mulheres; b) *gerar* emprego para um *crescente* número de trabalhadores sem emprego e/ou subempregados; c) buscar um novo consenso entre a comunidade internacional, as empresas e o trabalho, para fazer frente às conseqüências de globalização.

O que se evidencia nessa plataforma de trabalho do mais antigo organismo internacional é sua renovação (quando se preocupa em estabelecer adequada convivência entre o trabalho, a empresa e o fenômeno da globalização), mas também a preservação destacada de valores permanentes e sempre prioritários, como a *liberdade*. Ao colocá-la em evidência, Somavia está a recordar que só com ela — ao lado da igualdade, da segurança e da dignidade — tem sentido todo o esforço persistente e valioso da OIT. Tanto em 1919 — quando foi criada — quanto hoje (quando se moderniza, sem desnaturar-se), e, seguramente, no amanhã, em que, permanecerá vigilante em defesa da dignidade do trabalhador, sua estrada só será trafegável se houver *liberdade*.

E é a Convenção n. 87 — história sempre contemporânea da OIT — quem diz: "trabalhadores e empregadores têm o direito, sem diferenças e sem prévia autorização, de constituir associações de sua escolha para promoção e defesa dos próprios interesses; e de aderir a outras organizações (federativas e confederativas, tanto quanto às internacionais) sob a única condição de submeter-se aos estatutos corporativos próprios". Aliás, as matérias constantes em tal Convenção, como em outras (caso da n. 98 — negociação coletiva — por exemplo), pertinentes à liberdade sindical, foram reunidas, especialmente nos artigos 856 a 865, 869, 871 a 876 do Código do Trabalho, elaborado pela própria OIT, que serviu como indicativo técnico para a formulação de normas capazes de proteger a produtiva e digna relação laboral, extraídos seus artigos de dispositivos constantes de suas Convenções. Foram contribuintes da codificação, além das Convenções ns. 87 e 98, outras, como a n. 29 (sobre a eliminação do *trabalho forçado*, ampliada e atualizada pela n. 105); a n. 100 (que fixou regras sobre a *igualdade de remuneração*, isto é, o princípio da isonomia); a n. 111 (prevendo regras e procedimentos que *eliminem a discriminação* em matéria de emprego, formação profissional, condições de trabalho, baseados na raça, cor, sexo, religião, opinião política, ascendência nacional ou origem social); a n. *138* (tendo por finalidade a *abolição do trabalho infantil*, e estipulando que a idade mínima de admissão ao emprego não deveria ser inferior àquela em que cessa o ensino obrigatório) etc.

A OIT — reunindo, hoje, 180 países e com uma história de 84 anos ininterruptos, dedicada ao tema laboral mas também reconhecida como agente eficaz na defesa e promoção dos direitos humanos — em *1998* (Conferência Internacional, Genebra) adotou solene *Declaração dos Direitos Fundamentais do Trabalho*. Nela se reafirmou o compromisso da comunidade internacional de "respeitar, promover e fazer realidade, em boa-fé, os direitos dos trabalhadores e dos empregadores à *liberdade de associação* e *à liberdade sindical* ..."[(64)]. É o mundo do novo milênio encontrando-se, em suas

(64) Conveniente, aqui, lembrar as lições de *Radbruch*, citado por *Duarte Neto:* "a liberdade contratual não pode se transformar numa liberdade dos mais fortes, de imporem a sua vontade aos mais fracos, acompanhada da necessidade para estes de terem que aceitar". *Apud* DUARTE NETO, Bento Herculano. "Temas modernos de processo e direito do trabalho", São Paulo, LTr, 1994, p. 22.

aspirações, com as realidades erigidas pelo milênio anterior (boas e/ou más) e propondo-se e comprometendo-se, com base na Justiça Social aspirada, na paz indispensável e na produção necessária, a assegurar ao cidadão-trabalhador e ao empreendedor o direito de, *livremente*, associarem-se para defender seus legítimos interesses e alcançarem os propósitos enunciados. A liberdade sindical, anteontem desejada, ontem obtida, é objeto de prioritária utilização para ser bem mantida no hoje, e pré-requisito para um amanhã desejado de prosperidade e igualdade de oportunidades, num regime democrático.

A Declaração Universal dos Direitos do Homem, em seu artigo 23, n. 4, consagra o direito de cada pessoa compartilhar da *fundação de sindicatos* e de aderir ao sindicato que desejar para defender os seus direitos. A matéria está ampliada, no art. 8º, da Convenção da Organização das Nações Unidas (ONU), como se vê no estudo analítico de *B. Zaccagnini* (*in* "I diritti sociali nella dichiarazione universale dei diritti dell'uomo", *in* Rassegna Lav., Itália, 1959, p. 1745).

Faz-se necessário — mesmo numa posição pluralista — ao debater-se unicidade e pluralidade, expor argumentos pró e contra cada uma delas. *Rodolfo Napoli* (obra citada, p. 72) assevera que "los inconvenientes que presenta una son las bondades que ofrece la contraria". Já *Hurtados* (*in* "Sindicalismos", Santiago do Chile, 1950, p. 56 e segs.) fazia uma síntese das características positivas do pluralismo: "a) respeta ampliamente el derecho de asociación que se reconoce al obrero; b) cuadra más con los principios de una sana democracia respetuosa de las libertades fundamentales del ser humano; c) nadie puede ser obligado a entrar en una asociación privada cuyos principios o actuación le parezcan inconvenientes, ni menos puede ser compelido a participar con su acción o con sus custas en actividad que su conciencia rechaza; d) en una asociación única las energias de los componentes se dirigen, primaria, y a veces, unicamente, a obtener el predominio político o personal y con olvido de las actividades propriamente gremiales". Havia no professor andino uma manifestação de fé nos postulados da pluralidade, sobretudo quando a identificava como um dos procedimentos para efetivar as liberdades individuais e os direitos humanos. *Bonnard* (*in* "Sindicalismo, Corporativismo e Estado Corporativo", tradução anotada por *Temístocles Cavalcanti*, Rio de Janeiro, 1938, pp. 38 e segs.) afiançava, também na defesa da pluralidade, que "impedir os indivíduos de se agruparem em sindicatos distintos e/ou aderir a esses sindicatos, constrangendo-os ao sindicato único, é impedi-los de escolher para a defesa de seus interesses profissionais os processos, as idéias, a política que consideram mais eficientes. Ora, sendo essa escolha um direito, numa democracia liberal, suprimi-la constituiu um atentado à liberdade do indivíduo, inadmissível num regime liberal". Atualizando o posicionamento de *Bonnard*, conviria sublinhar que não seria apenas elemento inseparável de um regime liberal — sabendo-se, por óbvio, que com ele, realmente, é compatível na plenitude — mas também fator integrante, de maneira indestacável, das bases de sustentação de um Estado Social e democrático de Direito. *Muller* (*in* "Notes d'Economie Politique", Paris, 1938, pp. 310 e segs.), compartilhando da visão de *Bonnard*, grifava que o sindicato preencheria finalidades principalmente educativas, assumindo, com tal propósito, a direção do movimento operário; por isso, segundo ele, tornar-se-ia necessária uma conduta moral e uma diretriz político-social que a neutralidade não teria condições de possibilitar. A própria vibratilidade da essência sindical, a missão cultural e ética que lhe seria conferida, os escopos de seguridade social, mesmo de forma indireta, que lhe foram sendo progressivamente entregues, *exigiam*, conforme *Muller*, uma coloração perfeitamente definida, sem o que qualificava de "incolor utilitarismo do sindicalismo neutro".

Existiriam, também, e não poucos, argumentos que sustentavam a mais valia da unicidade sindical. *Cesarino Júnior*, nos idos de 1943 (obra citada, p. 149), já dizia que "do ponto de vista puramente econômico é a *concentração* que se recomenda", a partir do dito popular: "a união faz a força".

Evaristo de Moraes Filho (obra citada, pp. 149 e segs.), defensor da unicidade, alicerçava sua opção no raciocínio de que "a base do sindicato é sempre a profissão". Daí, amparado em *Scelle*, ponderava que o interesse profissional seria *uno*, da mesma forma que uno também seria o interesse coletivo. Por isso, não haveria motivo para a subdivisão da categoria em sindicatos plúrimos. *Evaristo*, tratando de rebater os *pluralistas*, veria neles uma contradição quando exigiam que fossem da *mesma* profissão os associados de um sindicato, pois nisso estaria identificada uma imposição e uma restrição, contra as quais, alegadamente (segundo ele) tanto diziam reagir os defensores da pluralidade. Também as diferenças entre os sindicatos, nascidas de distintas orientações ideológicas e/ou políticas, seriam incompatíveis (na crítica dos unicistas aos pluralistas) com o princípio da liberdade sindical, pois se estaria adotando preceitos que não são propriamente vinculados à problemática profissional. Aliás, *George Scelle*, ratificando sua posição pró-unidade, asseverava ("*in* "Précis de Legislation Industrielle", Paris, 1927, pp. 319 e segs.): "Il y a une contradiction fondamentale entre le fait de charger le syndicat de représenter et défendre l'intérêt professionel, et la liberté laissée aux professionels de former des syndicats opposés, ou même de défendre chacun individuellement *son* intérêt professionel".

Respeitando, pela capacidade de seus formuladores, os argumentos em favor da unicidade, nem por isso consideramo-los como válidos, uma vez que a unidade da profissão (indiscutível) não deveria (e não deve) ser razão suficiente para que ocorresse uma *obrigatória* unicidade do sindicato. Este representará aquela, na medida em que os componentes entenderem-no, livremente, como legítimo intérprete de suas reivindicações. Além disso, ante a fundamentação unitarista, como se entenderia o sindicato por indústria, no qual o elemento vinculante é a preponderância da atividade empresarial, e não a específica identidade profissional do obreiro? O sindicato por indústria ou de empresa congrega profissionais que possuem atividades, normalmente complementares, similares ou conexas mas não necessariamente idênticas. Esse tipo de organização profissional não seria uma representação da profissão na sua uniforme integralidade, pois, os pintores, por exemplo, *não* estariam *congregados* em *uma só entidade*, mas espalhados por entidades sindicais representativas da empresa ou da rama produtiva do qual participariam.

Até hoje, por sinal, ninguém pôs em dúvida o aspecto sindical das organizações que congregam sócios, a partir do tipo de indústria onde desenvolvem suas atividades, o que mostraria um certo contra-senso no fechado unitarismo preconizado por *Evaristo de Moraes Filho* e outros juristas de escol.

Para regiões, onde o nível de politização do operariado, seu gabarito intelectual, sua consciência associativa fossem insuficientemente estimuladas, explicar-se-ia (sempre ressalvando que se trataria de um arranhão lastimável na liberdade individual) a vedação do pluralismo ou, pelo menos, a sua limitação, ante o risco de que o despreparo do contingente operário levasse-o a um fracionamento fratricida. Seria o uso de medida criticável (a limitação da liberdade criativa) para, profilaticamente, impedir dano que poderia ser maior: a pulverização fragilizante da classe operária. Tal argumentação inspirar-se-ia no esforço para impedir a proliferação de entidades sem autêntica expressão, que frutificariam como resultado de dissidências eventuais e personalistas de dirigentes sindicais, repetindo o exemplo (não exatamente igual) do quadro político-partidário, tão repleto de cisões injustificadas e inexpressivas que apenas infestam de siglas a mente do eleitor.

Obviamente, não se trataria de situações gêmeas mas, seguramente, da mesma família, integrantes de uma só irmandade. Assim, para os unicistas, a fim de evitar perigoso "caudilhismo" sindical, que jogaria o destino da representação profissional nas mãos de interesses pessoais e apetites de poder, *forçar-se-ia*, pelo intervencionismo estatal, a *concentração sindical*. Para atenuar a ingerência do Poder Público — desnaturante da autonomia classista — juristas *democratas* unicistas, como *Evaristo*, sugeriam o afastamento do Executivo da área sindical, permitindo, a intervenção governamental apenas por meio do Poder Judiciário. Seria, segundo seus proponentes, o eficaz impedimento para que o sindicato único viesse a transformar-se em agente (e núcleo) de uma política eleitoreira, não só de alguns dirigentes classistas politiqueiros, mas do próprio Poder Público, modelagem da qual, por muito tempo, a sociedade brasileira foi testemunha e de cuja visão, até hoje, não se livrou como conviria que ocorresse.

Países de proletariado mais participativo, onde o sindicato já nasceu com uma coloração própria e a sua representatividade emanou da legitimidade do vínculo com o meio profissional, não aceitaram a formatação unicista imposta, mesmo com os alardeados atenuantes.

Entendia-se existir maturidade sindical suficiente para permitir ao profissional o direito de livre escolha da entidade que se ajustaria melhor às suas expectativas e convicções. Seu conhecimento de causa, seu descortínio intelectual permitiriam que diferenciasse, de per si, entre tantas instituições à disposição, uma que afinasse com sua posição ou que dela se aproximasse. Nesse enfoque, a pluralidade sindical não seria apenas um direito, mas, sobretudo, caracterizar-se-ia como uma homenagem ao desenvolvimento de uma classe que teria crescido, em força e em sabedoria, nas próprias lutas reivindicatórias. Além disso, a pluralidade permitiu a autênticos líderes que se projetassem, deixando-se-lhes a possibilidade de até mesmo criar novas entidades que — na opinião dos pluralistas — robusteceriam, *in genere*, a vitalidade do movimento sindical. Por outro lado, num contexto crítico mais agudo, as entidades que se iriam constituindo só teriam chance de consolidação, na medida e na proporção em que consultassem os interesses de, pelo menos, uma razoável fração da categoria profissional.

O amadurecimento do ambiente profissional, naturalmente, permitiria, também, em meio ao pluralismo, que os dirigentes das diferentes associações pudessem *unir-se* quando se tratasse da luta para conquistar melhores condições de trabalho. Isto é, quando não entrasse em jogo orientação política ou motivação ideológica, formar-se-ia a *unidade de fato*, capaz de possibilitar que se falasse em nome de toda a categoria. Via-se isso, por exemplo, na Itália, onde as grandes centrais sindicais, separadas por ideológicos motivos (comunista, social cristã, social-democrata, direitista etc.) combatiam, — e combatem — em conjunto, para a obtenção de vantagens crescentes na negociação coletiva.

Há de se recordar que a polêmica questão unicidade[65] x pluralidade[66] estimulou a busca de uma solução que fosse intermediária, a qual, sem ferir os preceitos da liberdade (apanágio do pluralismo) não viria a enfraquecer a atuação sindical, assegurando-lhe maior poder pela concentração (distintivo da unicidade), refletida em representação mais quantitativa. *Rodolfo Napoli* (obra citada, p. 74) diz, a respeito, que "pensamos, por nuestra parte, que este es uno de los casos en que el legislador debe superar el esfuerzo por hacer coincidir la 'libertad' con la 'autoridad', toda vez que si el pluralismo puede llevar a la dispersión y atomización sindical asi como al *patronazgo*, la unidad puede llevar a la dictadura sindical y no pocas veces al *unicato político*".

Surgiriam, por isso, teses e proposições que visavam a criar um novo patamar — de composição — nessa luta que, a princípio, apresentava posições diametralmente opostas.

Ainda *Napoli* (obra citada, pp. 74-75) relembrava que três fórmulas teriam sido, originariamente, propostas para atenuar e intermediar a discrepância: "a) la primera consiste en reconocer la representación del interés de categoria a la asociación que, en *cada oportunidad*, resulte la *más representativa*; b) la segunda en atribuir tal representación, por lo menos en las manifestaciones más importantes, a una comisión compuesta por los delegados de las distintas asociaciones, en forma proporcional; c) la tercera en reconocer la representación de la categoria a una sola asociación designada a priori. La primera solución fué adaptada por legislación norte-americana. La segunda por la holandesa. La tercera es la fórmula de la Ley Sindical n. 14455 que se aprobó en Argentina".

---

(65) Segundo *Romita*, "a maior parte dos autores, porém, prefere definir unicidade como o resultado de limitação legal: o sindicato único resulta de imposição, por lei, de uma só entidade para toda a profissão, com exclusão formal de qualquer outra, diversa daquela juridicamente reconhecida como única". ROMITA, Arion Sayão. "Os direitos sociais na Constituição e outros estudos", São Paulo, LTr, 1991, p. 223.

(66) "É o princípio segundo o qual, na mesma base territorial, pode haver mais de um sindicato representando pessoas ou atividades que tenham um interesse coletivo comum". NASCIMENTO, Amauri Mascaro. "Compêndio de direito sindical", 2ª ed., São Paulo, LTr, 2000, p. 161.

A terceira e última alternativa (letra *c*, *supra*) não chegaria, rigorosamente, a ser uma solução intermediária, uma vez que, na sua essência, encobriria um unitarismo sutil. A primeira, que se fundamentava nos pleitos sindicais ianques, pressupunha uma esquematização associativa muito funcional, amparada por alimentação atualizada e confiável de dados numéricos, que permitiriam ter à mão inquestionáveis estatísticas, a tempo e à hora. A opção de letra *b*, *supra*, nascida na Holanda, acolhida pela Bélgica, conseguiria ressonância na Constituição democrática e contemporânea da Itália, estimulando e aprofundando vigoroso debate constituinte. Sob sua inspiração, a modelagem peninsular evoluiu para a *rappresenttanza unitaria* que, até prova em contrário, foi a mais adequada conciliação — pelo menos, no plano teórico — das garantias do pluralismo com as alardeadas vantagens práticas do unitarismo.

Aliás, o tema sindicato *"mais representativo"*, criação visando a superar as divergências doutrinárias entre unicidade e pluralidade, procurava, essencialmente, solucionar o problema da representação sindical em entidades paritárias e, especialmente, nos organismos internacionais especializados (ex. da OIT). *Riva Sanseverino* (obra citada, p. 223) sobre tal temática afirmava: "Va poi rilevata la tendenza a sostituire, al concetto di associazione professionale giuridicamente riconosciuta, il concetto di 'associazione professionalle maggiormente rappresentativa', sulla base del pressuposto che la disciplina di categoria dei rapporti di lavoro e, in generale, ogni iniziativa sindacale, debbe venire posta in essere da potenti organizzazioni, le quali possano considerarsi, di fatto, comme effetive esponenti degli interessi dei lavoratori". A idéia do *sindicato mais representativo* possui raízes profundas no cenário internacional, originárias do Tratado de Versalhes (1919) que, no artigo 389, já se referia, expressamente ao tema. O artigo 3º, da Constituição da OIT, precisaria que os Estados-membros comprometer-se-iam a designar os delegados não-governamentais, *de acordo* com as organizações profissionais *mais representativas* de trabalhadores e de empregadores. O dispositivo codificado da OIT obrigaria a que se buscassem interpretações adequadas (inclusive, pela variedade de situações, caso a caso), uma vez que a identificação e comprovação da maior representatividade poderia ser tomada sob diferentes ângulos, nem sempre coincidentes. Por exemplo: em um determinado país, vigente a pluralidade, certo sindicato poderia contar com maior número de sócios, com maior patrimônio e mesmo com maior elenco de programas sociais, sempre e quando as entidades fossem individualmente comparadas (maioria relativa). No entanto, deixaria de ter essa prevalência se posto diante de uma *união de minoritários*, que, reunidos, o superariam. Nessa circunstância, qual seria o *mais representativo* de dois potenciais delegados: o que viesse em nome do maior Sindicato, relativamente falando, ou o designado por uma coligação (no caso, majoritária) de sindicatos menores? Numa hermenêntica acadêmica — por isso, suscetível à controvérsia — o segundo (fruto da união), já que o texto normativo da OIT não falaria em *organização mais representativa* mas em *organizações mais representativas*, possivelmente valorizando o contexto plúrimo em que poderia suceder um caso real, semelhante ao da hipótese formulada. Na prática, a solução de tal problema obedeceria a fatores circunstanciais impossíveis de prévia mensuração e ligados aos costumes do local, à natureza de sua legislação, à atuação usual das entidades e a ingredientes políticos nacionais e internacionais do momento.

A representatividade maior ou menor do Sindicato dependeria de uma série de requisitos atinentes à legislação nacional ou, então, a critérios flexíveis e praticamente arbitrários (por isso, muito discutíveis). Como exemplo histórico, poder-se-ia tomar a lei francesa, de 11 de fevereiro de 1950, que, no seu artigo 31-f, determinava que a representatividade das organizações sindicais não seria avaliada livremente mas com base em critérios estabelecidos especificamente por aquele diploma normativo, os quais seriam: o número de associados; a independência; as composições intersindicais; a experiência e antigüidade da entidade; a *atitude patriótica durante a ocupação*.

O último critério de aferição demonstrava o quão variáveis, e surpreendentes, poderiam ser os elementos ponderados para julgar a maior representatividade. Era usual que dois fatores freqüentassem o elenco dos itens de julgamento: o número de membros associados e a expressão qualitativa e quantitativa das realizações sociais. Tal não impedia o ajuste da mensuração, levando em conta diferentes elementos vinculados a características locais (postura política na 2ª Grande Guerra, caso francês; ou precisas estatísticas eleitorais sindicais, caso estadunidense).

O sistema dos Estados Unidos estabelecia que o caráter representativo dos sujeitos celebrantes do contrato de trabalho estaria assegurado pelo procedimento eleitoral, atendendo-se aos ditames do então Tribunal de Justiça Internacional que, em 1922, decidia que, se o número não era o único fator para classificar, seria importante, posto que, em igualdade de condições, asseguraria prioridade representativa àquela entidade que apresentasse o maior contingente de associados. Tal corrente tem, entre seus defensores, entusiastas como *LEGA* (*in* "Pluralismo Sindical y eficacia "erga omnes" de los contractos colectivos", Madrid, 1960, pp. 40 e segs.). Já *Levi Sandri* (*in* "Sindacato maggiormente repppresentativo", *in* Rivista di Diritto del Lavoro, Roma, 1959, p. 165) aludia que os elementos preponderantes para atribuir-se a maior representatividade seriam: o valor da contribuição dos associados; a antigüidade da instituição; a importância dos acordos e convenções coletivas de trabalho que houvesse firmado; e as exigências e peculiaridades estatutárias, no que tange à admissão de associados. Enquanto o segundo parâmetro (negociação coletiva) seria um valioso elemento comparativo, os outros dois teriam mero significado subsidiário, não devendo ser decisivos para titular, a nosso juízo, uma entidade como a mais representativa.

A criação, decorrente da vivência cotidiana e da exigência prática, da figura do "mais representativo" não conseguiu quebrar os fundamentos da pluralidade mas, pela sua crescente usança, *alterou* o sentido da *igualdade sindical*. As instituições classistas deixaram, em geral, de ser tratadas com a mesma consideração e valia por parte, especialmente, dos orgãos governamentais; estipularam-se, progressivamente, nas próprias normas oficiais, prerrogativas e privilégios em favor daquelas a quem se atribuía maior representatividade, o que também tinha (e tem) sua lógica. *Pérez Botija — Bayón Chacón* (obra citada, p. 686), a respeito do tema e referindo-se à legislação espanhola comentavam: "en la actualidad (1963) existen *dos clases de sindicatos* de diferente calificación jurídica, que repercute en su vida y funciones de forma extraordinaria. Nos referimos a la división en sindicatos *más representativos* y sindicatos que no han alcanzado esa calificación, a efectos de la celebración de convenios colectivos". E a hierarquização geraria conseqüências significativas na vida das entidades "classificadas", em especial na sua capacidade de eficientização negocial. No caso da França, a titulação outorgada ("mais representativo"), conferindo um trato preferencial, legalmente alicerçado, quebrava, objetivamente, a igualdade entre as associações, influindo, diretamente, na conquista de novos associados, na sua vida orçamentário-financeira etc. Em algumas legislações — não muitas, mas nem tão poucas — hipertrofiaram-se as vantagens e garantias em favor das entidades mais representativas, afunilando-se de tal forma o canal da representatividade que, às vezes, na prática, o modelo acabava, indevidamente, aproximando-se do e quase confundindo-se com o unitarismo. Isto não elide a idéia matriz de que a figura do sindicato mais representativo (dessa ou daquela forma escolhido) é sempre gerada no ventre da pluralidade, como se inferia da lição de *Jean Brèthe de la Gressaye* ("La Liberté Syndicale", *in* "Le Syndicalisme Moderne",

Paris, 1932, p. 26): "les syndicats sont des groupements particuliéres; il n'y a pas d'organe général de la proféssion. Il faut reconnaitre: dans le systeme de la liberté syndicale, les syndicats ne répresent que des *'morceaux'* de la profession".

Assim, se o sindicato representa, na prática, frações profissionais, logicamente, ao aludir-se ao sindicato *mais representativo* estar-se-ia reconhecendo, de forma implícita, a existência de outras organizações menos representativas e, de resto, identificando a existência do sindicalismo plúrimo.

Já no sistema da *"Rappresenttanza unitaria"*, prescrito pela Constituição italiana, encontrar-se-ia delineado, de forma teórica, um esquema de representatividade mais equilibrado, alicerçado em critérios de proporcionalidade. Dessa maneira, não se afastariam as entidades menores — desde que registradas — da mesa das negociações, onde se decidiriam os problemas de real interesse da categoria profissional. Destarte, não privilegiando uma só entidade (ou mesmo algumas, aleatoriamente selecionadas), mas ensejando que todas tivessem seu espaço, na proporção de sua real significância, estariam asseguradas a liberdade não discriminatória e o direito hierarquizado à participação. Paralelamente, tratando desigualmente os desiguais na medida em que desigualam (princípio da igualdade ponderada), permitir-se-ia que as entidades mais expressivas no seio categorial fizessem valer seu peso no interior da *representação unitária*, graças ao critério da proporcionalidade. Pelo menos, como formulação ideal, a diretriz arquitetada pelo constituinte italiano (e cuja regulamentação mostrar-se-ia difícil, posto que extremamente complexa) foi a que melhor conjugou o espírito de liberdade, de não exclusivismo, com as expectativas e aspirações de força, produzida pela coesão associativa. Não há dúvida, porém, de que, se não foi fácil concebê-la, substantivamente, bem mais difícil seria fazê-la operacional.

Um *outro problema importante* é o que busca identificar o profissional como *monovalente* ou *polivalente sindical*. Isto é, o que indica se lhe é assegurado o direito de, concomitantemente, pertencer a mais de uma organização profissional. *Pérez Botija* (*in* obra citada, p. 384) acentuava, por isso, que "el derecho de sindicalización puede ser único o plural". Tal alternativa, exclusiva do pluralismo, só é colocada quando o profissional, aspirante a *mais de uma adesão* societária, exercer tão-somente *uma atividade*, uma vez que se ele for, ao mesmo tempo, jornalista e médico, p. ex., poderá, em qualquer regime, pertencer a duas organizações profissionais, categorialmente distintas.

Poderá o trabalhador, no entanto, com o exercício de *apenas uma* atividade, filiar-se a mais de uma organização? *Krotoschin* (obra citada, p. 125) preocupava-se com o tema, afiançando que "se trata de cuestión que deberia dejarse al criterio de las mismas asociaciones, las que poderian, o no, establecer algo a respecto en sus estatutos". Num sistema de não-intervenção estatal ou em que ela ocorra de maneira tênue, a solução não poderia ser outra, deixando-se liberdade para que a própria normatização interna da entidade trate da matéria; ou, então, que se venha a discipliná-la por meio de acordos interconfederais, capazes de repercutir como verdadeiras leis no meio sindical. Outra, porém, era a orientação de *Pérez Botija-Bayón Chacón* (obra citada, p. 675): "se há discutido se la libertad positiva puede ampliarse hasta el supuesto de pertenencia simultanea a dos sindicatos. Algunos autores estiman que es una cuestión de organización interna que debe abandonarse a los estatutos sindicales. Nosotros creemos errônea esta opinión, ya que si el sindicato tiene por fin la defensa de intereses profesionales, dificilmente puede encomendarse esa defensa a dos organizaciones que pueden mantener opiniones distintas frente a un mismo problema. Imaginemos, en un régimen de pluralidad sindical, a un obrero inscrito en dos sindicatos; uno de los cuales ordena a la continuación de una huelga y el otro la entrada al trabajo. ¿Qué actitud tomará? Creemos por eso necesario, en todo régimen pluralista, la proibición legislativa de la duplicidad de afiliación sindical, con la sola excepción del ejercício simultáneo de dos actividades diferentes, y aun asi, con identidad de grupo o de unión sindical". É um posicionamento que convocaria, para solucionar o problema, a intervenção do Estado (via legislativa), retirando da órbita privada o poder de deliberação. Apesar da eventualidade de ocorrência de uma encruzilhada, como a exemplificada pelos tratadistas ibéricos, não seria adequada a prévia e exógena vedação, melhor deixando-se o equacionamento do problema para a *vivência prática das regras estatutárias*, com respeito e valorização do postulado da autonomia sindical. Não cremos necessária, nem conveniente, a "medicina preventiva" legal, de vez que a "terapêutica" estatutária — muito mais condizente com a liberdade sindical — teria condições de resolver a questão. Ademais, se, desde sempre, a sindicalização foi fomentada, não pareceria lógico que, preliminarmente, se proibisse a duplicidade associativa para o profissional que possui uma só atividade. Poder-se-ia argumentar que se *um profissional* se julgasse capaz de cumprir os deveres de *duas associações*, suportando ônus e encargos daí decorrentes, *valeria por dois*, servindo, até mesmo, como exemplo de solidariedade classista.

Imprescindível, também, no processo de evolução histórica do sindicato, ressaltar a diferença entre *"corporativismo e corporativismo"*.

O corporativismo democrático — batismo necessário para melhor identificá-lo — nascia das idéias de dois pensadores que representavam a linha social católica, ou seja, *La Tour du Pin* (francês) e *Volgesang* (austríaco), ainda que tenham sido *Bonnard* e *Muller* os que consolidaram e estruturaram as linhas finalísticas de tal doutrina. A Igreja Católica foi elemento preponderante no desdobrar dos fundamentos corporativos, como diziam *Pérez Botija e Bayón Chacón* (obra citada, p. 669): *"La Rerum Novarum, la Quadragesimo Anno, el Código de Malinas y la Mater et Magistratra* son las bases de un corporativismo católico como solución de las luchas que desgarran la sociedad, preconizando organizaciones a las que no se pertenezca por formar parte del bando de los empresarios, o del bando de los obreros, y tratando de derivar una unidad espiritual de la comunidad de profesión". Ao *lado dessa proposta corporativista*, que não identificava a organização corporativa com a "estatificação", *existia outra*, derivada do idealismo hegeliano, que se fez capaz de influir no organicismo de *Schaffle* e nos próprios cronistas inspiradores de *Weymar*, culminando na escola autointitulada *corporativismo integral* (Manoilesco) e que foi parte coincidente — verdadeiro alicerce — do *corporativismo fascista*.

E seria essa segunda faceta corporativa (deturpação da autêntica, inclusive porque primeira) que influenciaria, de maneira intensa, em tantas legislações das mais diversas regiões do mundo. Mau grado sutis diferenças — inclusive algumas contemporizações — a estrutura sindical brasileira, consagrada na CLT, apresentava, desde então, fortes dosagens retiradas da matriz exportada do que foi a "Carta del Lavoro". Portugal, Espanha etc. também beberiam na sedutora modelagem que, com retoques circunstanciais, importariam e incorporariam.

O esquema corporativo fascista só receberia seu ponto final, na Itália, com a queda de Mussolini mas, ainda, continuaria (e resquícios continuam) a vingar em múltiplos países. *Santoro Passarelli* (obra citada, p. 21) precisava a queda normativa fascista na Itália sindical: "por las disposiciones del Decreto legislativo del 23 de noviembre de 1944, núm. 369 (conforme para las corporaciones el Decreto Ley del 9 de agosto de 1943, núm. 721) hubo la supreción de la preexistente organización sindical, no estando, hoy, vigente en Itália un derecho sindical como derecho especial de las asociaciones sindicales".

E prosseguia *Santoro*, lembrando que, com os novos dispositivos da Constituição da Itália de pós-guerra, criava-se "el nuevo Estado democrático fundado sobre el trabajo". *Gallart Folch* (*in* "El corporativismo, un capítulo inconcluso de la historia de las ideas sociales", *in* "Estudios de Derecho del Trabajo en memoria de Alejandro M. Unsain", Buenos Aires, p. 166) recordava que seria necessário ter sempre em mente o ensinamento de *Jacques Maritain*, fazendo a distinção entre as duas maneiras "diametralmente opuestas de atender la idea corporativa: en una perspectiva totalitaria o en una perspectiva de libertad". Partia-se, para tanto, de uma conceituação de corporativismo, segundo a qual seria o ordenamento da produção e da esfera econômica com ela imediatamente conexa, com a colaboração ativa de órgãos colegiados de direito público, integrados por representações diretas ou mediatas, dos fatores — capital e trabalho — isto é, empresa e mão-de-obra. A *empresa*, elemento que, no processo, funcionaria como centro e catalisador comunitários, da qual são componentes a representação personalizada do capital (isto é, o empresário) e a personalizada do trabalho subordinado (isto é, o empregado).

Rodolfo Napoli (obra citada, p. 23) sintetizava tal problemática dizendo: "en suma, el corporativismo tiene por fin la *colaboración* entre el capital y el trabajo, desde que parte de la idea de la *comunidad de intereses* (producir bienes y servicios y obtener por ellos una ganancia)".

Recapitulando, o que se evidenciou, com o passar dos tempos, foram tendências legislativas consagradoras dos sindicatos mais representativos; a regulamentação limitadora — em termos — mas seguramente racionalizante da greve; a absorção de parte dos fenômenos nucleares da luta de classes por instrumentos econômicos, inclusive por efeitos de tais instrumentos, como a empobrecedora e injusta inflação; a normatização estatal de salários, particularmente, do mínimo, inclusive em países totalmente democráticos e privatistas; o fenômeno crescente, valioso e exigente de cuidadosa política atuarial e orçamentária de Seguridade Social, *tudo isso, implicando*, se não em um progresso do corporativismo (em sua versão democrática), *pelo menos* em uma debilitação progressiva de alguns dos princípios que a ele mais se opunham. Não seria correto, portanto, considerar-se a ideologia corporativa como um fenômeno meramente histórico. Foi, por decorrência de atenuação do liberalismo pelo "intervencionismo" estatal democrático (e limitado), que se foi construindo um corpo peculiar de idéias, doutrinas, normas e contratos que, dinamicamente, formaram e reformaram o

Direito do Trabalho. Em especial, pela acelerada dinâmica de suas construções e alterações o Direito Coletivo do Trabalho, que só se mostraria legítimo, tendo como agente e sujeito, o sindicato.

Houve, nas quatro décadas subseqüentes à Segunda Guerra, em particular nas grandes democracias ocidentais, uma aceitação consagradora, pelo mundo jurídico social, da idéia de que o sindicato seria o instrumento mais habilitado — para alguns, até mesmo o único — para intervir, regular e resolver a problemática do mundo laboral, atribuindo-se ao Estado uma tarefa (não dispensável, é verdade) mas de "*subsidiariedade*", destacada pelo Papa *João XXIII*, em suas Encíclicas.

Com o avançar da História e a aproximação da contemporaneidade, os princípios puros do sindicalismo viram-se saudavelmente "contaminados". Foram sendo metamorfoseados, numa convivência mais íntima com finalidades e métodos do que seria o sindicalismo moderno. Por isso, ganharam estrutura e mesmo multiplicaram-se os *conselhos de gestão* — de caráter paritário — com funções consultivas e, progressivamente, deliberativas; firmaram-se as *comissões internas* (ou comissão de fábrica), acentuando sua importância, passando de uma atividade supletiva de acompanhamento e pré-fiscalização para co-participação nas lides contratuais, normalmente em sincronia (?) com o sindicato, que teria de lhes dar espaço. Tais institutos, usados como exemplo, indicaram que o sindicato moderno — assimilando ensinamentos do corporativismo democrático ou social-cristão — buscou um entrelaçamento operacional, até mesmo com a força classista que, originariamente, era considerada sua opositora. Talvez, como advertia *Goetz Briefs*, na sua já citada e valiosa obra "El problema sindical ayer y hoy", houvesse um certo perigo de que os representantes do trabalho e os do capital, atuando em conjunto — fosse pelo desejo de incremento da produção, fosse pelo objetivo utilitário de maiores lucros e de melhores salários — terminassem por prejudicar, nessa afinidade de interesses, o excluído dessa restrita relação laboral, ou seja, o *consumidor*. Arcaria, assim, com seu sacrifício, para sustentar o peso gravoso do acordo gerador dos acréscimos de preços (para dar mais lucro a uns e melhor salário a outros). Tal desenho não seria regra geral, nem ontem nem hoje, mas negar sua eventual ocorrência ocultaria uma verdade, nem tão rara.

35. AUTONOMIA SINDICAL; ORGANISMOS DE 2º E 3º GRAUS

A terceira faceta da liberdade é a *autonomia sindical*, identificável como a liberdade dinâmica da associação profissional. Seu objetivo seria o de assegurar à entidade o direito de autogovernar-se, livre de comandos externos. Daí, a idéia, repetida usualmente por juristas hispânicos, de que a autonomia sindical compor-se-ia de diversas *faculdades básicas*, tais como: autonomia constitutiva interna, ação sindical e faculdade federativa (como sendo as exponenciais).

No conceito amplo de autonomia sindical deveríamos incluir: a *franquia concedida ao organismo profissional* de elaborar seu estatuto interno, *a forma* de escolha de seus dirigentes, as tarefas que lhes caberiam, bem como à entidade; isto é, ações que se desenvolveriam na técnica de contratação, no encaminhamento e solução de conflitos, na proposta e implementação de obras sociais, no traçado estratégico da sua política associativa etc. No contexto desta última, destacar-se-ia a possibilidade dada à instituição de afiliar-se a associações mais amplas, tanto no país, como no cenário internacional.

Esse elenco de atribuições e competências formaria o esboço do que se intitularia *autonomia sindical*, componente número três (sem hierarquia classificatória) do triângulo libertário da associação profissional. *Cesarino Júnior* (obra citada, p. 270) prescrevia que autonomia sindical seria "o poder de autodeterminação do sindicato, isto é, a menor ingerência possível do Estado em sua vida interna", reproduzindo, para consolidar sua posição, a lição de *Brèthe de la Gressaye*: "é a liberdade de criar associações profissionais para todas as profissões, sem se tornar necessária a autorização do governo; e a liberdade de dirigir sindicatos sem controle da administração, com todos os direitos necessários à sua existência". O mestre francês estaria, com seu enunciado, colocando a questão específica da autonomia sindical *no mesmo espaço* conceitual e temático da área polêmica referente à unicidade ou pluralidade sindical, justamente porque, ao definir autonomia, a entenderia como sendo *também a liberdade de criar associações*, matéria concernente, em nosso juízo, ao aspecto quantitativo de organismos profissionais, e não a sua estruturação e gestão internas.

Também *extravasaria a noção de liberdade*, que deve ser respeitosa dos padrões de convivência (a minha termina onde começaria a do outro), *a expressão "sem controle de administração"*. Se o sindicato não for (como não deve ser) um orgão extralegal (muito menos, antilegal) e pautar seus espaços de atividade pelo esquema normativo que rege a vida social (como qualquer instituição organizada e atuante na vida comunitária: partido político, associação beneficente, igreja etc.), pareceria lógico que, ultrapassando as fronteiras estabelecidas, em nome da sociedade, pelo Estado democrático inspirado no trabalho, venha a ter seus atos disciplinados, em termos de legalidade e legitimidade, pelo Poder Judiciário. Assim, preservar-se-ia, respeitosamente, a autonomia sindical, sem transformá-la numa "soberania" indevida, que poderia conduzir à supremacia anárquica.

Evitava-se, assim, que essa devida submissão do sindicato (e também de outros corpos similares) à ordem legal-constitucional, legitimamente estabelecida, não recaísse em *outro extremo* — também reprovável — de que nos dava conta *Evaristo de Moraes Filho* (obra citada, p. 136): "os adeptos da soberania una, indivisível e inalienável, não podem admitir nenhum organismo intermediário entre o indivíduo e o Estado, entre o soberano e o súdito, e recusarão naturalmente a esses grupos qualquer espécie de poder próprio e independente. Chegam mesmo a lhes negar a própria existência". Hipertrofiando o conceito de soberania, ou melhor, *ratificando-se a idéia absolutista*, que predominou no antes (substituída ou, pelo menos, "ameaçada", pela soberania relativizada, não exatamente restritiva mas predisposta a certas flexibilidades, ensejando visão mais realista do e compatível com o mundo real, crescentemente interligado e interdependente) *tornariam tais pensadores inviável, não só a autonomia sindical*, mas o próprio sindicato.

João Mangabeira, há muito ("Em torno da Constituição", São Paulo, 1934, p. 28) comparava a problemática da autonomia sindical, com relação à soberania estatal, como se fora um círculo, que aumentaria ou diminuiria seu raio, de acordo com as características políticas desse mesmo Estado. *Reduzir-se-ia*, sempre que o Poder Público se mostrasse abrangente, abarcando, progressivamente, as mais diversas funções, até mesmo tomando feição totalitária caso em que a autonomia não subsistiria. *Aumentaria*, na medida em que o Poder Público, tocado por brisa liberalizante, reduzisse sua área de atuação àquelas que seriam prerrogativas inerentes a sua própria razão de ser.

O artigo 63, do Código de Malinas, interpretando a doutrina social católica, ponderava que "a organização profissional deve descarregar o Estado de numerosas tarefas que pesam atualmente sobre ele, mas sem absorvê-lo nem enfraquecê-lo; inteiramente ao contrário, aperfeiçoando-o e fortificando-o". É o espelho de uma posição corporativa que, flexível, facilita seu alargamento plástico mas não chega a fixar, com precisão, suas fronteiras conceituais. Seria a busca, perseguida em Malinas (e tantas outras vezes), de encontrar o ponto ideal entre a delegação funcional do Estado em favor do Sindicato, sem que isso significasse o esvaziamento daquele, mas visando ao estabelecimento de uma vinculação íntima, sem subordinação nem imposição, entre o Poder Público e o associativismo profissional.

Essa orientação, mesmo com suas dificuldades de passar do plano teórico para a realidade fática, estaria sempre prevista — e possível — de frutificar numa estrutura democrática. *Muito diferente*, portanto, da doutrina e da prática que fundamentaram e implementaram o corporativismo fascista, exportado pela Itália para boa parte do mundo, em meados do século XX, influenciando tantas legislações sociotrabalhistas dependentes de regimes político-administrativos que viam com simpatia, mais ou menos explícita, o modelo de Roma. Para ele — e para os que dele tirariam inspiração — a razão de ser do sindicato não era nem a defesa dos interesses individuais dos membros da categoria nem a proteção deles, devidamente consolidados, sob o manto do chamado interesse coletivo, mas *especificamente a constituição* do sistema corporativo. Claro que, na visão hermética e oficialista que dele se tinha, sob o enfoque mussolinista. Seria a negação, enfim, de qualquer raio de ação realmente autônoma para o sindicato, que, submisso, engajar-se-ia numa luta para obtenção dos fins, politicamente desenhados e perseguidos pelo Estado.

Destaca-se, na análise da autonomia, a mecânica da vida sindical — isto é, a intimidade da instituição — no que concerne à convivência com seus associados. Esta deveria (e, em muitos casos, ocorria e ocorre) reger-se, prioritariamente, *pelos estatutos*, onde constariam desde a sistemática de admissão de filiados e seu eventual processo de afastamento (quer voluntário, quer compulsório) até as regras usuais de gestão. Seria uma espécie de apêndice do Direito Privado (Civil, mais especificamente) incorporado ao (ou pelo) Direito Coletivo do Trabalho.

Não seria idêntica a normatização da vida sindical àquela aplicável às associações civis em geral (entidade de damas de caridade, p.ex.). No entanto, em um regime democrático, portanto de liberdades asseguradas, a autonomia sindical deveria ser tratada em âmbito extra-oficial ou extragovernamental. À categoria, caberia fixar diretrizes de comportamento administrativo (societário) classista, levando em conta os valores do interesse coletivo e, sobretudo, limitando-se nessa autonormatização, ao se deparar com imperativos institucionais (lei, Constituição), que expressam o interesse público e disciplinam seus efeitos (legislação sobre greve em atividades essenciais, por exemplo).

Santoro Passarelli recordava, ao apresentar seu conceito de autonomia sindical, que ela é uma das razões de ser da liberdade sindical, justamente porque, em razão dela, e, reciprocamente, para viabilizá-la (obra citada, p. 23), "los sindicatos están libres de la *ingerencia estatal* en su organización interna y en su actividad externa. Pueden determinar libremente las condiciones de admisión, los métodos de elección para los cargos própios, su denominación, esfera de acción, tanto respecto al territorio como respecto a la categoria profesional". A restrição ou barreira levantada pelo conceito de *Santoro* à interveniência governamental não se esgota nela. Não só o Poder Público deve ficar impedido — pelo menos, limitado — de imiscuir-se nos destinos da associação profissional. A mesma objeção aplicar-se-ia a outros agentes (terceiros, na vida associativa) cuja intromissão, fora de regras legais de admissibilidade, macularia a legítima autonomia. Tal ressalva faria com que se tivesse em mente, a título de recordação, o ocorrido, durante certo tempo, na vida sindical dos Estados Unidos, quando os empregadores fomentavam (estimulando e financiando) a criação dos denominados "sindicatos amarelos" (os notórios *yellow dogs*), cujo objetivo era, sob a capa formal de sindicato de trabalhadores, desprestigiar e enfraquecer — dividindo e contestando, numa atuação intracategorial — a(s) autêntica(s) associação(ões) dos empregados. Caracterizava-se em tal procedimento uma atitude, não só aética, mas especificamente ilícita, posto que, por meio de trabalhadores "*contratados para servi-los*", os empregadores indebitamente, alteravam o encaminhamento do real interesse dos trabalhadores. Significava e se constituía num processo de corrupção de dirigentes sindicais operários, para prejudicar a luta pelos legítimos interesses de sua categoria. Contexto com tal anomalia — criminalidade explícita — exigia regulamentação estatal, posto que, nesse caso, a intervenção do Poder Público visaria a coibir uma ação delituosa que estaria — agredindo o interesse público — impedindo o exercício da liberdade sindical.

Enfim, a lei não deveria existir apenas para delimitar a autonomia sindical, definindo as hipóteses em que caberia ao Estado intromissão legitimada nos negócios da associação. Conviria, pela harmonia de poderes, resguardo de direitos e cumprimento de deveres, que também estivesse presente para permitir e garantir o equilíbrio da balança, assegurando a igualdade, pelo menos teórica, entre as entidades profissionais (a qual não deveria correr o risco de quebrar-se por agressões à lei básica, que deve ter fundamentos morais). Em síntese, a autonomia sindical deve estar assegurada quer diante do Estado, quer diante de terceiros. Daquele, quando, exorbitando sua competência, quiser fazer da entidade classista mero instrumento de seus objetivos político-ideológicos; dos últimos, quando, por aética intromissão, tentarem desvirtuar, mediante fraude, a razão precípua da entidade, direcionando-a contra os legítimos interesses da categoria que deveria representar.

Faz parte da liberdade dos sindicatos — no seu enfoque autonômico — o poder de congregarem-se em federações e/ou confederações, visando à eficácia da sua ação e definindo espaço de jurisdição e competência. Tal garantia — que também é uma prerrogativa — vinculada à autonomia sindical é imprescindível, sempre que se procurar seguir à risca o *leit motiv* da associação profissional. Se os objetivos do associativismo laboral tenderem a ser alcançados com a multiplicação de aderentes, dentro do princípio ilustrado pelo inquebrável "feixe de varas" — mesmo frágeis isoladamente, mostram grande resistência quando agrupadas — será meta sindical crescer sempre mais, a fim de exercitar um poder de pressão crescente na razão direta desse maior número de filiados. De ordinário — salvo raras exceções, justificadas por fatores e circunstâncias locais ou temporais, que, por si só, confirmam a regra — possui maior poder do que um sindicato, uma federação; e será mais poderosa que ela, a confederação.

Além disso (afastando-se as peculiares motivações político-partidárias e/ou ideológicas e resguardando as de natureza econômica), existiriam fundadas razões para que o movimento sindical superasse as fronteiras nacionais, concentrando-se em organizações de maior envergadura, com ramificações internacionais. Não significaria tal passo que a entidade internacional venha a ser a responsável pelas formulações de estratégia política e efetiva ação sindical do dia-a-dia, que, para ser legítima e oportuna, deve adequar-se diturnamente às exigências conjunturais da área em que irá incidir. A associação além-fronteiras deveria servir como instrumento de harmonização e articulação de diversas tendências do movimento, levando-as a uma produtiva reflexão com 'janelas abertas' do horizonte das suas próprias divergências grupais, muitas vezes menos discrepantes no enfoque maiúsculo do macrocosmos do que nas polêmicas e casuísmos da província.

Francisco de Moura Brandão Cavalcanti (*in* "O Orientador Sindical", Rio de Janeiro, 1962, p. 34) acentuava, examinando a legislação celetista e complementar, que existia, no Brasil, uma "proibição — para o sindicato — de se filiar ou manter relações com organizações internacionais, salvo mediante licença prévia do Presidente da República, concedida por decreto". Essa a redação com que se formalizou, em 1943, o artigo 565, da CLT, o qual viria a receber, mais tarde, amenizações e ajustes (Lei n. 2.802, de 18 de junho de 1956, p. ex.). Dificilmente, um dispositivo conseguiria ser tão agressivo à autonomia sindical quanto o acima aludido. *Transformava-se* a relação de uma entidade associativa com sua homóloga além-fronteiras, que se deveria pautar pelos interesses de ambas instituições e pelas regras por elas emitidas, em assunto de Estado, colocado no altiplano da preservação da soberania nacional. Estreitava-se, centralizando autocraticamente, no Poder Executivo, e, personalisticamente, no Presidente da República, levando-se matéria de interesse associativo, extragovernamental, para o âmago do Poder Público. Teratologia legal, quanto à forma e seu procedimento. Arbitrariedade e ingerência grosseira, quanto ao conteúdo.

Num país com regime democrático, sob Estado de Direito, a contemporaneidade civilizadora exige que as barreiras fronteiriças cedam passo ao cortejo da integração. Assim como circulam, céleres, mercadorias, no crescente e quase ilimitado comércio externo e facilitam-se migrações (num exercício pragmático do ir-e-vir laboral), seria ilógico e inaceitável — hoje, já superado — o manietar as entidades sindicais, obstaculizando-as de, internacionalmente, associar-se, quando o empresariado mais poderoso, via transnacionais, há muito globalizou sua atuação. De forma realista, deve guiar-se pela oportunidade e pela convivência, não por estratificada norma impeditiva, ainda freada por anacrônica modelagem, misto de aduana que barra e legislação que oprime.

Não se advogaria ilimitar-se a atuação sindical, posto que transformaria a liberdade vaga, em risco de descontrole. *Santoro Passarelli* (obra citada, p. 28), destacava, à sua época, especialmente enfocando a panorâmica italiana, que "se entiende que, en definitiva, la libertad del sindicato respecto al Estado no pudo dejar de resentirse de la expansión progresiva de la acción sindical en la esfera del público interés; pero es el precio que el sindicato no puede dejar de pagar por la participación, aunque sea indirecta, en funciones publicas".

Deve-se estar atento, resguardando a autonomia sindical; mas há de se entender, simultaneamente, que a própria entidade, face suas ilimitadas possibilidades, deve também ser um ente — voluntária, e não subordinamente — colaborador do Estado democrático, sempre que tal ação coordenada vise ao bem comum. Num sistema de garantias jurídicas, sobretudo constitucionalizadas, como nos modernos Estados de Direito, asseguram-se ao Sindicato espaços largos para projetar e executar suas missões, sem que o Estado possa suprimir margem tão generosa de atuação; salvo, se assim o fizer, amparado por lei, votada pelo Congresso, representante de toda sociedade e que, em seu nome (não parcialmente, como significaria a vontade da categoria) delibera. *Há quem*, na modelagem de sociedades intensamente privatizadas, de sindicatos com múltiplas ações e funções de interesse coletivo, *identifique*, pelo crescer da atividade classista, uma situação inversa à do intervencionismo estatal: isto é, o sindicato esticando o conceito e a implementação de tarefas e, por isso, ocupando espaços usualmente governamentais, limitando-os; produzir-se-ia, assim, certo confinamento (talvez metafórico) do Estado, a missões bem específicas.

Pérez Botija-Bayón Chacón (obra citada, p. 692 e segs.) enfatizavam a importância da liberdade sindical, no cenário internacional, de maneira que a projeção por ela obtida fosse sustentáculo para que, progressivamente, se formasse um alicerce, garantindo à entidade, mesmo internamente, um reforço do além-fronteiras que, se não a fazia muito forte, vacinava-a contra a debilidade. Estados (nem todos, é verdade, mas muitos mais do que os de antes) foram assumindo compromissos externos perante organismos internacionais, que lhes exigiam fiel cumprimento de obrigações internas, como maneira de poder conviver, com mais autoridade e aceitação, no contexto da universalidade. A principiar, destacadamente, pela ação, acompanhamento, orientação e fiscalização da Organização Internacional do Trabalho (OIT), maior guardiã e propagadora da liberdade sindical, *até* instrumentos regionais (de muita repercussão, no entanto), como, no caso, da respeitada União Européia. *A OIT*, em particular seu crítico e bem informado Comitê de Liberdade Sindical, parte de um pré-requisito indispensável para iniciar o exame de existência de liberdade sindical num país: haver, ou não, efetiva liberdade de estruturação gremial. Se tal não se evidenciar no exame do quadro nacional (e, nesse particular, estar-se-á, prioritariamente, buscando a comprovação, ou não, da autonomia), o Comitê suspenderá sua indagação, julgará desnecessárias outras informações e concluirá pela *inexistência* de liberdade sindical no país.

Assim, a OIT, que se tem mostrado de uma sensibilidade cutânea (outra Convenção marcante de tal posicionamento é a n. 98, que dispõe sobre a aplicação do direito de sindicalização integradamente ao de negociação coletiva) tem feito bandeira de sua luta pacífica a idéia de que, junto à liberdade a se conquistar e preservar-se para ações *perante* a outra parte, também se deve consagrar e valorizar, em íntima comunhão, o direito sindical de *auto-regrar-se*, autonomamente, seja em face do Estado mas, também, diante de oponentes (ou contrapartes). Para colocar no "ponto" o paladar da autonomia, o *tempero* dessa relação interclassista soberana é ingrediente indispensável. Como ensinavam *Hueck-Nipperdey* (obra citada, p. 28), "la organización interna de una asociación profesional está protegida por el princípio constitucional de la autonomia, de modo que la asociación puede decidir libremente sobre ella". Chegava a tal ponto a amplitude dessa autonomia delineada pelos mestres germânicos que, inclusive, admitiriam, que, *em um sindicato patronal* fossem admitidos, como sócios, empregados, individualmente considerados, com direito à voz e a voto, desde que seu número máximo fosse minoritário perante os demais associados empregadores. Segundo *Hueck-Nipperdey*, isso seria o bastante para não desfigurar a natureza da entidade. Até tal ponto, para eles, iria a autonomia que, aliás, ofereceria, na Alemanha, exemplos tais em associações patronais no setor de minas e do aço.

Nesse contexto alargado e plástico da autonomia, inserir-se-ia também, no capítulo da estruturação, a alternativa, para a categoria, de escolher seu mote associativo *entre a profissionalidade* — caracteristicamente horizontal — e a *empresarização* (ou adesão por indústria), fórmula embasada na verticalização. Claro que o subgrupo *por empresa* tem, salvo o caso de macrofirmas, a tendência a formar sindicatos menores que, no entanto, mostram-se, pela proximidade funcional de seus integrantes, mais coesos e mobilizáveis. Seriam, como já se tem dito, *associações direcionadas*, isto é, concentram sua estratégia num alvo específico (se mais fechadas, numa empresa; se ampliadas, mas não genéricas: num setor; por exemplo, o industrial). Só indiretamente traçam suas políticas, tendo em vista a profissão como um todo. Há, de certa maneira, um risco de esfriamento no sentido classista pleno que, filosófica e historicamente, alicerçou a idéia da sindicalização e a luta pela afirmação sindicalista; no caso, ocorre a prevalência de um *ethos capitalista* de parte *dos trabalhadores* quando adotam a modelagem do sindicato por empresa. Não porque — fato também importante, mas não decisivo — diminuam seu horizonte geográfico e diversificação humano-profissional, mas porque vinculam, indissoluvelmente, a sorte do sindicato ao resultado e à vida da empresa (lucros e/ou perdas).

Ferrucio Pergolesi (obra citada, pp. 54 e segs.) didaticamente, oferece definição exemplificativa do que estaria imerso sob o pálio largo da autonomia sindical: *"la libertá di ordinamento interno* e quindi, almeno di regola, con organi sociali elettivi e collegiali, *salvo un sistema di controlli e di eventuali impugnazioni* (interne ed anche esterne, particolarmente giudiziarie); conseguentemente *'autonomia di ordinamento'* nei confronti dello Stato, nell'ambito giuridico riconosciuto e garantito dallo Stato stesso". A essa última, *Ubaldo Prosperetti* (*in* "Preliminari sull´autonomia sindacale", *in* "Scritti per Orlando", Padova, 1957, pp. 634 e segs.) denominava de *autonomia institucional*.

Conviria sublinhar a manifestação de *Pergolesi* de que o símbolo da autonomia seria, por excelência, o direito de coalizão entre as coalizões; enfim, o agrupamento, hierarquicamente ascendente, de sindicatos em federações, e destas, em confederações. Coincidindo com *Hueck* e *Nipperdey*, registra que essa *aglutinação* sindical, além do mais, seria um esforço do movimento, na sua versão eminentemente profissional, logo horizontal, para enfrentar o risco de corrosão de prestígio, que decorreria do surgimento e crescimento do *sindicalismo de empresa*. Segundo os germânicos, tal sindicalização não seria capaz de atender, na plenitude, as finalidades associativas de toda a profissão, como fizemos questão de registrar, linhas acima; registrando, por justiça, em contraponto, que, por física e funcionalmente concentrado, não raras vezes, para o grupo específico que representa, obtém, na negociação, melhores resultados que os concedidos à categoria profissional em seu todo. Também precisaria o sindicato profissional *habilitar-se para enfrentar* a *"concorrência"* de outra estrutura recente do mundo empresarial-laboral; isto é, a *comissão interna*, fecundada e germinada no âmbito da empresa e que também exerce funções delegadas de representação dos trabalhadores daquela empresa ou, às vezes, mais restritamente, de um estabelecimento.

Além disso, o Sindicato deve estar habilitado a fazer frente a uma mentalidade profissional pouco associativa que, não sendo constante, nem genérica, tem avançado, entre outros motivos, por um espírito individualista que, fruto da exigência de tempos competitivos e da limitação ou supressão de postos de trabalho, obriga (ou, pelo menos, propicia) procedimentos defensivos egoísticos ou, se não, pouco solidários e não agregadores. Para tentar minimizar tais adversidades — que fracionam aqueles que seriam (e são) seus grandes fundamentos, isto é, coesão e parceria — teria de usar uma política abrangente, voltada a fins comuns. Enfim, olhar a sociedade como um todo e nela se inserir, não se atendo exclusivamente, às questões técnico-profissionais (que continuarão prioritárias), mas não perdendo de vista o amplo horizonte da comunidade, consciente de sua missão mais ampla.

Observando a fisiologia gremial, evidencia-se nos sindicatos, (tenham eles mais, ou menos, autonomia), a existência de conflitos de interesses, lutas internas de correntes, às vezes tão contundentes quanto as por eles travadas além de suas próprias fronteiras. *Ugo Piazzi* (*in* "Appunti di Tecnica Sindacale", Roma, 1962, p. 114 e segs.) recordava que surgem, especialmente nas macro entidades associativas (confederações, p. ex.), os denominados *"gruppi di interesse"*, que englobariam, em sua composição, determinadas qualificações funcionais ou categorias profissionais. Assim sendo, formar-se-ia uma força de pressão endógena e duplamente direcionada, tanto centrípeta (para condicionar o núcleo diretivo da entidade) quanto centrífuga (para oferecer "munição" nas lutas travadas no mundo exterior ao sindicato). Tal ocorreria, por exemplo, se, no sindicato dos trabalhadores da indústria da construção civil, o *grupo dos serventes* — e só eles — formasse um segmento atuante, buscando algumas vantagens (ou simples concessões) subcategoriais. No caso, os dirigentes associativos enfrentariam uma luta doméstica movida por interesses *meramente grupais*, protagonizada por um segmento do sindicato. *Buscariam dele* (e nele) *obter*, já não para a totalidade dos associados (nem se fale em categoria como um todo), mas, sim, para um contingente específico e intracategorial, *benefícios* a mais. Pelo menos, especiais e típicos.

Não surpreende o aparecimento (e quanto mais amplo o quadro social ou mais variado o mapa das especificações e especializações, maior a ocorrência de ações setorizadas), dos *"gruppi particolare o gruppi chiave"*, como os batizou *Pergolesi*. Compostos por subcategorias importantes — pela sua força mobilizadora — tanto quantitativa quanto qualitativamente, tem vigor suficiente para influir, fortemente, nas decisões de sindicatos onde se radicam, pressionando os seus associativos.

Importante documento, em defesa da plenitude dos direitos de ação sindical (extra, inter e intra-associações), inclusive abrigando a legitimidade das movimentações subcategoriais, foi o que, na sua alvorada, a hoje consolidada União Européia, teve a ousadia e sensatez, a um tempo só, de aprovar, com força normativa para toda a área geopolítica então integrada (década de sessenta). Tratava-se da "Convenção para a tutela dos direitos do homem e das liberdades fundamentais", prevendo, além do direito, na sua expressão formal e subjetiva, também as garantias indispensáveis para o seu efetivo e pleno exercício.

Pérez Botija, oportunamente (obra citada, p. 308, nota 105), fazendo perquirição judiciosa sobre a intrincada relação Estado-Sindicato, ponderava: "La sociologia, como la biologia, señala tendencias de los grupos o células a autoorganizarse, por leyes de diferenciación y subordinación. Entre la sociedad política y la sociedad profesional no hay diferencia de naturaleza, sino de jerarquia. A la gradación de normas, descrita por Kelsen, se contrapone la de los grupos; éstos devienen, por ley ineludible, rivales naturales del Estado". Tal rivalidade, que ganhou expressão, pela importância sociopolítico-econômica do organismo profissional, no decurso do século XX (particularmente, a partir da 1ª Grande Guerra), viu, em muitas regiões, por fatores democratizantes no político e globalizantes no econômico-cultural, atenuar-se a antiga luta (ou submissão) do Sindicato ante o Estado; desenhou-se — por motivações conjunturais — uma sincronia ou, pelo menos, a aceitação de um correlacionamento de funções, com variável distribuição de tarefas (poderes?) entre eles. Não é regra pacífica que assim seja. Hoje, porém, não surpreende quando tal ocorre.

Paul Durand (*in* "L'État devant les puissances proffessionelles", Paris, 1949, pp. 101 e segs.) já asseverava que "tout le groupement tend, par nature, a se poser en rival de l'État".

Se a tendência histórica foi essa, o aconselhamento político-institucional subseqüente mais equilibrado recomendou que se reduzissem, no mundo laboral coletivo pelo menos, as tensões e as razões que alimentaram e incrementaram antagonismos, estimulando-se, *a contrario sensu*, as motivações racionais que conduziram à coexistência pacífica — se não amigável, pelo menos pragmática — e, de forma progressiva (quem sabe idealisticamente), à colaboração, como instrumento hábil, para humanizar (?) e multiplicar a produção e, com ela, a própria economia.

Riva Sanseverino (obra citada, p. 189), dissertando, também, sobre a *autonomia Sindical*, ponderava que "il concetto di libertá sindacale vienne interpretato in un senso piú estensivo e complesso che non si esaurisce al momento della costituzione dell'associazione e dell'adesione de parte dei singoli, ma che accompagna, comme neccesario presuposto, l'azione sindacale in tutti i suoi molteplici aspetti". Dessa maneira, a autonomia sindical, imprescindível para a plenitude da liberdade sindical, teve de ser ampliada, evolutivamente, a fim de que o Estado "permitisse" ao Sindicato o direito de autogovernar-se para, mais tarde, colaborar com o Poder Público na busca de solução dos problemas econômico-sociais do país. Enquanto o Sindicato não rompesse as peias que o impediam de dirigir-se, não seria um sindicato autêntico. Não seria reconhecido como um representante legítimo (ainda que legalmente o fosse) do grupo profissional. O ponto ideal de atingimento da maturidade de um movimento sindical era dado pelo grau de autonomia que ele possuía. Por isso, no caso brasileiro, apesar de inequívocos avanços pós-1988 (propiciados pela Constituição) vividos pelo nosso sindicalismo, em termos de liberdade, ainda há razoável trecho de estrada a vencer para se chegar à meta ambicionada.

No plano internacional, há condições essenciais a serem preenchidas para que se implemente a autonomia sindical. A *proteção dos dirigentes sindicais* por exemplo, não só poderia, como deveria, merecer destaque no contexto da autonomia sindical. Não seria possível autonomia sindical sem o prévio reconhecimento e a garantia de exercício da *liberdade de ação*; enfim, plena disponibilidade (sem pressão nem condicionamentos) para que os diretivos sindicais possam empreender, p. ex., uma campanha com legitimidade reivindicatória. Quando se alude à *garantia* para o dirigente sindical há normal referência, formal ou presumida, ao de entidade profissional (obreira), uma vez que os condutores do sindicalismo patronal (por enquanto, ao menos), não sofrem perseguições, seja dos que compõem a contraparte (trabalhadores), seja do Poder Público, com exceção do exemplo de reduzidas e anacrônicas ditaduras esquerdizantes (Coréia do Norte, Cuba etc.) onde o patronato ainda é visto como demoníaco.

Santoro Passarelli (obra citada, p. 23) enquadrava a garantia dos dirigentes sindicais no marco largo da liberdade associativa. Em termos italianos, entendia que se tratava de *apêndice da liberdade* e, por isso, constitucionalmente protegida, dentro da Carta Magna peninsular por rezar que "a organização sindical é livre". Segundo ele, se toda ela é livre, para que o fosse, na prática, seria preciso que os seus dirigentes atuassem livres de pressões. Para que isto pudesse ocorrer, necessitariam estar legalmente protegidos. Afirmava o mestre romano: "toda discriminación en el trato en relación con la pertenencia a una o a otra organización, toda represalia hacia los organizadores y dirigentes sindicales, como hacian a los componentes de las comisiones internas, deben considerarse ilegitimas". Destarte, a proteção invocada por *Santoro* adviria do próprio dispositivo constitucional de seu país, que não exigiria qualquer regulamentação para sua aplicabilidade. Tal diretriz constitucional estimularia, como a prática mostrou na realidade itálica, que o protecionismo — já consistente — graças a tão explícita e exemplar retaguarda normativa fosse ampliado na vivência negocial coletiva subseqüente.

No Brasil, impõe-se, ao analisar-se liberdade e, particularmente, autonomia sindical, relembrar o artigo 528, da Consolidação das Leis do Trabalho: "ocorrendo dissídios ou *circunstâncias que perturbem o funcionamento do Sindicato,* o Ministro do Trabalho e da Previdência Social poderá nele *intervir*, por intermédio de *delegado* com atribuições para administração da associação e executar ou propor as medidas necessárias para normalizar-lhe o funcionamento". Ora, a amplitude da expressão "circunstâncias que perturbem o funcionamento do Sindicato" era tão vasta que permitia ao Ministro do Trabalho a possibilidade de ter, no momento desejado, sob controle absoluto (nomeando "delegado" de sua confiança para administrar a entidade) não uma associação profissional mas, potencialmente, *todo o sindicalismo brasileiro.* E assim foi até que, em 1988, através da Constituição vigente, se fixassem novos parâmetros e se barrasse essa, mais que interferência, possibilidade legal de dominação dos sindicatos pelo Estado.

Afirmou-se, no *caput* do artigo 8º da Carta Magna, que 'é livre a associação profissional ou sindical, observado o seguinte: ... "Assim, a liberdade sindical, ganhando patamar constitucional, foi expressamente ungida. Em seguida, detalhava-se a liberdade e consagrava-se, explicitamente, *a autonomia sindical* ao estipular-se (artigo 8º, inciso I): "... vedadas ao Poder Público a interferência e a intervenção na organização sindical". Avançava-se das ameaças do intervencionismo governamental — intimidatório e discriminatório — para a responsabilidade de administração. Passou-se a exigir da categoria, que se fizesse sustentáculo político-jurídico da autogestão e, por via de conseqüência, da liberdade sindical *lato sensu*.

Destacou-se, a título de exemplo, nas conquistas transfiguradoras (verdadeiras plásticas estéticas e reparadoras, democratizando o Direito Coletivo do Trabalho brasileiro), propiciadas pela Constituição de 1988, como avanço, o que a melhor doutrina tem como um integrante essencial da liberdade, no vértice do seu triângulo tradicional, que é *a autonomia*(67). A respeito, o inciso VII, do referido artigo 8º, estabeleceu também que: "é vedada a dispensa do empregado sindicalizado, a partir do registro da candidatura a cargo de direção ou representação sindical e, se eleito, ainda que suplente, até um ano após o final do mandato, salvo se cometer falta grave nos termos da lei".

Arejou-se, com isso, a vida sindical brasileira, não ainda superando todas as limitações a ela impostas (a unicidade não foi excluída, nem mesmo pela Carta de 1988, razão pela qual nosso país continuou impedido de ratificar a Convenção-matriz n. 87), mas ensejando ao associativismo profissional brasileiro um salto de qualidade que lhe permitiu, nos últimos quinze anos, construir uma identidade própria respeitável e assegurar um acionar autônomo, habilitando-o a representar, com bastante autenticidade, as diferentes categorias profissionais.

---

(67) Afirma *Iran Jácome Rodrigues* que, "no Brasil, ao invés de romper com o modelo corporativista, promoveu-se uma "adaptação dinâmica a este", através do qual, "na Constituição de 1988 foi obtida a autonomia perante o Estado, mas não foi conquistada a liberdade de organização, havendo permanecido a unicidade sindical". *Apud* SILVA, Walkure Lopes Ribeiro da. "Representação e participação dos trabalhadores na gestão da empresa", São Paulo, LTr, 1998, p. 171.

36. A COMISSÃO INTERNA

Não seria lógico, investigando o sindicato, deixar à margem uma estrutura que tem cumprido funções representativas, e até negociais, intra-empresa, muitas vezes similares (n'algumas, complexamente competitivas; noutras, logicamente complementares) às do sindicato. Está a falar-se das *comissões internas*, também denominadas *comissões de fábrica* (porque foi nelas que as comissões surgiram, nos alvores do pós-2ª Guerra, em industrializados países ocidentais).

Rodolfo Napoli (obra citada, p. 55), analisando a atuação dos operários, em grupo, na intimidade exclusiva da empresa, afirmava: "la intervención de los trabajadores en la vida de la empresa es un fenómeno proprio de la era industrial, producido, por un lado, a favor de la evolución del concepto jurídico de la propriedad privada hacia el funcionalismo social; por otro, al impulso del Derecho Laboral". Uma das formas salientes — se não a mais — dessa intervenção ou dessa presença ativa do empregado, em grupo, na vida da empresa foi (e, em muitos casos, ainda é) a comissão interna. Em países como o Japão (e seus afluentes asiáticos), com as roupagens próprias de sua cultura, ganhou destaque decisivo, não só no aspecto laboral, mas em toda a vida produtiva e administrativa da empresa.

A comissão interna frutificou como resultado da idéia da cooperação entre capital e trabalho, espontaneamente articulada pela vontade das partes interessadas, não condicionada à imposição estatal. Veio do piso da fábrica para a mesa negocial. Em vários países, daí chegou à lei e, em alguns, ganhou foros constitucionais. Na Constituição italiana, p. ex., o artigo 46 reconhecia a possibilidade de os trabalhadores organizarem-se intra-empresa, inclusive para integrar o conselho de gestão. Não se prescrevia tal princípio como imposição ou obrigatoriedade. Enunciava-se como perspectiva, previamente reconhecida, que se faria operativa pela vontade das partes.

Não se tome a idéia da colaboração como princípio de esvaziamento da capacidade obreira de reivindicar. Significava fazê-lo por outros caminhos, com outros métodos e tendo objetivos específicos para (e por) grupos definidos. A comissão interna preocupava-se com a sorte da empresa, contribuindo, na sua visão e versão, para que ela fosse exitosa, mas cuidando que esse êxito tivesse capacidade de também alcançar os empregados: previamente, melhorando condições de trabalho; posteriormente, fazendo-os compartilhar de algum resultado do lucro que, antes, se destinava exclusivamente ao empregador.

Deve-se, também, deve reservar um parágrafo para circunstanciais exemplos em que as comissões internas foram, preponderantemente, instrumentos de ação política. A Espanha viveu esse modelo, na aceleração da queda franquista. O movimento operário, ladeando o sindicalismo oficial (totalmente vinculado ao e comprometido com o Governo ditatorial), conseguiu *introduzir-se* no que era um parque industrial iniciando sua modernização e, *por meio* de autônomas, aguerridas e ideologicamente definidas, *comissões internas*, estabeleceu estratégias de luta (greves extralegais etc.) e procedimentos negociais. Com isso — e ante a "compreensão" de um patronato que se apercebia do irreversível da mudança e preferia fazê-la pacífica e negociada — as comissões foram disseminando-se (das áreas mais para as menos fabris), levando consigo uma mensagem política que tinha suas raízes entrelaçadas com as relações de trabalho e com o mundo da produção. Isso, entre outros motivos (que não cabe aqui analisar, por pertencerem ao terreno da Economia e, sobretudo, da Ciência Política), explica a ascensão ao poder, e nele sua larga permanência, do ex-premier socialista Felipe González, originário das comissões internas, das quais foi o mais influente e notório advogado, na época difícil das negociações conflitadas.

De qualquer maneira, ressalvados casos peculiares, a comissão interna teve, como regra de funcionamento e sêmen fecundante, a *idéia da colaboração*, que também inspirou e norteou a atuação de um *outro organismo intra-empresarial*, aparentado com a comissão interna: o *conselho de gestão*. Este, em geral constituído em caráter paritário, quando apresentava poderes deliberativos, sendo, na sua composição, os empregados minoritários ante a representação patronal, mas assegurando-se-lhes voz e voto. Em certas circunstâncias, sua composição era exclusivamente de trabalhadores, ocasião em que suas funções e competência permaneciam restritas ao plano consultivo, podendo, no entanto, oferecer recomendações e pareceres, inclusive sobre o planejamento estratégico da empresa, acompanhando sua implementação. Houve situações em que se estruturaram *conselhos de gestão paritários*, crescendo, progressivamente, a representação empregada, diversificando-a (segmento fabril, administrativo, de gestão etc.), ensejando influência concreta nas deliberações. Tal ocorrência levou *Unsain* — passando de uma exceção, como tal, rara, à visualização de uma nova regra, que nunca chegou a se constituir — a falar, com exagerada empolgação, em surgimento de *"controle obreiro da empresa"*.

Os *conselhos de gestão* tiveram grande destaque, a partir da década de sessenta do século passado e, particularmente, na Europa ocidental ganharam importância, tornando-se usuais em empresas de um certo porte. A Alemanha Ocidental foi seu grande caldo de fermentação, produzindo múltiplas versões da idéia-matriz, na medida em que tratava de adatá-la à realidade de cada empresa. Até meados da década de oitenta, houve resultados, em muitas experiências, de grande valia. *Daí em diante*, porque houve novo quadro na economia internacional, alteração no jogo universal de poder, declínio do confronto das ideologias bilaterais até então vigentes, aceleração tecnológica, agressividade da globalização, novas relações (inclusive físico-geográficas) de produção, particularmente das transnacionais, nova abordagem (*marketing*, padrões de consumo etc.) dos — em muitos casos, também novos — mercados, *a intimidade da empresa* teve de mudar. E nessa mudança, alcançou o Conselho de Gestão, as razões de sua criação, obrigando-o a ceder passo a novas estruturas ou a reformular-se, adequando-se por empresa, setor, cultura, região a novas e/ou renovadas tarefas, para sobreviver validamente.

Já a comissão interna nasceu menos ousada, propondo-se a funcionar como orgão de fiscalização ou de supervisão da administração do trabalho na área empresarial. Voltada a exercer, como braço da organização sindical, tarefas supletivas, vigiando o fiel cumprimento de condições dignas e legais de trabalho. Tal lhe era cometido, especialmente ante o reconhecimento pelos próprios Poderes Públicos da incapacidade de executar, a contento, tal missão, originária e precipuamente de sua competência. A *comissão interna* teve sua composição, reservada, com exclusividade, aos empregados e dela se requeria e aceitava que acompanhasse o fiel cumprimento das cláusulas contratuais, em especial das coletivas.

Santoro Passarelli (obra citada, p. 30) delas dizia: "es notable la evolución de éstos organos. Através de los recientes contratos colectivos y de la práctica de los últimos años, las comisiones internas han pasado, también en Italia, de la representación de los intereses *individuales* de los trabajadores a la representación de los intereses colectivos de la comunidad *de trabajo* en el interior de la empresa".

Em muitos países passara, assim, a comissão interna a aumentar as suas atribuições, interessando-se pelo acompanhamento das realizações conjuntas empregador-empregado no terreno social. As instituições de apoio extralaboral ao empregado (de lazer, de assistência etc.) teriam seu controle ou sua co-participação. Mais adiante, a própria área produtiva passou a ouvir, seguidamente, opiniões do mundo do trabalho, por meio da comissão interna. Com isso, a gestão (e o próprio planejamento) técnico que, de início, cabia ao empresário, *intuitu personae*, ou aos funcionários especializados que agiam em seu nome, dividiu-se com a comissão interna, canalizadora da opinião dos demais empregados, servindo de veículo para suas ponderações.

A organização das comissões internas dependia de cláusulas estipuladas na negociação coletiva. A época de eleição de seus integrantes, o número de componentes, a escolha proporcional ou majoritária de seus formadores, a ponderação que assegurava equilíbrio ou dele aproximava as diferentes categorias profissionais, *tudo, enfim, deveria estar disciplinado* pelas regras conveniadas coletivamente. Ante o pluralismo sindical, tornava-se óbvia a concorrência entre as diversas organizações para colocar nas comissões internas, já valorizadas, um maior número de seus associados, a fim de que o orgão "de dentro da empresa", afinasse, perfeitamente, com este ou com aquele sindicato. O exemplo italiano ensinava-nos a respeito que "la disciplina colectiva regula también la composición y la elección de las comisiones, asegurando una representación proporcional de las diversas categorias profesionales y de las diversas corrientes" (*Santoro*, obra citada, pp. 30-31).

As comissões internas subiram um degrau na sua escala de importância, quando, na Itália, em meados de cinqüenta, se iniciou a utilizar um novo modelo de negociação coletiva, denominado "*aziendale*", isto é, um tipo de contrato coletivo válido exclusivamente para a empresa firmatária. Com ele, a comissão interna destacou-se, na prática, começando a superar, na sua função prioritária (negociar), a própria ação sindical. O operário ouvia, com mais sonoridade, e entendia com maior presteza, o apelo da comissão interna, da qual se sentia um integrante efetivo e com quem estava familiarizado, por perceber sua configuração mais concreta e mais ativa. Deixava de lado, assim, em repetidas ocasiões, a solidariedade social mais larga, proposta pelo sindicato, e que se ia tornando difusa e rarefeita à medida que se obrigava a cobrir quadros sociais filiados a associações muito amplas, como ocorria (e ocorre) nas confederações nacionais, por exemplo. A comissão interna, parte de sua comunidade mais próxima, pensava o trabalhador, estaria mais habilitada a resolver os problemas maiores do seu mundo laboral, estipulando contratos, fiscalizando sua implementação, administrando as instituições sociais, normalmente deles decorrentes ou com eles convergentes, oferecendo à massa empregada mais benefícios diretos e imediatos. A comissão interna, em determinado momento, crescendo na sua competência, significou ameaça de esvaziamento à organização sindical, inclusive na sua atividade extraempresarial.

Foi por isso, ou talvez também por isso, que dirigentes sindicais, especialmente europeus, que viam na comissão interna, em sua missão histórica, importantíssimo aliado e que entendiam, não ser possível — sob pena de fracionar-se seriamente o mundo obreiro — investir contra ela, trataram de, criativamente, alterar a dinâmica da disciplina coletiva. Buscaram *pressionar*, valorizando em acordos de cúpula (interconfederais, por exemplo), a *comissão interna,* de maneira que ela — e sua missão — viessem a transformar-se em apêndice da estrutura e da ação sindicais propriamente ditas. Podiam iniciar tratativas, entabular negociações; mas estas só chegariam à formalização (contrato ou convenção coletiva de trabalho) com a chancela oferecida pela interveniência do sindicato. Via-se, assim, o propósito do grande sindicalismo de não confrontar com (muito menos arriscar uma política de destruir a) comissão interna, mas de conviver, numa estratégia pragmática, tentando absorvê-la, cooptá-la. Assim, impediam que sua evolução (da comissão interna), se autônoma, pudesse se transformar numa barreira para as finalidades e num risco para a existência representativa do sindicato, a largo prazo.

Santoro (obra citada, p. 32) acentuava, avaliando essa relação de parceria e concorrência e destacando certa resistência patronal a um crescer de atividade das comissões internas, que: "la atribuición a las comisiones internas de las misiones más amplias aludidas y, en particular, de la competencia para la formación del contrato de "azienda", se opone, no solo a la resistencia de los empresarios, sinó también, a la concepción monopolística de la representación de los intereses de categoria que tiene el sindicato; y ciertamente no se puede, por muchas razones, resultar menos eficaz que la acción del sindicato, de donde la necesidad de coordinar su acción con la del sindicato. A la realización de la colaboración de los trabajadores en la gestión económica de la empresa, se opone la sospecha de que la misma, de instrumento de efectiva igualdad, puede pasar a ser instrumento de atropello y de conquista". Existia certa hostilidade (pelo menos, desapreço) sindical, motivada por uma divisão de atribuições considerada indevida, pelo órgão associativo, temeroso de um fracionamento categorial e, por decorrência, da conseqüente perda de seu poder de comando. Por outro lado, *setores empresariais* também expressavam *intranqüilidade* com o avanço da comissão interna, considerando-a sem o necessário embasamento para suportar a tentação de transformar-se em elemento de descabida pressão e, pela sua inserção espacial, tornar-se presa fácil de reivindicações anômalas e prejudiciais no coração da fábrica.

Indiscutivelmente, a *comissão interna*, usando sua possibilidade de opinar e, mesmo, eventualmente, de influir na gestão técnica e, particularmente, *o conselho de gestão*, agindo com força no núcleo empresarial, que se mostrava — em determinados países e em certa época de prevalência política da democracia cristã ou de uma social democracia genuína — mais rarefeito se comparado com sua antiga personalização, *fizeram* com que se pressentisse uma espécie de *"funcional socialização"* no comando de grandes corporações. Com a adoção até mesmo do *"acionariado obreiro"* (em poucos mas significativos modelos empresariais) pensou-se, inclusive, no encaminhamento rumo ao desenho de um tipo de propriedade que se dividiria, ensejando, por decorrência, a multiplicação de seus titulares. Estaria a surgir uma formulação que faria a popularização ou redistribuição da propriedade, ainda que a mantivesse privada. Na realidade tal sucedeu em alguns poucos, mas destacados e alardeados, exemplos práticos e em muitas constantes e empolgadas construções doutrinárias. Mesmo nesses modelos, não se negaria que era o capital privado que controlava os empreendimentos, ainda que sua gestão, com participação do empregado, o fizesse mais humanizado. Apesar de todo o entusiasmo jurídico-político pela fórmula, reconhecer-se-ia, como fazia *George Rippert* (*in* "Aspectos jurídicos del capitalismo moderno", trad. espanhola, Madri, 1961, p. 284) que "la que se llamaria comunidad empresarial no fuera aun alcanzada en terminos absolutos y de manera efectiva".

37. NATUREZA JURÍDICA DO SINDICATO

Uma das questões que despertou maior debate no mundo jurídico-laboral, envolvendo o *Sindicato*, foi sua *natureza jurídica*: a oscilação doutrinária entre os que o colocaram na esfera pública e os que o enquadraram como privado. *Santoro Passarelli* (obra citada, pp. 7 e segs.) afiançava: "el derecho del trabajo se distingue de las otras disciplinas jurídicas y se rebela incluso a la división del derecho en las dos ramas del derecho público y privado — división que está lejos de ser clara". Mais adiante, agregava que a autonomia individual e a autonomia coletiva seriam açambarcadas pelo Direito Privado, reservando-se ao Direito Público a disciplina da previdência e da assistência social (o que, inclusive, com a contemporaneidade se viu — e vê — que não tem tão pacífico e específico enquadramento publicístico). Fora de qualquer debate doutrinário, pode-se afirmar que a origem do Direito do Trabalho é privatista. Sua publicização — aparente ou real; forçada ou espontânea — ocorreu *a posteriori* e mostrou variadas gradações (inclusive, em certo período, transcendental importância como a que se constatou episodicamente na América Latina). Na Europa Ocidental, porém, mesmo tendo o Estado aproveitado uma etapa de ostracismo democrático (nazi-fascismo, de um lado; comunismo, de outro) retornou-se, com o respeito restaurado às liberdades (civis e classistas), à posição de origem, permitindo e assegurando às partes o direito de determinar a regulamentação dinâmica da atividade profissional, e da proteção dessa atividade.

Óbvio que, neste estudo, não se pensa abranger, toda a ciência laboral (também a ele, doutrinariamente, sensível) mas, especificamente, o Sindicato. *Se público*, seria uma entidade dotada de faculdades impositivas generalizadas, enquadrada, de forma direta ou indireta, na máquina governamental. *Se privado*, representaria interesses determinados (que não se estenderam a, nem se originaram de toda a coletividade), quando muito colaborando com a administração pública, sem dela depender hierarquicamente. Sua limitação estaria na obrigação de respeito à ordem pública, obediência aos dispositivos legais que se destinassem a preservá-la e subordinação aos preceitos constitucionais e à lei moral.

Seria, no entanto, controversa em certos momentos a situação jurídica do sindicato, isto porque atuaria também em áreas nebulosas, de difícil delimitação, áreas que já serviram, em outras oportunidades, para impugnar a tradicional bifurcação em Público e Privado. E o Sindicato, efetuando algumas funções, representando determinados interesses, comprovaria esse risco de ambigüidade classificatória. Estaria, por isso, para alguns, numa posição usualmente intermediária, indefinida, se examinado com a lupa da mais exigente doutrina. *Santoro Passarelli* preceituava (obra citada, p. 20) que "los sindicatos, mientras persiguen intereses colectivos privados, son asociaciones *privadas*. Pero, como sociedades puestas al servicio de intereses permanentes, contribuyen estable y organicamente al orden de la sociedad general en la que viven. Por ello, el Estado ha considerado, siempre, los fines sindicales como estrechamente unidos al interés publico".

Mesmo numa posição privatista, há de admitir-se a existência de funcionalidades que geraram, pelo menos, afinidade — se não consangüinidade — entre as finalidades específicas do Estado e as do Sindicato. Se a natureza não era a mesma, se a organização de ambos diferia, se a área prioritária de atuação era diversa, *não importava*; o fundamental seria que o Sindicato, mesmo permanecendo como ente privado, entrelaçar-se-ia com o (e no) Estado para lograr, em conjunto, fins públicos. Não haveria, com isso, desnaturação; existiria, isto sim, ampliação dos fins.

Os interesses coletivos profissionais que se responsabilizariam pela coesão sindical, garantiriam a permanência da entidade na área do Direito Privado, uma vez que tais interesses, por essência, a ela pertencem ainda que distintos dos interesses puramente individuais.

Riva-Sanseverino, estudando a mesma matéria (obra citada, p. 241), concluía que "la categoria profesionale puó rivendicare una sua autonomia quale raggrupamento intermedio che, *senza certo raggiungere lo Stato*, si differenzia peró nettamente dell'individuo, anche cuando lo si consideri in vista di un determinato status professionale".

Distinguia entre o interesse individual e aquele, também privado, mas que se instala e atende peculiariedades da categoria: *o coletivo*, composto de interesses individuais, mas não se iguala à soma deles, nem com eles se compara no objetivo. É diferente e exclusivo, possuindo fins próprios. Colocado em um meio-termo entre o individual e o estatal. A indagação colocada é se esse *mundo intermédio*, de fronteiras oscilantes, pertenceria ao (ou deveria ser tratado pelo) Direito Público ou Privado, pois com ambos convive e deles sofre influência. Mesmo reconhecendo momentos — e não poucos — de hibridismo, o interesse coletivo profissional, geneticamente, alicerça, enraíza sua natureza no privado, ainda que, circunstancialmente, venha a imiscuir-se, por necessidade funcional, no espaço do interesse público, com ele até, nesses momentos, confundindo-se. Enfim os interesses coletivos representavam um todo unitário e indivisível, os quais, como diz *Riva-Sanseverino* (obra citada, p. 215) superando "la cerchia degli interesi individuali, non raggiungono la cerchia degli interesi generali".

O lógico, na busca de uma resposta mais satisfatória para esse enigma (?) do Público ou Privado, no que concerne à natureza jurídica do Sindicato, é que ela seria oferecida pelas características próprias dos ordenamentos legais existentes nos países: enquanto nos regimes de "base autoritária" prevaleceria o elemento publicístico; nos regimes de "base democrática", o predomínio seria do privatístico. A referência ao democrático estaria centrada no plano das relações coletivas profissionais, uma vez que, mesmo *não se tendo* notícia de sindicatos livres (com franquias democráticas) em Estados ditatoriais, já foi possível — em situações bastante raras, é verdade — encontrar *sindicatos* fechados, *autoritários*, imperiais (quando dominados por uma oligarquia ou pela manutenção de um anacrônico ordenamento amordaçante: a América Latina testemunhou casos tais) *em Estados* nos quais existiriam, em outras áreas, garantias subjetivas públicas satisfatórias. Isto não anularia o fato de que a situação jurídica, a vida autônoma do Sindicato seria sintoma ou até diagnóstico precoce do quadro político-administrativo do país. No entanto, seria exagero asseverar que seria sua única componente.

Por isso, quando *Sanseverino* fala em ordenamento democrático, foca o esquema legal que circunda o ente profissional. O Brasil, por exemplo, olhando pelo retrovisor (década de cinqüenta, p. ex.), possuía um regime democrático, onde, em certos momentos, prescrições constitucionais equiparavam-se àquelas disciplinadas nas Constituições mais modernas; no entanto, nosso ordenamento sindical não se cercava de um conjunto de garantias, que o classificariam como democrático. E tal déficit de liberdade/autonomia ocorria pela mentalidade pouco associativa do produtor; pelo nível instrucional ainda deficiente da classe obreira; pelos modelos corporativistas de onde se derivou nosso arcabouço sindical. Tudo contribuía para a convivência com um paradoxo jurídico-político: as garantias asseguradas ao indivíduo não eram transplantadas para assegurar a plenitude de atuação sindical. Esse temor de liberar o ente profissional, esse intuito de "protegê-lo", fiscalizando-o, guardava resquícios da metodologia corporativa fascista, por um lado, e, por estranho que pareça, do próprio liberalismo, no qual o indivíduo possuía seus direitos mas não poderia exercitá-los, se quisesse fazê-lo associado com outros indivíduos. Esse o anômalo quadro fático-normativo brasileiro, onde o Sindicato, durante quase toda sua vida, foi atrelado a um Poder Público que o fazia de massa de manobra, ante a complacência e a co-participação de crônicas "lideranças" que transformavam funções diretivas classistas em sinecuras burocráticas longevas. Aproximou-se o Sindicato, no Brasil, por muito tempo (mudanças consistentes, ainda que não plenas, datam da Carta de 1988) da repartição pública, em similitude de funcionamento (letárgico) e atribuições (delegado de tarefas oficiais garantindo-lhe poder ante a categoria associada, sua dependente, e fazendo-o dominado e, por sua vez, dependente, ante a máquina político-administrativa governamental). Com tal vinculação, fazia-se difícil delinear, para o Sindicato brasileiro, um perfil de autonomia. No caso, sua relação "carnal", demasiado submisso ao Governo, impedia de colocá-lo no rol das instituições de Direito Privado, enquadramento que não se coadunava com o *hermafroditismo* de sua funcionalidade: classista, pelo quadro social; oficialista, pelas muitas prerrogativas institucionais conferidas e por tantos encargos assumidos, diante diretrizes governamentais.

Voltando ao *panorama universal*, respaldamo-nos em *Pérez Botija* (obra citada, p. 378), ao assinalar que "también se habla de *comunidad de derecho privado*, porque privados son los sujetos y los intereses que se aunan. Pero los métodos para proceder a la tutela de estos intereses afectan muy de cerca al bien comun y al orden público". Tal enfoque levaria a que se exemplificasse a situação, com uma figura que possuísse envólucro de ordem pública e conteúdo de natureza privada, concluindo-se que, efetivamente, a natureza jurídica — doutrinariamente falando — do sindicato seria privada, pois se reportaria a esse cerne. *Krotoschin* (obra citada, p. 91) proclamava: "al ser los intereses individuales y colectivos de sus miembros de carácter puramente particular, se sostiene su naturaleza privatista" e aduzia, complementando: "el Sindicato tiene derecho a formarse de un modo que lo haga independiente de la Administración publica, en la cual no se encuentra incorporado, y a vivir libre de su ingerencia". Conceituação que não se mostra adequada a uma realidade de transição por que se teve de transitar, na qual não se podia deixar de proclamar a essência privada do interesse coletivo profissional e, por outro lado, não cabia ocultar a coparticipação sindical na realização, junto com o Estado, de fins ligados ao interesse público. Daí a busca de adequação prática nas teses e na nomenclatura oferecida por *Alonso Olea* (*in* "El Sindicalismo en los Estados Unidos", Panorama del Sindicalismo Mundial, Madri, 1962, pp. 70 e segs.), abordando mais o aspecto político do que técnico das complexas relações gremiais. Inspirando-se na modelagem anglo-saxônica, o professor madrilhenho, registrando e admitindo os *"semipublic bodies"*, incluía a organização associativa profissional, na categoria das *"semipublic corporations"*. Tais figuras (*semipublic bodies* e *semipublic corporations*) poderiam ser assemelhadas às *pessoas coletivas*, enunciadas e propostas por *Mazzoni-Grecchi* (*in* "Diritto del Lavoro", 1958, Roma, p. 120). Segundo eles, esse tipo intermediário de personalidade estaria alicerçado em dois fundamentos: a) representação da coletividade de indivíduos voluntariamente associados; b) tutela de interesses dos sócios como *interesses coletivos*. Pelo que se depreendia do primeiro dos requisitos existiria a necessidade de ser voluntária a adesão, apesar de notórias — ainda que eticamente questionáveis — as cláusulas de negociação coletiva coagindo (ou, pelo menos, pressionando) à filiação, ademais de certas legislações nacionais que traziam, no seu bojo, tal compulsoriedade. A ocorrência de qualquer um desses constrangimentos (negocial ou legal), para *Mazzoni-Grecchi*, excluiria a idéia da *pessoa coletiva*.

Destarte, a melhor doutrina optou, prevalentemente, pela natureza *privada* do sindicato, mesmo admitindo uma evolução (?) dessa natureza, devido a exigências fáticas no eixo da atuação classista. Isso a levou à caracterização circunstancial de uma *pessoa jurídica intermédia* (lembrando ou incorporando os mutáveis *semipublic bodies* e/ou as pessoas coletivas), em face dos fins ligados ao interesse público que realizava, acoplada ao Estado. *Kaskel* e *Dersch* (obra citada, p. 473) asseguravam que "las asociaciones profesionales son figuras juridicas de *derecho privado*, que, como tales, no están incorporadas al aparato administrativo del Estado, aunque la ley les haya conferido ciertas funciones de carácter jurídico-público". Inspiravam-se os tratadistas na modelagem germânica, construída no pós-guerra, na qual correspondia ao Direito Civil reger o regime jurídico das entidades profissionais, sem que tal significasse qualquer restrição à liberdade quase absoluta, consagrada no artigo 9º, inciso III, da Lei Fundamental.

O contraponto a tais idéias encontrávamos, por exemplo, no antigo posicionamento de *Oliveira Viana*, defensor do Estado corporativo e da versão oficialista do sindicato. Foi um dos mentores da farta legislação, inclusive laboral, produzida no Estado Novo e que, num fenômeno de rara longevidade, ainda preserva muitas de suas marcas — quase 70 anos depois — nas atuais normas trabalhistas brasileiras. Dizia (*in* "O Sindicato e as associações profissionais", Rio de Janeiro, 1938, pp. 3 e segs.) que "associação profissional é Sindicato de direito privado; sindicato propriamente dito é sindicato de direito público". O Sindicato, no entanto, para nós, pressuporia representação efetiva e isto não se acharia na competência da associação profissional. Dessa forma, esta não poderia ser encarada como um sindicato de direito privado, e, sim, como mera associação civil, logo de direito privado que, por ser classista, ocuparia, no máximo, um estágio pré-sindical".

Diversa da posição exposta — e já contestada — de *Oliveira Viana* era a sustentada por *Themistocles Cavalcanti* (apud *Cesarino Junior*, obra citada, p. 280): "o sindicato é pessoa jurídica de direito privado, *sui generis*, distinta do comum das associações, devido às suas importantes funções públicas, como orgão de colaboração com o Estado e subestrutura da organização corporativa do país". Assim, mesmo no período corporativista e ainda que considerando o sindicato nacional entrosado com tal esquema (que o dominava) político-social-econômico, *Themistocles* colocava-o na órbita das pessoas jurídicas de direito privado, o que, em tal contexto, seria discutível. A natureza do sistema — pelo modelo da legislação nacional, à época — estimulava o trânsito do Sindicato para o mundo do Direito Público. O "Estado Novo" e o que a ele sucedeu (e dele decorreu), em termos de Direito Coletivo do Trabalho, pelo menos até 1988, foi um desenho do sindicalismo *semioficial*, vivendo às custas de um *semi-imposto* e, na verdade, sendo um *semisindicato*.

Bayón Chacón e *Pérez Botija* (obra citada, p. 664) analisando a natureza jurídica do sindicato em diferentes sistemas político-jurídicos, acentuavam que "la Iglesia, por medio de la doctrina pontificia, há marcado el carácter natural del derecho de asociación profesional (Rerum Novarum, 48), definiéndole como derecho superior y anterior al Estado (Quadragesimo Anno, 43)", o que demonstraria a vinculação do espírito associativo com a própria natureza do indivíduo, independente da tutela, do controle e da existência do Poder Público. Essa a linha das Encíclicas.

Por outro lado, fazendo-se um recorrido nos ordenamentos legais e nas práticas de diferentes países constatamos que a natureza privada do sindicato (usualmente regrado pelo Código Civil) foi consolidada, sendo indiscutível, p. ex., em países europeus, tais como Alemanha, Itália, Grã-Bretanha, França, ainda que, nela, se preservasse a figura do *mais representativo*. Este, mesmo concentrando poderes delegados pela lei e extrapolando sua representação os limites do quadro social, não sugava, totalmente, o poder dos demais sindicatos, achando-se sujeita à verificação essa sua *ultra* representatividade, posto que lhe era exigido preencher, permanentemente, condições numérico-operacionais para preservar tal liderança representativa. A fórmula instituída (caso francês) do *sindicato mais representativo* mostrou-se prática na pluralidade sindical, não servindo, no entanto, para trocar a natureza jurídica da associação profissional levando-a para o Direito Público.

Há de se recordar, sobre o Direito Inglês, que, apesar das peculiariedades do *"common law"*, não se fugiu da conceituação privatista dominante na Europa. Regeu-se sempre pelo Direito Comum, ainda que existisse uma lei, hoja revisada e alterada, de Associações Profissionais não modificativa da conceituação anterior. As *Trade Unions registradas* seriam "quase corporação" (expressão cunhada por *Lord Atkinsons*), o que não tinha maior significado — além da mera curiosidade doutrinária — já que a maioria das entidades, com atuação na área profissional, era (e é) composta de *Trade Unions não registradas*, isto é, de associações reguladas pelo Direito Civil, perfilhadas pelo jusprivatismo.

Já, nos Estados Unidos, os sindicatos nasceram e consolidaram-se, através dos tempos, como *associações de fato*, mau grado o controle, numérico-estatístico, exercido pelo *National Relations Board* (NRB), que, na prática, nunca interviu na administração classista ou restringiu-lhes a liberdade.

Hernainz Marquez (*in* "Tratado Elemental de Derecho del Trabajo", 1962, Buenos Aires, 5ª edição, p. 151) apresentou uma divisão das que, a seu juízo, teriam sido as fases por que teria passado o enquadramento da natureza jurídica dos sindicatos: "a) *Sociedad de derecho privado*, correspondiente a una posición inicial totalmente envolucrada con el Derecho Civil; b) *Asociación*, aunque también privada, manteniendo su perfil laboral y autónomo, sirve de tránsito para una nueva configuración; c) *Personalidad laboral propria*, con personalidad autónoma, que ofrece la garantia de la autogestión, privativa del Derecho del Trabajo".

A primeira fase, e sua concepção, confundindo, integralmente, o sindicato com a associação civil mais comum não poderia, hoje, possuir defensores, quando, progressivamente, o Sindicato e suas ações espraiaram-se, ganhando destaque e convivência societária, até mesmo substituindo o Estado — o que é exceção — ou com ele cooperando na execução de tarefas. A segunda formulação (*Associação*) teria maior admissibilidade, uma vez que a manutenção da natureza privada seria, praticamente, imprescindível à autenticidade sindical, a qual, por meio desse reconhecido privatismo, comunicar-se-ia, no relacionamento cotidiano, cada vez mais intenso, com o espaço coletivo profissional (Direito Coletivo do Trabalho), figura do Direito Privado.

A última fase (personalidade laboral própria) é "irmã mais velha" da anterior, pois a modificação que separa uma da outra não incorre em transfiguração da essência jurídica. Diz, enfim, *Hernainz* que a personalidade sindical é exclusiva do Direito do Trabalho, sendo, pois, autônoma.

É bom recordarmos que o *Direito do Trabalho*, mau grado a constante *interferência* — tão flagrante em determinados momentos, especialmente na América Latina, até há pouco em boa parte da Europa Oriental, além de usual nas nações subdesenvolvidas africanas e asiáticas — do *Poder Público, não perdeu sua feição privada*, ainda que partilhada com eventuais marcas publicísticas. Já *o Sindicato*, que teve (e tem) a sua natureza configurada por esse Direito do Trabalho, *seria privado* no seu núcleo formador, o que não levaria a negar a existência de traços decorrentes das incursões que os entes profissionais realizaram (e realizam) nas áreas de interesse público, ajudando na conquista de benefícios extensíveis a toda a categoria.

Rodolfo Napoli (obra citada, p. 82) diz que "la representación sindical puede emanar de la 'voluntad' — y en ese caso se denomina representación *voluntária* — o de la 'ley' (y en ese caso se llama representación *legal o necesaria*)". Para ele, a diferença não existiria ao enfocar-se o problema sindical, da fonte de onde promana, "sino de la manera como se comporta la voluntad del representado".

A representação voluntária não poderia ser outra coisa que não pertinente ao âmbito das *relações privadas*, fruto da vontade individual, manifestando-se sem imposição legal. Nela estariam compreendidos, especialmente ante a liberdade de adesão assegurada, os que outorgariam, como associados, a representação do e ao ente profissional. A representação *legal* ou *necessária* poderia, a seu turno, ser de *direito privado* ou de *direito público*, conforme fossem de um, ou de outro caráter, os interesses sobre os quais recairia, respectivamente, a representação. Mesmo quando a representação se explicitasse pela veiculação legal, não se poderia obrigatoriamente, entender que tal presença da norma estatal transmutaria, de per si, a sua natureza jurídica para a órbita Direito Público. A natureza do interesse representado é que daria a tônica e, portanto, se, no sindicato, a representação feita fosse a de interesses coletivos profissionais, que se restringissem à área privada, *não se deveria*, doutrinariamente, falar, considerando a natureza sindical, em seu aspecto jurídico, como englobada no Direito Público. Mesmo quando, exercendo funções disciplinadoras para toda a categoria, estivesse a colaborar com o Estado, desenvolvendo ações afinadas com o interesse público.

Sempre permaneceria — e permanecerá — o Sindicato como fruto da união solidária daqueles que possuiriam interesses coletivos profissionais semelhantes; interesses esses que, mesmo não sendo iguais aos individuais, continuam a gravitar no sistema privado.

38. SINDICATO POR INDÚSTRIA (VERTICAL) E POR PROFISSÃO (HORIZONTAL); SINDICATO MISTO

As figuras dos sindicatos *por indústria* ou *por profissão* devem merecer referência especial. A respeito, *Pérez Botija* e *Bayón Chacón* já diziam (obra citada, p. 667): "los sindicatos pueden también diferenciarse según admitan a todos los trabajadores que actúan dentro de una determinada rama de actividad profesional, cualquiera que sea la profesión especial del trabajador, o bien dividirse conforme a esta profesión". Seria o caso do advogado de uma empresa de Construção Civil, que poderia ser do sindicato dos trabalhadores na indústria edilícia (tomando-se como referência associativa a *indústria*) ou dos advogados propriamente ditos (optando pela afiliação via profissão).

Mário Levi Deveali (*in* "Derecho Sindical y de la Previsión Social", Buenos Aires, 1961, p. 47), apreciando tal possibilidade concreta de bifurcação, ponderava que "uno y otro sistema tiene — como toda organización humana — sus ventajas y inconvenientes".

Na organização *vertical* (*ou por indústria*), o marco seria a empresa, formando uma estrutura que se assemelharia, formalmente, ao grêmio ou à corporação da Idade Média. Tal forma associativa, que deixa de ter como referência a profissão, traria vantagens para o pessoal empregado sem maior especialização, de um lado, e também para o patronato (já que se abririam perspectivas de ajuste de certos conflitos, basicamente setoriais, sem vinculá-los à solução de confrontos em outras áreas empresariais). Restringir-se-ia a problemática de uma greve, por exemplo, a um específico campo de ação, o que, em princípio, facilitaria a consecução de procedimentos visando ao acerto. Por outro lado, o sindicato por *profissão*, ou por ofício (horizontal), seria uma organização de maior valia nas mãos do pessoal técnico especializado que, no mar dos interesses interprofissionais do sindicato vertical, por estarem em usual desvantagem quantitativa, veriam valorizadas as suas reivindicações, muitas vezes relegadas, para que outras — originárias de grupos maiores de empregados — fossem priorizadas. Para tais trabalhadores, participando de sindicatos nos quais os associados se originam da mesma profissão, as possibilidades de atendimento seriam mais destacáveis.

Uma *outra forma* de classificação das entidades sindicais é aquela que toma por referência o seu grau associativo. Nesse caso, elencamos *sindicatos*, *federações* e *confederações*, também hierarquizados como órgãos de primeiro, segundo e terceiro graus, respectivamente. Como regra usual, aos sindicatos associam-se empregados, profissionais autônomos ou empregadores, *individualmente considerados*; às federações, filiam-se, em princípio, sindicatos; e às confederações, as federações. Essa sistemática ascendente e articulada de coesão pode ocorrer tanto num regime de pluralidade quanto na unicidade sindical. É um formato organizacional que, estabelecendo patamares de hierarquia associativa, visa, também, a assegurar, pelo caminho da articulação integradora, maior eficiência. Ao mesmo tempo propicia o congraçamento das bases em progressivas organizações maiores para que, dessa forma, tenham maior poderio. Geralmente, a hierarquia, no grau associativo, corresponde a u'a maior base territorial de atuação (ainda que, excepcionalmente, sejam encontradas federações nacionais e sindicatos estaduais, regionais e até — o que é muito raro — nacionais). Descendo a um detalhamento exaustivo e, obviamente, tomando como paradigma a sistemática espanhola, *Pérez Botija e Bayón Chacón* asseveravam que "desde el punto de vista territorial, los sindicatos pueden ser locales, de zona, provinciales, regionales, nacionales y, por último, formar parte de agrupaciones sindicales de tipo internacional" (obra citada, p. 668).

Os organismos internacionais (desde as *macrocentrais*, como a *CIOSL* — a maior — a *CMT* e a hoje, praticamente extinta, tendo ruído com o "Muro", *FSM,* até as múltiplas setoriais: metalúrgica, química, mineração etc. etc.) constituem-se de filiados que são *associações* — geralmente, confederações; às vezes, federações; excepcionalmente, sindicatos — *nacionais*. Tais instituições extrafronteiras exercem, usualmente, papel de representação prevalentemente *político-institucionais*, sendo que as macrocentrais internacionais respondiam a estímulos ideológicos bastante nítidos. A *CIOSL* afinava (e afina) com a linha do sindicato pragmático estadunidense e tinha na AFL-CIO sua grande base de sustentação técnico-fincanceira; a *CMT* mostrava íntima relação e consangüíneo parentesco com os ensinamentos democrata-cristãos, tendo na Europa sua origem geográfico-cultural, evidenciando afinidade com a linha solidarista (das Encíclicas papais); a *FSM* teve seu auge, acompanhando o fastígio da União Soviética, comprometida com o projeto marxista, diluindo-se juntamente com sua derrocada.

As entidades sindicais, tanto de trabalhadores, quanto de empregadores, sempre tiveram um *grau relativo de harmonização* de seus programas, projetos e prioridades. O chamamento-símbolo de *Marx* ("operários do mundo, uni-vos") nunca passou de um *slogan* animador e animado, mais panfletário do que capacitado a unificar o operariado universalmente, como se propunha. Não há dúvida da existência de interesses de empregados amalgamados além-fronteiras e suas entidades batalham identificadas, lado lado, na discussão de tais temas especificamente ligados às relações laborais (objetivamente, ao Direito do Trabalho) estrito senso: salário, jornada, repouso, higiene e segurança etc. O mesmo não ocorre no entanto, ante os entrechoques do comércio exterior, na luta de cada nação (e de todas elas) pela exportação, no esforço de produzir mais para gerar mais empregos no país, garimpando mercados consumidores, estabelecendo políticas de gravames e subsídios protecionistas, pelas quais se quer produzir mais, empregar mais e vender mais a quem não produzir. Ora, muitas vezes — se não quase todas — o emprego a mais no país exportador é o emprego a menos no importador. Daí, não ser nem novidade, nem raridade *unirem-se*, numa nação, *empresários* e *trabalhadores* para proteger a empresa nacional e o emprego local numa composição não-marxista capital-trabalho pátrios frente ao desafio do produto estrangeiro, gerado pelo binômio, também unido (no caso, para exportar), capital-trabalho externos. Tal realidade, que, inclusive, a globalização fez mais rotineira mostra que nem sempre empregado-empregador são contrapartes. Nas escaramuças do complexo relacionamento econômico, sobretudo internacional, são *co-partícipes,* formando *binômios* que, não poucas vezes, induzidos pela exigente e dura concorrência mercantil, enfrentam *binômios* de composição similar, mas de interesses conflitantes, de outro país.

Voltando à problemática do sindicalismo vertical e horizontal, seria conveniente destacar, que as *associações de ofício* (ou profissão) demonstram: a) maior homogeneidade dos interesses coletivos; b) possibilidade de organização com base nacional (ou, pelo menos, em área territorial mais ampla), com um tratamento uniforme das condições de trabalho para a mesma categoria profissional. A caracterização de tal estrutura associativa proporcionaria homogeneidade mais acentuada e uniformidade de tratamento para u'a mesma categoria profissional, como para seus elementos preponderantes. Quanto ao *sindicato vertical,* as linhas mestras mais salientes seriam: a) organização associativa mais minuciosa e articulada; b) autotutela mais direta e imediata dos interesses de todos os trabalhadores pertencentes à mesma empresa, independentemente da profissão exercida; c) conseqüentemente, predominância de análise e valoração das condições de trabalho diretamente ligadas à empresa ou à categoria de empresas de atividades idênticas similares ou conexas. *No verticalismo,* evidencia-se maior concentração de interesses, que não se espalham de maneira difusa, como sucede, costumeiramente, no sindicato horizontal (de ofício). Este não apresenta, regra geral, a capacidade de coesão que o vertical demonstra, justamente por alicerçar-se numa unidade técnico-econômica, produtiva e articulada, que é a empresa.

Krotoschin (obra citada, p. 97), opinando sobre essa bifurcação nas bases do associativismo profissional, trata de mostrar que a coalizão por indústria seria um passo adiante em relação ao sistema referenciado à profissão específica: "gracias a las nuevas masas de trabajadores — *no-especializados* o *semi-especializados* — la solidariedad se hizo *menos por profesiones* que por *indústrias* o por empresas en que estos trabajadores se reunian". Tal opinião constituiria uma resposta às teorias que fundamentam o fenômeno sindical exclusivamente no congraçamento profissional, argumentando, por isso, que a unidade da profissão deve ser a razão preponderante que nos conduziria ao caminho do sindicato único (cf. *Evaristo de Moraes Filho*). Se, efetivamente o sindicato baseia-se na atividade profissional, isso não significaria que ele haveria de tomar a profissão, na sua versão original, como seu único elemento constitutivo e diferenciador. Contraditando, na prática, a tese anterior, tem sido a unidade econômica de produção a que vem sediando e tipificando o agrupamento associativo, quer patronal, quer obreiro. Diante de tal contexto, recomendável oferecer flexibilidade ao conceito profissional (o que já tem ocorrido) para que ele abranja atividades similares ou conexas, também cobertas pelo seu manto, o que, por si, altera a consistência do rigorismo dogmático dos crentes na unicidade. Recorde-se, aliás, que o sindicato de empresa tende, nela, a ser único, o que não passa de tendência. E não de obrigação.

Nos Estados Unidos, coexistiram os dois sistemas (vertical e horizontal): às chamadas "uniões de ofícios" (*Craft Unions*) contrapunham-se as "uniões de categorias industriais" (*Industrial Unions*), as quais inspiraram e embasaram, respectivamente, a *"American Federation of Labor* (AFL)" e o *"Congress of Industrial Organisations* (CIO)*"*. Imperativos táticos e razões políticas levaram os dois modelos e suas organizações de cúpula a reunirem-se e, mais do que isso, a unirem-se (assim surgiu a poderosa AFL-CIO, indiscutivelmente a mais forte central sindical nacional do mundo), sem, com isso, perder a autonomia histórica e o direito a gerar formatações sindicais, tanto verticais quanto horizontais. Talvez não só nisto, mas também nisto, esteja uma das razões desse, estruturalmente, sólido sindicalismo, sem ideologias e com pragmatismo, dos Estados Unidos.

Na Alemanha, *Kaskel e Dersch* (obra citada, p. 464), acompanhando a dinâmica histórica dos sistemas horizontal e vertical, comentavam: "la estructura y la organización de las asociaciones profesionales se regia, antes, por el *princípio* de la *división en profesiones.* Este sistema está hoy abandonado casi totalmente y en su lugar se ha adoptado el princípio de la *organización por industria*, tanto con respecto a las asociaciones de empleadores como a las de trabajadores".

Na opinião dos juristas germânicos, a doutrina viu no *sindicalismo por indústria* um elemento de ascensão no cenário formado pelas associações profissionais.

Tal tendência, no entanto, sofreu ajustes e passou a conviver com excepcionalidades. Na própria Alemanha, com a extinção do divisionismo e a incorporação da Alemanha Oriental, dela vieram modelagens (em parte anacrônicas; obviamente, oficialistas autoritárias; mas também ditadas pelo seu bem mais lento ritmo econômico) onde se emolduravam antigos sindicatos por profissão, que, com a unificação nacional, receberam injeção de modernidade. Ajustaram-se, mas não perderam identidade.

Aliás, num corte sistêmico na Alemanha sindical via-se que, no concernente ao *local* de atuação, as associações profissionais de *trabalhadores* se instrumentalizavam, organizacionalmente, de *cima para baixo*, enquanto as patronais seguiam caminho inverso, isto é, de *baixo para cima*. Diferentemente do desenho da maioria dos países (Brasil, inclusive), lá, o trabalhador, pessoa física, era membro das grandes centrais sindicais que, por sua vez, descentralizavam seus serviços administrativos em núcleos (escritórios, departamentos etc.) locais, os quais não possuíam autonomia nem personalidade jurídica, sendo meras repartições funcionais delegadas da entidade-mãe.

Já o empregador, diferentemente, associava-se à entidade local de primeiro grau que, por sua vez, entrosava-se, por filiação institucional, ao organismo associativo central.

Formalmente — e só nesse aspecto — poder-se-ia dizer que haveria maior aproximação da entidade associativa patronal com as suas bases, quando a lógica histórica e o modelo costumeiro era de que tal ocorresse (como, de regra, ocorre) com a categoria dos trabalhadores. A diferenciada arquitetura do edifício sindical alemão e as vias de acesso e relacionamento das pessoas físicas (empregador e/ou trabalhador) com as entidades associativas *não* trouxeram nem para elas, nem para os representados, nem para os movimentos como um todo, qualquer distorção representativa ou perda de vigor político.

Acompanhando-se o processo organizacional associativo, constata-se, numa visão além-fronteiras, que haveria uma seqüência de fórmulas, estimulando uma concentração de força associativa nos limites *da* empresa (e não, necessariamente, *das* empresas que agem na área da mesma indústria). Haveria, particularmente nas sociedades de refinada utilização da tecnologia, com empregados especializados e restrita massa de operários não-qualificados, uma tendência de resolver as questões laborais (sociais) e produtivas propriamente ditas (econômicas), no âmbito exclusivo da empresa, entendendo que terceiros — por maior que seja sua representatividade — não teriam o conhecimento de causa (aspecto técnico-comercial) e o apego e interesse pessoal (fator anímico: vínculo de emprego, p. ex. etc.) que, vantajosamente, habilita e estimula os "da casa" (tanto patrões quanto empregados). Nesse contexto, a tendência seria restringir a área coberta para aprofundar e enrijecer os laços que congregariam os associados.

As tendências do associativismo foram, como se evidenciaria numa retrospectiva: a) no princípio, *toda a profissão* (aliás, em tempos passados, nem tão significativa no número de integrantes, nem tão espalhada em termos de área geográfica de cobertura); b) depois, particularmente nas sociedades capitalistas ocidentais mais industrializadas e tecnificadas, *todas as empresas* que pertencessem ao mesmo ramo; c) mais tarde, surgiram repetidos exemplos da base sindical coincidindo com *a empresa*, unitariamente considerada. Tratou-se de um fracionamento decisivo do ente classista, que, reduzindo o universo físico-profissional de comprometimento solidário, incrementou o sentimento de coesão e similaridade de atitude dos que, próximos, física e funcionalmente, aprofundariam projetos comuns e aumentariam sua capacidade de mobilização e pressão com relação a um alvo específico.

Hueck e Nipperdey (obra citada, p. 269) resistiam a essa estruturação associativa, afirmando que "la asociación profesional debe estar organizada por encima de la empresa"; reconheciam, no entanto, a marcha do processo, aludindo que "la unión de trabajadores y de empleadores tenia lugar sobre la base de la profesión, y, *más tarde*, sobre la base de un círculo económico total". Curvavam-se, assim, à metamorfose por que passava a infra-estrutura das relações sindicais.

O sindicato por empresa identifica-se com a pluralidade sindical, correndo o risco de ser precocemente abortado, na sua aspiração negociadora e representativa, pela concentração de poder inerente à unicidade.

Situação peculiar estabeleceu-se — exigindo claras regras de convivência — entre a *comissão interna* e o *sindicato de empresa*. Aquela, na medida em que surgiu, autônoma, rebelde e ágil, passou a "concorrer" com o sindicato tradicional (burocrático, lento e distante do epicentro dos fatos). Já o sindicato de empresa significou um avanço organizacional da comissão interna que, elevando seu *status* (quando dela era descendente), proclamava sua independência intracategorial. O sindicato categorial, que, de início, via com reservas a comissão interna tratou, por isso (no intuito de não perder espaço e força dentro da empresa), de cooptá-la, dando-lhe respaldo técnico, financeiro, apoio político extra-empresa mas tratando de interligá-la a seu sistema, fazendo-a autônoma mas partícipe de sua *rede*. Com isso, procurava bloquear a erupção de movimentos que se destinavam a criar sindicatos de empresas, neutralizáveis pelo fortalecimento da comissão interna, também uma forma de representação associativa, voltada, com especificidade, ao *locus* laboral.

Hoje, há diversidade de situações e de estratégias: 1) trabalhadores que, pertencendo a uma empresa, são representados por um sindicato extra-empresarial (seja categorial, horizontal; seja por indústria, vertical, abrangendo várias ou todas empresas de um mesmo ramo produtivo); 2) trabalhadores de uma empresa, representados formalmente por um sindicato categorial que, na prática, convive e se identifica — ou não — com a comissão interna; nesse caso, haveria de subdividir-se: 2.a) quando o sindicato cooptou a comissão interna e ela dele é parte formal, preservando, no entanto, sua autonomia negociadora; 2.b) quando a comissão interna não se relaciona, formalmente, com o sindicato categorial, tem força própria sobre os trabalhadores e disso decorre um certo enfrentamento ou, pelo menos, desajuste com o sindicato categorial, na prática alijado do dia-a-dia fabril; 3) trabalhadores representados, específica e exclusivamente, pelo sindicato de empresa, com vida própria e maturidade (independência) política, financeira e técnico-negocial.

Vale a lição de *Hueck-Nipperdey* (obra citada, p. 270) que, tendo como referência, a sistemática alemã, à época, diziam: "no puede exigirse jurídicamente que la asociación profesional deba organizarse según el *princípio de indústria* o según el *princípio de la profesión*". Insistiam com a idéia de que a presença do sindicato de empresa traria dificuldades para uma coordenação global e abrangente do mundo sindical, como, segundo eles, seria recomendável que existisse. O sindicato de empresa constituir-se-ia em um elemento que dificultaria a perspectiva e a real possibilidade de controle efetivo — e até mesmo, de supervisão — do mundo do trabalho pelas grandes centrais sindicais obreiras, devido ao progressivo (via associativismo intra-empresarial) afunilamento da solidariedade profissional. Na pluralidade, aliás, esse fracionar classista, dentro ou fora da empresa, seria perfeitamente assimilável, não desnaturando a modelagem associativa.

Uma situação atípica — melhor dizer, anômala — na vida sindical seria aquela que examina a possibilidade de *composição* da entidade, não só por elementos de *uma só* parte dos integrantes do binômio produtivo mas, *simultaneamente por partícipes* originários dos *dois segmentos* (empregado e empregador) desse mesmo binômio. No primeiro caso, teríamos o tradicional *sindicato classista*. No segundo, falar-se-ia do *"sui generis" sindicato misto*. Diziam *Pérez Botija - Bayón Chacón* (obra citada, p. 666) que os sindicatos se restringiam "por los miembros que los integran; hay que distinguir entre sindicatos de *'clase'*, ya de empresarios, ya de trabajadores solamente, o entonces *sindicatos mixtos*, en lo que se integran ambas categorias sociales. El sindicato tipico, propriamente dicho, es el sindicato de clase". O sindicato misto obedecia, na sua formulação teórica, à doutrina corporativa de viés totalitário (franquismo, salazarismo etc. etc.), baseada, formalmente, no princípio, segundo o qual da mesma forma que na empresa conviveriam empregados e empregadores, ali resolvendo suas diferenças e problemas, também poderiam e deveriam conviver na organização sindical, através de seus representantes e para os fins de serem representados. O corporativismo democrático e solidarista nunca advogou em prol do sindicalismo misto. Propunha, isto sim, a convivência pacífica e produtiva, pela arte da negociação exitosa, celebrada por *partenaires* independentes, capazes de com vida e interesses próprios (sindicatos autônomos, separados), chegar a bom termo, compondo seus conflitos; tirariam, por isso, da empresa seus amplos resultados econômico-sociais; quantificáveis, em maiores lucros para o patrão e melhores salários para o empregado.

O sindicato misto foi estratégia mal sucedida, como modelo deformante da verdadeira natureza associativa que nasceu, na sua versão de sindicato autêntico, quer confrontando (contraparte), quer negociando e compondo (co-partícipe), mas sendo originaria e continuadamente autônomo, específico.

O uso da fórmula mista amorteceria a capacidade reivindicatória operária, domesticando-a no contexto da entidade híbrida, além de fazer dela, pelo vínculo como o Estado e conseqüente dependência governamental político-financeira, verdadeira autarquia, mera repartição pública. Adorno sem força e sem vida, no contexto de relações coletivas laborais, submisso ao oficialismo. Só ocorreu — e felizmente poucas e transitórias vezes — em sintonia e como subproduto de regimes ditatoriais, incapazes, por isso mesmo, de conviver com a efervescência criativa da liberdade sindical.

Não se entenda que, a nosso juízo, não poderia ser a empresa uma perfeita comunidade, onde haveria harmonia completa no setor da produção (pelo menos, por apreciáveis períodos). Tal ocorre sem que se faça necessário um *sistema sindical misto*. O entendimento construído na mesa das negociações livres, por representações autênticas e específicas, é o que terá duradoura consistência. Não o que só perdura enquanto for dominadora a imposição exógena (Governo), de onde seu poder origina-se e ao qual obedece.

Hueck e Nipperdey (obra citada, p. 267), em crítica incisiva ao sindicato misto, asseveravam que "a la asociación profesional deben pertenecer o sólo trabajadores o sólo empleadores", classificando de *limpeza* a posição de hostilidade, por eles assumida, ante o modelo híbrido. Mais adiante, à luz da legislação germânica, complementavam seu raciocínio: "las asociaciones mixtas de trabajadores y empleadores — las llamadas asociaciones de armonia — no son coaliciones en el sentido del Artículo 9.3 de la CG, aunque tengan por objeto la obtención de condiciones de trabajo". O que resultaria do acompanhamento da vida e da própria razão de ser das associações profissionais é que, para ser representativa, tem elas de se mostrarem capacitadas e predispostas a realizar atos que, circunstancialmente, possam até favorecer a eclosão de um conflito laboral, sempre e quando este for julgado imprescindível, em termos profissionais.

O congraçamento (mais que isso: a união *siamesa*) dos dois setores da relação produtiva, por imposição legal e amarras institucionais, como ocorria nos sindicatos mistos, criava obstáculo artificial ao desempenho reivindicatório espontâneo, especialmente dos trabalhadores, salvo se, quase anarquicamente (o que seria um contra-senso) cada pleito conflitante significasse a ruptura (ou cisão) da entidade (!).

Seria de todo conveniente recordar que o *misto*, na nomenclatura sindical, referia-se à entidade, e não à *atividade* do indivíduo. Este poderia — sem qualquer infringência legal ou desrespeito ético — ser componente de *uma* associação profissional *patronal* e *de outra*, *obreira*, desde que, de fato e de direito, desenvolvesse funções empregatícias e empregadoras, concomitantemente. Por exemplo, o médico que dirigia o hospital — dele sendo, inclusive, um dos proprietários — *seria empregador* com relação ao corpo funcional do nosocômio. No entanto, o mesmo facultativo trabalhando, p. ex., três horas diárias (batendo cartão-ponto, submetido à disciplina hierárquica) como responsável pela área de saúde de uma fábrica de sapatos, *seria* empregado. Nessa dúplice condição, tal cidadão poderia, perfeitamente, ser associado em um sindicato patronal e, ao mesmo tempo, em um outro de trabalhadores. Os *sindicatos* são (e serão), no caso, *específicos*, *uniclassistas*. O cidadão — dono de hospital, patrão; médico da fábrica, empregado — é que terá *dupla personalidade laboral* (patrão-empregado), usando, separadamente, cada uma delas, para filiar-se à associação profissional adequada.

Kaskel e Dersch (obra citada, pp. 112 e segs.), confortando a linha doutrinária de *Hueck-Nipperdey* com seu apoio, prelecionavam: "no hay organizaciones centrales mixtas que compreenderian asociaciones de empleadores y sindicatos; aunque, con fines temporales, solo existieron en el transcurso de la evolución nel año de 1918".

Registre-se que, mesmo tendo aceitação só em regimes político-ideológicos fechados e progressivamente ditatoriais, a transitória (temporalmente) e limitada (espacialmente) vida dos sindicatos mistos sofreu seu *golpe de misericórdia* à medida em que ganhou maiúscula dimensão a força contratualista dos organismos associativos profissionais. Estes, por uma questão lógica, precisavam estar e permanecer separados para apresentarem-se e desempenharem os papéis reservados às *DUAS partes*, necessariamente componentes da relação bilateral que se estava consensualmente regulando.

Santoro Passarelli (obra citada, p. 26), analisando a Constituição italiana, assinalava que ela não supunha, sequer, "el registro de sindicatos mixtos de trabajadores y dadores de trabajo de las categorias contrapuestas". Fazendo História, ao olhar para as ruínas do mundo fascista, afiançava: "... los sindicatos mixtos, aquellos condenados por la infeliz experiencia del passado! ...".

Pergolesi também exorcizava do sindicalismo *in genere*, de maneira mais sutil, o sindicato misto, asseverando (obra citada, p. 56): "puó anche prospettarsi una organizazzione sindacale *mista*, compreendente cioé lavoratori ed ensieme datori di lavoro secondo ideologie a senso corporativistico. In realtá, in Italia, sindacati del genere non hanno avuto un'efficiente e stabile esistenza e comunque sonno *inattuali*".

Paul Durand-André Vitu, avaliando o contexto francês (obra citada, p. 163), ressaltavam: "notre droit syndical n'oblige pas les membres des professions a former des syndicats distincts pour les chefs d´enterprises et pour les salariés". No entanto, salientavam que o Código do Trabalho gaulês estipulava que (artigo 31, livro I)" as convenções coletivas de trabalho são celebradas, de um lado, por uma ou várias organizações sindicais de trabalhadores e, de outro lado, por uma ou várias organizações de empregadores". Ainda que não existisse vedação formal de sua constituição, a sua expressa exclusão do processo de negociação (missão por excelência do sindicato tradicional), tornava inútil e/ou inviável, na prática, o *sindicato misto* na França. *Durand* recordava que, nos sindicatos mistos (além do usual controle governamental, que os inspirava e tutelava), havia uma prevalência do empregador, tendo ascendência sobre o "colega-associado", empregado. Graças ao poder econômico, tal dominação geraria uma situação conflitante com a Convenção 98 da OIT (reguladora de negociação coletiva etc.), estabelecida para assegurar independência das partes celebrantes e apoiar o equilíbrio entre elas (organizações sindicais de empregados e empregadores). Logo, também por essa anomalia de relacionamento, que agredia normas laborais internacionais, cuja valia no plano das liberdades individuais e sociais conquistadas sempre foi indiscutível, o sindicato misto se tornava (e se tornou) inaceitável no Direito do Trabalho moderno e contemporâneo.

Houve um momento em que juslaboristas, aprofundando investigações sobre áreas cinzentas, na fronteira sindicalismo-corporativismo, trouxeram para debate novas nomenclaturas, buscando inovadoras classificações. Foi o que ocorreu com *Pérez Botija* (obra citada, p. 390) com seu "bissindicalismo" e "monossindicalismo", onde aquele seria o classista tradicional e este último, o misto com roupagem "camuflada". Foi também *Botija* que, a seguir, recordou que "solución intermedia, entre el sindicalismo clasista y el corporativismo, es la solución del '*trisindicalismo*', propuesta en la Francia de Pétain. Junto a la sindicación del capital y del trabajo se propone la de los técnicos'".

A idéia, em si, mereceria aprofundamento crítico, menos pela sua inspiração e modelagem (Governo Pétain, isto é, o braço nazista de administração fantoche, na França ocupada durante a 2ª Guerra Mundial) e mais, na contemporaneidade, quando se nota crescente afirmação de atividades desenvolvidas *por pessoas físicas* na condição de profissionais autônomos *ou pessoas jurídicas*, que se esgotam no titular individual, o qual, para constituí-las, aporta prevalentemente o seu trabalho, e não capital.

Isso remeter-nos-ia, em termos passados, à problemática estabelecida com a "separação sindical" dos *técnicos*, dos profissionais titulados, particularmente daqueles que, com título universitário, tinham, e têm, sua atividade, dependente de inscrição em órgão de controle de exercício profissional. São os integrantes de carreiras que se achavam (e acham) sob a supervisão dos colégios e/ou ordens profissionais (reminiscências atualizadas da Idade Média corporativa). Atividades que, reguladas por legislação protecionista, exigem, para exercê-la, que os habilitados intelectualmente a tanto, preencham o requisito da adesão obrigatória, onerosa e condicionada ao órgão (colégio, órgão ou conselho) de tutela profissional. Tais entidades, em certas ocasiões, tomariam o aspecto — só o aspecto — de grandes sindicatos que contariam com a totalidade dos membros da categoria, que se tenham submetido, com êxito, às avaliações da Ordem ou Colégio que os tenha autorizado ao exercício profissional (na prática, nem todos os academicamente formados submetem-se à avaliação dos orgãos corporativos, e nem todos os que se submetem são aprovados). De qualquer maneira, todos os exercentes da profissão têm de ser registrados no Conselho (Ordem ou Colégio), ainda que nem todos os potencialmente credenciados a ser registrados preencham os requisitos (— passar nos exames — para tanto) e consigam habilitar-se a atuar.

A Ordem ou Colégio é, efetivamente, um corpo *sui generis*, mantendo íntima correlação com a estrutura do Poder Público, regida por rigorosa regulamentação legal a ela aplicável e por ela aplicável aos membros da categoria, realizando tarefas que, originariamente, estariam reservadas ao Estado. Sua vida está voltada a servir — controlando, supervisionando, normatizando o exercício profissional — ao grupo "*ativo*" da profissão (os advogados propriamente ditos, e não os apenas bacharéis em ciências jurídicas e sociais, p. ex.) — numa atuação em que existiria colaboração com o Poder Público ou substituição dele, integralmente, por esse orgão corporativo. *Colégio, Conselho Ordem, Corporação* — a nomenclatura não importa — *quando amparada por lei*, disciplinando exercício de profissão regulamentada, em caráter exclusivo e com direito à imposição de penas de natureza ético-profissional, *estaria* atendendo, *não* a um interesse setorial, *classista*. Estaria incumbida de satisfazer e preencher o *interesse* público, fixando nítida diferenciação desses órgãos corporativos com a missão e a natureza do *sindicato*. Este pode, inclusive, coexistir com o órgão corporativo, já que — mesmo, às vezes, devendo colaborar com órgãos governamentais em tarefas públicas —, isso não passa de exceção à regra ou de complemento de suas missões essenciais: reivindicatórias e negociadoras. Seu compromisso permanente está ligado a interesses coletivos profissionais, que, sabidamente, são de natureza privada. Assim, poderá um sindicato de médicos estipular uma convenção coletiva de trabalho a ser cumprida pelos seus associados, os quais, no entanto, para, legalmente, exercerem a profissão, com o direito de exigir as vantagens da convenção e o dever simultâneo de cumprirem-na, terão de, preliminarmente, submeter-se ao controle e fiscalização do órgão corporativo, a quem incumbe, legalmente, oferecer respaldo a sua situação profissional, habilitando-os ao exercício da profissão.

O Sindicato, enfim, será sempre resultado da voluntária adesão de seus associados. Pode alguém, inclusive como profissional de nível superior, exercer uma regulamentada profissão, inscrevendo-se na corporação sem vincular-se ao sindicato (ex.: ser registrado na OAB, advogar e não ser filiado ao Sindicato). A inserção na Corporação, no entanto, é um ato condicionado e condicionante. A lei, em nome do interesse público, faz depender a atividade profissional (mesmo que o interessado tenha o regular título acadêmico) do registro corporativo, numa revivescência atualizada, publicizada e normatizada das mestrias de outrora que, por isso, mostram traços de parentesco (nem tão longínquo que fosse esquecido, nem tão próximo que seja confundido) sem assemelhar-se na identidade, objetivos e natureza jurídica com os sindicatos dos países democráticos.

39. SERVIDORES PÚLICOS E SINDICALIZAÇÃO

Com a consolidação do movimento sindical, a semente do associativismo superou as barreiras da atividade privada e alcançou a área pública (aos tradicional e não muito corretamente — em terminologia técnica — denominados *funcionários públicos*). Assim, viamse em *Pergolesi* (obra citada, p. 68) as duas tendências que, de início, motivaram forte polêmica no quadro doutrinário: "le soluzioni prospettate oscilano tra due estremi: *'quella'* di un sindacalismo integrale (essenzialmente rivoluzionario), diretto a distruggere l'organizzazione statale e *'l'altra'*, di una negazzione decisa e totale di ogni associazionismo professionale degli impiegati publici". Efetivamente, as duas posições mostravam-se radicais e, por isso, afastadas da realidade. A sindicalização do servidor público de há muito deixou de ser vista como um mero instrumento político agressivo, destinado a destruir o próprio Estado; superou, inclusive, a descrença de quem não o via com capacidade de estruturar-se para cumprir eficazmente função representativa.

Com o tempo e o avanço da modelagem democrática, cresceu o número de legislações nacionais que abriram seus espaços para dar guarida à permissibilidade de sindicalização dos funcionários públicos. No mundo desenvolvido e entre as nações emergentes, tal enfoque é prevalente, enquanto ainda se mantém minoritário em diversos países subdesenvolvidos. Há mais de 40 anos (1963), *Pérez Botija-Bayón Chacón* (obra citada, p. 694) assinalavam que "frente a la norma general clásica de excluir al funcionário público del derecho de sindicación, *algunos* ordenamientos positivos modernos han *admitido* esa posibilidad". Era o registro de uma proposta, então inovadora, que começava a ter tímida aceitação em alguns poucos e, então, ousados países liberais.

Notava-se um choque crescente entre a doutrina permissiva, que se avolumava, enquanto resistiam certas legislações que se estribavam em diretrizes políticas, segundo as quais a sindicalização do pessoal a serviço do Governo, levaria o Poder Público a perder o seu *jus imperium*.

As normas reguladoras da matéria, paulatinamente, alargaram seu espaço concessivo, *derrubando-se*, nas Constituições mais comprometidas com o Estado Democrático de Direito, *discriminações* e impedimentos, oriundos de (pré) conceitos anacrônicos, que faziam do Estado o Leviatã todo-poderoso a quem se deveria oferecer submissão, e não respeito.

Isto não impediu que se desenhasse o modelo sindical do servidor governamental, mostrando pontos peculiares na comparação com o do empregado da empresa privada. Fez-se necessário — variando de país a país, levando em conta cultura, sistema jurídico, formatação, momento político etc. — que se implantassem *ressalvas*, adequadas às condições funcionais (restrições e prerrogativas) daquele que trabalha para o Estado e age em seu nome.

Tal tratamento especial decorria do regime jurídico mais rígido, ou menos flexível (inclusive nos países onde se reconheciam maiores similitudes de trato entre público e privado), aplicável ao servidor do Estado. *Há não muito tempo*, mesmo com a abertura possibilitando a sindicalização do funcionário, sua entidade podia muito menos do que costumava (e estava habilitado a realizar o sindicato privado. As alterações societárias, as conquistas sociais, a comunicação globalizante, o avanço — com todos os seus tropeços — da democracia foram, celeremente, diminuindo, em muitos lugares, a antiga diferença.

Há pouco tempo — menos de quatro décadas — *dizia-se* (voz unânime da doutrina) que *não podendo* colocar-se, juridicamente, em posição de igualdade, como acontecia com o empregado privado, o funcionário público não tinha as mesmas condições de reivindicar do Estado-patrão o que o trabalhador não-governamental, por seu sindicato, pleiteava da empresa. Dizia-se mais: a distância entre ambos seria *insuperável*, ou seja, seria aquela que separaria toda a coletividade organizada (Poder Público empregador) de um grupo minoritário de indivíduos — funcionários — insatisfeitos mas submetido a regras inflexíveis. O Governo não podia e não queria elastecer suas normas, tornando imperativo seu posicionamento ante eventuais contendas laborais face, não só à rigidez legislativa, mas também a seu modorrento funcionamento burocrático e às complexas injunções políticas que condicionariam seus decisórios. Não haveria, portanto, nesse passado recente, um quadro promissor que estimulasse a visibilidade de um contexto de crescente similitude entre o associativismo privado e o do servidor público.

Pergolesi (obra citada, p. 69) fundamentava essa diferenciação: "Per quanto vi possono essere notevoli elementi comuni tra rapporti di lavoro privato e pubblico (sulla base di una prestazione lavorativa con contraprestazione remuneratoria), vi sonno anche profondi elementi differenziali (sulla base di una posizioni di preminenza, anziché di paritá) dal soggetto dattore di lavoro, con la conseguenza della disciplina del rapporto non negoziale, ma legislativa, o comunque con atto di autoritá".

Carullo (*in* "La Costituzione Ilustrata con i Lavori Preparatori", Bologna, 1950, p. 117 e segs.) recordava que a *liberdade sindical*, no conjunto dos elementos que a constituem — complexa como é — seria perfeitamente "atribuível" e, mais que isso, deveria ser garantida ao empregado público. E isso, aliás, foi o que — há muito — fizeram os ordenamentos legais da Itália e da França. As dificuldades operacionais surgiam quando se tratava de interpretar — possibilitando, reconhecendo ou negando — o exercício de uma das prioritárias ações do sindicato nos conflitos laborais coletivos: *a greve*. Tão ou mais complexo revelava-se o debate, totalmente não pacificado até hoje, ao se analisar a possibilidade efetiva do sindicato de empregados públicos de celebrar *negociação* (acordo ou convenção) coletiva com o Governo, fazendo este as vezes de empregador. Especialmente ante a prerrogativa do Poder Público — patrão, em várias circunstâncias (no caso da administração direta com maior nitidez) de fixar, por ato próprio — lei, decreto, medida provisória — valores remuneratórios (salários, soldos, proventos etc.).

No Brasil, houve vedação histórica à sindicalização do servidor público, considerando que sua vinculação funcional regulava-se pelo Direito Administrativo, e não pelo Direito do Trabalho; que ele não contrataria com o tomador de seu trabalho (Estado), apenas aderindo, por meio de mera aceitação das normas impostas pelo "patrão. O avanço das atribuições estatais, passando a exercer atividades antes exclusivas da área privada (distribuição de combustíveis, rede bancária, hotelaria, telefonia, radiodifusão etc. etc.), estimulou e permitiu que, no campo jurídico, se alargasse, espetacularmente, o que se decidiu chamar de *administração indireta*. Nela passaram, progressivamente, a albergar-se as *fundações* (que mesmo quando chamadas de "direito público" foram tidas, pela dominante opinião da doutrina, como de "direito privado), as *sociedades de economia mista*, as *autarquias*, além de híbridas figuras (sociedades de participação público-privada, p. ex.) delas decorrentes.

Essa elasticidade da atividade governamental multiplicou o contingente de pessoal a ela vinculado. Enquanto se mantinha estável — ou até se reduzia — o número propriamente dito dos funcionários públicos — isto é, daqueles atuantes em históricas carreiras de Estado, tais como fiscais tributários, policiais, serventuários da Justiça etc. — cresciam, geometricamente, os quadros de entidades responsáveis pelas novas funções do Governo, invadindo o mercado com novas tarefas, por ele, a si próprio, atribuídas. Aí estavam os petroleiros, os bancários, os economiários, os eletricitários, os técnicos de empresas de pesquisas etc.

A zona *gris*, onde começaram a situar-se tais instituições — ainda que de corpo inteiro protegidas pelo guarda-chuva governamental — levou, no concernente a seus prestadores de serviços, subordinados e habituais, a colocarem-se e a serem colocados num espaço não coincidente com o do histórico *funcionário* público. Passou-se a entender que este era espécie de um gênero que seria o do *servidor público*, capaz de abarcar todos quantos trabalhassem para quem, como pessoa jurídica, pertencesse ao mapa da administração oficial. Assim, enquanto funcionário público seria a figura tradicional daquele que trabalhava para e na Administração Direta, os que atuavam na indireta seriam *empregados públicos*. Estes, *somados* aos funcionários (ambos espécies), constituíram o tronco grosso, *gênero*, que seria o de *servidor público*. Fez-se tão costumeira e volumosa a situação dos empregados públicos que levou à criação de um neologismo: "celetista", isto é, aquela pessoa que, trabalhando num compartimento governamental (na administração indireta: em geral, mas não exclusivamente) mantinha, juridicamente, um vínculo, não de Direito Administrativo, mas de Direito do Trabalho. Era tão forte a lei — na verdade decreto-lei — reguladora (CLT — Consolidação das Leis do Trabalho) que foi utilizada, até mesmo, em diplomas oficiais, para tipificar pessoas (lembrando, de forma invertida, Lord Sandwich, cujo hábito de alimentar-se com fatias de pão entremeadas de queijo, acabou dando seu nome a essa composição alimentar universal, hoje com tantas variantes e variedades). Os celetistas quebraram a separação hermética entre empregados (privados) e funcionários (públicos), já que, mesmo tendo como tomador de seus serviços subordinados, *o Estado* (característica que os assemelha aos funcionários), regiam-se por uma legislação feita para e, originariamente aplicada, na área privada (onde atuavam os empregados). O passo subseqüente foi o alargamento dos ditames trabalhistas reguladores das relações de trabalho celebradas e vigentes na área pública. Crescia o número de celetistas; ampliava-se a administração indireta. Contraía-se a direta. Aproveitando espaços legais vazios, outorgavam-se vantagens aos celetistas que não se podia ou não se queria conceder aos funcionários. Praticamente, com isso, na panorâmica do serviço público como um todo (particularmente na órbita federal) o celetista — de início com pequena representação funcional — passou a multiplicar-se e, hoje, não seria exagero dizer que se fez majoritário na comparação com o funcionário público dito de carreira.

O celetista, por óbvias razões, trouxe, para a intimidade do Governo, o arsenal de normas e diretrizes trabalhistas, a ele aplicáveis em sua quase totalidade. É a partir daí que o Poder Público, especialmente por suas companhias de economia mista, empresas públicas, fundações, autarquias etc., defronta-se (no bom sentido) com a Justiça do Trabalho, apercebendo-se que o *jus gestionis* do empregador trabalhista (que, em muitos casos, ele passou a ser) era dotado de bem menos força do que o poder de império que lhe era inerente como titular da soberania nacional.

Entrou nessa ocasião, na linguagem administrativa estatal, aquilo que, até então, não lhe era exigido no confronto com seus prestadores de serviço: a negociação das condições de trabalho que, até então, o Governo impunha, sem discutir. Dessa maneira, quanto mais crescia o número de atividades, antes na órbita privada, que se viam *estatizadas*, passando sua execução para instrumentos governamentais, *maior, paradoxalmente*, passava a ser o número de *servidores públicos* que, tipificados como empregados (celetistas), regia-se pelo Direito do Trabalho, convivendo num mundo basicamente privado. Assim, o avanço da *estatização* institucional, da conquista de atividades novas pelo Estado e por suas áreas limítrofes de influência e dominação, correspondeu a uma *privatização*, talvez como contrapartida, da conceituação e enquadramento do prestador de serviço; nesse contexto, cada vez mais empregados e menos funcionários públicos. Estranha correlação de fatores de inversa proposição: estatização de atividades (institucional e mercadológica) e privatização de enquadramento funcional do sujeito que as realizava (relação de emprego substituindo dependência administrativa).

Tal contexto, apesar de ter ocorrido em muitas nações, há de se reconhecer que sofria variações jurídicas, culturais e políticas, a cada país. Esse processo de mutação exigia do legislador capacidade de equilibrar-se, buscando posições ideais de avaliação, onde, abrindo espaço para as reivindicações dos antes calados servidores, reconhecia sua condição de *empregados* que, por isso, podiam (e deviam) pleitear melhores condições de trabalho. Mesmo assim, sem extingui-la, ainda se reservava ao Poder Público uma faixa de sua antiga e típica autonomia, com a qual buscava, — agora mais limitadamente — regular as relações com seus servidores.

Esse universo "anfíbio" do *funcionário-empregado*, ante o enquadramento Direito Administrativo — Direito do Trabalho, motivou debates e divergências doutrinárias como a que se estabeleceu entre *Kaskel-Dersch* e *Hueck-Nipperdey*. Diziam os primeiros (obra citada, p. 466) que "los empleados publicos tienen sus organizaciones proprias, principalmente en la Unión de Funcionarios Alemanes y algunas otras asociaciones. No caben mayores detalles dentro de una exposición de Derecho del Trabajo, pues los miembros de esas agrupaciones no son trabajadores dependientes en el sentido que le da ese Derecho". Assim, de forma surpreendente e conservadora, *Kaskel e Dersch*, recordando que existiriam entidades típicas que reuniriam só os funcionários públicos de seu país, consideravam que tal associativismo, a eles pertinente, estaria afastado do mundo das relações regidas pelo Direito Laboral, posto que, dicotômica e radicalmente, viam nítida *diferenciação entre* a condição de *empregado particular* (que estaria na dependência do que chamavam de "oscilantes" convenções coletivas firmadas entre entidades formalmente niveladas) e a de *funcionário público* (submetido, a seu juízo, à discriminação do patrão, isto é, ao poder autoritário, ainda que limitado do Estado).

Já *Hueck e Nipperdey* (obra citada, p. 147) projetavam o quadro para uma evolução bem mais próxima da que ocorreu com o passar do tempo. Afirmavam que "las asociaciones de funcionarios han de considerarse jurídicamente como sindicatos, aunque por ley no puedan celebrar convênios colectivos y los funcionarios no puedan declararse en huelga". A análise de *Hueck-Nipperdey* é a de que, mesmo naquela época, não podendo a entidade do funcionalismo realizar negociação coletiva e decretar greve, ainda assim, operacionalmente, como agente de mobilização reivindicatória classista, seria tido como um sindicato.

O que se constatou, com a aproximação do fim do século passado, foi a tendência de que, no Direito do Trabalho moderno, se abrisse, cada vez mais, o campo da sindicalização para o empregado público. A Organização Internacional do Trabalho (OIT), em suas convenções mais simbólicas no que tange ao Direito Coletivo (ns. 87 e 98), tratou de englobar na esfera de sua aplicação e proteção, tanto os que se dedicavam à atividade particular quanto os funcionários públicos. O artigo 1º da Convenção n. 87 dizia expressamente da abrangência do próprio ato normativo: *"todas* as organizações de empregadores e de trabalhadores que têm por finalidade promover e defender os interesses dos trabalhadores e dos empregadores". No entanto, onde se fez mais flagrante o enquadramento de servidores públicos no universo dos sindicalizáveis foi nos artigos 9º (Convenção n. 87) e 5º (Convenção n. 98), quando se assinala que: "a medida, com a qual as garantias previstas (pelas próprias convenções) se aplicarão à *polícia* e às *forças armadas*, será estabelecida pela legislação nacional".

Dessa forma, as convenções internacionais especializadas conglobaram trabalhadores e empregadores, públicos e privados, apenas dando prévio aviso da necessidade de especial tratamento, via legislação nacional, aos responsáveis pela segurança pública (polícia) e aos militares propriamente ditos (Forças Armadas). A OIT não fez qualquer menção de exclusão, nem mesmo de *capitis diminutio* do direito do empregado público (servidor civil) à sindicalização, logo permitindo (e, com isso, estimulando) a sua associação profissional.

O processo de *privatização*, que, no mundo ocidental, ganhou forte impulso, nas duas últimas décadas do século anterior, significando uma *reversão à* anterior avançada da *estatização* empresarial — Poder Público fora agressivo na intervenção econômica, invadindo múltiplas áreas de mercado, reservando-se, em diversas situações (petróleo, energia elétrica, p. ex.), inclusive, a prerrogativa danosa do monopólio — *embasou-se* em teses de renovado e atualizado liberalismo. Restaurou-se a prevalência da livre iniciativa, valorizou-se o empreendedorismo e passou-se a qualificar como indevida, por ineficiente e onerosa, a intervenção econômica do Estado em áreas, que, se acreditou, melhor faria o empresário privado. No bojo da globalização, facilitando a circulação de investimentos financeiros (às vezes, produtivos; noutras, nem tanto, porque marcadamente especulativos) e alavancando um crescente fluxo de relações comerciais internacionais, empresas multinacionais (melhor seria: transnacionais; ou ainda, apátridas) de grande porte, com moeda forte e recursos fartos, foram absorvendo patrimônios estatais em diferentes latitudes. Ensejaram infindável debate político-ideológico e múltiplos efeitos (positivos e esperançosos, para uns; negativos e perigosos, para outros) na perspectiva de afirmação (?) econômica dos (e, particularmente, de alguns) países menos blindados para enfrentar os solavancos e as surpresas de um mercado internacional de alterações dinâmicas, céleres e surpreendentes.

As transferências patrimoniais (empresariais) dos Estados para a iniciativa privada fizeram com que face os novos empregadores, muitos que eram *empregados públicos* (celetistas), pessoal regido por normas trabalhistas mas tendo por empregador instituições vinculadas ao e dirigidas pelo Poder Público, passassem a enquadrar-se, com exclusividade, na órbita privada. Privatizava-se, assim, a empresa (o bem material, enfim) e também a relação que regia o vínculo com seus prestadores de serviço (as pessoas). Com isso, o Governo reduziu seu contingente de servidores — que a estatização da segunda metade do século passado aumentara e diversificara — ocorrendo, por essa transferência da área pública à privada da propriedade empresarial, um aumento do número de típicos empregos (natureza da nova relação) sem que tivesse havido, globalmente, acréscimo de ocupação, com o remanejo decorrente da migração da área governamental para empreendimentos de livre iniciativa.

O Estado, no entanto, além das carreiras próprias e específicas, em diferentes países também preservou alguns empreendimentos — em meio à onda privatizante, hoje atenuada — que entendeu, por motivações estratégicas, econômicas ou de segurança nacional, conveniente continuar gerindo e mantendo na sua área patrimonial. Foi o caso, p. ex., no Brasil, da Petrobrás, com seus mais de cem mil empregados, que são público-governamentais, porque seu patrão é de propriedade do Estado brasileiro, o que não os exclui de regularem-se, no quotidiano de sua atividade, pelo Direito do Trabalho, numa situação similar àquela vivida pela empresa privada. No entanto, face o avanço da automatização (filha da tecnologia) e, também por isso, uma situação de desemprego crescente — pelo menos no atual contexto — os sindicatos, onde se abrigavam os empregados exclusivamente privados, adotaram uma linha reivindicatória que se volta, prioritariamente, *a cobrar do Governo* (*e não dos patrões*), ações de reativação econômica, de estímulo ao crescimento, de redução tributária (enfim, estratégias e procedimentos que *fortaleçam* as empresas e criem novas; para garantir os atuais e gerar novos empregos). Uma postura (face o temor da desocupação, filha da estagnação, de um lado; e do robô, de outro) não hostil à empresa, mas destinada a fortalecê-la, desde que seu revigoramento distribua dividendos sociais (prioritariamente emprego) à classe trabalhadora. *Já os remanescentes funcionários e empregados públicos,* amparados pela capa da sindicalização, em certos países assumiram, inclusive, o comando das grandes centrais, direcionando-as a prioridades político-sindicais vinculadas, em primeiro lugar, às cobranças, expectativas e defesa de garantias das corporações funcionais estatais. Um sindicalismo que, de início, inclusive, não fora aceito no mapa associativo, isto é, o que mobilizava e representava o *empregado público*, nessa alteração sucessiva das relações econômico-político-sociais, refletida na área jurídica, veio a transformar-se, se não em ator principal exclusivo, seguramente em estrela de primeira grandeza no universo do Direito Coletivo do Trabalho. Constituído daqueles que ainda preservam proteções juslaborais mais consistentes, o que os faz menos vulneráveis a perdas de benefícios e prerrogativas (entre as quais, a própria garantia do emprego), o servidor público vê-se estimulado e protegido para liderar, ante o patrão-Estado, movimentos e cobranças que nem sempre, por cautela, dispõe-se a fazer, ante as inquietações atuais, o empregado exclusivamente privado. Daí que o sindicato integrado pelos trabalhadores ligados à área pública (aqueles mesmos que, anteriormente, tiveram dificuldade de associar-se e, depois, conseguiram ser meros coadjuvantes do associativismo), hoje, em muitos países (inclusive no Brasil), são os que se encontram na comissão de frente do associativismo.

A Constituição Federal de outubro/1988, chancelou a hierarquia maior para a sindicalização do trabalhador na área governamental. No seu artigo 37, VI (Capítulo VII — Da Administração Pública; Seção I — Disposições Gerais), diz a Carta Magna: "é garantido ao servidor público civil o direito à livre associação sindical".

Consagrava-se a idéia do gênero (servidor), dentro do qual estariam (e estão) englobados, tanto o funcionário quanto o empregado públicos; ao mesmo tempo em que se limitava a garantia de sindicalização aos *civis*, a eles circunscrevia-se o exercício de tal direito, dele excluindo (similar ao estipulado nas convenções da OIT) os militares, cuja filosofia funcional e condicionamento de conduta baseia-se na mais obediente e rigorosa disciplina.

É justamente desse momento em diante — final da década de oitenta — e com tão forte retaguarda institucional — que o sindicalismo no setor público fez-se nítido, atuante e numeroso, continuando, no entanto, até hoje, a preservar um forte tempero político-ideológico, trazido de sua própria origem, concebido, como foi, no ventre de um ente político por natureza: o Estado.

40. O SINDICATO E A "COMMOM LAW"

Este estudo exige uma incursão sobre a área regulada pelo *common law* (estranha, pelo menos atípica, em sua essência, a tantos quantos beberam nas fontes de inspiração romanista). *Corla* ("Studio Storico-Comparativo della common law e della scienza del diritto (le forme d´azione)", *in* Rivista trimestrale di diritto da procedura civile, Itália, 1962, p. 25 e segs.) pondera que "la common law si costituisce nella piú notevoli alternativa de la nostra civilizzazione comparata a l'ordinamento giuridico nato a Roma". Já *Prosperetti* (*in* "Lezioni di Diritto Sindacale Comparato", Milão, 1962, p. 56) recorda que a *common law* "Sebbene l'intelligenza del fenomeno richieda una profonda conoscenza storica della esperienza delle Corti di giustizia britaniche de cui é sorto, puó essere approssimativamente indicata comme un sistema di diritto creato dei giudici, ma non arbitrariamente e liberamente, bensi in rigorosa continuitá col passato e con i costumi e le convinzioni dei Paesi". Em razão disso, qualificou-se a *common law* como *"diritto ritrovato"* pelos juízes, mesmo não se tratando de direito consuetudinário, como ensina *Rheinstein*, citado por *Prosperetti*.

Isso nos indicaria, em nome da melhor Hermenêutica, que as criações normativas dos países que se orientaram pelo *common law* deveriam ser interpretadas de forma excepcional e restritiva, sempre que se chocassem com diretrizes que fizessem parte do denominado Direito Costumeiro.

Trata-se, o *common law*, de conceituação e estrutura jurídica peculiares que, por sua vez, incidem, também, nas relações estabelecidas pelas entidades associativas profissionais.

Os dois países que serviram como paradigmas, balisando, no terreno sindical, as diretrizes do *common law* foram a Inglaterra (Grã-Bretanha) e os Estados Unidos (da América do Norte). A *primeira*, como responsável pelo nascedouro e pelas primeiras manifestações de tal sistemática — que, por sinal, lá se consolidou como realidade madura — e a *segunda*, pelas novas contribuições, de idéias e de práticas (sobretudo destas) que dinamizaram o modelo, especialmente tendo em conta o vigor e a pujança econômico-social de um país com os números dos Estados Unidos, responsável por oferecer a maior contribuição operacional e finalística do utilitarismo.

Convém examinar, em primeiro lugar, o exemplo *inglês*. O panorama britânico foi dominado pelo liberalismo, que o auxiliou a crescer, e pela ausência de formalismo, que facilitou a incipiente negociação coletiva. O perfil de sua estrutura direcionou-se para algo similar ao unitarismo sindical, fruto, no entanto, do *espontâneo congraçamento* dos trabalhadores. Existia uma liberdade tão ampla (ou seja, um não-intervencionismo estatal tão respeitado) que se celebravam convenções (e acordos) coletivas com cláusulas de *"no union shop"* e de *"closed shop"*. *Pérez Botija* e *Bayón Chacón*, a respeito, salientavam (obra citada, p. 677) que "el sistema británico, tanto respecto a las asociaciones obreras, como de las de empresarios, es puramente espontáneo". As associações de empregados (*trade unions*) caracterizaram-se por sua consistência solidária, enquanto as empresas — muitas vezes — agiram, no terreno da contratação, isoladamente. Por sinal, como cúpula do associativismo patronal, criou-se uma confederação *sui generis*, de limitado poder de representação, funcionando prevalentemente como um órgão harmonizador, servindo de receptáculo e ponto de convergência das aspirações empresariais.

As *Trade Unions* (TU), por sua vez, representaram — e representam — um sofisticado e complexo sistema, bem articulado, de organizações, compreendendo, além das registradas e das não-registradas, uma dupla estruturação em sentido horizontal e vertical. De acordo com a natureza da atividade predominante em uma região, prepondera o sindicato por profissão ou por indústria que, indiferentemente, a esse seu eixo motriz original (horizontalidade ou verticalidade) segue a trilha ditada pelo Congresso Anual das TU's, onde são traçados os esquemas de atuação que impulsionarão todo o associativismo de empregados britânicos.

Os empresários, de sua parte, apresentavam-se de forma diversa, na sua estruturação sindical. Assim, ao invés de caracterizarem-se pela atividade efetivada pela empresa, buscavam, na matéria-prima empregada, o elemento aglutinador dos entes associativos. Por isso, criaram-se importantes sindicatos patronais que englobavam empresas que comercializavam ou industrializavam a lã, o algodão, o couro , o ouro etc.

Engastada na história do sindicalismo inglês está sua vinculação com *o Partido Trabalhista*. As *Trade Unions*, formal e estatutariamente, seriam infensas a liames partidários, agindo independentemente. No entanto, na realidade, foram as TU's as responsáveis pela criação e pelo fortalecimento do "*laborismo*", ao qual serviram de vanguarda e respaldo a um tempo só. Havia similitude de preceitos e analogia de estratégias entre o Partido e a organização sindical. Os integrantes de um e de outra, muitas vezes com dupla militância, sentiam-nas como complemento uma do outro. *Pérez Botija* (obra citada, p. 392), ao valorizar essa reciprocidade, assinalava: "Las Trade Unions, en un primer momento apolíticas, muéstranse luego influídas por el fabianismo, socialismo guildista en algún instante y siempre de orientación moderada, no exenta de colaboracionismo con gobiernos conservadores o liberales, aunque después 'terminaron por constituir el tercer partido que habia de desplazar a aquéllos'. Hasta la fecha, las Trade Unions fueron defensoras de un socialismo templado y de inspiración nacional". *Riva Sanseverino*, examinando o arquétipo sindical britânico, asseverava (obra citada, p. 81), antes ponderando sobre a indiscutível peculiariedade jurídica inglesa, que "la disciplina e l'organizazzione del lavoro si atuano soprattutto 'praeter legem', essendo basate su di un radicato senso di 'solidarietá e di correttezza sociale'". Dessa forma, originariamente, sobrepairavam o horizonte laboral da velha Albion o pacto de honra e o cumprimento dos deveres contraídos como obrigações morais.

Tal desenho e sua avaliação, com o passar do tempo, sofreram modificações, que, além de múltiplas, foram profundas. Primeiramente, com o governo, durante uma década e meia aproximadamente, comandado por Miss Thatcher, o sindicalismo (TU's) sofreu severos reveses ante a dureza não-negociadora da "Dama de Ferro" que, nas urnas, sobrepujava o Partido Trabalhista. De outro lado, em tal gestão conservadora foram significativas as privatizações realizadas, inclusive desmobilizando vários setores sindicais que estavam nucleados em empresas, até então, estatais. Depois — e até agora — com a saída de cena da líder conservadora e a derrota de seu Partido, reassumem o Poder os trabalhistas, com Tony Blair. Este, porém, mesmo laborista, não se orienta pela antiga cartilha sindical-partidária. Desvia-se pelo atalho da "Terceira Via", numa política que, sem hostilizar o sindicalismo, não lhe dá o destaque e a força que costumava ter. Nessa nova realidade mundial e britânica, a TU não é mais "*prima donna*" mas ainda participa, com destaque, do elenco: é coadjuvante notória.

O panorama *norte-americano*, por outro lado, apresentou outras raízes históricas. Os ianques tiveram uma industrialização precoce e um sindicalismo tardio, que, no entanto, de maneira compensatória, potencializou-se rapidamente. Além disso, o sistema de organização política, baseado em resistente federalismo, gerou muitas discrepâncias interpretativas, legislativas e aplicativas no concernente ao mundo associativo.

Depois da *lei Shermann*, que proibia toda e qualquer composição produtora ou *trust* que restringisse a liberdade de produção ou comércio (até certo ponto, inspirada nas objeções às medievais normas das corporações de ofício), o *Clayton Act* impediu que tais dispositivos, limitativos da liberdade associativa, incidissem sobre as organizações sindicais. Passada a década de 1930, a *lei Morris-La Guardia* tratou de obstaculizar as práticas desleais, ampliando garantias à liberdade de sindicalização.

A *lei Wagner*, por volta de 1935, consolidou a liberdade de sindicalização, declarando ilegais as práticas contrárias à contratação coletiva, bem como todo procedimento empresarial — coletivo ou isolado — visando a intervir em sindicatos de trabalhadores, sempre que os mesmos tivessem vida normal e regular.

Foi depois de tais avanços legais e de um já visível apoio político que se sentiu a pressão dos grêmios obreiros, tratando de impor as chamadas *cláusulas sindicais*. Isso levou o Congresso, de forma reativa, à aprovação da rigorosa lei *Taft-Hartley* (1947), pela qual se proibia a inclusão, nos contratos coletivos, da *closed shop*, admitindo-se, como forma substitutiva e mediadora, a *union shop*.

Na modelagem estadunidense, os sindicatos não tinham, apesar de lhes ser facultada a celebração de convenções e/ou acordos coletivos, uma plena personalidade jurídica, levando-se em conta exigências formais. Atuavam, com vigor e eficácia, como *associações de fato*, seguindo, costumeiramente, as diretrizes do Direito Comum. Por outro lado, atendiam, em determinados aspectos, às determinações e submetiam-se ao controle do *National Labor Relations Board*, sem que tal vínculo as privasse da autonomia de que desfrutou (e continua a desfrutar) a associação profissional. O *National Board* sempre funcionou como órgão de fiscalização na área reservada à celebração e cumprimento da convenção coletiva, responsável, também, pela disponibilização de pré-condições, catalisadoras do acerto entre as potenciais negociadoras.

O *National Board*, como se lê em *Riva-Sanseverino* (obra citada, p. 87), funcionaria como um órgão "incaricato di conciliare le controversie in materie di interpretazione ed applicazione dei codice suddetti (industrial codes)". Tal atribuição legal do organismo público foi julgada, pela Corte Suprema dos Estados Unidos, como inconstitucional, posto que, mesmo acessórias, seriam tarefas e competências que, no saber daquele tribunal, chocariam, frontalmente, com as garantias, dadas pela Carta Magna, assegurando a liberdade de contratar. Com o passar do tempo e enraizada a jurisprudência do Tribunal Superior, as funções do *National Board* passaram a direcionar-se, especificamente: 1) à *prevenção* e à *repressão* das denominadas *unfair labor practices* dos empregadores; 2) a promover a escolha das associações profissionais consideradas como representativas no contingente dos trabalhadores; 3) a identificar a entidade (ou grupo) competente — levando em conta o item anterior — para assumir o encargo de conduzir a negociação coletiva.

Conviria recapitular (matéria referida, superficialmente) que o sistema sindical dos Estados Unidos apresentava — no lado obreiro — até 1955, duas organizações que dominavam o panorama laboral. Uma, vertical, a *Congress of Industrial Organizatins* (CIO), fundada em 1938, resultado de uma cisão na *American Federation of Labor*, instituída em 1881, estruturada com modelagem horizontal. As duas gigantescas entidades reuniram-se, depois de complexas e atribuladas negociações, na primavera de 1955, constituindo-se, então, um só — e poderosíssimo — organismo, sob a sigla AFL-CIO, onde convivem estruturas sindicais horizontais e verticais.

Além desse gigante, existem entidades, de menor porte (vigora, nos Estados Unidos, a pluralidade), muitas das quais absorvem a totalidade (ou quase) dos sindicalizados de um(a) determinado(a) ramo ou profissão que prefere não participar da rede protegida pela (ou submetida a) macroentidade. É o caso do sindicato dos transportadores autônomos (caminhoneiros), de perfil independente.

No *terreno empresarial*, de acordo com o depoimento de *Botija* e *Bayón* (obra citada, p. 684) "las agrupaciones patronales toman formas muy diversas; en unas ocasiones, son verdaderos sindicatos; en otras, actúan con una absoluta independencia frente a los sindicatos obreros; muchas veces, forman agrupaciones de tipo transitorio, que tienen carácter estrictamente laboral". Observa-se que existe similitude entre o associativismo patronal inglês e o estadunidense. Estruturam-se os empresários, profissionalmente, como simples agrupamentos momentâneos. Assim, a não permanência é um elemento típico do edifício sindical dos empregadores, na área do *common law*, ainda que se encontrem também algumas associações patronais que perduram.

Comparada à modelagem britânica, a dos Estados Unidos, numa panorâmica ampla das relações laborais — inclusive individuais — apresenta u'a maior presença de regulamentações legais, ainda que, como aquela, sua parcela majoritária normatizante nasça da espontaneidade, do acordo e da tradição jurídica que os juízes encontram como subproduto da negociação coletiva.

41. O SINDICATO ANTE MUTAÇÕES E TENDÊNCIAS LOCALIZADAS: POLÍTICO-CULTURAIS

Fatores exógenos também contribuíram para expansão e enfraquecimento (sístole e diástole na vida institucional) do sindicalismo. Um deles, de *origem externa*, foi a relação com o Estado. Em termos numérico-formais, o sindicalismo apresentou notável e deformante crescimento na Europa nazi-fascista (Alemanha e Itália, bem como, transitoriamente, em países conquistados), em face da filiação imposta, da unicidade exclusivista e do ente profissional umbilical e submissamente vinculado ao Poder Público. O que perdeu em termos de autêntica representação e de vontade autônoma ganhou (?) em matéria estatística: *todos* eram filiados, independentemente de querer, ou não, e o sindicato (cuja vontade era a do Governo) representá-los-ia, sem consultá-los. Terminada a 2ª Grande Guerra, com o advento da democracia, a liberdade sindical foi restabelecida. Passou a vigir — com fortes tonalidades ideológicas — a pluralidade, e a associação profissional recompôs sua autonomia. Não representava mais, fictícia e autoritariamente, mas, realisticamente, a tantos quantos lhe quisessem dar a "procuração classista". *Invertidamente*, na Europa Oriental, a construção da "Cortina de Ferro", com o fim da 2ª Grande Guerra, colocava sob a dominação total de outro(?) tipo de governo ditatorial — o comunista — os sindicatos de toda a União Soviética (inclusive tchecos, húngaros, poloneses etc. que, antes, haviam respirado o ar saudável da autonomia classista), transformando-os em aparatosas e inúteis — porque desprovidas de representação autêntica e poder — "repartições públicas". Nelas, parasitariamente, infiltrou-se e incrustrou-se uma burocracia (parte da "nomenklatura") classista, que só veio a diluir-se com a "Glassnost" e a "Perestroika", permitindo que (re)surgisse um sindicalismo democrático ("juvenil") na Rússia e, mais consistentemente, na Europa Oriental (onde já tivera raízes mais profundas e respeitável História). É fruto, ainda, de tímida, mas autêntica, adesão voluntária; feito de autonomia administrativa e aberto à pluralidade. Sem ser o balofo e volumoso submisso, de há pouco, tem a respeitabilidade de quem é resultado da legítima — ainda que parcial e compartimentada — vontade classista.

A América Latina, salvo exceções muito raras (Uruguai e Costa Rica seriam os melhores exemplos), teve uma história sindicalista, continuadamente, se não com todas as roupagens, com muitos adereços oficialistas. Os governos, mesmo os de certa dosagem democrática, colocaram o movimento associativo numa relação, se não promíscua, de tal intimidade que impedia distinguir-se, com nitidez, interesses e competências sindicais das governamentais.

Houve momentos em que essa dominação oficialista sobre o sindicato se fez por *ato de força*, destituição de dirigentes, nomeação de interventores — inclusive extracategoriais, como ocorreu, *no Brasil*, em etapas agudas do "Estado Novo"(68) e nos momentos mais contundentes (69-73) do regime militar(69) — ou, *mais diplomática e eficientemente* (no concernente aos propósitos político-governamentais), especialmente pela múltipla delegação de tarefas públicas, do Governo ao sindicato, em particular na área de assistência social. Essa última missão era costumeiramente de agrado do grêmio, pela atração exercida sobre a massa categorial, em sua maioria carente e seduzida por benefícios materiais, oferecidos no caso, via sindicato. Reforçava-se, assim, a sua atuação, multiplicando-se o número de sócios. Aproximava dele a categoria e utilizava-se a entidade, distribuidora de benefícios oficiais, para amortecer — interesse oficial — potenciais conflitos laborais. Assim, no Brasil, instrumentalizaram-se cooperativas habitacionais com recur-

---

(68) "Durante o Estado Novo — principalmente no período que vai de 1935 a 1942 — as organizações independentes dos trabalhadores desapareceram golpeadas pela intensa repressão e se consolida o aparelho burocrático sindical, esvazido porém de conteúdo". FAUSTO, Boris. "Estado, trabalhadores e burguesia". Novos estudos cebrap. n. 20, São Paulo, marco 1988, pp. 26-7.

(69) Em opinião isolada, há de registrar-se quem assevere: "Nesse sentido, ao contrário do que a literatura sobre o tema sugere, não existia sindicalismo corporativista no Brasil de 1931 e 1943. Existiam leis, como a de 1931 e a de 1939, que consagravam um modelo de organização sindical corporativa, mas esse modelo não tinha vigência senão formal, o que absolutamente não preocupava nem ocupava o Ministério do Trabalho (...) O sindicalismo corporativista, dessa forma, iria ser realmente implementado não no momento autoritário por excelência do Estado Novo, mas no período de transição do pós-42, quando a questão da mobilização de apoios sociais tornou-se uma necessidade inadiável, ante a própria transformação do regime". GOMES, Ângela de Castro. "A invenção do trabalhismo", São Paulo, Edições Vértice e IUPERJ, 1988, p. 276.

sos do hoje extinto e então poderoso BNH (Banco Nacional de Habitação); bolsas de estudo do PEBE (auxílio educacional do Ministério do Trabalho); FUNRURAL (programa assistencial-securitário que abriu caminho — inclusive com razoável dose de eficiência — para a proteção social do trabalhador rural etc.). Sistemática inspirada por filosofia semelhante e estratégia análoga fora desenvolvida quando da criação dos poderosos "IAPÊS" (institutos de aposentadorias e pensões), que serviram de ponto de encontro, inclusive para ações politicamente nebulosas, somando Governo autoritário com sindicatos "*prestativos*" e *emparceirados*, na década de trinta e início de quarenta.

Reduziu-se, com a sedimentação democrática e a chancela da Carta de 1988, a relação "aparentada" Governo-sindicato. Este ganhou em liberdade e autonomia e perdeu em atribuições delegadas, subsidiárias ou substitutivas do serviço público. Restaram, porém, traços enfermiços de situações pretéritas, como, por exemplo, a *acrescida* e *mascarada* cobrança compulsória, antes batizada de "*contribuição sindical*" (excrescente *tributo* classista) e a imposta unicidade sindical. De qualquer maneira, a política de privatização, de um lado, a democracia consolidada, de outro, contribuíram para que o sindicato fosse afastado e se afastando de certas parcerias governamentais, num aprendizado difícil que se faz a cada dia e que se vê acrescido, por obstáculos a vencer, quando se identifica crescente ascensão de servidores públicos a funções de liderança classista. Isso os leva à controvertida postura de, por um lado, priorizar o choque reivindicatório com (e contra) o Estado-patrão e, de outro, não poder (quem sabe, até não querer) apagar a "memória de cálculo" pessoal de toda uma vida de servidor governamental.

O *restante* da *América Latina* desfruta, ultimamente, de bafejos democratizantes e vai estimulando (e tentando respeitar) a liberdade sindical. Diminuíram os vínculos e dependências oficiais mas se a base de garantias político-jurídicas da vida classista, em alguns países, mostrou-se relativamente forte (Chile, Uruguai, Costa Rica, a tensa Colômbia, a própria Argentina, o México de agora etc.), noutros, mesmo com uma recente e tênue visualização democratizante, demonstra sinais de fragilidade e risco (Bolívia, Paraguai, Equador, Venezuela etc.). Avançou-se, de qualquer maneira, mais, ou menos; mas avançou-se, na proposta de afirmação autonômica do sindicato latino-americano. Salvo estagnações exemplares como Cuba, com seu regime ditatorial.

A Ásia (excetue-se, particularmente, a mastodôntica China, com quase um bilhão e trezentos milhões de habitantes, onde os ventos fortes da abertura à economia internacional não foram capazes de significar modesta brisa a viabilizar mínima correspondência política e, conseqüentemente, sindical) *indica* sintomas de evolução. Ao lado de cidades-Estado, como Cingapura, países como Coréia do Sul e Japão *viabilizaram saudável desatrelamento* governamental (pós-2ª Guerra Mundial e depois de parcial desocupação militar) *do modesto e submisso sindicalismo de antes*, que ganhou foros de vida própria, autônomo e atuante. Com o fim do Império Comunista, Vietnam e Laos — algo também na Cambódia — respiraram as primeiras e discretas baforadas de um associativismo que, com o advento da economia de mercado, ainda em estágio probatório, oferece-lhes pia batismal para início de uma existência autogovernamental. Na Índia, diferentemente, *o sindicato* — mesmo com suas peculiariedades, por força das idiossincrassias que são culturais e, refletidamente, políticas, econômicas e sociais na sociedade constitutiva do país — *tem hierarquia respeitável*. Mostra vestígios da colonizadora influência britânica. Não depende do Governo. Sua atuação reivindicatória idônea oferece visíveis, mas não marcantes, tonalidades ideológicas, tudo isso sob prioritário compromisso classista. Nações como a Indonésia, Tailândia, Filipinas (ultimamente num esforço democratizante) e, inclusive, a Malásia, apesar de seu significado político-militar estratégico e crescente afirmação econômica, continuam ainda submetidos à modelagem oriental tradicional dos governos fortes, "imperiais". Paradoxalmente, mesmo quando republicanos.

Na África, o panorama é desolador. Depois da discriminação agressiva do *apartheid*, a institucionalização de um processo de progressiva e difícil integração (iniciada a transição com Botha e concretizada por e com Mandella) na África do Sul a fez (e faz), ante seus vizinhos, referência na valorização sindical. Regimes sem solidez político-jurídica, subdesenvolvimento letárgico, com perspectivas diminutas de crescimento econômico e descomprometimento social, fazem de Angola ou da populosa (e potencialmente rica) Nigéria; dos Camarões ou de Uganda; da própria Líbia (com seu petróleo), da Mauritânia, do Mali e das dramaticamente miseráveis Somália e/ou Etiópia, países recortados pela descolonização formal que prosseguem em fratricidas (são exemplos as sangrentas guerras e rebeliões de Ruanda, Burundi, Serra Leoa etc.) e tristes reproduções de batalhas tribais ou choques de clãs, onde se sucedem tiranos e se explora a carência. Não há sequer, na prática, o que falar de sindicato, quando o próprio Governo é misto de alegoria e opressão, arremedo institucional, cercado de arbitrariedade.

Onde, facilmente, infiltrou-se, no bom sentido, o modelo inglês, também de sindicalismo, foi na Oceania. Tanto Austrália, quanto Nova Zelândia, adotaram estruturas que, com discretas alterações, não só se inspiraram no, mas reproduziram o exemplo britânico. O sindicalismo, tanto australiano quanto neo-zelandês, mantém relações costumeiras, produtivas mas com independência e respeito recíproco no que concerne ao Governo. As associações profissionais têm plena autonomia administrativa; o *common law* dispõe sobre e para garantir patamares mínimos de proteção social e a negociação coletiva é o instrumento usual de regulação do processo laboral. Aliás, foi essa marca registrada, exportada pelo Império Britânico, que ensejou similitude de comportamento classista em regiões tão distantes quanto distintas (na Geografia, na História, no clima etc. etc.), como as do Novíssimo Continente (Austrália) com as do Novo (canadenses, na América do Norte). A genética político-cultural, econômico-social, de ambas tem, como gameta inicial, o padrão inglês, que continuou a influenciá-las (nesse caso, positivamente) até nossos dias.

Há, além disso, uma civilização que, não se restringindo a um só continente, atua, imantada, em várias regiões do mundo, ainda que concentre sua maior demografia no Meio-Oriente e vizinhanças. Trata-se da islâmica — com grande participação de árabes — que nunca se destacacou por sua intimidade com regimes democráticos. As figuras do "sheik" ou do "califa" (hoje, reproduzidas pelos emires e sultões) preservou-se, com poderes praticamente ilimitados, condicionados, apenas, pelas drásticas regras do Corão, variáveis no detalhe, conforme a corrente que a interprete e aplique (sunitas, xiitas etc.). O mundo árabe ou islâmico — chamemo-lo assim — onde se inserem Arábia Saudita e Irã; Catar e Argélia; Iraque e Egito ou Jordânia ou Síria etc. etc. sempre constituiu um edifício de poder em que se facilita o *"diktat"*, o mando absolutista de uma vontade unipessoal. Nele, soberana, numa pessoa concentravam-se (e se concentram) os poderes do Legislativo, do Executivo e do Judiciário que os exercia, às vezes formalmente, noutras com o disfarce e a aparatosidade de um Parlamento balofo (sem poder para normatizar) e de uma Justiça comprometida (sem autonomia para julgar). O *sindicato oriental*, nesse contexto, viveu papel de coadjuvante, perdido no anonimato dos sem identidade. Não se lhe deu espaço para pleitear e se lhe proibiu de protestar, em nome da segurança pública, dos interesses do Estado, que são, apenas, os formais e particulares (?) propósitos da administração. Mais do que governos, são clãs que mantêm o poder sob controle, normalmente incapazes de e indispostos a conviver com liberdades públicas (como a de sindicalizar-se) e com direitos sociais classistas (como os da greve e da convenção coletiva). O vigor da mobilização coletiva normalmente é canalizado e multiplicado pela religião, que, crescentemente, vem extrapolando seus limites de fé e espiritualidade, direcionando-se a projetos, propostas e ações administrativas e políticas. Em certas situações, inclusive beligerantes. E radicais.

42. O SINDICATO ANTE A JUVENTUDE E O CONSUMIDOR

O mundo sindical não foi (nem é), porém, apenas formalismo administrativo e envólucro jurídico. Nele residem e a ele compõem um substrato sociológico e a mutabilidade própria das coisas que recebem o toque humano na sua criação e no seu contínuo existir. Trata-se, em verdade, de um surgimento espontâneo-estimulado, oriundo das realizações profissionais, e de suas vivências, transplantado para o contexto modelador das formatações jurídicas. Sofrem tais experimentos o impacto das próprias condições do indivíduo, sendo, por isso, alteráveis. Asseverava *Giuseppe Capograssi* ("La Crisi del Diritto", Padova, 1953, p. 44) que "finora l'esperienza resiste, perché l 'individuo resiste. Ma il pericolo é proprio nell' individuo, il quale estenuato com´é da tutta questa storia di catastrofi, e da tutte le oppressioni fisiche e metaphisiche che subische, ha la tentazione di lasciarsi veramente ridurre a un comodo (comodo per chi lo commanda, ma anche per sé) automatismo di istinti e di bisogni". Era a sintetização, há tanto, pois, identificada, dessa opressão sociopolítico-cultural (às vezes, econômica) que vai jogando o indivíduo para um estágio de abulia, na marcha para a depressão. Sentindo-se pequeno, e cada vez menor, vendo-se transformado no objeto e no produto daqueles fatores aos quais não controla e que, ao fim e ao cabo, retiram as suas forças invencíveis da extração não-desejada das poucas forças do indivíduo, este — quando não resistente — terminaria por ceder, colocando-se na posição passiva de quem não vibraria e não participaria. Ultimada tal situação, a ele se reservaria a insensibilidade, transformado num ausente, mesmo quando presente. Essa postura, carente de reações e vibratilidade, ante o esmagamento por fatores e circunstâncias externas, ameaçou (e ameaçaria) oprimir (pelo menos, dominar a muitos) seres humanos em termos de condução da "sua" *vontade*. E, obviamente, refletiu-se no associativismo — particularmente profissional — que outra coisa não seria que o produto de uma vontade coletiva e de interesses reunidos de grupos conexos, similares ou homogêneos da categoria econômico-social por excelência, formados pelo *"homo faber"*.

Muitos fatores vieram, progressivamente, a contribuir para que se registrasse um afastamento do profissional de sua entidade associativa (da qual se retirava — situação menos numerosa — ou à qual não se filiava — contingente fartamente majoritário). Há uma flagrante perda daquele espírito de coesão, desestimulando o gesto espontâneo de aderir, tão significativo (quase contagiante) nos dois primeiros terços (particularmente na primeira metade) do século passado, apesar das hecatombes universais, da queda do Império Britânico e mesmo com os obstáculos inerentes à "Guerra Fria". *Vacca* (*in* "La Crisi del Sindacato", *in* Studi Cattolici, Roma, 1959, p. 55), precursoramente, destacava que havia uma redução proporcional no número de participantes da vida sindical, insistindo que "ció é dovuto senza dubbio all'eccesiva burocratizzazione del sindacato, alla scarsa preocupazzione dei dirigenti sindacali per una effettiva iniziativa di base, alla tendenza a risolvere i problemi con accordi di vertice, per intese dirette con uomini politici e di governo, senza una preliminare e diffusa intesa presa di coscienza alla base". Naquele momento, para o doutrinador italiano, a perda (que então se iniciava) do vigor sindical residia na falta de capacidade, interesse ou adequado direcionamento estratégico dos dirigentes classistas que, envolvidos por espessa e crescente burocracia, teriam feito um movimento de afastamento de suas bases, optando por conduzir os problemas por meio de articulações de cúpula. Não se poderia negar que dessa enfermidade *realmente* padeceu o sindicalismo, em especial no pós-2ª Guerra Mundial, até porque, envolvidos por ideologismos exacerbados e deslumbrados pela força assumida, mobilizando massas atônitas e carentes, certos dirigentes *mitificaram-se* e perderam o senso comum (produto direto do contato com a realidade) e, com ele, parcelas de sua identidade com o movimento que lideravam (ou deveriam liderar).

Sempre que o Estado, não assegurando o exercício da liberdade, mola mestra do autêntico processo associativo, desbordou os seus limites, bitolou o Sindicato. Impediu, destarte, que ele fosse ponto de convergência para empresários e trabalhadores, obstruídos de, livremente, exercitar seus direitos no espaço reservado aos interesses coletivos.

Também, como recorda *Vacca* (obra citada, p. 59), contribuiu para a debilitação da força associativa o *desinteresse* ou a *desmobilização progressiva da juventude* trabalhadora. A descrença que o último quartel do século XX gerou nos chamados *corpos intermédios* ou *intermediários* (o partido, na política; a religião institucionalizada, na fé; o parlamento, na representação societária; o sindicato, no tema laboral), estimulou, pelo restauro da valia do individualismo (seja pela exacerbação do egoísmo competitivo, seja pela crítica corrosiva à representação), um afastamento dos mais jovens — descomprometidos com tradições e exemplos pretéritos — das instituições, particularmente das distanciadas da sua realidade quotidiana. Aceitava-se melhor a seita envolvente que o templo da religião hierarquizada; o movimento contestatário pontual que o partido com seu diretório formal; a comissão interna do "piso de fábrica" que o sindicato burocratizado, liderado por dirigentes que já não se parecem com, nem aparecem como, *colegas de serviço*. A *juventude trabalhadora*, com os anseios renovados de operariado reivindicante e a rebeldia epidérmica de moço, não demonstrava maior confiança nos agrupamentos classistas, levantando óbices para entregar-lhes a missão representativa.

Essa "enfermidade jovem" inquietava (e inquieta), posto que não curada, todos quantos acreditavam que o sindicato seria um precioso elemento de equilíbrio e ajuste nas relações capital e trabalho. Rechaçados, ou não valorizados, e abandonados, por trabalhadores moços, surgiria (e surgiu) logo a preocupação com o amanhã sindical, ameaçado, ante tal perspectiva, de um minguar acelerado e de uma sinalização de debilidade, por força dessa falta de adesão jovem. A crescente presença da tecnologia sofisticada na atividade laboral, com o acréscimo, não só no setor de serviços, mas também no industrial, de exigências de qualificação (mais que isso: especialização) do empregado fez com que ele se preocupasse e se *envolvesse*, *prioritariamente* (para, pelo menos, preservar o indispensável emprego), com a *máquina*, e *menos* com o *sindicato*. *Antes*, *consigo*, e com sua renovada necessidade de habilitar-se aos novos e complexos procedimentos produtivos; *depois*, se ainda lhe chegasse o apelo, *com os outros* (que se aglomeram na associação; enfim, no sindicato). E essa hierarquia de valores funcionais, operacionais e sociais esteve preponderantemente ligada ao trabalhador mais jovem, nascido e profissionalmente criado na era da automação e da informática.

Se os novos tempos (e já se começa a delinear tal panorama na atualidade) privilegiarão o trabalhador criativo (o que labore mais com a cabeça do que com as mãos), posto que a atividade repetitiva cada vez mais será desenvolvida pela máquina (o robô não pleiteia, não descansa, não se associa para protestar e obedece como um crente, mesmo sem ter um credo sequer), a perspectiva, facilmente projetável, é de que se verá estimulada a competição pelo melhor inovar. E este, por sua natureza, será personalizado, individual; diria mais: quase necessariamente solitário. Daí, um horizonte onde se delineiam — não todas, mas algumas — nuvens cinzentas e ameaçadoras para o sindicalismo que precisará encontrar u'a mensagem renovada e contemporânea, para tentar resgatar "corações e mentes" do trabalhador-século XXI.

Em sintonia com tal digressão, *Pérez Botija-Bayón Chacón* (obra citada, p. 684), ressaltavam, preocupados, o configurar-se do esvaziamento sindical, decorrente de uma redução numérica de associados. A seu juízo, tal soaria paradoxal, na medida em que, simultaneamente, se multiplicavam as *cláusulas convencionais* que, em diversos países, com maior ou menor contundência, constrangiam, especialmente trabalhadores, à filiação. Explicavam, no entanto, o retrocesso — especialmente quantitativo — na vida associativa pela "progressiva tecnificación del trabajo y la conversión de muchos trabajadores en especialistas o mandos intermediários".

Identificavam, portanto, como causas geradoras da diminuição do número de aderentes aos sindicatos, as vinculadas ao desenvolvimento técnico-científico. Haveria uma adequação quase perfeita entre o crescer da técnica e o minguar do sindicalismo. Seria conseqüência da história do empregado não especialista que, se tornando técnico, sobe na escala salarial, ganhando um posto de mando intermédio, e tendendo a aproximar-se do segmento patronal, perdendo, com isso, o impulso que o levava a reunir-se e a unir-se com seus colegas de categoria, no sindicato de classe. Efetivamente, o progresso profissional, a ascensão funcional são elementos redutores do ímpeto reivindicante classista. No entanto, seria tomar a parte pelo todo acreditar que essa circunstância, nitidamente minoritária — até porque os promovidos, infelizmente, não são, nem poderiam ser, tantos, a ponto de desfalcar a massa quantitativa sindical — seria a determinante de um enxugamento do sindicalismo, a ponto de ameaçá-lo com uma potencial crise por perda de representação. Pode ser até um contribuinte da dificuldade por que teria passado (e continuaria passando) o sindicato, mas não significativo; muito menos, dela determinante.

Num primeiro momento, em países com tecnologia de ponta, a transformação do trabalhador não-qualificado em operário especializado, tem sido motivo de certa debilitação do sindicalismo obreiro. No entanto, essa migração reforçaria associações profissionais constituídas com base na formação técnica e na qualificação profissional, num jogo de freios e contrapesos peculiar ao dinâmico quadro das relações classistas. A alteração no processo produtivo, cobrando qualificação técnica do empregado, como pré-condição para sua valia funcional, levou àqueles que a tivessem a buscar seus similares para, mesmo em menor número, formar entidades que valeriam, não pelo número incontável de associados, mas pela importância deles no processo produtivo. Nessas entidades, mais importante do *"quantos somos"* seria o "que sabemos e o que fazemos". Conseqüentemente *"o que somos"*.

Pérez Botija (obra citada, p. 389), discorrendo sobre o que qualificava de "perigos do sindicalismo", não se detinha, especificamente, na desvinculação que se estaria, à época, tornando notória entre *profissional e entidade*, mas focava, com ênfase, a atribuição crescente de importância — que considerava excessiva — da *organização*, em detrimento até mesmo das garantias individuais, sublinhando que certos doutrinadores contemplariam, *com receio*, a pujança e a força de pressão do sindicato. E, textualmente, afiançava: "No ya porque, obsesionados por su preeminencia, sus dirigentes *atiendan más* que a la política social a la *política sindical*, ni porque ésta rivalice con la del Estado o de los partidos, sino porque se absorba al individuo de una manera excesiva, y lo que fuera instrumento de proteción y defensa de la persona, se convirtiese en *medio de opresión*".

Entender-se-ia, numa sintetização desse quadro crítico, que o apontado "desinteresse" (ou "desvio de prioridades funcionais") dos dirigentes sindicais, no que tange aos problemas mais palpáveis do mundo social, repercutiriam em, pelo menos, duas esferas vinculadas diretamente. *Por um lado*, essa pouca "produtividade" da cúpula sindicalista *afastaria* o profissional — especialmente, como já se registrou, *o jovem* — das entidades gremiais. *De outro lado*, essa rota desviada do sindicato, ladeando finalidades precípuas, em razão de seus próprios ditames, endereçá-lo-ia pelo caminho da pressão sobre a categoria. Usaria, como pressão, as assistenciais tarefas delegadas, retirando, pela necessidade de desfrutá-las, parcelas da liberdade individual do associado, constrangido por sua necessidade. Assim, com algum exagero — que parte de uma base veraz — criar-se-ia, para o trabalhador, um dilema: afastar-se da entidade, porque a enxergaria displicente e/ou desviadamente dirigida e, conseqüentemente, incapaz de respostas satisfatórias; ou submeter-se, por carecer de serviços, oficialmente delegados ao Sindicato, à pressão de um associativismo com perda de legítima substância representativa e afastado dos históricos eixos de atuação e compromissos prioritários.

Conviria recordar que, na relação bilateral indivíduo-sindicato, se é verdade que este tem direitos frente àquele (inclusive poder disciplinar, para assegurar a tutela de tais direitos), tal não significaria que o cidadão-classista, especialmente se filiado, esteja desarmado ou permaneça inerte ante o grupo profissional e seu organismo institucional. Há necessidade, em um Estado de Direito, e para que ele o seja também nesse particular, que não se admita, em nome do absolutismo do interesse coletivo e de uma postura que vai do libertário (para o sindicato) ao liberticida (para o indivíduo), a hipertrofia das tarefas e dos poderes sindicais, fazendo com que sejam respeitados, porém mantendo-os na bitola que não os autorize a negar as franquias e garantias do cidadão como tal.

Segundo ensinava *Bréthe de la Gressaye* ("Le Pouvoir disciplinaire dans les institutions privées", Paris, 1938, pp. 48 e segs.), a ação sindical deve respeitar limites importantes: isto é, atuar na defesa dos interesses coletivos profissionais, "sans violer les régles chi assurent la preservation de l'ordre publique"; enfim, mantendo os direitos individuais dos que compõem as entidades e dos que delas não façam parte, mas que a elas se reportam, mediata ou imediatamente, pelo seu campo de ação.

Assim posta tal problemática, faria pensar em uma *crise* — de superlativa auto-estima — *no sindicalismo*, pela hipertrofia da ação sindical, refletindo-se na área política, posto que *alguns* — a nosso juízo, num exagero analítico que prejudicaria a valia científica — *vêem menosprezo da entidade classista* moderna pelos direitos individuais (por ela, para tal corrente, amassados) e pela própria *soberania* estatal (tese de difícil constatação). *O corolário* dessa linha crítica ao sindicato auto-suficiente e "desviado" de suas autênticas funções e compromissos *seria a opressão sindical* aos direitos do cidadão, isoladamente considerado, e o imiscuir-se da entidade, com seu projeto preferencial, na política (inclusive partidária) nacional, agindo como força de pressão. Dessa maneira, e com tais opções, a associação profissional alargaria seu espectro, deixando(?) de realizar as tarefas que lhe seriam atinentes, preocupando-se com o desempenho de outras que não estariam, precipuamente, na órbita de sua específica competência.

O sindicato de que se estaria a tratar, como bem dizia *Goetz Briefs* (obra citada, p. 47) seria o encontrado sob o manto das democracias do mundo ocidental, ligado às economias de mercado, em Estados que teriam reduzido progressivamente seu grau de intervencionismo econômico-político, uma vez que "el sindicato, en su concepto usual y legitimo, seria imposible en otras partes y regimenes político-economicos del mundo" (e excluiria, assim, os modelos intervencionistas estatais, tanto de direita, como de esquerda, os filhos de teocracias liberticidas, os patronalmente comprometidos e os submissos a ditaduras).

Do que não se duvida é que *ele repousa* (e deve mesmo alicerçar-se) na *adesão* de seus *membros*. O reconhecimento legal, da opinião pública, do empresariado e de sua associação são importantes, mas não resolvem, se não se consubstanciar, na origem, uma sólida coesão classista. *Bednarik* (*apud Goetz Briefs*, obra citada, pp. 54-55) recordava, entre outras coisas, que a situação da entidade seria muito ruim se e quando reinasse confusão a respeito de seus fins, entre seus membros; ou quando a categoria que correspondesse ao organismo associativo apresentasse expressivo percentual de integrantes hostis à entidade que deveria congregá-los. Tal hostilidade seria o passo subseqüente àquela apatia, que se mencionou anteriormente e que se acredita estar disseminada entre os jovens. Numa alegada constatação (que tem muito de conceituação e, por isso, subjetiva e questionável), afirmava *Bednarik* que a hostilidade hospedar-se-ia, na maioria dos casos, no trabalhador moço "al que caracterizaria una especie de indiferencia existencialista y que, cuando menos, se manifestaria *escéptico frente* a todo aquello que le viene de afuera, como valor convencional: autoridad, patria, socialismo, liberalismo, partido político, *sindicato* etc. A esta indiferencia existencialista va unido un firme propósito de derivar ventajas de cuanto se le ofrece, sin reconocer, para si, obligación o responsabilidad alguna".

Manifestar-se-ia, ante as profundezas de tal crise (evidenciada a partir do último terço do século passado, com maior, ou menor intensidade, conforme o ângulo do qual se analise e não superada, mas modificada e redimensionada com a marcha frenética da sociedade, ditada pela globalização e pela revolução tecnológica com ela vinculada), uma tendência — pelo menos, uma aspiração — do sindicato moderno; marcantemente, no último quartel da centúria finda, de a ela impor-se, enfeixando, em suas mãos, crescente poder, que se estaria espraiando por diferentes áreas societárias.

Assim, seguindo, a um tempo só, o mandamento de *Marx*, preconizando a união do proletariado, e a orientação capitalista, recomendando ao sindicato que monopolizasse a representação, para evitar (e, se possível, excluir) a concorrência, logrando, com isso, aumentar os privilégios conquistados, o chamado *"sindicato consolidado"*, como o denominou *Briefs* (obra citada, p. 92), mostrou-se disposto a até mesmo romper a solidariedade do movimento associativo. As entidades mais fortes teriam propósitos de lograr, para os seus, salários e condições de trabalho mais benéficas, ainda que tal pudesse ocorrer à custa do prejuízo (e até da derrocada) de outras organizações associativas.

De outro lado, não causava espanto (e continua a não causar, pois o fato se tem repetido, por exemplo, no Brasil de hoje, em pleitos do setor automotivo) a reunião (e a ação conjunta) do Sindicato dos trabalhadores com o dos empresários (o que, à primeira vista, seria a realização do ideal corporativista), funcionando como verdadeiro cartel ou "oligopólio" peculiar; às espaldas e, em certas situações, em detrimento do consumidor.

Seria o mundo das relações sociais, mostrando-se conturbado e até confuso, a um tempo só. O sindicato pressionaria o indivíduo, tratando de absorver-lhe a liberdade que, antes, defendera em seu nome; e, por outro lado, intentaria invadir a seara estatal, com a pretensão de até dividir em fatias a soberania. O indivíduo, ante tal panorâmica, conhecendo o poderio das organizações associativas de sua criação, tratou de não permanecer imóvel e subordinado à presumida vontade coletiva (que, por sinal, é composta também pela sua). Por isso, viram-se, muitas vezes, repetidos entrechoques (capazes de multiplicaram-se), entre os sindicatos. Há, amiudadamente, combates duros entre os macroorganismos associativos, dominadores do mercado de trabalho, e as pequenas entidades, brecadas nas suas investidas reivindicatórias, pelo envólucro protetor, produzido pelas grandes centrais, interessadas em cobrir todo o universo laboral. Não se dispõem a permitir que alguém lhes faça "indesejável" companhia concorrencial, propondo-se a uma representação, talvez mais forte e, por isso, mais protetiva do trabalhador individualmente considerado. Temem, no entanto, apesar de seu gigantismo, ser superadas pela diligência dos pequenos, ainda mais destacável, quando comparada a seu burocrático proceder.

O que não se pode omitir, quando se faz um traçado da sociedade e, particularmente, do processo produtivo a ela imanente, com ênfase para a relação laboral, é que, ao fim e ao cabo, tal *binômio* (empregado-empregador) *precisa de trilateralidade* para justificar a si mesmo. A produção, econômica e socialmente só tem sentido e só se completa quando enseja *consumo*, destacando, especialmente, seu agente humano: o *consumidor*.

O sindicalismo, feito de entidades, que são feitas de pessoas, basicamente nas vestes de patrão e empregado, tem de entender, para, atualizando-se, sobreviver, e fazer-se compatível e contemporâneo, que o desenho só estará completo com a inserção da efígie do *consumidor*, não mais, como antanho, objeto do processo, mas dele também *sujeito* e *insubstituível*.

43. ASSOCIAÇÃO PROFISSIONAL: DIAGNÓSTICOS E PROGNÓSTICOS

Realizada essa caminhada, através dos tempos e das conceituações que acompanham e delineiam o *sindicato*, faz-se conveniente resgatar, destacando, algumas idéias e situações, bem como avançar em diagnósticos e prognósticos que as circunstâncias nos permitem registrar e projetar para a vida associativa. Ei-los:

a) Dignidade do trabalho

O sindicato, como agente, e o sindicalismo, como proposta e idéia, contribuíram para reafirmar e consolidar a *dignidade* do *trabalho* e, por decorrência, a de seu agente, o trabalhador. Ao fazê-lo, resgatando valores que, em certas situações, foram desprezados, o movimento associado, dando força, pela coesão, ao operário — antes isolado — ensejou condições político-jurídicas para que, paulatinamente, se construíssem melhores padrões de Justiça. E, na medida em que esse, ainda em boa parte teórico, distribuir de Justiça, alargou-se, também (e, às vezes, sobretudo) pela ação sindical, ampliou-se o conteúdo mais sensível e humano dessa Justiça institucional, que é a *Justiça Social*.

Isso porque não se pode falar em Justiça Social sem falar em trabalho.

Arnaldo Süssekind sintetiza-nos esse pensamento:

"Num mundo em acelerada transformação, a sabedoria de estadista deve consistir em conciliar o econômico com o social e o financeiro. Este visa à estabilidade monetária; aquele, ao desenvolvimento social; mas nenhuma nação pode viver harmoniosamente, por muito tempo, sem o atendimento das exigências sociais, entre as quais se insere o direito do cidadão a um trabalho capaz de assegurar-lhe, e à sua família, a subsistência com dignidade e a segurança de uma renda na invalidez, velhice e morte."[(70)]

O sindicato tentou cumprir suas tarefas e alcançar alguns de seus objetivos, na medida em que foi crescente sua contribuição para construir e preservar as garantias trabalhistas. Pode-se afirmar que certos patamares de adianto jurídico-social foram fruto exclusivo da mobilização classista, do protesto inteligente e oportunamente colocado e da arte da negociação, reunindo pressão com habilidade, em nome de interesses coletivos.

b) Prevalência da pluralidade

A categoria enfrentou, no seu interior fisiológico, o desafio de uma legítima estruturação político-administrativa. Defrontou-se com o dilema da *unicidade ou da pluralidade*, amparadas por diferenciadas correntes que não se limitavam ao doutrinário debate jurídico mas invadiam as (e eram invadidos pelas) divergências políticas e sociológicas. Hoje, há uma constatação flagrante de *prevalência* da

(70) SÜSSEKIND, Arnaldo. "A Globalização da Economia e o Confronto entre os Neoliberais e os Adeptos do Estado Social". Revista da Academia Brasileira de Letras Jurídicas, v. 1, n. 1 (jan./jun. 1985) — Rio de Janeiro: Academia, 1985, p. 41.

pluralidade (absoluta nas democracias ocidentais, particularmente entre os países desenvolvidos). No entanto, ao mesmo tempo em que o sindicalismo introjetou a convicção de que o pluralismo é símbolo (e até mais: componente) da democracia e, por isso, o consagrou, a prática mostrou que a unicidade seria insuperável instrumento de eficiência e eficácia, desde que resultasse da coesão espontânea da categoria. Estar unificado (e, portanto, sem fracionamento e fricções intracategoriais), por vontade própria, quando se tem possibilidade e direito de ser plúrimo, seria a formatação ideal — por isso mesmo raramente alcançada — na vida institucional dos sindicatos. Mais difícil, obviamente, essa unificação espontânea, quando se sabe que a pluralidade potencial que a antecede, permite e estimula complexos fracionamentos que, além de divisões numéricas, atendem critérios conceituais classistas, como a horizontalidade e a verticalidade.

c) Coesão e democracia

Reunir a garantia de liberdade, que está inserida no exercício da pluralidade, com a perspectiva da maior eficiência, que decorreria da unicidade, foi sentimento permanente de doutrinadores, busca legislativa e aspiração tático-política de lideranças pragmáticas. Fez-se um esforço nesse sentido, historicamente, com o *sindicato mais representativo*, regulado minuciosamente (até com detalhismo exagerado), em certo momento, pela lei francesa. Como todo fato social, dinâmico por natureza, a vida desbordou a lei e os ajustes operacionais tiveram de ser feitos no contexto da própria realidade. Valeu — e ainda vale — como uma das fórmulas com que se intentou (e intenta: veja-se a sistemática estadunidense que, em certas circunstâncias — não muitas, é verdade — trafega por essa linha, mesmo fazendo atalhos próprios e até mutáveis, quase casuisticamente) realizar a combinação idealizada: espontaneidade opcional + força de coesão. A questão argüida, em termos críticos, ao modelo do *sindicato mais representativo* é que, com ele, transforma-se a pluralidade, não numa linha de ação que tem *início* (criação), *meio* (mobilização associativa: filiação etc.) *e fim* (participação direta na negociação ou, em se tratando de conflito, na decretação da greve e no seu desenrolar), mas, exclusivamente, num mecanismo de livre participação de associações para concorrer *entre si*, *disputando*, *fratricidamente* (em termos sociopolíticos e jurídicos), o direito de *exclusividade* negociadora com a eventual contraparte laboral.

Nesse caso, há uma espécie de torneio eliminatório, e o sindicato mais representativo — como tal escolhido por critérios estabelecidos pela lei, *a priori* e genericamente — vai negociar com a entidade patronal (ou, especificamente, com a empresa); inclusive, face tal indicação, em nome de associados de outros sindicatos que, por exemplo, até podem dissentir radicalmente da linha negociadora, dos métodos administrativos, das tendências partidárias e/ou ideológicas do *"mais representativo"*. A transferência da representação não se dá por adesão ou por espontânea delegação, mas por conquista, ainda que sem a simpatia e a confiança do formalmente representado.

É formulação inspirada na convicção de praticidade — e que, para efetivá-la, também se envolve com muitos embaraços e dificuldades — onde a pluralidade verdadeira restringe-se ao direito de criar entidades que têm a faculdade de *disputar* o título de *mais representativo*. Este, uma vez escolhido, opera como se estivesse num regime de unicidade, cercado pelo privilégio da exclusividade, falando em nome de toda a categoria. Sindicalizados, ou não; a ele filiados ou associados a outra entidade.

c.1) A representação unitária

Ante tais questionamentos e controvérsias, é possível — a nosso juízo, provável — que a Constituição italiana de pós-guerra, no seu artigo 39, tenha conseguido aproximar-se, pelo menos idealisticamente, de um modelo de equilíbrio recomendável pela teoria. Ali se propôs a *rappresentanzza unitaria*, uma espécie de comissão mista *ad hoc*, constituída em cada nível hierárquico sindical (sindicato, federação, confederação) de abrangência setorial (dependendo da rama envolvida na negociação ou conflito: bancário, metalúrgico etc.) e, conseqüentemente, válida para aquele episódio (recorde-se que as convenções coletivas italianas são bienais, o que, na prática, demarcaria, em regra, a duração operacional do colegiado misto representativo, cuja recondução e continuidade não estaria vedada, dependendo, apenas, da vontade dos sindicatos representados).

A representação unitária, filosoficamente, fundamentava o ideal da liberdade de opção com a centralização (ou não dispersão) de esforços classistas no momento negocial ou conflitivo. Enfim, direito de opção e eficiência coesa de pressão seriam seus fundamentos. Tal seria — e eventualmente é — obtido na medida em que todas as entidades com um número não desprezível (ou insignificante) de associados têm assento na *rappresentanzza*, o que ocorre na proporção direta da dimensão de seu quadro social. Dessa maneira, respeitar-se-ia, via proporcionalidade, o direito de prevalência da maioria intraclassista, sem calar a voz e negar participação representativa às minorias sindicais. A modelagem da "representação unitária", na versão teórica, é irretocável (respeito total à pluralidade somado à alardeada vantagem operacional da unicidade). Seu óbvio inconveniente estaria na efetivação prática, tanto pelo balanço mutável da numerologia associada, como pela dificuldade (inclusive dado o hermetismo informativo, garantido pela autonomia sindical) de conhecimento da exatidão dos números definidores da proporcionalidade. Além do mais, a variedade de situações setoriais ou profissionais exigiria peculiares desenhos para montagem de "representações", que, realmente, refletissem o universo a reproduzir-se. Isto, às vezes, far-se-ia polêmico, por inclusões e/ou exclusões discutíveis, além de procrastinar a montagem do órgão (que, como tudo, na vida das relações laborais, sobretudo coletivas, necessitaria celeridade para ser produtivo) por desatavios burocráticos e pelas polêmicas intersindicais, nas quais cada entidade aspiraria predominância ou, pelo menos, maior participação no colegiado. Por essas razões, entende-se a morosidade da regulamentação do dispositivo constitucional, ante tão intrincada complexidade. Não há dúvida que, nas macroquestões — especialmente de porte nacional — a periodicidade larga (fugindo do quotidiano desgastante), a habilidade tática e negocial de dirigentes de experiência e nível qualificados, a própria imagem institucional em jogo — cobrança da mídia e acompanhamento informado das bases — levaria a transigências e ajustes que ensejariam o funcionamento da fórmula. Tal, porém, teria dificuldade de ocorrer no conflito local e rotineiro, até porque, muitas vezes, as disputas político-classistas seriam maiores intraclasse, por primado de liderança, do que aquelas que se estabeleceriam com a contraparte laboral (classe patronal).

Como na fórmula do *"mais representativo"*, onde, além das dificuldades já expostas, a implantação defrontar-se-ia com os questionamentos e objeções aos critérios de escolha (número de sócios, *performance*, área geográfica etc. etc. etc.), também na *representação unitária*, exigente de indiscutível engenhosidade e equilíbrio político-jurídico-social, teriam de superar-se dificuldades operacionais que não lhe retirariam a valia mas, em certas circunstâncias, limitariam sua aplicabilidade.

d) Objetivos da ação sindical e sua mutabilidade

Engano seria pensar que os *objetivos* da ação sindical tem características de imutabilidade ou mesmo de longa duração. O início da organização classista esteve vinculado a um contexto (primeira Revolução Industrial), a uma época (a partir de fins do século dezoito, início do dezenove), a uma região do mundo (o coração econômico da Europa: atualmente Inglaterra, França, Alemanha, Itália etc.) e tendo por teatro de operações o primitivo galpão fabril. Eram batalhas pela afirmação do próprio direito de trabalhar. De poder associar-se ao parceiro, de análogos sofrimentos e aspirações, sem que isso fosse radicalmente proibido e tipificado como crime. Era tempo de buscar elementares proteções para os desvalidos (incapazes, por doença, velhice, acidente etc.), repousos mínimos para a recuperação física ante o esgotamento por jornadas intermináveis e, por isso, quase ininterruptas etc. Essas eram as prioridades das lutas dos incipientes sindicatos.

Ainda que alguns temas, com novos matizes e diferentes estratégias, permaneçam como inspiradores de atuais objetivos sindicais (condições de trabalho *lato sensu*, por exemplo), outras preocupações foram (e até surgiram e já desapareceram: como a mobilização absoluta das *Trade Unions* britânicas durante a 2ª Guerra Mundial) incorporando-se às atenções preferenciais das entidades associativas. O mundo mudou e continua a mudar, cada vez com maior rapidez, e o sindicalismo, como um todo, para evitar um anacronismo deformante, também teve de reformular-se para acompanhar as mutações e os tempos e costumes renovados.

A globalização, a revolução tecnológica, a sociedade de serviços, a automação, a descolonização e a criação de blocos integrados, a presença crescente da mulher no mercado de trabalho, o choque de conceitos e valores entre civilizações, tudo isso — e muito mais — fez com que o sindicato tivesse de vestir novas roupagens e alterar, seguidamente, táticas e prioridades para preservar seu papel no cenário societário.

Assim, hoje, há *sindicatos de trabalhadores rurais*, na *América Latina*, por exemplo, que lutam *fora da relação de emprego*. Não priorizam a conquista ou a preservação do vínculo empregatício, nem destacam, como objetivo principal, condições mais favoráveis "pró-operário" do contrato individual de trabalho ou a conquista de novos e melhores patamares categoriais na negociação coletiva. Sua atenção — e atuação — está voltada à *conquista da terra*, aspirando exercitar o direito de propriedade, que outra coisa não é do que a perspectiva de vir a ser, se não empresário, pelo menos empreendedor. Ao contrário de algumas teses históricas do sindicalismo nas suas versões primevas, quando havia os que radicalizavam na defesa da propriedade estatal (e só ela), os movimentos de rurícolas pela Reforma Agrária reforçam a idéia da propriedade privada como instituto, pulverizando-a, ainda que a rejeitando se, mesmo produtiva, tenha seu domínio sob controle de poucos titulares. *Já na área* urbana, nos setores industrial e de serviços (da União

Européia e dos Estados Unidos, atualmente), a diretriz sindical passa pela preocupação com a *queda do nível de emprego*, substituído pela robotização e/ou por instrumentais mecânicos que o sucedem nas missões repetitivas, até com vantagem, segundo enfoque patronal que prioriza a redução numérica de ônus e encargos. O trabalhador urbano não estaria voltado para a batalha da propriedade. Inquietar-se-ia com o avanço das máquinas inteligentes e dos equipamentos produtivos que o ameaçam com o pânico de um amanhã sem emprego; isto é, sem salário e sem poder de sustento e consumo, numa inquietante economia laboral elitizada pela seletividade técnica. O sindicato urbano de país desenvolvido precisa empregar seu esforço, não apenas na antiga luta classista pelo simples valor do salário (ainda que este continue importante) mas, sobretudo, em qualificar seus associados, a fim de que se tornem aptos a dominar novos procedimentos produtivos, mostrando-se criativos e rentáveis para a empresa. Essa a única maneira de preservarem seus vínculos e, com eles, o direito a ser parte ativa no sindicato que, também, só assim, com sócios habilitados e empregados, será forte. Para isso, não bastaria falar em liberdade sindical sem referir a condições econômicas mínimas de sobrevivência. *Mirta Lerena de Misailidis* faz expresa vinculação de liberdade sindical e direitos econômicos, assinalando que: "Além da inquestionável relação da Liberdade Sindical com as liberdades públicas, é necessário assinalar sua profunda relação com os direitos econômicos e sociais, chamados de direitos de segunda geração. É evidente que, para exercer a liberdade sindical, é necessário que se respeite a liberdade de reunião ou de pensamento, porém, para que exista a liberdade sindical, é inegável a necessidade de que se observem determinados direitos econômicos, pois de pouco serve a liberdade sindical nas sociedades dizimadas pela fome, ignorância ou enfermidades"[71] (de fato, na prática, não há nos países acossados pela fome coletiva, liberdade sindical nem mesmo só formalmente consagrada). De qualquer maneira, conviria ressaltar que existe, entre a liberdade sindical e os direitos sociais e econômicos, uma profunda interação dialética. É sob a influência de tal enfoque que o sindicato altera sua alça de mira e, ao invés de lançar seus *petardos críticos contra a empresa* (a não ser ante ocorrência de ações corrosivas, sobretudo por práticas laborais agressivas e despóticas), agora tende a *preocupar-se* solidariamente com ela, contribuindo para sua preservação (que significaria ocupação e salário), plei-

(71) MISAILIDIS, Mirta Lerena de. "Os desafios do Sindicalismo Brasileiro diante das atuais tendências", Misailidis, São Paulo, LTr, 2001, p. 188.

teando até mesmo vincular ao empreendimento o destino remuneratório de seus sócios (arriscando-se a compartilhar de seu resultado, pela participação nos lucros e pela co-gestão).

e) A tática "agressiva" da fartura

A agressividade do sindicato, ainda que, à primeira vista, pareça paradoxal, não estaria ligada a momentos desaquecidos ou mesmo recessivos da economia. Ao contrário, manifestar-se-ia estimulada quando a economia apresentasse índices de crescimento. *Exceção feita aos seus alvores*, ocasião em que foram a penúria, o sofrimento, e a desproteção que conduziram o trabalhador à solidariedade associativa (e, mesmo então, na Revolução Industrial, em que, se havia o "*bidonville*", com as primeiras e contundentes mostras do desemprego urbano, também surgia inegável dinamização produtiva e crescimento, com o sedutor, às vezes torturante, mas economicamente revolucionário e valioso aparecer da fábrica) e, também em tempos das — hoje bem mais raras — ações político-ideológicas "greves de solidariedade": contra a guerra do Vietnam, pelo desarmamento universal, anti-ALCA, em defesa do petróleo nacional etc. etc.), o *sindicato mostrou-se*, *com o tempo*, *prudente e pragmático*.

Não se nota, com a evolução, como tática sindicalista, uma relação direta entre carência relativa e ruído. Este — protestatário e instrumentalmente contundente, chegando até a greve — aumenta e se faz exigente, quando pressupõe (ou confia) que há mais a distribuir porque *tem* (ou *está ganhando*) *mais aquele* de quem se está a pleitear. Pragmaticamente, o contemporâneo e tecnificado negociador sindical não tem interesse ideológico em debilitar a empresa; quer vê-la forte, sólida, lucrativa e em expansão, porque isso significaria — pelo menos, teoricamente — menos risco de desemprego e perspectiva de lucros patronais dos quais se poderiam extrair melhores remunerações.

Um PIB crescente dá fôlego à luta sindical. Permite que ela se faça *atacando*, isto é, partindo de garantias não contestadas e buscando vantagens a agregar. *A contrario sensu*, recessão — e pior ainda: estagnação, ou seja a consolidação da queda e da paralisia — leva o sindicato a um procedimento tático e a um planejamento estratégico de, simplesmente, *não postular avanços* (por consciente da inviabilidade de atendimento) e de apenas tentar manter o anteriormente alcançado.

Wagner Giglio, ao comentar sobre as recentes propostas de modificações da legislação sindical, concordaria com esse posicionamento, ao referir que:

"O fortalecimento dos sindicatos não é, certamente, meta governamental, pois somente poderia ser alcançado numa Economia em expansão, de pleno emprego e de mercado carente de mão-de-obra, em que a pressão exercida por grande número de associados forçasse a melhoria das condições de emprego."(72)

Uma crise econômica, portanto, ameaçando (e mesmo derrubando) patamares ocupacionais, arrefece a pressão (porque desestimula a mobilização) sindical. O crescimento, a vida produtiva em alto dinamismo, as taxas de emprego elevadas dão ao sindicato a vitamina para que ele se sinta habilitado a pedir *mais* de alguém que, talvez, pelo contexto, tenha o *mais* a oferecer.

Tais considerações são excepcionadas quando um país vive situação crítica sóoioeconômica, com reflexos até mesmo na normalidade institucional. Uma sociedade em estado dramático de pobreza-miséria, com ocupação em queda livre, economia em desativação, sem investimentos e sem perspectivas de reversão, tende a convulsionar-se, a reagir e, no caso, de uma forma, não apenas reivindicante, mas belicosa. Nessas circunstâncias, os sindicatos não serão os condutores — tarefa assumida por partidos políticos extremados, por lideranças populistas carismáticas e/ou por movimentos circunstanciais limítrofes do anárquico — mas, quando muito, meros coadjuvantes. São contextos em que os choques sociais se agudizam; as esperanças e expectativas se frustram. Respira-se um ar de ingovernabilidade e, às vezes, marcha-se, sem destino, para encontrar o "salvador da pátria" ou desembocar-se no caos. Esse não é o caldo de cultura sindical.

f) Governo, Sindicato e sua origem privada

Durante muito tempo (e até há pouco), entendeu-se (ou entenderam alguns) que o *sindicato* teria encontrado seu destino, ao abrigar-se *sob o pálio do Governo,* com ele estabelecendo parcerias múltiplas, que seriam necessárias e indissolúveis: seriam para o bem da sociedade, como parcela da própria missão oficial, e complemento indestacável da identidade associativa.

Tal encaminhamento — que afastou o grêmio da natureza espontânea e privada do seu nascedouro — levou-o a relações incestuosas com o Estado. A elas se submeteu em projetos estatizantes

(72) GIGLIO, Wagner D. A Prevalência do Ajustado sobre a Legislação, Revista LTr, vol. 66, n. 4, abril de 2002, p. 403.

— usualmente ditatoriais — de ideologias extremadas, tanto de direita quanto de esquerda, que, em tantos aspectos se parecem e se confundem. Delegado da ação político-administrativa oficial, agente descentralizador de procedimentos burocráticos, o sindicato chegou (como, infelizmente, ainda chega, em nosso país) — por esse anômalo conúbio — a ser arrecadador de contribuições impositivas — conceitualmente tributárias — pagas pela comunidade laboral, mesmo quando dele não associada (e até quando a ele for hostil).

Com a evolução das relações laborais — colocadas em padrões jurídicos mais definidos, porque nítidos e consistentes — e com a consolidação e o expansionismo do processo democrático, exigindo do Estado que redefinisse funções e competências, preservando os espaços legítimos do cidadão, da sociedade e daquilo que ele (nela e com ela) cria, *o sindicato*, fruto da vontade coletiva, de grupos profissionais homogêneos, análogos ou similares, refluiu da área dominadora do Governo e avançou pelo terreno aberto, que já lhe pertencera e de onde proviera: *privado, mas coletivo*.

O sindicato contemporâneo, funcionando em Estados democráticos, é agente *privado*, por sua natureza jurídica, *e privatizante*, por sua atuação. Isto porque, na medida em que seu prioritário mister é ser um "grande negociador", como sintetizava *Evaristo de Moraes Filho*, a celebração, com sua participação executiva (sujeito do processo), de convenções e de acordos coletivos, destinava-se a fixar regras genéricas — de aspecto similar à lei e com valia categorial — que, em sendo concretas no conteúdo e abstratas (porque não personalizadas) na destinação, competia com e — mais que isso —, no espaço de sua jurisdição regradora, substituía o poder normativo do Estado. Na medida em que o *Sindicato*, formado pela adesão voluntária de integrantes de uma categoria profissional, dotado de autonomia político-administrativa, defensor tutelar de interesses coletivos, regulava relações laborais grupais, dispensando a incidência da lei, havia uma substituição do agente público (Estado) e de seu instrumento normativo (a lei e seus derivados: decretos, portarias etc.) pelo ente privado (o sindicato) e seu mecanismo regulador, fruto da composição (negociação).

Dessa maneira, quando a entidade cumpre seu papel mais nobre e eficaz (negociação coletiva) e, por meio dele, chega a fixar para si próprio (cláusulas obrigacionais) e, para os integrantes da categoria, pisos de garantia, a ser implantados nos contratos individuais de trabalho (cláusulas normativas), está mantendo, no *espaço reservado às partes* e a seus agentes de representação coletiva classista (sindicatos, federações, confederações), o direito de regrar a vida categorial. Estará dando os parâmetros para a sua implementação, na atomizada e individualizada relação empregado-empregador, vivida na *esfera privada.*

Na visão de que o Estado — e, particularmente, seu agente operativo, o Governo — encarna o interesse público, há quem, ao setorializar tal enfoque *conclui* que *suprimir ou dispensar* uma *decisão judicial* — sentença normativa — utilizada como coercitiva solução exógena (governamental) de um conflito coletivo, transferindo-a para o encaminhamento harmônico das relações classistas, *geraria um retrocesso*, no elenco dos direitos individuais e, a partir, deles, de sua projeção coletiva. Vêem-no como um descaso e/ou uma demissão oficiais, que estaria declinando de tarefa (encargo ou prerrogativa) de sua exclusiva responsabilidade. Preferimos, no entanto, entender tal situação, como a afirmação de *entidades sindicais*, legitimadas pela representatividade classista, vivendo a realidade quotidiana da relação laboral produtiva, conjugando interesses convergentes de autênticos co-partícipes, na busca de maior produtividade e lucro (para o empresário) e garantia de emprego e segurança salarial (para o empregado). Usam, para isso, os sindicatos o caminho próprio da continuidade contratual na qual, circunstancialmente, *são contrapartes* face aspirações e concessões conjunturais, *estando muito mais* habilitados a encontrar (posto que, usualmente, são co-partícipes), num ponto convergente de avanços e recuos, solução negociada realista, viável e duradoura. Mais do que uma exclusão pré-concebida e uma degradação hierárquica da competência do Estado, *a valorização*, como conquista legítima da afirmação categorial, *da ação sindical*, compatível com o processo onde se tratam interesses coletivos, que — como o próprio ente associativo — são oriundos e integrantes da *órbita privada.*

A respeito, aliás, Wagner Giglio formula raciocínio não coincidente com nosso posicionamento, afirmando que:

> "É correto o diagnóstico de que a multiplicação e a diversidade das relações de trabalho repelem regulamentação específica por lei. A solução, porém, não seria a preconizada, de auto-regulamentação por meio de negociação direta entre empregados e empregadores, o que, nas circunstâncias vigorantes, de total desigualdade, corresponderia a um acordo entre o leão e os cordeiros."[(73)]

---

(73) GIGLIO, Wagner D. A Prevalência do Ajustado sobre a Legislação, Revista LTr, vol. 66, n. 4, abril de 2002, p. 404.

g) Da fábrica à OIT: trânsito sindical

O alargamento nas relações internacionais — financeiras, comerciais, políticas etc. — é fato constatável a cada instante. Trouxe consigo, face à utilização de melhorias e avanços tecnológicos, aproximações a distância, decorrentes da telecomunicação (destaque-se a *Internet*, sem esquecer da televisão etc.), garantindo, pela imediatidade da comunicação social, um mundo pretensamente bem informado. Nele se reduziram (quase desaparecendo) as distâncias físico-visuais de contato (videofones, celulares com imagem, transmissão corrente satelital bidirecional etc.) e suprimiram-se as demoras e as esperas, com a instantaneidade da transmissão-recepção. Com isso tudo, as pessoas, as instituições, os países ficaram próximos virtualmente, num movimento de aproximação, mesmo de quem permanece estático.

Esse processo de *contração* (tecnologia que aproxima e supera distâncias) e *distensão* (que leva a uma convivência dos ausentes), fruto dos avanços científicos, instrumentando a Globalização e, reciprocamente, sendo por ela instrumentalizado, dá elasticidade e amplitude universal às relações societárias. Em síntese, o que, antes, restringia-se a espaços geográficos limitados, hoje se fez ilimitado, sem respeitar quilômetros e fusos horários.

Tal realidade, crescentemente abrangente, deveria, por analogia e/ou similitude, levar a ação sindical a elastecer-se, priorizando geografias mais largas, bem como compromissos e conquistas que, ordinariamente, ultrapassam fronteiras nacionais.

A aceleração do processo globalizante modificou noções de espaço e tempo. A crescente agilização das comunicações, mercados, fluxos de capitais e tecnologia, intercâmbio de idéias e imagens, modifica os parâmetros herdados sobre a realidade social, e o próprio modo de ser das coisas: enfim, o andamento do devir. As fronteiras até parecem dissolver-se. "As nações, às vezes, integram-se e/ou desintegram-se[(74)]."

No entanto, apesar da continuidade histórica de uma "diplomacia sindical", desde 1919, cujos mais práticos resultados foram as normas — particularmente as convenções — da OIT, e mau grado a segunda metade do século passado (antes só e, depois, ao lado da globalização) ter assistido à deflagração do processo de *integração*, pouco ocorreu, com todos esses potenciais e presumíveis impulsos, para que o sindicalismo ganhasse uma nova dimensão

(74) IANNI, Octavio. "Teorias da globalização", 9ª ed., Rio de Janeiro: Civilização Brasileira, 2001, pp. 209/210.

física. Diferentemente dos fluxos financeiros, dos intercâmbios comerciais, das intimidades institucionais, das circulações migratórias, dos trânsitos aduaneiros, dos gravames comunitários, dos tribunais suprafronteiras (até dos campeonatos esportivos integrados), a prevalente *performance* das associações classistas continuou bastante restrita à geografia doméstica.

Mais do que isso, evidenciar-se-ia, por tática de sobrevivência, uma ação sindical que, amiúde, se comprimiria espacialmente, quando comparada a horizontes anteriores. Viu-se tocada pela "concorrência" crescente da comissão interna, respondendo de corpo presente, no teatro de operações, às inquietações de um trabalhador que, cercado de apreensões (desemprego, sobretudo) pessoais, individualizava prioridades. Ao sobrepor suas expectativas, garantias e temores (uns a espantar; outras, a consolidar) às da categoria, reduzia-se à hierarquia da classe profissional e se diminuía, na análise de cada um de seus (potenciais) sócios, a tarefa coletiva (*lato sensu*) do sindicato. Individualmente considerado, mais talvez que antes, o trabalhador queria que o sindicato — que não teria, salvo situações mui excepcionais, como *fulanizar* seu atendimento — pelo menos desse a ele e a seu universo restrito e quotidiano *melhor e maior atenção*, priorizando a relação que, muitas vezes, se iniciava e se esgotava na *empresa*. É, pois, ao concentrar-se, diretamente, na empresa, a fim de não perder representatividade para a *comissão interna* (localizada, detalhista, obviamente ágil e visível), ou dela fazer sua representante delegada, numa política articulada não concorrencial, que o sindicato viu-se obrigado a enfatizar sua missão localizada, em detrimento de vôos alargados, inclusive internacionalizantes.

Essa necessidade tática, e até estratégica, de atentar com primazia para a *unidade de produção* (seja a fábrica, a loja, o escritório etc.), tratando de conviver com e atuar sobre suas peculiares relações, acabou por induzir — não obrigatória, mas seguidamente — como normal uma preponderância, na atenção sindical, não apenas do local físico mais restrito, sobre as grandes dimensões, mas, também, do limitado *grupo de pessoal da empresa* (às vezes, até mesmo do estabelecimento) em *detrimento da amplitude categorial* como um todo.

Enfim, enquanto o mundo, em múltiplas de suas expressões ativas, alargava-se, na esteira da globalização, o sindicato, para sobreviver à eventualidade de uma "concorrência" localista e ao desejo de atenção mais particularizada do (potencial) sócio, estaria a *restringir-se*, diminuindo, física e humanamente, seu espaço de manobra, numa contradição inevitável face ao desafio e à exigência (?) das circunstâncias por que passa a sociedade.

h) Fragmentação das aspirações categoriais

Essa contração (não sempre, mas amiúde ocorrida) do processo negociador, nela titularizando a comissão interna, diminuiu, em alguns casos, também a efetiva capacidade de mobilização do sindicato. Seu grau de imantação associativa, via processo de afiliação, se não se rarefez, pelo menos perdeu parcela valiosa de atratividade e conquista. Há os que, entendendo distante, ou não efetivada, a ação desejada do ente associativo, preferiam dele afastar-se, *desfiliando-se*. Outros, porque indecisos e reticentes, não encontrando um arrazoado pragmático tangível, *não se filiavam*, julgando inútil, para seus interesses específicos, fazê-lo.

Há entre os sindicalistas, no Brasil, os que alegam que o Estado não permitiu aos sindicatos a aplicação da plena legislação vigente, que regula o funcionamento das comissões de fábrica, embora na prática, restringisse-lhes a atuação. É o que, com ênfase retórica, refere *Luiz Antonio de Medeiros:*

> "Pela antiga legislação, e ainda hoje, não se conseguiu uma organização sindical que atue nas fábricas, dentro dos locais de trabalho. É como se o legislador tivesse pensado em nos dar um prêmio, através do Imposto Sindical, para que ficássemos bem distantes dos conflitos trabalhistas, bem distantes da fábrica. Isso gerou profundas distorções no movimento sindical brasileiro."(75)

Apesar disso (e sem ver tal pensamento como dogmático e facilmente demonstrável), chegar-se-ia, em certas circunstâncias (setor secundário, principalmente em grandes estabelecimentos de vida técnico-administrativa e financeira bem definida, quase autônoma), a reconhecer que o êxito da ação sindical deveria ter um razoável grau de dependência das lideranças *intrafabris*. Enfim, daquelas que orientariam e dirigiriam as comissões internas, influenciando, de certa maneira, o caminho da mobilização operária em cada unidade de produção.

Tal constatação — que não se há de tomar como rotina mas que não surpreende por sua ocorrência nos países mais desenvolvidos, com empregados qualificados, operando com equipamentos de alta tecnologia —, incentivaria o risco de ruptura da unidade categorial, por falta de homogeneidade das aspirações classistas. Independente da estrutura associativa estar desenhada como

(75) MEDEIROS, Luiz Antonio de. "O Futuro do Sindicalismo no Brasil", Nelson Gomes Teixeira — organizador, Livraria Pioneira Editora, São Paulo, 1990, p. 126.

unicidade ou pluralidade, do que se está tratando aqui é diferente: refere-se ao perigo da *fragmentação* de *aspirações* categoriais, e não da formatação estrutural de enquadramento. A supervalorização da *unidade de produção*, como universo-padrão onde se apura a mensuração dos pleitos laborais, nele limitando seu início e fim, constrangeria o verdadeiro horizonte classista, ameaçando-o com danosa e deturpadora atomização, despreocupada com, e incapaz de valorizar o insubstituível sentimento da solidariedade categorial.

i) A difícil unidade

Marx preconizava — acreditando que com o tempo tal ocorreria — a união dos operários do mundo inteiro. Aparente e teoricamente, caberia ao sindicalismo viabilizar o projetado. Tal, no entanto, não ocorreu. Viu-se, na prática, tratar-se de uma aspiração, misto de *slogan*, mito e ingenuidade crédula. Dir-se-ia, inclusive, que, com o advento da globalização, em sua contemporânea e crescente versão, à medida em que se multiplicava o comércio internacional, a concorrência além-fronteiras intensificava-se e os interesses dos trabalhadores (com sua prioritária luta pelo emprego) voltava-se para a garantia da ocupação, as coincidências de posicionamento entre operários de um lado e de outro das diferentes lindes geográficas tornaram-se menos nítidas e o que seria solidariedade, muitas vezes, virou competição.

Mesmo ante situações aparentemente ideais, em termos socioeconômicos (e mesmo políticos), como no caso da Aliança de Livre Comércio Austrália-Nova Zelândia, estável e equilibrada, a ação sindical mostra prevalência de procedimentos vinculados à problemática nacional e contemporânea. Não é muito diferente — ainda que pela sua amplitude geográfica, pujança e diversidade econômicas, necessitasse de um tratamento diferenciado — o que ocorreu, a respeito, na União Européia, apesar de seus avanços no processo de integração. Nota-se uma preponderância no atuar sindicalista privilegiando a realidade próxima, que envolve e é envolvida pela entidade associativa. Ao lado do elemento geográfico, merece preferência do ente classista o aspecto *atualidade*. Em síntese, o *aqui e o agora* não ocupam, com exclusividade, as preocupações sindicais, mas delas são prioridades flagrantes.

O crescimento econômico globalizado logicamente, deveria exigir, *a contrario sensu*, a ampliação das atuações sindicais, destoando com a situação atual dos sindicatos, limitados ao espaço local, como nos coloca *Lourival José de Oliveira*:

> "No âmbito da representação por parte das organizações de trabalhadores, as mesmas alterações acontecem. Não é mais possível prender-se ao conceito de "categoria" profissional, ou mesmo, numa liberdade sindical de fato, de grupos localizados, setorizados ou nacionalizados. Vários níveis de representação devem ser estabelecidos, de maneira a fazer que sejam representadas a parte e o todo ao mesmo tempo; o local, o nacional e o supranacional."(76)

Voltando às causas de tal encaminhamento tático-estratégico defrontamo-nos com questão crucial da vida laboral de sempre. Hoje, dramaticamente acentuada: *a ocupação, como gênero*; *o emprego, como espécie*. Ele, *existindo*, é tudo quanto o associado quer preservar para ser recompensado e respeitado no mundo laboral; ele, *faltando*, é tudo quanto aquele que aspira a ser um *homo faber*, para ver-se valorizado no mundo da produção, procura. E o emprego só existe, ou não, *no universo próximo* ao trabalhador que luta por mantê-lo ou conquistá-lo. Não é conceito abstrato: nem no tempo impreciso, nem no espaço indefinido. O sindicato, a cuja porta bate o trabalhador, tem de empenhar-se *ali e logo* para tentar oferecer resposta a essa busca de apoio e proteção do operário, sem divagações e sem academicismos. Por isso, a sua versão do imediato no tempo e próximo na distância é a que oferece a sua melhor imagem, real e quotidiana.

Como se aludiu, há uma política sindical internacional — cujo foro nos últimos 80 anos foi a OIT, exercitada por organizações supra-sindicais, como a CIOSL, por exemplo — através da qual se foi construindo uma rede protetiva de normas internacionais de progressivo amparo e respeito ao trabalho e ao trabalhador, estabelecendo formas de convivência produtiva deste com o seu empregador. Desse relacionamento erigido por tais entidades supranacionais surgiram convenções, resoluções e recomendações. As primeiras, com força cogente, quando internadas pelos países signatários, através do processo de recepção, ganharam o invólucro protetor e imperativo de lei nacional. São elas, porém, ao redor de duzentas — que vão do combate ao trabalho infantil ao salário mínimo; da liberdade sindical aos adicionais por insalubridade; das férias à migração laboral etc. etc. — passando, muitas vezes, por demorados (outras vezes, hostis e inviabilizadores) procedimentos internos de acolhimento que as fazem pouco utilizáveis e, conseqüentemente, menos úteis do que poderiam e deveriam ser.

(76) OLIVEIRA, Lourival José de. "Direito do Trabalho: organização de trabalhadores & modernização", Curitiba, Juruá, 2003, p. 61.

De qualquer maneira, essa superestrutura de debate e análise técnico-política, geradora de diretrizes comportamentais para o mundo do trabalho, tem conseguido — menos do que o desejável mas o suficiente para manter ativo o dínamo gerador do ideal de Justiça Social — fazer com que se prospere na harmonização e articulação de princípios normativos laborais. Aliás, vários dos quais, mesmo por esse caminho lento, chegaram a esculpir-se, indeléveis, em legislações nacionais.

j) Os conflitos intracategoriais

A competitividade exacerbada (o produzir mais por menos, para garantir mercado e lucro) tem gerado situações de preterição evidente da prioridade *homem* na relação laboral. Priorizam-se elementos volumétricos na produção e se olha o trabalhador, primeiramente como ônus e despesa, e não como agente produtivo e investimento rentável por sua capacidade de criar.

A crescente possibilidade do trabalho a distância (via *internet*, sobretudo; sem exigência de presença física local e longe do controle operacional de desempenho, a não ser por instrumental remoto), as interveniências contratuais de terceiros intermediadores etc. foram modificando a sistemática físico-ambiental da prestação de trabalho.

De outra parte, o avanço das idéias e dos exemplos de um novo tempo de dominação do "deus" Mercado, trazendo consigo a redução da máquina estatal e de seus "afluentes híbridos" (fundações, companhias de economia mista, empresas públicas), muitos deles alcançados pelo então consagrado processo de privatização, enxugando a estrutura governamental, levou à sacralização da racionalização lucrativa em favor da preservada ou recém-criada empresa privada.

Para isso, surgiram alternativas, que se foram multiplicando, alcançando variações consistentes (outras, meramente, aparentes ou perfunctórias) na técnica de gestão, na abordagem de venda (p. ex., a fidelização, o *marketing* agressivo, a customização, a publicidade estimulante), nas estratégias — nem sempre éticas ou idôneas — de controle e, se possível, de dominação de mercado e nas preocupações específicas de nosso estudo: a *limitação do custo humano da produção*.

Vários procedimentos foram (e são) utilizados, sob as mais diversas e "poliglóticas" terminologias (da demissão incentivada ao *downsitzing* etc. etc.), com destaque, no entanto, para a *terceirização* e sua descendência ("quarterização" etc.). Partindo da idéia de retirar da estrutura funcional da empresa *atividades-meio* (limpeza, segurança, no caso de uma fábrica de computadores, p. ex.), alargou-se na aplicação geográfica (hoje com prática quase universal, particularmente nas de médio e grande porte) e aprofundou-se na fisiologia vital da empresa (alcançando, sem constrangimentos e subterfúgios, *atividades-fim*). Com isso, a empresa alberga, na intimidade de sua vida rotineira, empregados seus (cada vez em menor número) e prestadores de serviço que nela atuam com a mesma habitualidade dos a ela vinculados, que, no entanto, *não o são*. Sua relação empregatícia — quando formalmente constituída — é com a *terceirizadora*, cuja tarefa é fornecer tal mão-de-obra, assumir encargos legais, exonerar a empresa-fim de vínculos óbvios e, por isso, ter um comissionamento, calculado sobre o salário que pagam ao seu empregado. Enfim, o trabalhador é tecnicamente empregado da terceirizadora (empresa-meio não produtiva) e prestador de serviço à empresa produtiva que, destarte, libera-se dos usuais encargos securitários e trabalhistas da relação laboral. Evidentemente, a remuneração do trabalhador de terceirizadora é menor do que o de um empregado tradicional da empresa-mãe, até porque há custos (preço do serviço da terceirizadora) que agravam sua despesa. No entanto, reduzido o salário, excluídos os encargos imediatos e o passivo encoberto, há vantagens monetárias e subtração de obrigações jurídicas para a empresa-mãe que, por isso, no afã de competir, quer desvincular-se de tais ônus para chegar ao mercado em condições vantajosas de preço, sem prejudicar sua margem de lucro. Há quem veja nessa estratégia a maneira única de preservar empregos, entendendo que, tornando-se menos onerosa e mais competitiva, a empresa faz-se mais resistente e, com isso, suporta embates de mercado, preservando empregos. É um pouco o benefício do veneno que corrói, destrói mas que, simultaneamente, mata vírus e bacilos ...

Em termos sindicais, sua conseqüência é a de *fraturar* a estrutura associativa. Os trabalhadores, levados à empresa-mãe pela terceirizadora e que, muitas vezes, perambulam por diferentes postos de trabalho de organizações diferenciadas (ajudantes na metalúrgica, serventes na construção civil, garis na limpeza) são integrantes de qual setor ou ramo de produção? Onde se iriam encaixar, com propriedade, na hora de identificar-se com uma profissão? Esse deambular do operário, remetido de um lado para outro, sem vínculo fixo e sem relação efetiva, desnatura sua atividade, impedindo que se possa visualizá-la de forma a identificá-lo profissionalmente. Ora, na medida em que o trabalhador deixa de *ser alguém profissionalmente* (não importa em que nível hierárquico e mesmo quando circunstancialmente desempregado), a categoria perde consistência, a profissão enfraquece e o sindicato vê reduzida a sua capacidade de mobilizar e agir, posto que lhe falta o núcleo de seu processo vital, que é o *profissional*. A terceirização enfumaçando a profissionalidade, vitima o associativismo, quebrando o potencial de unidade (não de unicidade) da categoria que, para existir, requer identidade profissional e vínculo legítimo com a empresa-mãe onde se processa o trabalho.

k) O teletrabalho e o vínculo categorial

Na linguagem jurídica fala-se de *teletrabalho* como uma realidade hodierna. Em certo sentido, o é quando o empregado — ou o mero prestador de serviço não vinculado (?) — realiza suas tarefas, para aproveitamento empresarial, sem presença física no estabelecimento, dispensado da assiduidade e da pontualidade; quando, com sua atividade conectada à empresa, faz chegar o resultado de suas tarefas ao empregador por meios virtuais ou telecomunicação. Poder-se-ia dizer que o *teletrabalho* caracteriza-se por um *conteúdo tecnológico contemporâneo*.

Antes desse "operário do computador", tínhamos (e ainda temos) porém os *empregados a domicílio* — em versão pré-tecnológica — que, realizando seus encargos, salarialmente mensuráveis por produção (costureiras de bolas de futebol, p. ex.), não saíam de sua casa para enfrentar a jornada de trabalho. Do seu compromisso laboral, satisfatoriamente enfrentado, teria de ser comprovante a qualidade e a quantidade da produção entregue.

Hoje, porém, o *teletrabalho* de que se está a tratar é aquele circunscrito à virtualidade e à tecnologia mais sofisticada. Diz respeito àquele(a) empregado(a) que, aproveitando-se de sua formação qualificada e da natureza da empresa, evade-se do martírio do trânsito — sobretudo nas metrópoles — dos riscos, externamente agravados, da insegurança e se dedica à atividade laboral no recinto da casa. Tem a vantagem de liberar-se de obrigações e horário (relógio ponto) fixo, da proximidade do controle disciplinar do imediato superior e aproveita para aumentar seu convívio familiar, integrando-se com seu grupo afetivo (tal situação, até certo ponto idealizada, não contempla a hipótese de que os demais membros da família — esposa(o), filho(a) — tenham atividade — escola, emprego —, de larga permanência externa diária, quebrando o encanto do planejado bem-estar doméstico, "ameaçado", por outro lado, a ver-se conturbado pelo excesso de convivência — risco de monotonia conflitiva — quando todos permanecem quase todo o tempo na casa).

Merece exame peculiar, aqui e agora, o reflexo desse *teletrabalho contemporâneo* na realidade classista. Ninguém esquece, nem duvida, que foi a proximidade física convivida, de aspirações e sofrimentos similares, no galpão fabril, que fez o trabalhador descobrir a lição da analogia com seu colega na convivência que sacramentou a solidariedade. Daí, nasce a coesão, semente do associar-se, raiz do sindicato.

O teletrabalho afasta os colegas. Separa-os. A atomização do que seria o grupo determina uma tendência à desvinculação. O distanciamento físico, a ausência de convívio profissional, o isolacionismo laboral, dificultam o desenho de um perfil de categoria. E sem ela, ou fazendo-a frágil, enfraquece-se o espírito associativo. O trabalho a distância obstaculiza a possibilidade de conhecimento íntimo das dificuldades laborais do "outro", que é similar a nós. O desconhecimento é impedimento à ação solidária; faz-se antídoto categorial. Os colegas, sem identidade estabelecida, sem rosto e perfil humanos delineados, são abstrações e com estas não se tem nem se forma espírito de grupo. Ou é muito difícil formá-lo.

O teletrabalho, na versão século XXI, crescente como a própria tecnologia de que é efeito direto, não contribui para que o sindicalismo possa acompanhá-lo em expansão e significado, na medida em que *faz do trabalhador o homem só*.

l) A ameaça da automatização

Não é de hoje. O processo vem do tempo das roldanas, no Império Romano, quando o imperador Vespasiano temia que, ao usá-las, dispensaria o trabalho de muitos escravos que, ociosos, poderiam "tramar e agir contra o Império". E conservador (talvez retrógrado) e temeroso (talvez precavido) não as usou. Desde aí, pelo menos fala-se, da substituição do homem-trabalhador por *engenhos mecânicos*.

Ludd, rebelde, agressivo e vidente, liderou os grupos que, nos alvores da Revolução Industrial, quiseram destruir a *máquina*, culpando-a pelo drama social: era o desemprego vitimando os iludidos proletários.

E o tempo mostrou esse dilema: o homem produzindo máquinas para, com elas, produzir mais. E elas, submissas e poderosas, comandadas e comandando, produzindo novos empregos e, paralelamente, produzindo novos — e mais numerosos — desempregos.

Refinou-se sua história, chegando-se, com Isaac Asimov, enamorado da robótica e de seus feitos (realmente inimagináveis), a dar alma a suas criaturas. Os robôs de Asimov choram e amam. Apaixonam-se porque, antes, há quem por eles se apaixone.

E assim, chega-se à *época atual: a era da automação*. Inesgotável sua temática, sob enfoque cultural, econômico, político, social. Aqui e agora, apenas importa vê-la e analisá-la no horizonte do trabalho e, dentro dele, especificamente, na esfera do associativismo.

Não cremos que o mundo em breve (não sabemos se, mesmo a largo prazo, tal ocorrerá) venha a generalizar o modelo crítico pessimista da "fábrica de *Huttington*" (do capaz micromini computador, do cachorro feroz e do único homem, mero servente) mas não negaremos que, contribuindo, indiscutivelmente, para produzir mais por menos e propiciando, com sua sofisticação, para qualificar os bens existentes e criar novos que, rapidamente, sucatearão os precocemente envelhecidos, a tecnologia automatizante será determinante para a vida dos trabalhadores e dos grupos que deles se compõem.

Na medida em que robôs não são sindicalizáveis e substituem os que o são (os operários humanos), a automação agressiva com que se convive e que, tecnológica e economicamente, encanta-nos, *desumaniza*, progressivamente, o processo produtivo. Produz esvaziamento humano na cadeia laboral e, com isso, fornece menos sujeitos e menos objetos para a fermentação da vida associativa. O empresário tem, na máquina, a segurança da não-contestação, da reivindicação inexistente, de não correr o risco do contágio da insatisfação. Não se emulando com missões e estímulos e, monotonamente, repetindo sem inovar, a máquina não agrava os temidos (?) custos sociais, principalmente impelidos pela agressividade de Governos de incontida voracidade arrecadadora.

Barateando a produção e, muitas vezes, fazendo com precisa repetitividade sua tarefa, ela é fundamental instrumento na guerra empresarial, competitiva ao extremo, pelo mercado consumidor e contra a concorrência.

Quem, mais agilmente, abastecer com maior variedade e volume de bens, o universo consumidor, apresentando preços menores porque opera com custos mais baixos, terá a chance — macro objetivo do sistema capitalista — de obter lucros proporcionalmente crescentes. E a máquina (o robô, o computador e todas as suas inúmeras alternativas) é figura-chave dessa equação, onde a grande incógnita a desvendar é o próprio resultado.

Tal contexto automatizante — sem entrarmos na sinistrose do *fim do emprego*, perspectiva hipoteticamente possível mas, por isso mesmo, passível e dependente de questionamentos vários e circunstâncias múltiplas — *leva à constatação, de uma ameaça* — em parte se efetivando a todo instante — de substituição do homem pelo artificial, numa concorrência desigual.

Ante tal realidade (mais presente no mundo desenvolvido, onde há amiudada convivência com a tecnologia) atinge-se, no âmago, o sindicato, que não se constrói *com*, não mobiliza *as*, não recebe queixas e cobranças *das*, não se ampara *nas* nem representa *máquinas*; nem mesmo os "simpáticos robôs falantes" que há quem chegue a vê-los, como *humanóides*.

Sindicato se faz com, para e pela gente. Na medida em que ela, sua origem e seu destino, diminui em número e significado, no mundo laboral, o Sindicato tende a, com ela, se apequenar, numa preliminar, mas preocupante, idéia da monolateralidade do que devia ser bilateral: a relação Capital/(perigosamente, *SEM*), Trabalho (humano).

m) Transição da era industrial para a digital

Peter Leyden (*in* Grantham Charles, "The Future of Work", N. York, 2000, p. 19, trad. livre) assinala: "está a viver-se um significativo instante na História da Humanidade. Recordar-se-á o nosso tempo, o que está a decorrer — 40 anos — entre 1980 e 2020, como um daqueles momentos nos quais a espécie humana reorganizou uma civilização inteira em torno de novos instrumentais e de inovadoras idéias. Tal período de quatro décadas marca a transição *definitiva* da Era Industrial (um *tempo* que viveu em torno *do* e graças ao *motor*), para a *Idade Digital* (comandada e nucleada pelos *microprocessadores*, enfim verdadeiros cérebros a "pensar", os computadores pessoais de hoje). E conclui *Leyden* seu raciocínio: "a década final do século e milênio passados teria sido aquela em que a sociedade apercebeu-se da dimensão enorme das mudanças" e iniciou, dizemos nós, um processo de adequação para conviver com elas e delas participar.

Seria aceitável, e até recomendável, fazer registros, ajudando a repensar conclusões de "exagerada exatidão" nas constatações e previsões de *Leyden*: a) o indicativo, com aspiração matemática, dos 40 anos de duração do trânsito das eras, soa ousado. Até porque não haveria uma extinção dos tempos industriais, e, sim, uma *progressiva* reformulação de feitios; a questão não seria de prazos terminais mas, sim, de períodos sucessivos de ocorrência continuada; b) far-se-ia necessário salientar que a mudança industrial-digital não seria universal, até porque há largos espaços geográficos e grandes parcelas da população que, *até hoje*, não chegaram, sequer, à era industrial.

Apesar de tais ressalvas, os comentários e as presunções de *Leyden* são de inestimável valor. Corroboram a idéia de que o mundo laboral, como acontece em todas as áreas da vida humana, viu-se alcançado e condicionado por dois fatores que estão mudando (e já mudaram) o perfil de boa parte da sociedade universal: a *revolução tecnológica* e a *globalização*, sobretudo da economia. Tais fatores que estão, na contemporaneidade, umbilicalmente vinculados, impuseram ao final do milênio concluído e ao início deste, um roteiro não escrito e que se vai compondo no ritmo acelerado de criações acumuladas e, às vezes, surpreendentes.

Obviamente, transformações substantivas decorreram desse novo e inovador contexto que abalou — e abala — as estruturas tradicionais das relações laborais, pondo-as em xeque. O *salariato*, nascido e consolidado sobre alicerces da Revolução Industrial, viu-se (e vê-se) ameaçado, tanto na sua operacionalização da rotina produtiva, quanto nos conceitos jurídico-doutrinários que o embasaram duradouramente.

Tais conceitos, procedimentos e formulações objetivas que constituem o mundo teórico-prático das relações produtivo-laborais foram alcançados pela introdução maciça (em certas regiões) de novas tecnologias e seus sofisticados instrumentais, pela globalização dos mercados (inclusive, pela velocidade virtual dos giros financeiros) e pela virtuosa — ainda não satisfatória quanto ao seu horizonte geográfico — afirmação dos direitos humanos (especialmente refletindo-se na liberdade sindical).

Com isso, para sobreviver, empresas tratam de adatar-se, tangidas pela competição e pelas leis do mercado; e trabalhadores procuram qualificar-se, ajustando-se às novas exigências de um mercado de trabalho submetido às imposições da automação.

Ante tais circunstâncias imperativas, a entidade classista vê-se obrigada, para não perder seu lugar no processo que se instaura, a enfrentar adversidades que vão do despovoamento do pavilhão industrial ao isolamento físico informático do trabalhador, *mais* preocupado em assegurar-se, como *homo faber*, *na sua* capacidade criativa industrial, e *menos* em refugiar-se, como mais um de muitos semelhantes, sob a proteção do guarda-chuva coletivo do *sindicato*, onde, antes do personalizado "*eu*", prevaleceria o anônimo *"nós"*.

n) Normatização e flexibilização

Enquanto, tanto — e principalmente — no mundo desenvolvido quanto nos países emergentes, há acréscimo de produtividade, a oportunidade de emprego, comprimido também pela automação, diminui; ao escassear, alastra suas conseqüências, face desequilíbrios originários da competição desigual, deflagrada pela globalização, castigando, agravadamente, economias menos competitivas e, em especial, trabalhadores sem qualificação, desarvorados ante demanda tão seletiva de mercados laborais exigentes.

Muda-se o paradigma do trabalhador, que passa a valorizar-se ainda mais pelo conhecimento.

O recurso econômico básico — "os meios de produção", para usar uma expressão dos economistas — não são o capital, nem os recursos naturais (a "terra" dos economistas fisiocratas, sobretudo), nem a "mão-de-obra". Será o conhecimento[77].

Nesse cenário de turbulências e mutações, há uma *postura crítica*, bastante fundamentada, enfatizando um possível (mais do que isso: provável) desajuste das normas que vinham, há certo tempo, regendo as relações de trabalho, face ingredientes tão variados (automação, individualização criativa, tecnologia, globalização etc.). *De um lado*, *questionavam* alguns — preponderantemente empreendedores (no campo econômico) e liberais (no político) — *o avanço*, por eles julgado demasiado, do protecionismo legislativo ao trabalhador, que teria engessado o processo e agravado custos, nos moldes adotados por governos socialistas (*lights*) e sociais democratas, particularmente da Europa Ocidental. *De outro*, às restrições opostas à "flexibilização", dizia-se que estratégias de afrouxamento do vínculo empregador/empregado, pela redução do protecionismo legal e diminuição de encargos sociais para o empregador, estimularia o empreendedor a investir mais, a gerar novos empregos. Praticada, no entanto, tal sistemática em diversos países — e em diferentes graus e formas — não se evidenciaram os êxitos que, tonitruantemente, se antecipavam, na luta contra o desemprego que, de resto, perdura (e, às vezes, se alça) mesmo em nações onde mais se aprofundaram as medidas indutoras desse novel relacionamento.

Joseph Stiglitz (*in* "Preleção no Fórum Global do Emprego — OIT", Genebra, OIT, 2001, trad. livre), usualmente discordante de propostas flexibilizantes, mesmo não omitindo críticas (suaves) à situação hiperprotetiva passada, assevera: "Em resumo, o clamor por crescente flexibilidade no mercado de trabalho foi somente uma tentativa pouco disfarçada para revogar — sob a aparência de eficiência econômica — conquistas que os trabalhadores tinham incorporado através dos anos e anos de negociação e atividade políticas.

---

(77) DRUCKER, Peter F. "Sociedade pós-capitalista", Traduzido por Nivaldo Montingelli Jr., São Paulo, Pioneira, 1993, p. 186.

Para ser correto, algumas vezes sindicatos podem ter mais do que corrigido o desequilíbrio do poder de barganha previamente existente, e usaram tal poder para pressionar por proteção excessiva para seus trabalhadores, à custa de outros trabalhadores ...".

Apesar de valiosa tal análise, teríamos, com ela, algumas discrepâncias: 1) seria demasiadamente elementar entender que todo o embasamento da flexibilização teria, apenas, o objetivo de retirar conquistas; isto também pode ocorrer mas não se há de negar que uma das mais fortes justificativas do modelo seria a redução de gravames (tributos específicos, contribuições sociais, encargos laborais complementares tipo FGTS etc.) econômicos e obstáculos burocráticos que desestimulariam investimentos e prejudicariam o esforço de competitividade; 2) não se poderia monopolizar nos sindicatos a conquista de vantagens e direitos em prol do trabalhador, posto que, sob a égide de alguns governos fortes, os avanços foram bem mais concessões do que conquistas, já que o associativismo, sem liberdade, não tinha espaço sequer para pleitear; 3) tem-se a impressão que esse agir do sindicato teria privilegiado alguns tipos de trabalhadores, o que poderia (e pôde) ocorrer, face algumas *complementações* de vantagens; no entanto, as essenciais (salário mínimo, adicionais de periculosidade e insalubridade, jornada de trabalho, repouso semanal, férias etc.) vieram e se consolidaram no bojo da legislação laboral, que, formalizada, se foi universalizando.

O sindicato, nessa gangorra dos *protecionistas* legais-governamentais e os *flexibilizantes* privados, vê-se, muitas vezes, deslocado. Entre *aqueles*, perde espaço ante ações oficiais, mais políticas (até partidárias) do que classistas, salvo quando logra mimetizar-se com o próprio Poder Público; na companhia dos *últimos*, não ocupa posição de relevo, outorgada à relação direta estabelecida na vida intra-empresarial, onde, muitas vezes, valem mais os trabalhadores da casa — e sua comissão interna — do que os integrantes da categoria e sua instituição representativa, o *sindicato*.

o) Negociação e legislação na atualidade brasileira

No Brasil, onde se fez, de maneira relativamente retardada, mas bastante abrupta, a passagem de uma economia prevalentemente enclausurada (com modesta participação no comércio internacional até a última década do século passado) para uma abertura, bastante alargada, e não muito protegida (apesar de ainda o país ser participante bastante minoritário nas relações mercantis externas), *digladiaram-se* (e continuam a digladiar-se) *duas* posições antagônicas. De um lado, setores organizados (associações) empresariais e seus porta-vozes políticos, defendendo o livre mercado, o "estado mínimo necessário" e a desburocratização, preconizando reformas imediatas nas regras legais laborais e securitárias vigorantes, recordando-as como fruto do corporativo, oficialista e ditatorial "Estado Novo", detalhadas e ratificadas pelo espírito de tutela social minudente da Carta de 1988. Atribuem ao protecionismo grande parte da responsabilidade pelo que classificam como *baixa competitividade* da economia brasileira (o que, hoje em dia, dever-se-ia valorizar, *seletivamente*, posto que há segmentos da produção nacional altamente competitivos), pela *escassez de empregos* (o que também é generalização que transborda, e em muito, a realidade socioeconômica) e pelos *baixos salários* líquidos dos trabalhadores (mais uma vez, faz-se da parte uma ampliação como se o todo fosse). Tal linha político-filosófico-jurídica propõe mudanças imediatas e substanciais: "mais negociação e menos legislação", no que, quando não conduzida por um comportamento radical, identificar-se-ia como sensível e oportuna pretensão, requerendo dosada, mas evolutiva, aplicação pragmática.

De outro lado, as entidades sindicais, majoritariamente, *rejeitam a idéia da flexibilização*, procurando manter o *status quo* normativo, entendendo que, dessa forma, protegem os "mais débeis", trabalhadores potencialmente sindicalizáveis. Não registra a liderança sindical preocupação com o fato de que uma legislação minudente e intervencionista poderia tirar o estímulo dos inversionistas e, por decorrência, obstruir o fluxo voltado à criação de empregos. Ante tais posições discrepantes — apesar do antagonismo preservado, já o tiveram mais explícito — governos sucessivos oscilam, sem posturas definidas, não conseguindo compatibilizar a política econômica nacional, voltada à integração brasileira no mercado ferozmente competitivo e globalizado, com procedimentos oficialistas que transcendam a mera cautela, superando o plano conservador, estático, atendendo um contexto socioeconômico de alterações contínuas.

Nesse ínterim, o país vê crescer o trabalho "informal" e, a seu lado, o desemprego formal, sendo que 2002 assistiu ao número de trabalhadores *sem* carteira assinada ultrapassar a *metade* da População Economicamente Ativa (PEA) e 2003 testemunhar o empate dos informais com os formais. Em 2004, a informalidade conseguiu, nessa marcha batida, superar a formalidade. Vivendo nesse caldo de cultura, a política sindical não consegue avançar com estratégias renovadas e o debate que a cerca cristaliza-se. A legislação imperativa não se modifica, sendo, por suas exigências, muitas vezes sufocantes, um convite sedutor, prontamente aceito — pelo empresário — ao seu descumprimento.

As micro, pequenas e médias empresas sofrem agudamente por não se lhes oferecer um tratamento específico (que, possivelmente, a negociação ensejaria), protegendo-as, separando-as das exigências de tão rigorosa e detalhista normatização.

Nesse panorama, nota-se *visível debilitação da organização associativa*, tanto empresarial quanto obreira, ao permanecerem as relações laborais fundadas sobre o binômio "capital x trabalho", como desenhado nos alvores da Revolução Industrial. Por isso, faz-se necessária, ainda que quase enigmática, uma interpretação contemporânea compatível com tal instrumental, para um tempo de mutação constante ditado pelo *digital*, filho dileto e direto das Tecnologias do Conhecimento e da Informação. Há quem seja contundente na apreciação desse ecossistema laboral, como *José Pastore* (*in* "A Agonia do Emprego", São Paulo, Editora LTr, 1997, p. 6), ao dizer que: "são dois os desafios para o Brasil modernizar o seu mercado de trabalho: preparar melhor a força de trabalho e flexibilizar as leis trabalhistas e os modos de resolver os conflitos. O monopólio da Justiça do Trabalho, nesse campo, está mostrando que a instituição não dá conta da imensidão de processos que se acumulam nos tribunais. Mais do que isso, a sociedade está descobrindo que os juízes são os menos culpados desse atraso. O grande responsável é o atual modelo de relações do trabalho que cultiva o desentendimento e instiga o conflito entre as partes. O Brasil precisa reduzir os conflitos, e não multiplicar os tribunais".

A opinião de *José Pastore* leva-se em boa conta mas há de se entender que, além da sua receita para a modernização laboral do Brasil, far-se-ia necessário, também (e logo) democratizar o crédito (impossível com os atuais juros escorchantes), reduzir a insaciável carga tributária (beirando, escandalosamente, os 40% do PIB), diminuir a injusta — das piores do mundo — distribuição de renda, atenuar o peso do Estado, generalizar o ensino fundamental, e, por decorrência (além de outros itens) fortalecer a poupança interna. Com tudo isso, além das medidas por *Pastore* preconizadas, abrir-se-ia caminho para um processo desenvolvimentista, do qual também seriam partes os necessários investimentos externos. Também teriam lugar a mediação e a arbitragem — até hoje não integradas em nossos costumes jurídicos e mal-amadas pela magistratura nacional — previstas e disciplinadas pela lei, o que não as levou à prática, reservando-se-lhe lugar de destaque no limbo das leis destinadas a morrer "virgens", pela desuetudo.

Os conflitos não existem, como alude *Pastore*, porque há tribunais demais. Talvez, isso sim, porque haja burocracia engessante e formalismo estagnador, eles não resolvem com a presteza desejada, fazendo-os perpetuar-se.

Tudo isso mostra que os *modelos de ontem:* da postura patronal, da reivindicação do empregado, do ambiente da empresa, da estrutura e funcionamento da Justiça, da *estratégia do sindicato*, dos mandamentos da lei, da ação governamental, tudo, enfim, *precisa ser reformulado*, de modo a ter em conta a realidade econômica (competição, desafio, inovação), o processo produtivo (as máquinas e sua diligência no fazer), a empregabilidade (adequação de um novo saber para ter perspectiva de fazer), a força impactante da globalização (que chega de toda a parte e por todos os meios e modos, exigindo velocidade decisória) etc. Em face desse quadro, tão permanentemente mutável, o *Sindicato precisa transformar-se*. Ser criativo no negociar, ser atraente no filiar, ser expedito no mobilizar. Não mais subserviente para satisfazer-se com as sobras do delegado pelo Estado (cada vez mais frágil), mas sem propor-se a uma guerra antigoverno. Não esquecer de lutar pela preservação das leis de mínimos sociais para não desproteger sua categoria, ensinando-a, porém, a entender a mensagem realista do momento empresarial, para, com oportunidade, dele tirar o máximo, limitado pelo possível, que garanta à empresa, que é emprego e comunidade, gerar ocupação digna para o trabalhador e lucro compatível para o empresário.

Na verdade, quando "conhecimento" e "inovação" constituem fatores decisivos da competição (e, por decorrência, da competitividade) na economia globalizada, não pareceria sustentável persistirem as organizações empresariais — especialmente no 1º Mundo — com a chancela e a prática de "patrão" na relação quotidiana com seus empregados. O "saber" e o "criar", fatores que compõem a retaguarda e aceleram o empuxe do empreendedor, são o que se poderia, hoje, patrimonializar como "capital humano", sem o qual o empresário está preliminarmente inviabilizado. Na atualidade, é importante, para a empresa, ter um bom profissional, adequadamente remunerado, estimulado por gratificações, perspectivas de prêmios, ascensões etc. Tudo isso ajuda, porém não basta. Quando as tarefas a cumprir dependem cada vez menos de "mão-de-obra" e mais de "cérebro de obra" (*in Godoy, D. L.*, "A globalização e os Direitos Fundamentais no Trabalho nos Acordos de Integração Regional nas Américas", Caxias do Sul, Curso de Mestrado UCS, 2003, p. 8), o recurso mais valioso é esse "*capital humano*", tornando-se imprescindível para a empresa, a "conquista da mente e do coração dos seus colaboradores".

p) Globalização: temores e esperanças

Karl Marx (*apud Berman Marshall* "Tudo que é sólido desmancha no ar. A aventura da modernidade", São Paulo, 1987, pp. 19-20), prevendo e descrevendo os impactos sobre o comportamento e o intelecto humanos decorrentes da Revolução Industrial (acelerada nos séculos XIX e XX, mas iniciada no século XVIII) e vendo neles sinais da partida em direção à Era produtiva Moderna propriamente dita, assinalava: "Todas as relações fixas, enrijecidas, com seu travo de antigüidade e veneráveis preconceitos e opiniões, foram banidas; todas as novas relações se tornam antiquadas antes que cheguem a se ossificar. Tudo o que é sólido desmancha no ar; tudo o que é sagrado é profanado, e os homens finalmente são levados a enfrentar (...) as verdadeiras condições de suas vidas e suas relações com seus companheiros humanos". *Marx* que já asseverava que "na mesma instância em que a humanidade domina a natureza, o homem parece escravizar-se a outros homens ou a sua própria infâmia", conclui: "todas as novas invenções e progressos parecem dotar de vida intelectual as forças materiais".

O dogmatismo marxista identifica o tempo de mudança e o faz com a contundência de quem está animado por proposta ideológica. Entende que o momento civilizatório novo não deixaria pedra sobre pedra de tempos passados — o que foi desmentido pela posteridade —, pressente a capacidade humana de dominação ou domesticação (?) da natureza mas pressagia, pelo caminho da infâmia, a dominação do homem por outro homem. Além do mais, prenuncia a força criativa e multiplicadora da tecnologia — que não chegou a conhecer — e anuncia sua precocidade senil, que a tornará *antiquada antes* de ossificar-se.

A globalização seria a nova Revolução, com outras armas: mais sutis e contundentes; tão modificadoras e mais complexas. Mudam espaços e tratamentos sociais; mudam interesses e equações econômicas; mudam processos e resultados produtivos; mudam valores e conceitos culturais; mudam, enfim, vontades e poderes políticos. Mudam pessoas e instituições.

Habermas acredita que a conseqüência disso é que:

> "Hoje, a dominação está submetida a uma racionalidade tecnológica que se perpetua e se estende, não apenas através da tecnologia, mas enquanto tecnologia, e esta garante a formidável legitimação do poder político em expansão, que absorve todas as esferas da cultura. Nesse universo, a tecnologia provê também a formidável racionalização da não-liberdade do homem e demonstra a impossibilidade técnica de ser ele autônomo e de determinar a sua própria vida. Isso porque essa

liberdade aparece, não como irracional ou política, mas, antes, como uma submissão ao aparato técnico que amplia as comodidades da vida e aumenta a produtividade do trabalho."(78)

Gabriele Muzio (*in* "A globalização como o estágio da perfeição do paradigma moderno", Petrópolis, 1999, pp. 6 e segs.) afirma, duzentos anos depois de *Marx*, que a globalização "representa a realização do projeto de modernidade e de seu paradigma de progresso, sustentado pela ideologia da onipotência (a crença na capacidade ilimitada do homem para vencer qualquer obstáculo)", enquanto *Boaventura de Souza Santos* vê, no processo globalizante, a "incapacidade do regime geral de valores de resistir à fragmentação econômica, política, social e cultural da sociedade". É nessa fratura criadora, nesse mudar continuado, o que toca ao e como fica o sindicato? Instituição "nova", de um pouco menos de um quarto de milênio, estará ameaçada de uma "aposentadoria compulsória"? No centro dessa nova tempestade criadora, busca a identificação de seus criadores e de suas criaturas, perseguindo, ante o caos criativo da revolução tecnológica, a *sua própria identidade. Como e qual será ela hoje, e, sobretudo, no amanhã?*

q) Tempo de desencantamento

Se o mundo assiste, na atualidade, à realidade de Estados frágeis (ou, pelo menos, fragilizados), mesmo quando nos referimos a alguns tidos como potências; se os blocos comunitários e/ou sistemas integrados, até hoje, não conseguiram formar para si e, menos ainda, dar aos países que os compõem, a força que se exigiria, institucionalmente, para cumprir e fazer cumprir, satisfatoriamente regras disciplinadas de convivência internacional, compreende-se que *Stanley Hoffmann* (*in* "Choque de Globalizações. Análise de economia regional para homens de negócios". Porto Alegre, Helio Gama, 320/321, 2002, p. 8) diga que "vivemos em um mundo em que uma sociedade de Estados desiguais, e em ocasiões virtuais, se sobrepõe (?) a uma sociedade global formada por *frágeis instituições públicas e sociedades civis subdesenvolvidas*". Vale o alerta sobre a incapacidade objetiva de poder também dos organismos internacionais (ONU, entre outros). A análise detalhada mostra que, mais do que nunca, passa-se por um período acelerado, e aparentemente "sem destino", de mudanças: na estrutura familiar, nas relações interpessoais, nas hierarquias funcionais, no plano institu-

---

(78) HABERMAS, Jurgen. Técnicas e ciência enquanto ideologia. *In: BENJAMIN, Walter et al.* Textos escolhidos, 1ª ed. São Paulo, Abrl Cultural, 1975, p. 305 — Os pensadores.

cional, na área produtivo-laboral, no risco do empreender, nos limites (quais?) espaciais do agir, nos valores civilizatórios e culturais (da ética à religião) e na missão (existirá?) do próprio Homem: de onde, para onde e por quê?

Com isso, tem-se uma *crise valorativa* que, a partir de *Max Weber*, poder-se-ia denominar como *tempo de desencantamento*, ou, aproveitando a expressão de *Robert Heilbroner*, chamá-la de *mal-estar civilizacional.*

Vive-se o inquietante paradoxo gerado, de um lado, pelo reconhecimento da *valia insuperável*, decorrente dos avanços tecnológicos nos diversos compartimentos científicos e seus múltiplos benefícios (saúde, sabedoria, produtividade etc.) e, simultaneamente, de outro, também os malefícios de sua utilização descontrolada ou desvirtuada (as drogas, o desemprego pela automação etc.).

É (conforme *Godoy D. L.*, obra citada, p. 12) como se a "Humanidade estivesse vivenciando, uma vez mais, de forma perigosa e aguda, a condição de ser moderno" e isto quisesse dizer (na lição de *Berman, Marshall*, obra citada, p. 15) o encontrar-se "em um ambiente que promete aventura, poder, alegria, crescimento, autotransformação, transformação das coisas em redor — mas, ao mesmo tempo, ameaça destruir tudo o que temos, tudo o que sabemos, tudo o que somos".

Tal manifestação, que leva ao catastrofismo, atenua-se pela própria capacidade tradicional da sociedade de proteger-se de males maiores. Há riscos (grandes) e incertezas (muitas) mas há, também, uma consciência de que eles existem e de que elas precisam ser enfrentadas. Não há dúvida de que, não poupando nem mesmo as grandes potências, a situação periclitante atinge, prioritariamente, países periféricos porque expostos aos mesmos perigos dos maiores, sem, no entanto, terem tido, como estes, o desfrute pleno dos benefícios da mudança e da capa, parcialmente protetiva, que disso decorre.

r) Desregulamentar: o quê? até quando?

Diante desse contexto (globalização/revolução tecnológica etc.), abre-se, no universo laboral, o tema da *flexibilização* — que é a instrumentalização — e da *desregulamentação* — que é a sua manifestação substantiva. Posicionar-se a respeito e, sobretudo, agir, implica em conseqüências e atende motivações que desbordam o espaço do Direito do Trabalho, e mesmo do Direito em si. Invade-se para tanto o (ou se é invadido pelo) mundo das relações políticas, econômicas e por todo o universo social existente além da fronteira meramente jurídica.

Para o sindicato é momento de ser cobrado e, ao mesmo tempo, hora de cobrar. Flexibilização, se for medular, como se vê proposta e exigida por largas correntes de opinião, muda conteúdo e feitio de conceitos laborais e da legislação decorrentes. O sindicato, ante um recuo (determinado pela desregulamentação) da ação impositiva oficial — menos presença do Governo e menos normas legais — teria mais responsabilidade e atuação. Maiores direitos e encargos. Isto não significa que tal aumento potencial de poder formal mereça sua simpatia. Ao contrário, entre nós, em regra, julgando-se inapto (para outros, inepto; e também acreditando-se desequipado por frágil), opta pela manutenção do *"status quo"*. Isto é, mais Governo e mais normas exógenas, reservando para si, e para a negociação, o complemento da relação laboral, e não seu privilegiado "núcleo duro".

Süssekind, sobre a matéria, afirma que:

> "A desregulamentação do Direito do Trabalho, que alguns autores consideram uma das formas de flexibilização, com esta não se confunde. A desregulamentação retira a proteção do Estado do trabalhador, permitindo que a autonomia privada, individual ou coletiva, regule as condições de trabalho e os direitos e obrigações advindos da relação de emprego. Já a flexibilização pressupõe a intervenção estatal, ainda que básica, com normas gerais abaixo das quais não se pode conceber a vida do trabalhador com dignidade. Precisamente porque há leis é que determinados preceitos devem ser flexíveis ou prever fórmulas flexíveis para sua aplicação."(79)

De qualquer maneira, a posição dos Estados — refletidas na sua política de *relações do trabalho* — diante da globalização faz com que nos vejamos obrigados a contestar uma indagação que salta aos olhos: é possível, na atualidade, a um país, convivendo no plano institucional, jurídico e, sobretudo, comercial com a realidade internacional, não levar em conta os *efeitos e apelos da globalização*? Desconhecê-la ou desconsiderá-la? Inclusive, quando crescem os giros de capitais financeiros extrafronteiras, multiplicam-se as ações (das) transnacionais, e a poupança inversionista anelada é externa? E tal *influência — da globalização*: seus elementos e conseqüências — não será mais (ou muito) forte *no mer-*

(79) SÜSSEKIND, Arnaldo. A Globalização da Economia e o Confronto entre os Neoliberais e os Adeptos do Estado Social. Revista da Academia Brasileira de Letras Jurídicas, vol. I, n. 1 (jan./jun. 1985) — Rio de Janeiro: Academia, 1985, pp. 43/44.

cado de trabalho nacional, especialmente quando o país, mesmo não sendo periférico, ainda é emergente (ex., Brasil)? A resposta afirmativa parece óbvia, mas, ainda assim, no plano das alternativas teóricas, ao país poderiam reservar-se pelo menos três opções: 1) a de submeter-se, em absoluta passividade, *entregar-se* ao desenrolar do processo globalizante internacional, sendo dele, geralmente, *objeto*, e só quando, por ele, eventualmente permitido, protagonista. Postura mais de desleixo comprometedor e comodismo omisso que de realismo ante um processo irreversível que, no entanto, pode e deve sofrer ajustes e alterações circunstanciais; 2) a de "negar" solitário, a existência da tempestade criativa (globalização), cujos perfis não estão mais apenas na linha do horizonte, posto que ventos (não brisas) de mudanças sacodem quase todos os quintais do mundo. O *isolar-se*, além de não ter maiores perspectivas de concretizar-se (não há, na prática, mais hoje ou amanhã, fronteiras guarnecidas, ou muralhas pétreas, para obstaculizar o trânsito do cortejo globalizante), encaminhará o país, por anacronismo e rechaço, a um abandono da contemporaneidade e a um processo de atraso e, conseqüentemente, de agravo da pobreza, tanto material quanto intelectual; 3) a de acercar-se do processo globalizante, tentar e tratar dele fazer parte. O *integrar-se* é caminho, não seguro de êxitos, mas único de sobrevivência, que pode até ser promissora. Saber quando e como inserir-se, de maneira mais ou menos, abrangente, no turbilhão ditado pela globalização; fazê-lo individualmente ou em blocos multinacionais; setorializar relações mais íntimas (prevalência comercial, p. ex.) é circunstância, conjuntura e opção que cada sociedade terá de saber quando e como poder manejar. A submissão acomodada e a negação irrealista e agressiva provavelmente serão trágicas. A inserção negociada poderá não ser paradisíaca mas, ademais de participativa, tende a ser compensatória.

s) OIT, internacionalização e uma nova "facies" sindical

Importante é que se tenha (mesmo respeitando a inevitabilidade e a força globalizantes), consciência de que há realidades locais enraizadas e, momentaneamente, insuperáveis, decorrentes de valores culturais históricos e, também, no campo econômico, de vocações consolidadas e de suas projeções no campo social. Não se pode, por mudança decorrente de tratados de cúpula, desarticular, em um país (em 12 meses, p. ex.), uma cadeia produtiva (instalações, investimentos, espaços ocupados e, sobretudo, *empregos*) pela presença abrupta de uma concorrência externa que, livre de gravames aduaneiros, torne-se fatalmente predatória. Fatores humanos, equacionáveis pela via política, e pelo jogo de pressões e contrapressões exógenas e endógenas, é que poderão programar razoáveis, porque progressivos, processos de equacionamento de uma globalização que não pode ser invasão descontrolada e ilimitada mas acréscimo regulado de presença externa, preferentemente compensada com situação similar de tratamento nas fronteiras do país ora penetrante. São, pois, razões de caráter local mas, em outras circunstâncias, compromissos assumidos no plano externo (acordos bilaterais, tratados multilaterais, participação em blocos, grupos ou organismos etc.) que determinam necessidade de frear-se, aqui ou ali, a agressiva aceleração globalizante, ajustando-a, moderadamente, às regras de trânsito da convivência internacional. É por isso que a Organização Internacional do Trabalho (OIT) assevera (*in* "Negociar la flexibilidad", Genebra, 2000, p. 3): "en los países en que la rigidez del mercado laboral reside principalmente en una regulamentación legislativa excesiva, el hecho de dar mayor importancia al papel de los interlocutores sociales (sic) en la reglamentación del mercado laboral, o mayor libertad a los empleadores y trabajadores individuales para configurar sus relaciones reciprocas, suele concebirse como medio para aumentar la flexibilidad".

Ainda como refere *Arnaldo Süssekind*:

> "No preâmbulo da Declaração Universal dos Direitos da Pessoa Humana, como asseverou *André Franco Montoro*, há uma lei maior de natureza ética, cuja observância independe do direito positivo de cada Estado. O fundamento dessa lei é o respeito à dignidade da pessoa humana. Ela é a fonte das fontes do direito."(80)

Esse, na verdade, face à globalização e suas incidências sobre o mercado laboral — sacudido, nacionalmente, por fatores ainda mais diretos, tais como a automação, os custos sociais empresariais, a competitividade concorrencial, a tradicional legislação protecionista acumulada, progressivamente, a partir do pós-guerra do século passado — o *grande desafio protagônico para o sindicato*. Dele se cobra, se espera e alguns temem um posicionamento objetivo, tanto no *plano interno classista* (na relação com a categoria), no *espaço nacional* (ao traçar sua estratégia ante — e, às vezes, ao lado do — empregador e, também, diante do Governo), como, de resto, por suas macroorganizações (centrais sindicais), *no plano internacional*, onde precisará ter voz e presença (inclusi-

---

(80) SÜSSEKIND, Arnaldo, ob. cit., p. 45.

ve, força) se quiser influir, para protagonizar ou, pelo menos, sobreviver na realidade interna que, muitas vezes, do cenário externo será reflexo, pelo menos parcial.

As modificações iniciam no próprio Direito *lato sensu* e culminam no sistema sindical, como refere *Cosermelli*:

> "Estamos vivendo numa Era de incessantes transformações e o Direito, talvez, não consiga regular de forma eficaz as relações travadas no plano econômico. Daí a necessidade de valorizarmos a autonomia privada coletiva, através de negociações coletivas locais ou por empresas, e nas quais os protagonistas desse novo contexto consigam manter o equilíbrio em suas relações, e por fim, alcançar a ordem e a justiça social. Para tanto, teríamos que rever um outro ponto que se mostra estagnado no Direito do Trabalho — o sistema sindical brasileiro."(81)

O sindicato terá de entender, claramente, e, por isso, com pragmatismo posicionar-se, que o Direito do Trabalho, historicamente marcado *pela territorialidade*, na prática está a vê-la alterar-se, no marco crescente das relações comerciais além-fronteiras, múltiplas e íntimas. Sem deixar de lado sua base nacional, há de compreender que, para bem geri-la, terá de sair de seu casulo e enfrentar desafios forâneos (ex., o que fez a liderança dos metalúrgicos de São Bernardo/CUT, quando, ante a ameaça de despedida coletiva (2003), foi a Alemanha negociar — e teve êxito — com a matriz da Volkswagen), sob pena de apenas, e tardiamente, agir sobre efeitos consolidados, quando, *a priori*, deveria ter atuado sobre as causas (não importa onde elas estivessem fermentando).

t) Sindicato: agente político-jurídico classista

A conseqüência desse universo de ondas concêntricas, que também movimentam o "mar" laboral, é que se propaga a maior valia do trabalho individual criativo em detrimento do repetitivo, substituído totalmente pela máquina ou graças a ela (capaz de executá-lo com perfeição regular), diminuindo em demanda e valoração.

Com a automatização, empurrada pelas inovadoras conquistas tecnológicas, entra no ajuste do mercado de trabalho, como fator determinante, *a qualificação* (adequação ao novel equipamento) do

---

(81) COSSERMELLI, Noemia C. Galduróz. O Direito do Trabalho e suas Perspectivas numa sociedade em Transformação, Revista LTr, vol. 65, n. 10, outubro de 2001, p. 1193.

trabalhador. Tal se traduz no chamado *índice de empregabilidade*, capaz de reduzir perspectivas de contingentes *geracionais de trabalhadores*, não afeitos, pela sua origem histórico-laboral, ao instrumental hodierno e permanentemente renovado que se vai inserindo em quase todas as áreas produtivas. Esse operário vai perdendo seu poder de barganha e, mais, seu espaço funcional de emprego, ante a probabilidade de extinção do seu posto pela máquina sucessora ou porque ela — e o novo processo técnico produtivo — exige alguém (provavelmente de nova geração) a ele (mais) afeito e, por isso, mais útil. E se o trabalhador, individualmente considerado, fragilizar-se negocial e empregaticiamente, com ele — posto que a sua é situação análoga a de outros — *enfraquece-se* o grupo operário e, por decorrência, *o sindicato* de que faz (ou poderia fazer) parte.

Essa desvalia do trabalhador tecnologicamente desequipado fez-se mais contundente, pela amplitude de sua proporcionalidade, em países menos desenvolvidos, onde, ademais da redução de investimentos geradores de novos postos de trabalho (carência de poupança nacional), a *rede de proteção* social mostra-se precária (menos serviços) ante uma (maior) demanda. Por isso, exceção feita aos profissionais especializados — aptos ao manejo com o instrumental tecnológico — bem como aos criativos (por formação, vocação ou intuição), a autonomia contratual do trabalhador, isoladamente considerado, se vê reduzida, enquanto a dos "tecnológicos qualificados" e, particularmente, *dos criativos*, por sua raridade, reforça-se, substancialmente. No entanto, essa gangorra de pesos diferenciados tem grande e imediata (ou progressiva) conseqüência associativa: os trabalhadores criativos, porque, individualizados e empresarialmente úteis, têm valor específico e, muitas vezes, optam por negociar, pessoalmente, suas condições laborais, dispensando o apoio sindical; os *não-qualificados*, que são muitos e buscam proteção associativa, porque, sem utilidade expressiva funcional-produtiva, não têm, isoladamente, força de pressão diante da empresa, pedem e cobram do sindicato missão, se não impossível, muito difícil e, por isso, para ele, desgastante. Do sindicato, portanto, o que se cobra, espera e — para sua perspectiva e aspiração de êxito — exige-se, é sua capacidade de *bem colocar-se*, nesta nova e complexa panorâmica. Se não o fizer competentemente, será — também ele — atingido pelo roldão avassalador da globalização.

Para viabilizar sua ação própria, em tempo real, o sindicato necessitará, não só de vontade política de fazê-lo mas de uma estrutura operacional eficiente, capaz, no quotidiano, de agilizar procedimentos, ultimando decisões no calor imediato das exigências, sem entraves e sem instâncias intermediárias e funcionais que, às vezes, o fazem *"clone"* da máquina pública, em sua versão anacrônica, engessada e engessante. Precisará, para isso, de líderes renovados e capacitados à adatação, desbravadores e informados, ante ambientes variáveis. Não de chefes encastelados e autoritários, acostumados à imposição ou ao protesto, e não afeitos às articulações inteligentes da negociação e suas artimanhas. Terá a entidade associativa, para falar em nome de *todos* a que intenta representar, e não de limitados segmentos setoriais, de desideologizar seu comportamento, seu discurso e seus objetivos, fazendo-se *aglutinadora* (não aceitando compromissos extracategoriais), e *não segregadora* (o que ocorrerá, se a eles tomar como bandeira e instrumento de secessão grupal). Conviria que, no convívio prático com a realidade socioeconômico-profissional do dia-a-dia, o sindicato adotasse o *ethos* do pragmatismo, perseguindo, pela praticidade de seus procedimentos, resultados objetivamente favoráveis, que se constituem na mais bem sucedida fórmula para manter sócios antigos e tratar de atrair novos.

Destarte, *para ser parte destacada* — ator estelar, e *não coadjuvante minúsculo* — na arquitetura (primeiro) e na engenharia (depois) das relações laborais que se estão entretecendo com novas linhagens, e vão fazer-se ainda mais peculiares e complexas, o *Sindicato* terá de entender seu compromisso batismal (a ele, contemporaneamente, retornando, em busca, talvez, de seu "velocino" de ouro): a condição de *agente político-jurídico classista*. Para isso foi criado, e foi com esse encargo, tarefa e prerrogativa que se firmou e afirmou no cenário das pessoas jurídicas constitutivas da sociedade moderna. Teve suas incursões — geralmente não exitosas — partidárias e ideológicas, menos se servindo de tais alistamentos, e muito mais dele usufruindo as *forças extraclassistas*, das quais ele nunca teve controle e que, em geral, usaram o poder gremial de pressão, para objetivos próprios. Foi ele, assim, nesse contexto, mais aplauso de platéia fanática que bastidor estratégico de decisão.

Cabe-lhe, agora, sintonizado com a atualidade, discutir resultados com a *empresa*, intentando deles compartilhar, antes comprometendo-se, por sua influência no universo operário, em fazêlos mais eficientes e, por conseqüência, a *empresa* mais competitiva. Entender que contestá-la é correr o risco de matar a galinha que, viva, dará os ovos, parte dos quais quer abiscoitar e que, se forem de ouro, melhorarão o quinhão categorial. Agredi-la, fatalmente, será não ter mais a galinha (os empregos) e, conseqüentemente, os ovos (de ouro, ou não) que devem significar remuneração compatível.

Como já se viu, convém que o sindicato não se esqueça nem se ausente de uma realidade envolvente: *a da globalização*. Não perdê-la de vista é alerta do quotidiano. É óbvio saber que seus tentáculos podem alterar a realidade concorrencial, tanto do mercado comercial (e laboral) nacional, quanto comunitário (ou de um bloco integrado). Não desprezar as correntes comerciais (de onde vêm e para onde vão), bem como acompanhar e, se possível, influir nos fluxos de investimentos produtivos, capazes de gerar empregos também é missão classista. O *"novo sindicato"*, p. ex., não deve ausentar-se, nem aceitar sua exclusão, quando se estabelecem, nacionalmente, políticas de captação de inversões, pois, nesse momento, estarão sendo fixados critérios que influirão na perspectiva de criação de novas empresas e na geração conseqüente dos desejados empregos.

Ademais, a tese marxista de união operária internacional ("operários do mundo uni-vos"), nunca chegou a concretizar-se. No entanto, *a expansão do processo mercantil*, levado pela globalização a toda parte e a todo instante, facilitando e estimulando, no marco do intenso intercâmbio, quem produz mais — variedade e quantidade — por menos — custo e preço final — *estabelece a mundialização do mercado e a nacionalização do interesse setorial*. Os operários do país importador, não só não se motivam com a idéia de unir-se aos do país exportador, que está a abarrotar a nação destinatária com suas competitivas mercadorias, como passam a deflagrar verdadeira batalha, hostilizando a importação e lembrando que a aquisição de similares estrangeiros, consolida e aumenta empregos no exterior, e ameaça e/ou até os extingue no país importador. Há, pois, nesse abrir mercados, sem *salvaguardas cuidadosas*, o risco da concorrência social predatória, da importação do desemprego e da guerra internacional intra-sindical.

u) Sindicato além-fronteiras

O Sindicato, com a globalização, mesmo mantendo sua autonomia — sem o que deixará de ser ele próprio — tem de ousar em incursões de política social-trabalhista além-fronteiras. Muitas delas compartilhando seu agir com estratégias de Governo, quando ambos lutam para buscar investimentos, que fortalecem a economia e, sendo produtivos, geram empregos. Consorciar-se com o Governo e, sendo o caso, com os próprios empregadores para ações com tal objetivo não desvirtua, nem retira autenticidade do comportamento sindical. Ao contrário, colocam-no, ante a globalização dominadora, no fluxo de uma corrente contemporânea e proativa. O ficar na espera do devenir, passivamente, pode torná-lo, se não conivente, pelo menos complacente com a perda de empreendimentos que poderiam servir à causa da política prática e ideal de busca do emprego.

Há que recordar (e cada vez mais), a *dificuldade* de fazer nascer e *aplicar*, exclusivamente, só *normas* legais laborais, de caráter *nacional.* As fronteiras, também no trânsito do ordenamento jurídico, dão passagem a formulações e indutores de condutas alienígenas, introduzidas formal ou sub-repticiamente. Ninguém tem força para impedir o gosto, a preferência pela "importação" do modelo testado com êxito no país vizinho. Há uma inequívoca influência de custos e preços internacionais de produção, de raridade e valia do bem, de alargamento de espaços exportadores e de sua sedução com a atração dos dólares (ou de moedas fortes, *lato sensu*), oferecidos como câmbio da transação etc. O *mercado externo*, elástico, e sensível a sutis movimentos e trabalhável com artimanhas (e manipulações), sobretudo por países de maior porte, com presença forte no *front* de exportações-importações, coadjuvantes desse amplo cenário que é montado (e desmontado) pela globalização, *incide* sobre o desenho das relações laborais aquém-fronteiras. Não seria pertinente dizer que as vincula, fazendo-as dele dependentes. Negar, no entanto, a sua influência, a sua intromissão (?) e, por isso, seu efeito no universo trabalhista nacional seria não enxergar o flagrante. O Sindicato, se quiser (e precisa) estar afinado, em compasso com essa realidade, não correndo o risco da marginalização, terá de acompanhar Governo, empregadores e trabalhadores, direta ou indiretamente, sujeitos e objetos desse quadro laboral, preservando em seu poder a representatividade categorial, que, até processualmente, a Constituição lhe outorgou.

Isto quer dizer que sua sobrevivência, com valia e força, passa pela sua capacidade de inserção, numa *realidade laboral muito mais dinâmica* do que aquela que fora estruturada e imperava há cerca de *50* anos. Tem o Sindicato de adequar-se, em permanente metamorfose, ao âmbito limitado, mas pragmático-operativo *da empresa*, pronto para compartilhar de seus acordos coletivos. Tem de preservar também sua visão *categorial*, a fim de não desfocar-se de sua histórica missão, por perda de identidade e rumo. Tem de "marcar de cima" *Governo e empresários* (não, necessariamente, para combatê-los, como outrora) mas, até para seguir-lhe as pegadas e condividir batalhas de interesse comum, travadas no *front* externo, repercutindo-as porém, no *front* interno.

Isso tudo o leva a preservar — se não a tiver perdido — ou a resgatar — se ela tiver fugido de seu controle — sua (macro) missão histórica: a de *grande contratador*. Passou (e passa) por aí, (como, há mais de meio século, insistia o grande *Evaristo de Moraes*

Filho), a especificidade sindical, depois de superada a etapa das lutas quase selvagens (do início da Revolução Industrial) pelo direito à sobrevivência. A representação categorial valeu, e vale, para reivindicar, para postular judicialmente mas, prioritária e, na contemporaneidade, acentuadamente, *para conveniar ajustes e contratar direitos e obrigações classistas*. A forma de atuação que se exige do ente associativo no contexto hodierno é que ele seja tão ágil, equipado, flexível e firme, a um tempo só, para dar ao seu grupo respostas objetivas que se traduzam em empregos garantidos, trabalhadores treinados, lucros compartilhados, previdência efetiva, jornadas reduzidas, salários preservados etc. Do Sindicato, não espera o trabalhador — temeroso com a automação, exigido pela competitividade, ameaçado pelos custos suportados pelas empresas, inquieto com a globalização e sua invasão — discursos ideológicos, teses acadêmicas ou passeatas por slogans. *Quer ações*. Cobra fatos e resultados, hoje reais mobilizadores da coesão classista, alimentados pela capacidade de êxito negociador coletivo da instituição associativa. E esse mister *negocial* tem de alargar-se porque pressupõe que o sindicato possa, queira e saiba fazê-lo com o *mundo das empresas* (a nível de acordo, com uma delas; ou com o feitio de convenção, ajustando-se com o grêmio patronal); *com o Governo* (requerendo e compondo políticas de investimento e emprego); *com sindicatos análogos* (na montagem acordada de estratégia que transcende os seus limites), tanto no plano nacional — seu quotidiano histórico — como no cenário internacional — desafio e exigência crescentes para poder sobrenadar às marés da globalização.

v) O sindicalismo — no Brasil — em mãos dos servidores públicos?

Num retorno analítico à relação do Sindicato com o Governo, seria conveniente destacar que ela se processaria, não apenas com a versão impositiva do *Poder Público*, com sua titularidade do *jus imperium*, por ele exercitado quer como fiscal administrativo, quer como detentor e distribuidor da verdade judicial, quer como autor de regras sociais de comportamento, na exteriorização de competências e prerrogativas de sua tríplice faceta: Executivo, Judiciário e Legislativo. Aqui e agora estar-se-ia a enfocar a relação decorrente de sua *função* (do Estado) *como empregador*. Uma onda privatizante alcançou múltiplos países e vários continentes — e ainda sentida — determinou um processo de enxugamento da estrutura (em muitos lugares, mastodôntica e ineficaz) governamental. Empreenderam-se esforços de *privatização,* reduzindo o espaço ocupado pela ação oficial, em nome de diminuir custos públicos e, por esse caminho, tentar equilíbrios orçamentários, há muito perdidos, determinantes de déficits que criaram e multiplicaram a danosa e erosiva dívida pública.

Essa política de busca de um Estado no tamanho de suas possibilidades e das necessidades da sociedade fê-lo, volumetricamente, apequenar-se. Nalguns casos — mais radicais — para o *mínimo*; noutros, corretivos mas controlados, para o *necessário*. Uma e/ou outra versão estatal determinaram, com maior ou menor profundidade cirúrgica, reduções nos quadros funcionais do aparelho governamental, visando a baratear sua manutenção.

Dessa maneira, como regra geral (pela privatização de empresas públicas, pelos planos de demissão voluntária, pela extinção de orgãos etc. etc.), passou-se a ter um *encolhimento* no contingente de *servidores públicos*. E isto, em princípio e teoricamente, fá-los-ia menos importantes no elenco das categorias profissionais sindicalizadas.

Se houve, no entanto, retração quantitativa, os que permaneceram foram, em geral, os *integrantes de "carreiras de Estado"* (fiscais tributários, policiais, diplomatas, procuradores, inspetores previdenciários e trabalhistas, militares, magistrados etc.). Detentores de garantias funcionais sem similar no mundo laboral, progressivamente tiveram deferidas ou lograram conquistas (no Brasil, particularmente depois da Carta de 1988) instituindo prerrogativas categoriais e farto instrumental protetivo coletivo-laboral ("paralisação" nos moldes de greve, p. ex.). Isto fê-los passar — se não todos os grupos, vários deles — de uma postura equidistante e até crítica dos conflitos trabalhistas para a condição de seus protagonistas aguerridos.

Políticas econômicas de muitos governos, todavia, diminuindo vantagens, congelando salários, extinguindo privilégios, inclusive tributários e previdenciários, levou a um agrupar-se sindical de quem nunca tivera feição e afeição associativas. E por qualificação intelectual e profissional, de platéia crítica ou de massa desinteressada, transformou-se o *"funcionalismo" em linha de frente* da ação sindical contemporânea tendo, como contraponto, o *"seu patrão"*, isto é, *o Governo*, que, até pouco tempo (três décadas, aproximadamente), não se via questionado em conflitos coletivos dos quais participava com a soberba e a autoridade de fiscal, legislador e magistrado.

Hoje, o seu problema maior não é normatizar a greve. É enfrentá-la. Não é fixar salários para as empresas pagarem. É saber lidar com o seu orçamento para atender a contundente reivindicação *dos seus servidores protestatários*.

Num tempo de privatização crescente, até surpreendentemente, multiplicaram-se as *lideranças sindicais aguerridas*, vindas *da área pública*; o Estado, *com menos servidores*, é mais cobrado como patrão e, *como nunca*, o confronto sindical laboral concentra-se e se trava num campo que, antigamente, com ele não convivia: a *repartição pública*.

x) A intimidade político-ideológica com a história sindical

Já se fez referência, *en passant*, às ligações do sindicalismo com ideologias e partidarismos. Não se pode escrever, como se viu, a história do associativismo laboral, sem passar por anarquistas, como *LUDD*; por socialistas, como *Saint-Simon*; por comunistas, como *Marx*; por solidaristas, como *Leão XIII*; por liberais, como *Hegel* etc. Por eles e por suas obras e conceitos. Em alguns casos, por suas estratégias inspiradoras; noutros, por seus confrontos e afirmações.

O sindicato acostumou-se, particularmente no século XIX, a embeber-se de *slogans* e enfoques originários dos manuais ideológicos. Seus líderes, depois de doutrinados, transfiguravam-se em fervorosos doutrinadores diante da categoria.

Foi, assim que, no Reino Unido, desembocou-se no *"trabalhismo"*, destinatário político das *"trade unions"*. Vínculo umbilical uniu-os, tornando difícil, em fins do século XIX e boa parte do século XX, conseguir distingui-los nos discursos e na programação.

Valeu — e, às vezes, de maneira bastante discreta, hoje, ainda vale — também a conjunção dos partidos socialistas e comunistas com grandes centrais sindicais européias continentais, sobretudo no imediato pós-guerra (década de 1940), como no caso da CGIL (Confederação Geral Italiana de Trabalhadores), de viés marxista, e da CGT (Confederação Geral do Trabalho) francesa, onde se albergaram, mesmo com ruídos e desconfortos internos, comunistas e socialistas.

Na América Latina, a presença política nos sindicatos, com tonalidades ideológicas esquerdizantes, nunca foi tão forte. Predominou a influência — e esta, muitas vezes determinante — do *partido*, que, usualmente trazia a marca do populismo, sob a batuta do caudilho carismático. No Brasil, o "getulismo", com sua força fecundante no antigo PTB e seu poder miscigenado com o sindicalismo burocrático oficialista; na Argentina, *mutatis mutandis*, o "peronismo", com seu braço (direito-esquerdo, conforme as circunstâncias do Partido Justicialista a quem deu à luz), consorciado, carnalmente, com a CGT; no Peru, o "aprismo" etc. etc. Isso tudo sem falar nos modelos de submissão absoluta e efetiva inserção do Sindicato na máquina do Estado (executor de tarefas oficiais delegadas) e sob comando político e minuciosa fiscalização administrativa do Governo numa vida gremial desprovida de autonomia: casos típicos do sistema soviético, de um lado, e nazi-fascista, de outro. Antagônicos no palavreado e absolutamente similares nas ações, prepotências e subserviências, que, sob certas influências, também ocorreram em nosso continente.

O sindicalismo, mesmo nos Estados Unidos, desprovido de conteúdo programático, fez-se, costumeiramente, partícipe (muitas vezes, à sorrelfa; noutras, às escâncaras) do processo político. Pragmaticamente, insinuando-se e posicionando-se na luta eleitoral, em troca de favores e vantagens (desde os idos da fundação de Nova Iorque, passando pela Guerra da Secessão, chegando às estruturas associativas dos "chicanos"), não se comoveram, nem se empolgaram com ideologias. Trocaram, usualmente, apoios por compensações governamentais e cobraram promessas com a fatura dos resultados. Em algumas circunstâncias, foram republicanos. Em regra, apoiaram os democratas.

Hoje, mesmo que remanesçam alguns ideológicos laços históricos e que, na luta eleitoral, o sujeito sindical ainda se envolva — com força mensurável, caso a caso, considerando os anticorpos sociais que, muitas vezes, a política de adesão gremial também cria — fortalece-se uma corrente proclamando a necessidade e a conveniência de distanciamento partidário da associação laboral. Reiteradamente, partidos e/ou correntes, apoiadas com ênfase pelos sindicatos, chegaram ao Governo e, ao exercê-lo, não puderam (ou não souberam) cumprir as promessas eleitorais, especialmente as miraculosas com que, nos palanques, seduziram e empolgaram os trabalhadores. Tais frustrações, que não foram poucas e que ocorreram em diferentes latitudes (desde a mais simbólica, com Lech Waleska, até a decepção fleumática das *"trade unions"* com Tony Blair, para não descer a casuísmos nem tão distantes), pela projeção de opacidade na imagem externa e pelos desconfortos e conflitos internos, acabaram gerando, no sindicato, um manietar na sua movimentação político-partidária classista.

Verificou-se, também, um afrouxamento de vínculos associativos com a *área religiosa.* Depois de sua história inicial, marcado por idéias político-filosóficas, o sindicato foi, paulatinamente, atraído pelas correntes religiosas — em especial, pelo pensamento cristão e, dentro deste, pelo católico — chegando a um convívio intenso com a doutrina social da Igreja. Grandes centrais sindicais deram corpo e também se corporificaram ao participar numa espécie de "santíssima trindade" político-social: Igreja, partido político, entidade sindical. A Democracia-Cristã que, sobretudo no pós-guerra, comandou a reconstrução ítalo-germânica e multiplicou lideranças na França, Bélgica, Holanda etc., esteve no alicerce do Tratado de Roma, do qual, com Schumann, De Gasperi, Adenauer etc., foi exemplo de modelagem. Disso resultou no que se transformaria, hoje, no coração geopolítico da União Européia, um sindicalismo *confessional* ou *paraconfessional* que não se contentou com o comando de grandes centrais nacionais, como a CISL (na Itália), a CGTF (França), a IG (Alemanha) etc. mas estruturou a CMT (Confederação Mundial dos Trabalhadores). Simplesmente, a maior organização, com sede na Europa, e entidades sindicais filiadas em todos os continentes, sendo ela própria ainda uma das duas maiores do mundo. Peculiarmente forte na diplomacia sindical, no funcionamento e nas diretrizes da OIT.

Apesar dessa preservação da figura e da importância da CMT e de diversas centrais sindicais que foram marcadas, até nominalmente, pelo seu timbre religioso, tal identidade se foi fazendo menor com o passar do tempo. E se hoje não é apenas simbólica, também, há muito, deixou de ser prevalente, possivelmente acompanhando as transformações que o próprio *partido-político-irmão* sofreu e vem sofrendo, como ocorreu, e ocorre, com a Igreja, ante tantas mutações a que estiveram sujeitas mesmo as mais tradicionais e estáveis instituições.

Aliás, o *movimento sindical,* sentindo-se questionado, e arriscado à fragilização, face o impacto tecnológico-globalizante, com as alterações por ele determinadas e incidentes sobre o fator trabalho e a mecânica produtiva, passou a buscar nova estratégia. Impôs-se um proceder não (ou menos) comprometido com idéias, filosofias, propostas que estivessem além-fronteiras da vida gremista laboral. Recolhe-se, progressivamente, ao seu mundo específico, tratando de, nele, ser mais atuante e eficiente. Trata de identificar-se *apenas* com o *interesse categorial*, evitando comportamentos e crenças setoriais e/ou grupais, capazes de dividir, e até conflitar, o universo categorial, que deseja solidário. Enfim, ao tentar priorizar o laboral coletivo — em suas múltiplas e contemporâneas facetas — o sindicato tratou de revisitar, com novas e pragmáticas técnicas, o seu impulso inicial, que se inspirava no *sentido genérico* — concreto-abstrato — de tutela e coesão categoriais. Evita, assim, os riscos de divisionismo que ideologias, partidarismos e crenças religiosas podem gerar. Sobretudo, num tempo em que o emprego vê-se ameaçado, intranqüilizando o trabalhador e atemorizando o próprio ente associativo.

CAPÍTULO III

CONSTATAÇÕES, INDAGAÇÕES E CONCLUSÕES

44. O DNA SINDICAL

Resta flagrante, depois da caminhada pelo tempo, que o sindicato foi fruto da relação conflitiva, mas íntima, do patrão com o empregado. Desse entrechoque, que atrita e combina, surgiu o DNA sindical. Seu sêmen fecundante foi a compra, pelo empregador, da mercadoria trabalho, prestado pelo homem-obreiro, sob condição subordinada. Sua massa muscular, sua estrutura óssea tiveram como berçário, na Revolução Industrial, o galpão da fábrica, onde pessoas ladeavam-se, com sofrimentos e aspirações análogas. E eram muitas e estavam próximas. A similitude de dificuldades e ambições foi cimentando a coesão, marcada pela cadência ritmada de um trabalho exaustivo, quase punitivo nas exigências e avaro nas compensações. Transitando pelas veias e artérias sincronizadas da linha de montagem, o sangue, nutrido de ideologias mais ou menos radicais, de doutrinas aliciadoras para a reação dos oprimidos, acabou vitalizando o agrupamento. Fruto dessa reunião espontânea, inorgânica, fez-se organização coesa e hierarquizada, com estratégias, projetos e discurso. *Nascia*, então, o *sindicato*. Filho da carência coletiva, emoldurado pela fábrica, nucleado pelo trabalho. Seu estímulo, a reação. Seu norte original, o componente ideológico. Sua crença, o apoio religioso.

"Não obstante, não é demais registrar que, de um modo geral, o Direito do Trabalho passou por fases diferentes: a da conquista e a promocional. Agora, encontra-se no início de uma fase de adaptação à nova realidade num processo dialético de transformações em que se insere e do qual deve resultar um novo modelo que o represente, no qual a sociedade enfrenta uma série de dificuldades que atingem, de forma mais intensa, exatamente aqueles que não têm um emprego formal garantido."[82]

45. FATOR TRABALHO: MALEABILIDADE E EMPREGABILIDADE

Esse sindicato teve apogeus e perigeus. Navegou em águas plácidas e atravessou o Cabo das Tormentas. Hoje, no entanto, o mundo é outro. O Direito do Trabalho e suas leis foram criados para tutelar, prioritária e originalmente, o trabalho industrial, executado mediante dependência, por prazo indeterminado, prestado no que eram as então tidas como grandes fábricas.

Na atualidade, o quadro é diverso. O Mundo, feito de *vários mundos*, passou a saber mais da existência dos demais, mesmo sem saber tudo e, muitas vezes, compreendendo muito pouco de si próprio. Não se pode, como antes — da mitologia à Idade Média — acreditar que tudo terminava nas Colunas de Hércules ou num infinito (?) imprescrutável que acabava no logo ali do nosso inexplicável. Agora, sabemos dos outros; onde estão, quantos são, como vivem e, até, muitos sabem o quanto os demais não sabem.

Diz-se que, hoje, vivemos *no mundo das* máquinas, do cientificismo criativo, da produção asséptica. Dos países integrados, dos blocos econômicos, das organizações comunitárias. Das fronteiras "baipassadas", da livre circulação das pessoas e dos fluxos financeiros: aquelas, limitadas; os últimos, incontáveis e incontroláveis. Nesse mundo (da microeletrônica, do satélite, da virtualidade, do *marketing*, da balística etc.), o *fator trabalho* tem de, também ele, tratar de ganhar a maleabilidade que *não tinha*. Ser quase pigmaleônico. Plástico, pelo menos, para adequar-se às transfigurações aceleradas que a realidade sociopolítico-econômica constrói. Nesse mundo da tecnologia, da precisão, do controle de qualidade, o *homo faber*, para sobreviver, e com ele sua útil dignidade produtiva, tem de passar a ser *outro no fazer*, continuando, por origem e destino, *ele* mesmo, no ser.

Nessa realidade alcançada pela e submetida à força da globalização dominadora, o trabalhador e sua obra (o trabalho) tem de estar prontos para a migração produtiva (*o trabalhador móvel*, que

(82) NASCIMENTO, Amauri Mascaro. Limites da Negociação Coletiva na Perspectiva do Projeto de Flexibilização da CLT, Revista LTr, vol. 65, n. 12, dezembro de 2001, p. 1419.

não espera, passivo, pela demanda laboral que o convoca mas que, universal no seu saber, vai atendê-la em qualquer espaço, mesmo além-fronteiras). Esse é o mundo que espera e exige um sindicato (não mais o guerreiro furioso e ferido de 1800) qualificador, habilitador de profissionais competentes, aos quais, *por isso*, ele poderá representar e até proteger melhor. Ligado à e preocupado com a empregabilidade — que é seletiva e individualizante — distinta do processo do antes, coletivo, anônimo e intelectualmente pouco exigente. Um sindicato, enfim, nesse mundo, que terá de ser partícipe ativo e contribuinte valioso para que se consiga — mesmo com a eventualidade da inevitável gangorra de alguns sobressaltos — contribuir para o equilíbrio possível entre o empreendimento lucrativo e o respeito a padrões compatíveis com a dignidade do fator trabalho (isto é, do homem trabalhador).

46. OS MUNDOS DO MUNDO

Há, porém, mundos distintos e distantes desse.

a) Primitivos

Mundos, p. ex., que não foram, pela máquina, *desumanizados* no processo produtivo porque sua forma, sempre primitiva e monótona, de fazer, *nunca* fora sequer *humanizada*. Mundos onde não se poderia dizer que a realidade competitiva contemporânea estaria determinando a *perda de empregos* porque, na sua formatação, *nunca chegaram* a *tê-los*, como os concebemos. Mundos onde, por amor à verdade, não se poderia dizer que os *sindicatos*, impactados pelas mudanças, estar-se-iam transformando, até porque aquelas, entre eles, não ocorreram e as entidades associativas *não* chegaram, nem mesmo, a *formar-se*. Neles, a vida econômica — que a conhecemos no áspero desafio dos riscos — não os leva a lamentar eventuais *perdas* porque jamais aspiraram e chegaram a ter *ganhos*. São mundos, formados de países. Mais que isso, de nações. Acima de tudo, *de povos* que *não são* e, lamentavelmente (cremos nós) *não sabem o que poderiam ser* (habitam as grandes extensões africanas, ocupam espaços significativos da Ásia e também tem presença em nossa América Latina). E são muitos!

b) Aspirantes

Há os mundos em que vivem os que *aspiram* a ser contemporâneos. Querem chegar à civilização plena do audiovisual, do saber, da decisão veloz. Por enquanto, na sua trajetória, estão a *meio caminho*. São *sujeitos,* às vezes, do processo e sentem-se modernos. Noutras, estagnados, transformam-se *em objetos* e assumem o seu perfil subdesenvolvido. São *híbridos*. Ora, "*up to date*", tecnológicos. Logo em seguida, jurássicos. Têm expectativas sentidas e planejadas. Conhecem a nova realidade mas não conseguem, como sociedade total e na continuidade cronológica, desfrutá-la porque a sua (que é bastante a nossa) realidade compõe-se de estágios não só oscilantes, mas até antípodas. Ainda *não são* permanentemente. Muitas vezes, abruptamente, *deixam de sê-lo* mas, como vontade coletiva predominante, com sobressaltos e entraves, *querem ser*. É a parceria dos emergentes, dos sub, que lutam para desenvolver-se: do Brasil à Turquia; da India à África do Sul etc. etc. etc. E são bastante!

c) Herméticos

Há o mundo, para nós hermético e de difícil interpretação, dos que *não querem saber* porque, *a priori*, rejeitam (inclusive desconhecendo) as mudanças importadas, os modismos comportamentais, as intimidades institucionais, muitas das incorporáveis e valiosas inovações técnicas. O sucesso produtivo, a vitória material: isso não os atrai; muito menos, os seduz. Vivem de valores culturais. Em especial da religião que os conduz pela vida e *até para a morte*. A crença nos seus dogmas é sua força. Não se querem "contaminar" e, pela sua fé, se crêem superiores e vocacionados para fazê-la dominar um mundo que aspiram construir à sua imagem e semelhança. Muitas vezes, o arraigamento a suas convicções, tão próprias, leva-os a ser hostis ao que nós entendemos e valorizamos como progresso. Tornam-se incompreensíveis para nós, que somos incompreensíveis para eles. Reciprocamente, enfim, incompreendidos. A nosso juízo comum, não são e não querem ser. Cultura e civilização diferentes fazem-nos valorizar e avaliar diversamente o porquê e para o que viver. São, entre outros, os fatalistas muçulmanos e seu projeto de fazer de Maomé, o grande profeta, e de Alá, o deus único.

Entre eles, a força grupal, o agente de mobilização é a *religião*. Por ela e nela, as pessoas se reúnem e se unem. Mais que os partidos políticos, de restrita ou quase nenhuma expressão real, que os sistemas políticos onde a democracia, quando aparece, é mera formalidade, há uma cultura, que vai da teocracia dominadora dos aiatolás ao grostesco caudilhismo de Saddam; dos xeiques da Arábia Saudita aos emires de Abu Dabhi. Os sindicatos, nesse contexto, onde a modernidade — como nós a entendemos — reserva-se a pequenos grupos e com seletivas dosagens, são figuras de retórica. Muito mais para se alegar, no convívio externo, que existem, do que para atuar. Faltam os requisitos de liberdade e, sem eles, não podem respirar. Povos, civilizações ideologizadas pela via da religião, às vezes fanaticamente, não cobram, nem se perturbam, ao que parece, com a ausência da democracia política e, por via de conseqüência, da autonomia e ação sindicais. E não são tão poucos!

d) Tecnológicos

Há, finalmente, os que, por dominar e construir o saber conhecido, *sabem mais*, inclusive a ponto de presumir, por isso, o quanto não sabem; na prática, também para eles, incalculável. Por isso, são conscientemente delirantes na procura por caminhos e atalhos que os levem a novas descobertas, sobretudo, pragmáticas. Desfrutam — ou acreditam desfrutar — do resultado sempre crescente desse saber agregado pelo exercício e controle do poder político real, originado (nesta civilização industrial plena, para alguns, e pós-industrial, para outros) pelo domínio e uso do capital, sempre renovável, da inteligência aplicada. Seu uso dá-lhes hierarquia econômica, militar e política. Acreditam que *são*; e *querem ser* e *poder*, por essa via, SER AINDA MAIS. *São poucos e fortes*! Habitam, aqui ou ali, e constituem o que se autodenominou Primeiro Mundo. Neles reside o epicentro da inovação de usos e costumes, práticas e comportamentos: do planejar e do produzir; do agir e do interagir. Das relações econômicas às vinculações afetivas. *Sabendo fazer* (ao seu modo) também se esmeram em *fazer saber*. Da recente e inovadora peça tecnológica multiuso do agora fazem, sem piedade saudosa, a sucata esquecida do amanhã, substituída pela novíssima criação do depois de amanhã, também fadada a ser sucedida pela progérica revolução criativa (produtiva/consumista) diuturna. Bivalentes, são criativos e padronizantes; paradoxais, alargaram as distâncias, que não mais são inatingíveis, e fazem o mundo chegar mais perto com a imediatidade e globalidade das comunicações. Com tudo isso, e inspirados em padrões judaico-cristãos, simultaneamente implodiram e construíram preceitos e diretrizes — também eles impactados por alterações contínuas — no plano ético e moral. Estabeleceram um conjunto de valores e critérios sistêmicos, ensejando a participação da sociedade, em decisões e controles (pelo menos formais) a que chamaram e valorizaram como democracia, na sua versão hodierna.

47. O SINDICATO E OS SEUS DESAFIOS CONTEMPORÂNEOS

E o sindicato em tal contexto? É dele, de seu caldo de cultura e meio influente que vamos falar agora.

a) Do emprego ao trabalho

O trabalho é o núcleo da produção mas também o é, sobretudo, do consumo que, na prática, a disciplina e condiciona. Depende da capacidade de realizar mas também do *marketing* de divulgar e seduzir. Do fazer, enfim, mas também do saber. Do *emprego* — que alista, treina e direciona produtores — mas também da autonomia dos que, não dependentes, criam ou operam no mundo *faber por sua conta*, criativamente. Dos que, operários, operam mas, também, e muito, dos que acreditam e ousam, empreendendo, e são, em regra, *empregadores*. Esse desenho, com suas nuanças e matizes mutáveis e inovadores, requer *um novo sindicato*, em especial num contexto visando aos que *já são* e também para os que *querem e podem vir a ser*. Sindicato atuante, capaz de entender que, no intitulado 1º Mundo, particularmente, o trabalho industrial tornou-se minoritário, superado pelo comércio e pelos serviços. A relação subordinante — ainda numericamente dominante em termos universais — passa por enormes alterações e vê múltiplas práticas ocupacionais crescerem ao seu derredor: o trabalho eventual, o autônomo, o casual, o móvel, o terceirizado, o a distância, o domiciliar, o a tempo parcial etc. Nelas, há variações institucionais da subordinação, como a *terceirização* ou a permanente multiplicável e multiplicada, omnipresente, *informalidade*, seguramente majoritária em países emergentes.

Do que não há dúvida é que, neste estágio civilizatório, o mercado de trabalho não é o que era e o seu futuro, na belíssima previsão poético-crítica de *Saint-Exupéry*, “não será mais o que costumava ser”. Diversificou-se, mas a legislação trabalhista não. Em regra geral, porque (nascida inovadora, reformista), fez-se estratificada e tradicional, amparando apenas a relação de subordinação, decorrente do *emprego,* e *não* à do *trabalho* genericamente (e a seus atores, com ou sem vínculo de dependência: os trabalhadores). É o caso, p. ex., do seguro-desemprego que abriga, justamente aquele que era empregado, ao deixar de sê-lo, e não atende ao que, prestador eventual, por muito tempo, não mais encontra ocupação. Qual seria o caminho recomendável: tentar, num passe de mágica, tão generosa quão inviável, assegurar emprego para todos, teimando com a realidade de um mercado que, mesmo forte, vê-se induzido e influenciado pelas realidades de novos processos de produção, distribuição, *marketing* e consumo? Lutar por regras concretas de competição, onde se insiram requisitos de qualidade e celeridade? Tarefa adrede inexitosa. O mercado não vai (e nem pode) mudar tendências societárias (econômico-sociais e políticas) para amoldá-las a leis que, adequadas a um tempo, se destinam (e destinavam) a regrar praticamente apenas *um* — o emprego — dos *diversos* (e, hoje, cada vez mais variados) *perfis* de apresentação do *fator trabalho*, que marcam presença e exigem atenção.

Mesmo no específico do vínculo empregatício, o tempo incumbiu-se de determinar mudanças. E não poucas. O que era um exclusivo sistema de *tempo integral* passou a conviver com o emprego a *tempo parcial*. As jornadas *fixas* ganharam a companhia das *variadas* e a retribuição salarial predeterminada viu crescer a remuneração por resultados etc. etc. Esse processo, fruto das imposições de uma realidade que vai da globalização à tecnologia, passando pela informação e pela agressividade financeiro-comercial, não se tem como obstruir. Muito menos reverter; ao contrário, está a ampliar-se.

b) Quem sabe e quem não sabe: a competição intraclassista

É exatamente a agressiva criatividade tecnológica — eticamente neutra, para o bem e para o mal — que, propiciando novos bens e serviços e, muitas vezes, multiplicando volumes produzidos, *quem*, pelo uso da máquina omnisciente e multiprodutiva, acelera a *desumanização*. Mais equipamento sofisticado, menos gente empregada. *Foi-se* a famosa equação econômica que parecia verdade inquestionável: maior crescimento econômico (mais produção), automaticamente mais empregos. A tecnologia, seus aparelhos sofisticados e inovadores fazem cada vez mais e melhor com menos trabalhadores e menor custo. É a vitória do econômico e o drama do social. Exige-se, para tanto, o investimento do capital necessário, cujo direcionamento reprodutivo — quando acumulado — garante o demarrar (ele, sim) do processo de crescimento. São os fluxos financeiros, quando direcionados para a economia reprodutiva, que, na globalização capitalista, via macroempresas e além-fronteiras, ensejam a agilização da produção. Mais, muito mais do que a presença obreira, tão menos significativa; se quer mais "cérebro", e menos "mão"-de-obra.

Tal realidade e seu preocupante, desafiador e também estimulante horizonte, faz crescer o desnível, no mundo do trabalho (desenvolvido) entre *quem tem* habilitação (dom e requisito da empregabilidade) e *quem*, despreparado, *não a tem*; quem, nesse mundo de conhecimento como distintivo de poder, *sabe* e *quem não sabe*. Disso decorrerá a óbvia conseqüência, separando, por paradigmas de competência, *quem pode e quem*, por depender e insuficiência, *não pode*.

Esse modelo, além de priorizar o intelecto à força, não exige, por conseqüência, a massa laboral de tempos passados. Encaminha para um *processo de ascendente individualização do trabalhador*, cuja capacidade laboral específica se quer conhecer e melhor utilizar, nela se destacando o seu propósito e a sua habilidade de inovar utilitariamente. Não apenas verificar se o obreiro faz o que deve e quando deve mas se é capaz e se dispõe a fazer o "*plus*" não previsto, criativo, contribuindo para a empresa, na sua luta competitiva.

Ora, na medida em que encargos sociotributários oprimem o caixa empresarial; que a batalha concorrencial limita os preços para que sejam competitivos, estes comprimem custos que, flexionados depressivamente, atingem a mais sensível das áreas atacáveis: a dos salários. E logo, a despedida. É nesse momento, de agudo risco, que o trabalhador assalariado trata de aferrar-se ao emprego, que necessita manter e que mais difícil se torna preservar, ante sua progressiva redução, numa cruel equação eocnômico-social. Nesse instante e por tudo isso, estabelece-se uma competição *intraclassista* (trabalhador *versus* trabalhador), visando a garantir o posto de trabalho que ele e seu colega ambicionam — e precisam — ocupar. A carência ocupacional, real e potencial, fez surgir, e alimenta, a *quebra da solidariedade "interna corporis"*, levando até o rompimento, nem sempre nítido, da unidade grupal obreira.

c) A natureza do vínculo e a proteção do trabalhador

A batalha faz-se árdua, e até contundente, pelo posto de trabalho. A conclamação histórica que já existiu ("operários do mundo, uni-vos") soa mui pouco factível ante circunstâncias contemporâneas de teóricos parceiros que a vida foi, circunstancialmente, transformando em competidores, mesmo a contragosto. Por isso, repita-se, a Globalização, o circulante capital financeiro, as relações comerciais multiplicadas e, sobretudo, a tecnologia (leia-se automatização, inteligência mecânica e/ou virtual) obrigam a repensar e a imaginar um Direito do Trabalho não mais como *era e*, às vezes, *ainda como é*. Tradicional, portanto; mas num Direito do Trabalho multiforme; plástico e flexível, adequável e útil para o novo tempo a que se destina, que assim o requer, justificando sua renovada postura.

O mercado de trabalho, convém recordar, é diferente do mercado de *commodities*, p. ex. Exige, apesar da flexibilidade, da automatização, da individualização, que, mesmo ante novo e condicionante sistema, proteja-se a saúde, respeite-se o tempo de serviço, garanta-se a aposentadoria e se assegurem condições adequadas e saudáveis de higiene e segurança para o trabalhador etc. etc. Por isso, a sua regulamentação, de ontem para hoje, tem de ser revista; não para que se caia no vazio da desproteção mas para que se *"re-regulamente"* a tutela, nos moldes e padrões de novas condicionantes. Isso, sem perder-se o compromisso social e observando, realisticamente, as novas e múltiplas formas de trabalho.

Esse o grande desafio para tratadistas e governantes; legisladores e dirigentes sindicais; empresários e economistas. Nos últimos oito anos, a União Européia viu 73% dos novos postos de trabalho serem destinados a ocupações em tempo parcial, enquanto, simultaneamente, lá também, multiplicava-se o trabalho temporário, o eventual e a atividade por conta própria. Para tais formas de ocupação — tradicionalmente subvalorizadas pelo Direito do Trabalho "clássico" — a proteção (da qual, em dosagem nova e adequada, não se abre mão) deve estar vinculada aos trabalhadores, e não às funções que transitoriamente desempenham ou à natureza do vínculo com que circunstancialmente se comprometem. *O que interessa é proteger o cidadão* que trabalha, mediante um sistema móvel de cobertura, que o acompanhe nesse cada vez mais intrincado labirinto da vida laboral: de autônomo a eventual; após, a tempo parcial e, logo, temporário para, depois, voltar à condição de empregado, onde, p. ex., iniciara-se a trajetória. Já se tem dito que o mercado de trabalho, no 1º Mundo e nas suas periferias e afluentes, é um verdadeiro caleidoscópio. A cada momento, uma figuração. E *as pessoas*, que *são, em si, sempre*, apenas, elas mesmas, requerem proteção e atenção o tempo todo, *não importando o seu "uniforme" contratual.* É o que nos diz um imperativo de sociedade civilizada.

d) Diversidade e informalidade

Isso tudo, em termos de *Brasil*, também é válido na medida em que lhe seja familiar (e, em grande parte, o é) tal *diversidade*; sem falar num outro ângulo — mais cinzento — da mesma foto: a *informalidade*. Segundo os dados da Pesquisa Nacional de Amostras por Domicílio/2002, publicados no 2º Semestre de 2003, revela-se que, dos 78 milhões de brasileiros que, a qualquer título, teriam atividade lícita, mais de *48 milhões* estariam na informalidade. Assim, *mais* de *seis em cada dez* (ou seja, acima de 60%)! Deles, sob o manto da relação de emprego, estariam *vinte e dois milhões e quinhentos mil* empregados e empregadores indocumentados, além dos restantes *vinte e três milhões e trezentos mil* que atuariam por conta própria ou sem relação laboral definida e/ou continuada.

Nesse quadro, há *ilegalidade* no sentido doloso do termo. E não será pouca. *Há*, porém, e de forma *amplamente majoritária* — aqui e alhures; hoje, *inclusive* nos países do *1º Mundo* — *alegalidade*. Isto é, o não ser anti, o não ser deliberada e propositadamente contrário ao fluxo da lei mas, simplesmente, dela ficar à margem, como à margem ficará seu autor e praticante da própria vida societária no elenco de muitas de suas oportunidades, direitos e deveres. Marginais de benefícios e serviços, de ofertas e atenção de sociedades e governos, na sua luta pelo sobreviver e sustentar-se, margeiam as formalidades. Desatendem as leis que, usualmente, desconhecem e vão, pelo empobrecimento decorrente da má distribuição de renda, sendo, absoluta e relativamente, mais numerosos. Forma-se, assim, progressivamente, pela quantidade, um "casco duro" real e humano, extralegal e discriminado, de crescente importância, no contexto econômico. Agora, diferentemente da época da Revolução Industrial, não seria a *massa* dos maltratados empregados que pede e cobra tutela protetiva. Seria a dos *não-empregados*, ocupados trabalhadores, que, fazendo riqueza, e dela não usufruindo, precisa ser levada em conta sociojurídica, porque muito vale, economicamente, para a sociedade, o resultado de sua faina.

Novas diretrizes (leis, talvez; algumas, inovadoras e realistas) precisam ser editadas. Não só elas. Sobretudo, novos caminhos que levem à *negociação*, revestida de mudadas roupagens, adequada ao tempo (exigências, requisitos e expectativas da nova realidade), celebrada por entidades associativas (sindicatos) que, sem perder ligação com sua raiz e seus compromissos históricos, *transformem-se para sobreviver e convalidar-se*. Enfim, que se conserve, inovando; e se inove, conservando. Tarefa difícil, mas imprescindível.

Novas regras, comportamentos e condutas precisam ser criados e socialmente incorporados e cumpridos, oferecendo um "pacote" (variável e adatável) de proteção a essa maioria. Constituída dos que não têm acolhimento pacífico e adequado na legislação tradicional (por sua atipicidade, não são empregados) ou porque, mesmo sendo, a sua relação processa-se nos confins cinzentos e pouco demarcáveis da informalidade, zona *gris* das indefinições e inseguranças jurídicas. Não se pode forçar uma *uniformidade* de tratamento para o que é, intrinsecamente, *diverso*. Não se pode insistir que uma lei *"tamanho único"* servirá, à feição, para manequins tão diferentes e até desconhecidos (surpreendem, muitas vezes, quando a criatividade da vida, por suas necessidades, os apresenta). É nesse momento que, ao lado da lei (que, na verdade, não cria empregos mas ajuda a regularizar — por boa, flexível e oportuna —

situações sombrias do mercado laboral), *un novo sindicato* poderá e deverá, ter sua voz ouvida e sua vez recuperada, se for capaz de entender o chamamento do tempo e da realidade que está diante de si. O que dele se espera é que tenha *flexibilidade*, para ajustar-se; *rapidez*, para não perder o momento, que é dinâmico; *visão*, para enxergar o que se desenha no entorno e do qual pode ser agente corretivo ou vítima definitiva. O que esse novo *sindicato* tem de aperceber-se, *tanto, ou mais*, do que as novas leis, é de que *não* se pode, nem se deve, tratar mundos desiguais de *maneira igual*.

e) E depois do trabalho: **Arendt** *e* **Scelle**

Mesmo para um tempo em que o crescente *terceiro setor* ganhe uma expressão ainda mais significativa; em que o autônomo se multiplique; em que a tecnologia seja ainda mais arrasadora e exitosamente criativa; em que a longevidade média seja superior ao centenário; em que a educação espraie-se e a empregabilidade, graças ao conhecer, seja ampliada; em que os blocos comunitários aumentem e as sociedades diminuam (?) suas distâncias civilizatórias e arrefeçam os choques ideológicos, políticos e culturais; em que, no traçado feito por *De Masi*, o grande tempo disponível para o homem venha a ser o do *ócio*, nesse então prioritariamente criativo (o homem lúdico e *faber* seria um só, simultaneamente interagindo), *mesmo com tudo isso*, caberia a pergunta que se faz *Hanna Arendt*: "e se terminasse o trabalho, que viria depois dele, e para sucedê-lo?" É *Arendt* mesmo quem responde: "*o próprio trabalho*". Ele marca nossa personalidade. Assegura-nos uma identidade com que nos conhecemos e com a qual nos reconhecem. É bandeira, que carregamos, para visualizar nossa dignidade social. Foi assim nas cavernas. É assim quando chegamos a Marte; e será assim quando — e se — as indagações do "buraco negro" estiverem respondidas. A dúvida é se conseguiremos nossos objetivos com o bíblico "suor do rosto". Se ele ainda será necessário ou se, ante uma sociedade (que, esperamos, não o seja) cruel, nem mesmo com ele se logre.

O cidadão e o trabalhador são o mesmo sujeito, e não podem ser vistos de maneira separada, posto que um dos direitos que compreende a cidadania é o do trabalho que, se não for respeitado, levará a formas de manifestação, principamente a partir do momento em que a sociedade desestatiza-se, geradoras do crescimento da necessidade dos movimentos coletivos reivindicatórios[(83)].

---

(83) OLIVEIRA, Lourival José de. "Direito do Trabalho: organização de trabalhadores & modernização". Curitiba, Juruá, 2003, p. 165.

E para o *Sindicato*, de quem tanto se esperou, em quem tanto se confiou e a quem tanto se temeu no curso da História, qual será a *nova missão* reservada? A de que não perca um certo sentido protetivo, que é sua indelével certidão de batismo; que não deixe de olhar para o horizonte coletivo, que é seu sentido altruísta de criação; que incorpore, pela lição do tempo, um *"ethos"* pragmático, que não lhe retire a sensibilidade humanista, sem a qual deixa de ser quem deve ser; que seja capaz de conviver com a empresa, como seu co-partícipe costumeiro e sua contraparte circunstancial, pois só o exitoso resultado dela assegurará dividendos associativos para ele e, com isso, haverá a contribuição possível de ambos para a preservação da hierarquia do trabalho e sua valorização.

Um sindicato que se aperceba que se está num mundo concorrencial e que ele precisa estar apto a enfrentá-lo; num mundo de exigências de qualidade gestora e que ele precisa qualificar-se para merecer credibilidade intra e extracategorial; um sindicato que se atine da *fragilidade da adesão* associativa — não mais compelida pela imposição oficial — e que, fruto do individualismo criativo do *novo* empregado, será cobradora de retornos utilitários como condição para manter-se; que esteja atento à possibilidade permanente de múltiplas subdivisões intracategoriais (uma quase pulverização), ditadas pelo fenômeno das especializações, subespecializações, microespecializações, derrubando-se forçados e estratificados enquadramentos pretéritos; que também, *geograficamente*, tenderá a repartir-se, emancipar-se em espaços mais definidos, a meio caminho entre a entidade com jurisdição larga — mesmo além-fronteiras — e a "comissão de fábrica", vivendo no espaço restrito da empresa; que não mais, por tudo isso, aceitará a anti e rígida hierarquia associativa classista, representada pela *dominação* jurídico-política dos orgãos de grau superior, substituída, agora, pela aspiração e cobrança de uma *articulação* que permitiria a *troca do comando pelo diálogo* com as bases; que terá de buscar formas e fórmulas de, por convencimento, trazer para sua convivência participativa os autônomos, os eventuais, os teletrabalhadores, os domiciliares, os temporários e os informais, evitando que se isolem, se desgarrem ou, atipicamente, criem agrupamentos circunstanciais, episódicos e inorgânicos.

Enfim, se tudo isso puder ocorrer e vier a ocorrer, poder-se-á dizer, mais uma vez, que, oitenta anos depois, *George Scelle*, falando na Sorbonne, nos idos de vinte, do século vinte, continua com razão, quando afirmava e previa:

"Antes, foi a vez do patrão;
Agora, ainda é a do Estado;
Amanhã, será a das partes."

Preferiríamos, adatando, com a facilidade do *"deja vu"* e, por isso, com mais facilidade do pôr a ver, enfatizar:

"Anteontem, foi a vez do patrão;
Ontem, a do Estado;
De agora em diante, que seja a das partes e da sociedade."

BIBLIOGRAFIA

AMOROSO LIMA, A. "O Problema do Trabalho", Rio de Janeiro, 1947.

ANTOKOLETZ, D. "Curso de Legislación del Trabajo", Buenos Aires, 1927.

ARAÚJO, José Prata de. "A construção do Sindicalismo Livre no Brasil". Belo Horizonte, 1993.

ASHTON, T. S. "La Rivoluzione Industriale", Roma, 1953.

AZCARATE, J. "Los Deberes de la Riqueza", Buenos Aires, 1953.

BARASSI, L. "Lezioni di Diritto Sindacale", Milão, 1938.

BAYLOS-CORROZA, H. "La Seguridad Social como ideal y como técnica", Madri, 1961.

BAYÓN CHACÓN, G. PÉREZ BOTIJA, E. "Manual de Derecho del Trabajo", Madri, 1963.

__________. "La Autonomia de la Voluntad en el Derecho del Trabajo", Madri, 1958.

BECK, Ulrich/GIDDENS, Anthony/LASCH, Scott — "Modernização reflexiva, política, tradição e estética na ordem social moderna" — São Paulo, 1997.

BIRNIE, J. "Historia Economica de Europa", México, DF, 1948.

BLANCO, J. E. "Estudio de los Convenios Colectivos", Madri, Prêmio Maruá, 1963.

BONNARD, R. "Sindicalismo, Corporativismo e Estado Corporativo", Rio de Janeiro, 1938.

BRANDÃO FILHO, F. M. "Orientador Sindical", Rio de Janeiro, 1962.

BRETHE de la GRESSAYE, J.

a) "La Liberté Syndicale", *in* "Le Syndicalisme Moderne", Paris, 1932;

b) "Le Pouvoir disciplinaire dans les institutions privées", Paris, 1938.

BRIEFS, G. "El sindicalismo de ayer y hoy", Madri, 1957.

BRUNETTI, A. "Saggio intorno all'art. 39 della Costituzione: di un interessante caso di teratologia giuridica", *in* Diritto della Economia, Roma, 1957.

CABANELLAS, G.

a) " Introducción al Derecho Laboral", Buenos Aires, 1960;

b) "Derecho Sindical y Corporativo", Buenos Aires, 1959.

CAHAD, José Paulo. "Mercado de Trabalho no Brasil", São Paulo, 2003.

CARDOSO, Adalberto Moreira. "A trama da modernidade: pragmatismo sindical e democratização no Brasil", Rio de Janeiro, 1999.

CASESNOVES, M. "El Interés de la Historia Social", *in* "Revista de Derecho del Trabajo", Madri, 1948.

CESARINO JR., A. "Direito Social Brasileiro", São Paulo, 1943.

CUEVA, M. de La. "Derecho Mexicano del Trabajo", México, DF, 1958.

CARREL, A. "La Incógnita del Hombre", Buenos Aires, 1948.

CARRO IGELMO, Alberto José. "Curso de Derecho del Trabajo", Barcelona, 1985

CORDINI, M. A. "Temas sobre el Derecho de la Seguridad Social", *in* "Estudios de Derecho del Trabajo y de la Seguridad Social", Buenos Aires, 1960.

COSTA, Alfredo Bruto da. "Exclusões Sociais", Lisboa, 1998.

CARNELUTTI, F. "Teoria del regolamento collettivo di lavoro", Pádua, 1936.

CARULLO, V. "La Costituzione Illustrada con il lavori preparatori", Bolonha, 1950.

CAPOGRASSI, G. "La Crisi del Diritto", Pádua, 1953.

CAVALCANTI, F. de M. B. "O Orientador Sindical", Rio de Janeiro, 1962.

CHIARELLI, C. A.

a) Proteção à mulher na Legislação Social do Brasil, *in* "Revista Iberoamericana de Seguridad Social", Madri, 1965;

b) "Trabalho na Constituição — Direito Coletivo", II volume, São Paulo, 1990.

COSSERMELLI, Noemia C. Galduróz — "O Direito do Trabalho e suas Perspectivas numa sociedade em Transformação", São Paulo, 2001.

DUARTE NETO, Bento Herculano — "Temas modernos de processo e direito do trabalho", São Paulo, 1994.

DURAND, P. "L'État devant les puissances professionnelles", Paris, 1949.

DURAND, P. VITU, A. "Traité de Droit du Travail", Paris, 1956.

DURAND, P. ROUAST, A. "Précis de Legislation Industrielle", Paris, 1953.

DEVEALLI, M. L. "Derecho Sincical y de la Previsión Social", Buenos Aires, 1961.

DELPERÉE, P. GILON, J. "La Charte Européenne", *in* "Rev. Du Travail", Bruxelas, 1958.

DOBBS, M. "Salarios", México, DF, 1949.

DRUCKER, Peter F — "Sociedade pós-capitalista", São Paulo, 1993.

DUGUIT, L. "Las Transformaciones Generales del Derecho Privado, desde el Código de Napoleón", Madri, 1941.

ERICKSEN, F. "Le Patronat scandinave et les conventions collectives de travail", *in* "Rev. Intern. du Travail", Paris, 1932.

FARIA, E. "Vocabulário Latino-Português ", Rio de Janeiro, 1943.

FAUSTO, Boris. "Estado, trabalhadores e burguesia", São Paulo, 1988.

FERRARI, F. de. "Leciones de Derecho del Trabajo", Montevidéu, 1961.

FOLCH, G.

a) El Sindicalismo como fenómeno social y problema jurídico", Buenos Aires, 1957;

b) "El Corporativismo, un capítulo inconcluso de la historia de las ideas sociales". *In* "Estudios de Derecho del Trabajo en memória de A. Unsain", Buenos Aires, 1959.

GARCIA, M. A. "Introducción al estudio del Derecho del Trabajo", Barcelona, 1958.

GARCIA OVIEDO, C. "Tratado Elemental de Derecho Social", Madri, 1934.

GIGLIO, Wagner D. "A Prevalência do Ajustado sobre a Legislação", São Paulo, 2002.

GIOVANELLI, S. "Disegno storico del rapporto di tirocinio in Italia", Roma, 1957.

GODOY, D. L. "A globalização e os Direitos Fundamentais do Trabalho nos acordos de integração regional das Américas", Dissertação de Mestrado, Universidade de Caxias do Sul, 2003.

GOMES, Angela de Castro. "A invenção do trabalhismo", São Paulo, 1988.

GOMES, Orlando e GOTTSCHALK, Élson. "Curso de Direito do Trabalho", Rio de Janeiro, 1984.

GOMBAR, Jane. "A tecnologia da informação e o mundo do trabalho na sociedade pós-moderna". Dissertação de Mestrado, Universidade de Caxias do Sul, 2002.

GORLA, G. "Studio storico-comparativo della common-law e scienza del diritto (le forme d'azione)", *in* "Rivista Trim. di Diritto e Procedura Civile", Roma, 1962.

HABERMAS, Jurgen. "Técnicas e ciencia enquanto ideología", São Paulo, 1975.

HOFFMANN, S. "Choque de Globalizações", Porto Alegre, 2002.

HORION, P. "Relatório do II Congresso Internacional de Direito do Trabalho", Genebra, 1957.

HUECK, A. e NIPPERDEY, H. C. "Compendio de Derecho del Trabajo", Madri, 1963.

HUNTINGTON, S. "El conflito de civilizaciones", Buenos Aires, 2000.

HURTADOS, N. "SINDICALISMOS", Santiago, 1959.

ILLUM, K. "The Danish System of Labor Relations", Londres, 1961.

INCHAUSTI, M. "Orígenes del Poder Económico de la Iglesia", Madri, 1958.

JAEGER, N. "Corso di Diritto Processuale del Lavoro", Pádua, 1936.

JELLINEK, G. "Teoria General del Estado", Buenos Aires, 1959.

KASKEL, H.; DERSCH, W. "Derecho del Trabajo", Buenos Aires, 1961.

KELSEN, H. "A Convenção Coletiva no Direito Social", *in* "Revista do Trabalho", Rio de Janeiro, 1944.

KROTOSCHIN, E. "Instituciones de Derecho del Trabajo", Buenos Aires, 1955.

LEGA, C. "Pluralismo Sindical y eficacia erga omnes de los contractos colectivos", *in* "Derecho del Trabajo", Madri, 1960.

LEICHT, P. S. "Corporazion Romani e Arti Medievali", Turim, 1937.

LEYDEN, P. "The Future of Work", Nova York, 2000.

LOGUERCIO, José Eymard — "Pluralidade sindical: da legalidade à legitimidade no sistema sindical brasileiro", São Paulo, 2000

LOUZADA, A. J. "Legislação Social Trabalhista", Rio de Janeiro, 1933.

MAGNE, A. "Dicionário da Língua Portuguesa", Rio de Janeiro, 1950.

MAHIEU, J. M. "Evolución y Porvenir del Sindicalismo", Buenos Aires, 1954.

MANFREDI, Silvia Maria. "Formação sindical no Brasil: história de uma prática cultural, São Paulo, 1996.

MANGABEIRA, J. "Em torno da Constituição", São Paulo, 1934.

MARCANTONIO, D. "Appunti di Diritto Sindacale", Roma, 1958.

MÁRQUEZ, H. "Tratado elemental de Derecho del Trabajo", Madri, 1962.

MARRAS, Jean Pierre. "Relações trabalhistas no Brasil: administração e estratégia", São Paulo, 2001

MARTINS, Sérgio Pinto. "Direito do Trabalho", São Paulo, 2000.

MARX, K. *Apud* Berman Marshall "Tudo que é sólido desmancha no ar. A aventura da modernidade", São Paulo, 1987.

MATEUCCI, M. "Codice Sovietico del Lavoro", Roma, 1945.

MAZZONI, G. GRECHI, P. "Diritto de Lavoro", Roma, 1943.

MAZZONI, G. "La Disciplina dei Sindacati e dei Contratti Colecttive di Lavoro nel sistema delineato dell'art. 39 de la Costituizione — I Problemi di atuazione legislative", *in* Rivista di Diritto del Lavoro, Roma, 1950.

MEDEIROS, Luiz Antonio de. "O Futuro do Sindicalismo no Brasil", São Paulo, 1990.

MENEGHELLI, Jair. "O Futuro do Sindicalismo no Brasil", São Paulo, 1990.

MIRA, G. "Storia del movimento operario", Roma, 1965.

MISAILIDIS, Mirta Lerena de. "Os desafios do Sindicalismo Brasileiro diante das atuais tendências", São Paulo, 2001

MORAES, E. de. "Apontamentos de Direito Operário", Rio de Janeiro, 1905.

MORAES FILHO, E. de

a) "O Problema do Sindicato Único no Brasil", Rio de Janeiro, 1952;

b) "Introdução ao Direito do Trabalho", Rio de Janeiro, 1956;

c) "Tratado Elementar do Direito do Trabalho", Rio de Janeiro, 1960;

d) "Anteprojeto de Código do Trabalho", Rio de Janeiro, 1963.

MORET, L. "Historia general del desarollo de las organizaciones de trabajadores", Buenos Aires, 1933.

MULLER, N. "Notes de Economie Politique", Paris, 1938.

MUZIO, G. "A globalização como o estágio da perfeição do paradigma moderno", Petrópolis, 1999.

NAPOLI, R. "Manual de Derecho Sindical", Buenos Aires, 1961.

NASCIMENTO, Amauri Mascaro

a) "Iniciação do Direito do Trabalho", São Paulo, 2000;

b) "Curso de Direito do Trabalho", São Paulo, 1998;

c) "Compêndio do Direito Sindical", São Paulo, 2000;

d) "Limites da Negociação Coletiva na Perspectiva do Projeto de Flexibilização da CLT", São Paulo, 2001.

NICOLAI, T. "Liberación del Trabajo", Buenos Aires, 1941.

OLEA, M. A.

a) "El Sindicalismo en los Estados Unidos", *in* "Panorama del Sindicalismo Mundial", Madri, 1963;

b) "Introdução ao Direito do Trabalho" — São Paulo, 1984;

OLIVEIRA, Lourival José de. "Direito do Trabalho: organização de trabalhadores & modernização", Curitiba, 2003.

OSTI, G. "Nuovissimo Digesto Italiano", Turim, 1959.

PASTORE, J. "A Agonia do Emprego", São Paulo, 1997.

PÉREZ BOTIJA, E. "Derecho del Trabajo", Madri, 1960.

PÉREZ BOTIJA, M. "Derecho Social y Legislación del Trabajo", Madri, 1952.

PÉREZ LEÑERO, L. "Instituciones de Derecho Español del Trabajo", 1949.

PERGOLESI, F. "Diritto Sindacale", Pádua, 1961.

PIAZZI, U. "Appunti di Tecnica Sindacale", Roma, 1963.

PIC, P. "Tratado Elemental de la legislación industrial", Madri, 1942.

PONTES DE MIRANDA, F. C. "Tratado de Direito Privado", volume 48º, Rio de Janeiro, 1965.

POPPER, G. "La Sociedad Abierta y sus e enemigos", Madri, 1945.

PROSPERETTI, U.
a) "Lezioni di Diritto Sindacale Comparato", Milão, 1962.
b) "Preliminari sull'autonomia Sindacale", *in* "Scritti per Orlando", Pádua, 1957.
RAVÁ, R. "Introduzione al diritto del lavoro", Milão, 1958.
RENARD, J.
a) "Historia del Trabajo en Florencia", Buenos Aires, 1961;
b) "Sindicatos, Trade-Unions y Corporaciones", Madri, 1942;
c) "El Trabajo en la Pre-Historia", Buenos Aires, 1961.
RIPERT, G. "Aspectos jurídicos del capitalismo moderno", Madri, 1959.
RIVA-SANSEVERINO, L. "Diritto Sindacale", Roma, 1959.
RODRIGUES PINTO, José Augusto. "Curso de Direito do Trabalho", São Paulo, 2000.
ROMITA, Arion Sayão. "Os direitos sociais na Constituição e outros estudos", São Paulo, 1991.
ROTWEINS, V. "Labor Law", Washington, 1939.
SAINT-LEON, M. "Historico de las Corporaciones de Oficio", Madri, 1945.
SANDRI, L. "Sindacato maggiormente rappresentativo", *in* "Rivista di Diritto del Lavoro", Roma, 1962.
SANTORO PASSARELLI, F. "Nociones de Derecho del Trabajo", Madri, 1963.
SCELLE, G. "Précis de Legislation Industrielle", Paris, 1927
SCHLESINGER, P. "Il nucleo comune dei vari sistemi giuridichi: un nuovo campo di studi comparativi all'orizonte", *in* "Rivista di Diritto Civile", Roma, 1963.
SEGADAS VIANNA. "Instituições de Direito do Trabalho", São Paulo, 2000
SERMONTI, A. "Il Diritto Sindacale Italiano", Roma, 1929.
SENN, F. "De la Justice et du Droit: explication de la definition traditionnelle", Paris, 1927.
SILVA, Walkure Lopes Ribeiro da. "Representação e participação dos trabalhadores na gestão da empresa", São Paulo, 1998.
SIMI, V. "La funzione della legge nella disciplina collectiva e dei rapporti di lavoro", Milão, 1962.
SIMMEL, G. "Sociologia", Buenos Aires, 1939.
STIGLITZ, J. "Preleção no Fórum Mundial de Emprego — OIT", Genebra, 2001.
SUPPIEJ, G. "Enciclopedia del Diritto", *in* verbete "aprendiz", Milão, 1958.
SÜSSEKIND, Arnaldo
a) "Direito Internacional do Trabalho", São Paulo, 2000;
b) "Instituições de Direito do Trabalho", São Paulo, 2000;
c) "A Globalização da Economia e o Confronto entre os Neoliberais e os Adeptos do Estado Social", Rio de Janeiro, 1985.

TANNEMBAUN, F. “Filosofia del Trabajo”, Santiago, 1955.

UNZAIN, A. “Legislación del Trabajo”, Buenos Aires, 1959.

VACCA, S. “La Crisi del Sindacato”, *in* “Studi catolici”, Roma, 1958.

VIANA, O. “O Sindicato e as Associações Profissionais”, *in* “IAPC”, Rio de Janeiro, 1938.

ZACCAGNINI, B. “I diritti sociali nella dichiarazione universale dei diritti dell’uomo”, *in* “Rassegna del lavoro”, Roma, 1959.

ZANOBINI, G. “Corso di Diritto Corporativo”, Milão, 1960.

Produção Gráfica, Editoração Eletrônica e Revisão: **LINOTEC**
Capa: **ELIANA C. COSTA**
Impressão: **BOOK**